DICIONÁRIO DE GRAFOLOGIA E TERMOS PSICOLÓGICOS AFINS

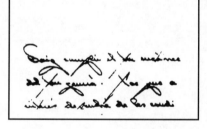

AUGUSTO VELS

DICIONÁRIO DE GRAFOLOGIA E TERMOS PSICOLÓGICOS AFINS

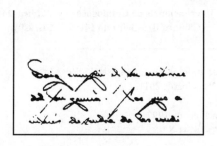

Tradução
José Carlos de Almeida Cunha

Revisão Técnica da 1ª edição
Heloisa Lourdes A. da Motta

Revisão Técnica da 1ª reimpressão
Maria Inês Pereira

Casa do Psicólogo®

© 1997, 2011 Casapsi Livraria e Editora e Gráfica Ltda.
É proibida a reprodução total ou parcial desta publicação, para qualquer
finalidade, sem autorização por escrito dos editores.

1ª Edição
1997

1ª Reimpressão Revisada
2011

Editor
Ingo Bernd Güntert e Juliana de Villemor A. Güntert

Assistente Editorial
Aparecida Ferraz da Silva

Editoração Eletrônica
Sergio Gzeschenik

Produção Gráfica
Fabio Alves Melo

Revisão
Luciano Torres

Capa
Ivoty Macambira

Dados Internacionais de Catalogação na Publicação (CIP)
(Câmara Brasileira do Livro, SP, Brasil)

Vels, Augusto
    Dicionário de grafologia e termos psicológicos e afins / Augusto Vels. -- São Paulo : Casa do Psicólogo®, 2011.

    1ª reimpr. da 1. ed. de 1997.
    ISBN 978-85-85141-87-5

    1. Grafologia 2. Grafologia - Dicionários 3. Psicologia - Dicionários I. Título.

10-07878   CDD-155.282

Índices para catálogo sistemático:
1. Grafologia : Psicologia individual :Dicionários 155.282

Impresso no Brasil / *Printed in Brazil*

As opiniões expressas neste livro, bem como seu conteúdo, são de responsabilidade de seus autores, não necessariamente correspondendo ao ponto de vista da editora.

Reservados todos os direitos de publicação em língua portuguesa à

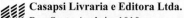

Casapsi Livraria e Editora Ltda.
Rua Santo Antônio, 1010
Jardim México • CEP 13253-400
Itatiba/SP – Brasil
Tel.: (11) 4524-6997
www.casadopsicologo.com.br

*À minha esposa Ana Benavent como testemunho de
minha admiração pela sua arte de escultura e de pintura.*

A. Vels

*Agradeço às pessoas que me auxiliaram, com dedicado
carinho, apoio na tradução, digitação e transcrição:
Stella, minha esposa, e Júnia, filha querida.*

*A Tânia Duarte, psicóloga, que se aplicou na revisão
cuidadosa dos termos e dos textos da 1ª edição.*

J. C. Cunha

Prefácio da revisão do Dicionário de grafologia e de termos psicológicos afins

A grafologia como ciência, no Brasil, foi pela primeira vez apresentada oficialmente pelo médico sanitarista J. A Costa Pinto, na sua tese "*A Grafologia em Medicina Legal*", em 1900. De lá até nossos dias, grafólofos brasileiros tomaram a sério o desenvolvimento e a divulgação dessa relativa nova ciência. Com abnegação e muito esforço, formaram núcleos de excelência grafológica em diversos Estados, de norte a sul.

Além de ensinarem em suás respectivas Escolas, atualizarem-se acompanhando as mudanças e aperfeiçoamentos que naturalmente ocorrem na grafologia - em função da veloz mudança que ocorre na sociedade como um todo, mudando hábitos, criando novas angústias mantendo contato permanente com autores de outros países, principalmente França e Espanha.

Dentre os estudiosos nacionais, mais uma vez temos a honra de apresentar José Carlos de Almeida Cunha, autor e primoroso tradutor de livros grafológicos. Assim, vemos o *Dicionário de Grafologia e termos psicológicos afins*, de Augusto Vels ser acrescido e repaginado com o Glossário da Sociedade Francesa de Grafologia, sempre em sintonia com os últimos avanços grafológicos internacionais, Glossário este também excelentemente traduzido por J. C de Almeida Cunha.

Esta renovação dos termos, exclusão de uns e fusão de outros, eliminando repetições e também signos que hoje não mais se justificam, seja pela evolução do material de escrita, seja pela mudança do hábito da escrita, é importantíssimo para os estudiosos da grafologia, pois possibilita uma grafoanálise mais eficaz, em perfeita sintonia com as necessidades hodiernas. Trabalhos como este fazem a grafologia brasileira tomar o rumo do século vinte e um.

Erwim André Leibl
Membro Efetivo da Sociedade Brasileira de Grafologia
Presidente SOBRAG 2008-2000

Sumário

Prefácio da revisão do Dicionário de grafologia e de termos psicológicos afins.... 07

Prólogo 11

Prólogo à 1ª edição brasileira 15

O Código de Ética da Grafologia 17

Introdução à história da grafologia 19

A grafologia e suas ramificações 21

Introdução sistemática à grafologia.. 39

Dicionário de Termos Grafológicos.. 59

Glossário 179

Texto explicativo do desenho "Rosa dos ventos".............................. 197

Bibliografia sobre grafologia 199

Bibliografia sobre Psicologia 367

Relação de Figuras... 377

Índice alfabético de termos grafológicos... 433

Índice alfabético de termos psicológicos 437

Obras do mesmo autor... 443

Nota sobre o tradutor... 445

Prólogo

Dizem que a psicologia diferencial ou do indivíduo começou com Aristóteles. Não é verdade. Hoje, sabemos que o estudo do homem, como unidade psicológica, foi iniciado pelos caldeus, pelo menos 600 anos antes que Aristóteles escrevesse seu famoso tratado *Sobre a alma,* e Teofrasto, sua obra *Sobre os caracteres.*

O que, sim, é certo é que o enfoque científico da psicologia individual e não me refiro a Adler, criador dessa denominação – só chegou à plenitude recentemente. Começa com Wundt e culmina com as escolas modernas de Freud, Jung e Adler.

Freud, com sua revolucionária teoria da psicanálise, descobriu a influência do inconsciente nas enfermidades nervosas e na vida cotidiana de cada indivíduo. Fala-nos da psique como sendo um conjunto de forças em movimento, a que ele chamou *libido,* e que tende a manifestar-se sob a forma de tendências, instintos ou desejos (princípio do prazer), mas o mundo exterior impõe certas condições que devem ser levadas em conta (princípio da realidade). Essa luta entre o princípio do prazer e o da realidade dá lugar a uma série de recursos psíquicos que o sujeito pode escolher para descarregar seus impulsos. Dentre esses recursos, Freud destacou a "projeção", a "sublimação", a "realização imaginária do desejo", a "inibição", a "repressão" etc.

Freud considera a libido uma tendência criadora, gestadora, carregada, totalmente, de sentido sexual. O menino desconhece esse sentido quando fixa a libido na mãe (complexo de Édipo), ou a menina quando fixa suas carícias sensuais no pai (complexo de Electra). A libido da criança passa por uma série de etapas (oral, anal, genital etc.), dando lugar, às vezes, a certas involuções do caráter de tipo neurótico.

Freud revela-nos também o papel do ego e do superego na conduta humana, chamando a atenção para o significado psicológico dos atos falhos (esquecimentos, distrações, equívocos etc.) e para o chiste e suas relações com nosso inconsciente.

Um discípulo de Freud, Carl Gustav Jung, mostrou-nos outros aspectos interessantes da psique com relação à conduta dos indivíduos e a seu modo de ver e entender o mundo que nos rodeia. Descreve-nos os introvertidos (indivíduos de vida interior, que relacionam tudo ao ego) e os extrovertidos (indivíduos sociáveis, abertos, canalizados para a vida exterior de contato e relação e cujo interesse principal residirá em prestar atenção a tudo quanto há fora do ego).

Jung também nos mostra as funções psíquicas: perceber, sentir, intuir e pensar, cuja combinação com a atitude vital (extroversão-introversão) apresenta-nos as variações do modo como o indivíduo aprecia e valoriza o mundo que o rodeia.

Em todo indivíduo, segundo Jung, predomina um tipo de atitude vital e uma ou duas funções. Por exemplo, o indivíduo de pensamento introvertido se destacará por sua lógica fria e reservada, por sua sistematização teórica. Ao contrário, o indivíduo de pensamento extrovertido mostrará uma lógica aplicada à vida social e prática. Pode-se reconhecer o introvertido por sua justeza objetiva na análise quantitativa, formal ou estrutural da realidade dos objetos, e assim sucessivamente.

Adler, com base em outros pontos de vista, revela-nos o homem ante à sua luta para passar de um estado de inferioridade a outro de superioridade, mostrando-nos uma cadeia de motivações baseadas em seus complexos de inferioridade. Assim, por exemplo, o afã de poder e de dominação de alguns indivíduos é a consequência de sua necessidade imperiosa de compensar a angústia que lhes produz a inferioridade. O desejo de ser rico inspirando-se no temor inconsciente de ser pobre. O desejo de ser santo é a atitude consciente, voluntária, ansiosa do indivíduo que possui um inconsciente com fortes paixões pecadoras.

Uma nova escola, derivada das teorias de Freud e de Jung, é a do psiquiatra húngaro Lipot Szondi.

Szondi, partindo da genética dos instintos e da psicanálise, assegura que as marcas reveladoras da nossa individualidade, de nossos instintos, tendências e necessidades têm origem genética. Por meio do desenvolvimento dos genes abrigados nos cromossomos, recebemos os diversos fatores da herança: forma corporal e de rosto, tendências, instintos, afeições, atrações, enfermidades mentais etc. Isso é de tal forma evidente, insiste Szondi, que o mesmo gene que, em dose elevada, pode conduzir à esquizofrenia paranoide, em dose fraca pode conduzir seu portador a eleger a psiquiatria como profissão.

Assim, pois, segundo Szondi, a escolha de parceiro, de profissão, de *hobbies* e muitas enfermidades, essencialmente as mentais, têm sua origem na ação oculta, inconsciente, dos genes hereditários.

Para demonstrar sua teoria, Szondi passou vários anos investigando, com seus discípulos, as árvores genealógicas de enfermos e normais. Sua convicção de que as causas ocultas de toda escolha estejam radicadas na influência dos genes instintivos levou-o à formulação de um teste morfológico com base na escolha de fotos simpáticas e antipáticas de enfermos em estado de patologia extrema. Cada uma dessas fotos do teste de Szondi representa um enfermo instintivo, quer seja na esfera sexual, emocional, mental ou de contato.

Merece ser mencionada, aqui, a cooperação de outros investigadores, com outros pontos de vista, como Pavlov e Brechterev, com sua psicologia da conduta ou do comportamento, que culmina com o behaviorismo de Watson, Piéron, Janet e outros insignes colegas. A teoria da *Gestalt* ou psicologia da forma está baseada nos experimentos de Wertheimer, e foi defendida pelos psicólogos alemães Koffka e Köhler. Outra teoria importante é a introduzida na América do Norte por Kurt Lewin; esta provém do campo psicológico e foi aplicada, com êxito, nas relações humanas na empresa e na dinâmica de grupos.

Do ângulo da biotipologia, surge também uma série de escolas que cooperaram grandemente para a formação da caracterologia moderna. Referimo-nos aos constitucionalistas Kretschmer, Pende Sheldon, Sigaud, Corman e outros mais recentes. Em outros planos, a caracterologia, ou estudo da psicologia diferencial, recebe um grande apoio com Heymans e Le Senne, com Berger, Klages, Künkel, Rorschach, Symonds, Jaensch, Boring, Pfahler e muitos outros.

Atualmente, são muito numerosos os pontos a partir dos quais se tentou esclarecer os traços diferenciais de cada indivíduo, especialmente na medicina e na descoberta das aptidões profissionais. Sem dúvida, há um método que, a cada dia, ganha maior importância e que se estendeu, extraordinariamente, em todo o mundo devido à profusão de dados que pode abordar. Referimo-nos à grafologia, a que está dedicado este manual.

A grafologia tem a vantagem de nos dar uma imagem fiel do indivíduo revelada por ele mesmo, sem intermediários e sem o risco da inibição e nervosismo que todo teste psicotécnico produz, quando o indivíduo se sente "examinado".

O presente manual tem por objetivo facilitar o trabalho daqueles que precisam utilizar a grafologia como um meio rápido de obter resultados. Para tanto, realizamos uma breve síntese de todos os principais sinais gráficos e os colocamos, para facilitar sua busca, em rigorosa ordem alfabética. Desse modo, uma vez realizada a definição do grafismo e colocados os sinais em primeiro, segundo e terceiro planos, de acordo com seu valor quantitativo, fica facilitada a interpretação.

Para os não versados em psicologia, preparamos também, na segunda parte, um pequeno dicionário dos principais termos psicológicos relacionados com a grafologia, com suas correlações grafológicas e resenha de figuras, largamente ampliada nesta edição.

Podemos considerar esse manual como um complemento de nossas outras duas obras anteriores: *Escritura y personalidad* e *La selección de personal y el problema humano en las empresas*.

O autor

Prólogo à 1ª edição brasileira

O Dicionário de Grafologia e termos psicológicos afins é uma das obras de maior êxito entre as publicações sobre o tema, tanto na Espanha como nos países de língua espanhola, devido à sua forma de dicionário e à síntese prática dos termos grafológicos e psicológicos mais empregados nesse campo.

A tradução da obra para o idioma brasileiro foi confiada ao professor José Carlos de Almeida Cunha, presidente do Instituto Mineiro de Grafologia, de Belo Horizonte, que se esmerou na transcrição, o mais fiel possível, do texto da obra. Encarrega-se da publicação a Editora Casa do Psicólogo, de São Paulo, que já realizou importantes trabalhos editoriais no campo da Psicologia.

Dados os avanços da grafologia e os numerosos grafólogos já existentes no Brasil – alguns de renome, como os professores Cuba dos Santos, da Motta, Serpa Loevy, Mandruzatto, Sérgio de Camargo, e o mesmo professor Almeida Cunha –, espero que todos, assim como a Sociedade Brasileira de Grafologia, SOBRAG, acolham a versão, para o português, desta obra, com o mesmo entusiasmo que *Escrita e personalidade,* que já teve repetidas edições no Brasil.

O professor Almeida Cunha atualmente trabalha na tradução de *Grafologia estrutural e dinâmica*: *a interpretação psicológica dos sinais gráficos por zonas,* obra que completa as duas anteriores, na qual se procura alcançar o "porquê" das interpretações pelo simbolismo do espaço.

Não quero terminar este prólogo sem expressar meus agradecimentos ao professor Almeida Cunha, por sua tarefa de tradutor, ao Diretor da Editora Casa do Psicólogo, Sr. Ingo Bernd Güntert, e a meus colegas e amigos do Brasil, Sras. Heloisa Lourdes A. da Motta (Membro-fundador da SOBRAG), Odete Serpa Loevy, Maria Lúcia Mandruzatto, ao Professor Paulo Sérgio de Camargo, e a outros membros importantes da SOBRAG, pelo apoio e colaboração na divulgação, no Brasil, tanto de *Escrita e Personalidade* como de minhas outras obras.

Augusto Vels
Barcelona (Espanha), 30 de julho de 1996

O Código de Ética da Grafologia

PREÂMBULO

01   O objetivo do Código de Ética é definir, de maneira resumida, os direitos e deveres do Grafólogo.

02   O Código contém 18 artigos.

GRAFOLOGIA

03   A grafologia é uma ciência humanista e uma técnica de observação e interpretação que possibilita o estudo da personalidade pelo exame de um manuscrito.

04   O grafólogo trabalha somente com manuscritos, cuja autenticidade não possa ser posta em dúvida, estudando a personalidade, inclinações e comportamento do autor; e fará o seu trabalho somente em atendimento a uma solicitação feita em caráter profissional ou particular. O grafólogo se recusará a trabalhar com cópias ou reproduções dos manuscritos, aceitando somente os originais.

05   O grafólogo não é um perito em grafotécnica. O objetivo desse último é identificar a autenticidade de um documento tendo como meio a comparação das grafias de documentos.

ÉTICA DO GRAFÓLOGO

06   O trabalho realizado pelo grafólogo é relativo à dignidade humana. O grafólogo deve manter e desenvolver sua competência profissional, salvaguardando a própria liberdade, a probidade e o sentido de humanidade.

07   O grafólogo deve ser objetivo e trabalhar dentro dos limites de seu conhecimento e experiência.

08   Em cada análise profissional, o grafólogo deve manter o tato e a discrição. Em um trabalho que envolva a seleção de pessoal, deverá evitar menção dos aspectos da personalidade do autor que não estiverem diretamente relacionados com as funções definidas pelo empregador. Em sua manifestação, a linguagem utilizada deverá ser totalmente imparcial e não ser afetada pelas preferências pessoais referentes à raça, ao credo político, à classe social ou à religião.

09	O grafólogo não deve ser influenciado por argumentos persuasivos, favores, doações, brindes, ameaças para realizar uma análise ou elaborar uma declaração interpretativa por simples obrigação ou cortesia social.

10	O grafólogo não pode usar os documentos que receber de maneira a prejudicar alguém ou para obter vantagens para si.

11	O grafólogo não pode fazer diagnósticos médicos.

12	A grafologia é uma ciência, e o grafólogo não pode usá-la para fazer previsões ou adivinhações em nenhuma circunstância, inclusive para atender a solicitações da imprensa. O grafólogo deve-se lembrar, em todos os momentos, de que ele é um guardião da integridade da grafologia como ciência consolidada.

13	O grafólogo não pode associar-se à política, ao ocultismo ou à adivinhação, nem pode permitir que o título de grafólogo seja citado ou apareça em declarações, documentos, livros, jornais, revistas, periódicos ou em qualquer outra publicação, filmes, televisão, programas de rádio etc. em que sejam citadas aquelas atividades.

14	O grafólogo que vier a ser chamado para substituir um colega deverá fazer seus maiores esforços para complementar toda a tarefa e afastar-se do trabalho tão logo o colega retorne, fornecendo-lhe todas as informações que lhe sejam pedidas. Além disso, não deverá manter qualquer contato profissional com o cliente do colega.

15	O grafólogo que passar seus clientes para outro colega, ainda que seja temporariamente, ao fazê-lo, deverá interromper e suspender qualquer contato profissional com esses clientes.

16	O grafólogo deverá mostrar respeito e consideração, em todos os momentos, com seus colegas a respeito de suas capacidades e trabalhos profissionais.

SIGILO PROFISSIONAL

17	O grafólogo está sob sigilo profissional, que deve ser mantido tanto na comunicação oral quanto na elaboração de documentos. As análises remetidas a terceiros ou a quem detenha os documentos nunca deverão identificar um autor pelo nome.

18	O grafólogo deverá exibir ou publicar textos, análises feitas após acordo explícito e concordância com seu autor ou com quem o possua legitimamente.

INTRODUÇÃO À HISTÓRIA DA GRAFOLOGIA

A grafologia e suas ramificações

A grafologia, que em seus primórdios foi um meio de interpretação simples de determinados traços de caráter, ao estender-se universalmente como método de investigação dentro da psicologia ou das ciências que têm por objeto o estudo do homem, dividiu-se em várias ramificações.

A grafologia *fisiológica,* que se ocupa da localização e estudo dos movimentos gráficos, segundo sua origem cerebral (timo, corpo estriado, cerebelo, córtex cerebral etc.) e sua trajetória através dos centros musculares do braço e da mão.

Nesse sentido, merecem destaque, especialmente, dentre outros, os prestigiosos trabalhos dos doutores Pophal e Kretschmer, na Alemanha; Periot e Callewaert, na França; Brechet e Rausch, na Suíça; Wittlich, Fiebrand, Wessely-Bogner e outros muitos, na América do Norte; Moretti e Luisetto, na Itália etc.

A grafologia *tipológica* encarrega-se de descobrir as escrituras-tipo ou sinais gráficos mais frequentes em cada uma das tipologias conhecidas (Jung, Kretschmer, Periot, Heymans-Le Senne, Spranger, Freud e outros). Tratam esse tema, como principal, as obras de Periot, Carton, Munzinger, Koechlin, Lecerf e Delamain, que se ocuparam da classificação hipocrática; Caille, Rivére, Beauchataud, Vosesec e muitos outros que trataram dos tipos caracterológicos de Heymans-Le Senne; Ellinger, Schlumpf, Rausch, Vels e outros, que estudaram os biótipos de Kretschmer; Pophal, Müller-Enskat e Pfanne preferiram a tipologia de Spranger; Ania Teillard e Gille, a tipologia de Jung; J. Rivére, a classificação de Stocker. Os vetores de Szondi foram investigados por Le Noble, Lefebure e Gille.

A grafologia *médica,* que começa com um estudo de Rogues de Fursacs (*Les écrits et le dessin dans les maladies nerveuses et mentales*) em 1905, culmina com os grandes avanços realizados, atualmente, pela grafologia médica norte-americana. Nesse campo, merecem ser citados os trabalhos de Carton, Resten, Streletsky, Ménard, Rivére, Duparchy-Jeannez e FeuilletBatachon na França, e os americanos Halden, Chao, Booth, Thea Stein Lewinson, Perl, Rabin e Blair, Klara Roman, Tripp e Fluckinger. A grafologia médica está também muito avançada na Alemanha, na Holanda e na Suíça. Trabalharam, ainda, muito sobre esse tema os italianos e grande quantidade de médicos espanhóis (Vallejo Nájera, Mena, Thomas, Emilio Munoz Rivero, Allué e outros).

A grafologia judicial (perícias grafológicas) tem como finalidade a descoberta dos autores de documentos anônimos e de falsificações. Na Espanha, foram criadas escolas cuja finalidade é preparar equipes de grafólogos especializados no estudo de documentos. Refiro-nos à Escola de Grafologia ligada *à Escuela de Medicina Legal de Madrid e à Escuela de Ciências del Grafismo,* sob o patrocínio do "Consejo Superior de Investigaciones Científicas. A primeira é dirigida pelo Dr. Villalain.

A *grafometria*, que submete à valorização quantitativa os movimentos gráficos, permitiu à grafologia alcançar um lugar de destaque nos testes psicotécnicos. Destacam-se, nesse sentido, Gobineau e Perron, Moretti, Thea Stein Lewinson e Vels, dentre outros. O sistema empregado por Thea Stein Lewinson permite sua utilização em computadores.

A *grafologia caracterológica*, destinada principalmente à seleção e promoção de pessoal, à orientação de estudos em pedagogia, ao estudo biográfico, à complementação de caracteres etc., compreende o maior percentual de adeptos e usuários.

A *grafoterapia*, muito usada nos Estados Unidos e França, tem como finalidade a correção de desvios do caráter, assim como a reeducação e reabilitação de doentes e subnormais. Em muitas de nossas clínicas, acompanha-se o desenvolvimento das enfermidades, antes e depois de cirurgias ou de seu tratamento; com exercícios escritos, metodicamente dirigidos, podem-se obter resultados surpreendentes.

O avanço da grafologia, nos últimos anos, sobretudo com a sua entrada nas grandes universidades europeias e americanas, colocou esse tipo de estudo na primeira linha de interesse. Assim, por exemplo, a Sociedade Francesa de Grafologia, que em 1971 completou cem anos, foi declarada de utilidade pública pelo governo francês. É interessante ter uma visão rápida dos países que mais utilizam a grafologia.

A GRAFOLOGIA NA ALEMANHA

Assim como a grafologia francesa aborda o estudo da escrita a partir da forma para chegar ao movimento criador do grafismo, diz Guy Delage[1], a grafologia alemã, ao contrário, parte do movimento para ir à manifestação formal da escrita. Klages, fundador da primeira escola de grafologia e da caracterologia alemã, põe as bases da interpretação da escrita no estudo do ritmo.

Essa diferença no ponto de partida reflete, perfeitamente, as tendências intelectuais de um e de outro país. Os franceses se ocupam das formas, são artistas do pensamento. Os alemães preferem o movimento, a ação, a intensidade dinâmica do gesto gráfico.

Da escola klagesiana surgiram investigadores da grafologia tão destacados como: Pophal, Dettweiler, Engelmann, Lehmann, Niederhoffer, Roda Wieser, Müller e Enskat, Knobloch, Jacoby, Wittlich e Thea Stein Lewinson, cujos trabalhos individuais ultrapassaram as fronteiras desse país, atingindo os pontos mais altos do interesse grafológico mundial. Basta enumerar, por exemplo, os trabalhos de Pophal, professor da Universidade de Hamburgo, recentemente falecido, sobre a origem fisiológica dos gestos gráficos. Segundo esse autor e investigador, o desenvolvimento genético da personalidade humana se efetua por meio de três camadas sucessivas (nessa teoria, recorda-nos Sheldon): a somatopsíquica, a timopsíquica e a neopsíquica, que correspondem,

---

[1] Boletim *La Graphologie*, n° 122, abril 1971. Órgão da Société Française de Graphologie, 5, rue des Cases, 75007, Paris.

INTRODUÇÃO À HISTÓRIA DA GRAFOLOGIA

respectivamente, ao corpo, ao instinto e ao inconsciente; ao sentimento ou domínio do sentimento; e ao domínio da vida consciente. Hans Knobloch, professor de grafologia na Universidade de Munique, na qual também trabalharam Kretschmer e Enke, é autor de uma das obras mais consultadas pelos grafólogos científicos (cf. bibliografia).

Roda Wieser estudou, amplamente, o grafismo dos criminosos e delinquentes (tem cinco obras dedicadas a esse tema) e Thea Stein Lewinson junto com Zubin criaram um novo sistema de grafologia, diríamos melhor, grafometria, que, como dissemos anteriormente, permite sua utilização em computadores. Na obra de Richard R. Pokorny, *Psychologie der Handschrift* (veja bibliografia alemã) são comentadas, amplamente, as teorias e investigações de cada um desses autores.

Na Alemanha, a grafologia é estudada, oficialmente, em vários centros universitários, tais como as universidades de Berlim, Hamburgo, Heidelberg, Munique, Friburgo, Kiel e Tubinga. Segundo estatísticas realizadas recentemente, oitenta por cento dos psicólogos profissionais alemães estudaram e praticam a grafologia.

"A grafologia – diz Beatrice von Cossel, redatora da *Graphologische Schriftenreihe* e de *Graphologisches Spektrum* – é oficialmente reconhecida na Alemanha. Nenhuma permissão das autoridades é necessária. É uma profissão livre. As empresas alemãs utilizam-se muito da grafologia e usam pouco os testes psicológicos. A grafologia é mais rápida, mais barata, e, quanto ao caráter, dá resultados mais seguros para as empresas."

Beatrice von Cossel, representante na Alemanha, da "Société Française de Graphologie" de Paris, publicou um livro sobre estudos grafológicos, em que se registram informações grafológicas de autores de todo o mundo. Atualmente está trabalhando em uma nova obra que, traduzida, poderia ter o seguinte título: *Por que e para quem existe a grafologia.*

Dentre as revistas alemãs dedicadas à grafologia científica, podemos citar as seguintes: *Grafologische Monatshefte,* fundada or Ludwig Klages; a *Angewandte Graphologie und Charakterkunde, la Graphologie Schriftenreihe e Der Graphologe.*

Na Alemanha, realizam-se congressos frequentes de grafologia. Recordemos, por exemplo, o que acontece em cada dois anos em Lindau (Suíça) pela "Europäische Gesellschaft für Schriftpsychologie" (Sociedade Europeia de Grafologia), onde são apresentados interessantes pronunciamentos de muitos de seus membros, como os doutores Belin, Dettweiler, Fischer, Heiss, von Hauff, Käser-Hofstetter, Kapp, Lehmann, Scherts, Wittlich e muitos outros, sobre grafologia e testes projetivos gráficos. Os leitores interessados nas comunicações em alemão podem dirigir-se ao secretário da sociedade, Dr. Dettweiler, Erlenweg, 14,7000, Stuttgart, 70, Alemanha.

A GRAFOLOGIA NA ARGENTINA

A grafologia, na Argentina, tem como pioneiro o pesquisador, daquele país, Federico Aberástury, que começou seu trabalho aproximadamente no ano de 1930, interessando os intelectuais de sua época pela nova ciência. Suas inumeráveis conferências foram muito comentadas na Universidade e em outros centros intelectuais de

Buenos Aires. É um pesquisador sério e profundo, do qual, infelizmente, não temos nenhuma obra escrita. Federico Aberástury foi o fundador do Instituto Argentino do Caráter.

Dentre os cientistas da grafologia mais conhecidos internacionalmente está Pedro G. D'Alfonso, professor de testes gráficos projetivos na Universidade Católica da Argentina, incluindo a grafologia. D'Alfonso está investigando, atualmente, com a colaboração de uma equipe, a grafologia simbólica, que está sendo também estudada, paralelamente, na Alemanha. A tese baseia-se no conceito de que, em cada traço grafológico, encontram-se os sete níveis que existem em cada sinal psicológico. D'Alfonso realizou a interessante contribuição que aparece na obra de Bela Székely, *Los Tests,* sobre grafologia. É também autor de *El lenguaje del dibujo,* que fala sobre o teste de Wartegg. Outro pesquisador importante é Curt Augusto Honrot, já falecido, criador da grafologia emocional e cujo continuador é o professor Angel Zarza, que desenvolve, atualmente, essa atividade no gabinete de psicometria do Instituto Neuropsiquiátrico Borda. Curt A. Honrot deixou obras de grande interesse pedagógico: *La escritura infantil* (Edit. Kapelusz, 1958), *Grafologia emocional* (Ed. Troquel, 1959), *Teoria y práctica de la grafologia* (Ed. Troquel, 1959).

No campo da investigação, merece especial menção o trabalho de Amado J. Ballandras, criador do Instituto Superior de Humanidades. Um grupo muito destacado nesse campo e no da aplicação da grafologia na seleção de pessoal é constituído por Mariana Dreyfus, Margarita Coire e Marga Pels, que apoiam sua metodologia, fundamentalmente nas escolas alemãs modernas (Müller e Enskat, Heiss, Wagner e Pfanne, assim como o Pophal e Roda Wieser), utilizando, também, nosso método de grafoanálise. Esse grupo recebe consultas de empresas nacionais e estrangeiras e ministra aulas de especialização para psicólogos e estudantes de psicologia dos últimos níveis universitários.

Os principais centros onde se estuda a grafologia, além da Universidade Católica Argentina, são: o Instituto Superior de Humanidades[2], cujos objetivos fundamentais consistem em promover o estudo do grafismo em diversos campos de investigação (seleção de pessoal, orientação profissional, grafopatologia, grafoterapia, perícia caligráfica etc.); a Sociedade Argentina de Grafologia, inscrita no Ministério da Educação e Justiça como entidade pedagógica, dirigida pelo professor Manuel Kirschbaum, que conta com numerosos alunos; a Academia Argentina de Grafologia e de Técnicas Psicológicas Modernas, dirigida pelo professor Ramón C. L. Carballo. O professor Carballo iniciou também recentemente um curso de grafologia no Centro Independente de Estudos Especiais.

É igualmente importante a Escola Superior de Psicologia Profunda, sob a direção da professora Lícia Iris Mignini, que possui um quadro de 15 professores; os principais cursos são de psicologia profunda, psicopedagogia, psicometria, grafologia e relações públicas.

---

[2] Foram realizados, em Buenos Aires, vários congressos internacionais de grafologia patrocinados pelo Instituto Superior de Humanidades, que foram assistidos por grafólogos da Alemanha, França, Itália, Estados Unidos, Espanha, Chile e Brasil.

INTRODUÇÃO À HISTÓRIA DA GRAFOLOGIA

A escola Superior Argentina de Ciências Sociais, dirigida pelo professor Luís Grinstein, com um quadro de 52 professores e uns 900 alunos, tem também uma sala de grafologia a cargo do professor Ramón C. L. Carballo.

E, finalmente, no Colégio Superior de Estudos Psicossociais, dirigido por Oscar Cassarani, estuda-se a grafologia junto com outras disciplinas de ciências empresariais.

Em várias entidades privadas, que se dedicam à organização de empresas e seleção de pessoal, aplica-se a grafologia como técnica principal. Dentre essas organizações, está, por exemplo, Chapiro & Associados, onde Edith Deutsch (da Universidade de Buenos Aires) e Ch. Burmeister (graduada em psicologia e grafologia pela Universidade de Berlim) aplicam as técnicas grafológicas de suas especialidades. Em relação à grafologia, devemos destacar os trabalhos de Biedma e D'Alfonso, de Maria L. Souquier de Ocampo e M. E. Garcia Arzeno no terreno das técnicas de projeção gráfica.

Além dos grafólogos mencionados, existem outros nomes que merecem figurar nessa lista; por exemplo, o professor Walter Hesse, que se dedicou, principalmente, à aplicação da grafoterapia; Maria Elina Echevarria e Noemi Beatriz de Segura, especializadas em grafologia e psicotécnica na interpretação do desenho infantil; Mercedes Estublier de Bernat, professora de grafologia e testes da Escola Superior de Psicologia Profunda; Adela Nieto de Tejedor, Beatriz Villamarin, Hilda Ansiporovich, Denise Thibaud, Alberto Blasi, Mário Elisei, Encarnación E. de Marti, Júlio Christensen, Maria Teresa de Coire, entre outros.

Recentemente, foi criado na Argentina pelo professor P. J. Foglia o Colégio de Graduados em Grafologia. A finalidade dessa instituição é idêntica à da Associação Profissional de Grafólogos da Espanha: "Hierarquizar e profissionalizar a atividade grafológica".

A GRAFOLOGIA NA BÉLGICA

Nesse país, acompanham-se, especialmente, os avanços da grafologia na França e existem grafólogos eminentes, tais como: A. M. Cobbaert, J. de Backere, M. F. Lienart, M. A. Dagnely, Callewaert, J. Dubouchet, Guyot, Berge e Dulait. A "Société Belge de Graphologie" foi fundada em 1972. Merecem especial menção as obras de A. M. Cobbaert (*La graphologie,* Ed. Gérards Verviers, que chegou aos 200 mil exemplares; *L'Écriture des enfants et des adolescents,* do mesmo editor, e *Propos sur la graphologie*). Sabemos que A. M. Cobbaert tem preparada uma importante obra sobre grafologia, que será publicada simultaneamente em alemão e francês por Editions Keller, de Genebra.

Em 1960, Jeanne Dubouchet, professora agregada de física na Universidade de Bruxelas, publicou uma obra intitulada *La analogia de los fenómenos físicos y psíquicos y la escritura.* Esta obra, que serviu para a autora como tese para a obtenção do diploma superior de grafologia na Société de Paris, tem a originalidade de comparar as leis da escrita com as leis da física.

Jacques de Backere, assíduo colaborador de várias revistas de grafologia, dentre elas o boletim *La graphologie,* de Paris, tem uma obra muito interessante intitulada

25

Introduction à la graphologie de la perception du symbolisme graphique" (Édit. du Parthenon, Bruxelas), livro recomendável para amadores e profissionais. Maz Guyot, em seu *Tableau graphologique de mille tendances du caractère"*, expõe uma série de quadros de tendências caracterológicas com sua correspondência grafológica. Esse é outro livro de grande interesse para os profissionais da grafologia.

Não existem centros importantes, de reconhecimento oficial, onde se ensine na Bélgica a grafologia, possivelmente por estar esse país nas proximidades da França. Sem dúvida, há as organizações privadas que oferecem cursos por correspondência: a de G. Carels e a de Dagnely, ambas na capital.

A GRAFOLOGIA NO BRASIL[3]

Através de Zelda Litowsky (Revista de Grafologia da Argentina), sabemos que, no Rio de Janeiro, funciona um instituto de investigações grafológicas dirigido pelo Dr. Roberto Neves, médico naturalista e poliglota (domina seis idiomas). Esse instituto dedica-se à seleção de pessoal e à orientação pedagógica. O Dr. Neves estudou na França e na Espanha.

No Brasil, foi criada a Sociedade Brasileira de Grafologia em 1977, atuando como presidente o grafólogo e psiquiatra J. de Gouveia e como vice-presidente uma discípula direta de Pulver, Odette Serpa Loevy. A conhecida grafóloga Heloísa Lourdes Alves da Mota exerce as funções de secretaria da SOBRAG (anagrama da Sociedade).

Foi criado em 1994 o Instituto Mineiro de Grafologia pelo grafólogo José Carlos de Almeida Cunha.

A GRAFOLOGIA NOS ESTADOS UNIDOS

Os Estados Unidos são sempre o país dos recordes. Segundo informações, trabalham ali, atualmente, uns quarenta mil grafólogos, de acordo com os registros profissionais. Nosso colega, o professor Rudolf S. Hearns, informa-nos que "o interesse pela grafologia aumentou muito nos últimos dez anos nos Estados Unidos e no Canadá. Foram criados, em ambos os países, várias sociedades de grafologia, e são editadas revistas mais ou menos periódicas". Sem dúvida, diz Hearns, a qualidade dos artigos dessas publicações e dos programas de rádio e televisão é bastante variável.

A mais antiga sociedade de grafologia é a American Graphological Society, fundada por Louise Rice, e a mais ativa é a American Handwriting Analysis Foundation. Esta tem sua sede na Califórnia e agrupa uns duzentos membros. Seu diretor, Charlie Cole, é um homem muito ativo, organiza frequentemente conferências e seminários e publica, constantemente, em diários e revistas, artigos sobre a escrita e a psicologia.

---

[3] Em 1994, em Belo Horizonte, foi fundado o Instituto Mineiro de Grafologia (N.T.).

INTRODUÇÃO À HISTÓRIA DA GRAFOLOGIA

Em Chicago, funciona a Association of American Hadwriting Analysis, que agrupa uns 150 membros sob a presidência de M. B. Brown. Em Nova York, a Associated Graphologists International publica artigos de grande valor científico em sua revista *Graphic Horizons*. Um grupo de cerca de trinta grafólogos se reúne, periodicamente, para dar conferências e debater sobre a grafologia. Na Universidade de Nova York, o professor Daniel S. Anthony e sua esposa dão frequentemente cursos de grafologia.

Existe, há muitos anos, outra sociedade de grafologia com vários milhares de alunos nos Estados Unidos e Canadá. Trata-se da International Grapho Analysis Society, fundada por M. N. Bunker. O sistema de Bunker tem certa analogia com a teoria do sinal fixo de Michon, pelo que muitos de seus alunos passaram a utilizar métodos mais modernos, como, por exemplo, o psicograma desenvolvido por Klara Roman e aperfeiçoado por Daniel S. Anthony ou a grafometria de Lewinson – Zubin.

Os poucos contatos que mantivemos com os grafólogos americanos parecem indicar que há um grande interesse das universidades americanas nas investigações realizadas por Thea Stein Lewinson, e seu grupo de psicólogos e engenheiros. T. S. Lewinson criou um método de análise da escrita baseado em curvas dinâmicas para serem submetidas aos computadores (haverá uma exposição de seu método no número 120 do boletim *La graphologie,* 1970).

O postulado do método Lewinson é o seguinte: "A escrita é uma linha à qual foi dada uma forma que se move em três direções: vertical, horizontal e em profundidade. Essas três dimensões estão unidas por uma relação dinâmica (contração – equilíbrio – disparo ou reação impulsiva)".

O método consiste em classificar a faixa gráfica, valorizando os conceitos gráficos de seus componentes: "formal", "horizontal", "vertical" e "profundidade", segundo uma escala de sete pontos:

Contração	Equilíbrio	Disparo
+3+2+1	0	-1-2-3

Todos os sinais gráficos valorizados desses componentes se apresentam em uma folha de histograma que, previamente preparada, permite o estabelecimento de cinco curvas variáveis segundo os indivíduos.

O aspecto "formal" da escrita, segundo Lewinson, está em relação com os fatores de integração da personalidade, quer dizer, a forma ou estrutura das letras, na qual se fundem outros elementos, está em correlação com o funcionamento do indivíduo, com sua forma de atuar (comportamento, desempenho); o componente "vertical" expressa a organização racional do indivíduo, ou seja, a relação entre as tendências intelectuais, emocionais e instintivas (clareza – confusão nas suas reações); o componente "horizontal" representa a esfera socioemocional, a relação entre o indivíduo e seu grupo; finalmente, o aspecto "profundidade" está em correlação com a esfera física e instintiva e indica de que forma o indivíduo utiliza suas energias libidinosas.

De cada um desses aspectos se obtém uma curva e, finalmente, outra que os engloba a todos. Esse método grafométrico foi considerado "muito eficaz" e superior aos métodos clássicos, especialmente no diagnóstico das psicoses. No estudo dos cadernos escolares de quatro gêmeas univitelinas, Thea Stein Lewinson chegou a descobrir, dez anos antes de se revelarem, os estigmas esquizofrênicos latentes nessas gêmeas confiadas ao "National Institute of Mental Health". "Somente a análise grafológica, entre todas as demais técnicas, foi capaz de detectar a personalidade patológica das mesmas dez anos antes que sua doença se revelasse".

Outro grafólogo, de origem vienense, residente nos Estados Unidos, o Dr. Alfred Kanfer, estudou o câncer na escrita. Sua investigação, que abrange um período de quarenta anos cotejando escritas de cancerosos, mostra que em todo canceroso, ou possível canceroso, produz-se uma deterioração, mais ou menos evidente, segundo a importância do caso, na coordenação neurovascular que se evidencia na escrita. O método de Kanfer não permite localizar o tipo de câncer (O'Neil), mas, sim, determinar sua existência.

O Dr. Paul de Sainte Colombe, grande utilizador da grafoterapia, demonstra, em sua obra *Graphotherapeutics: the new technique for using your subconscious power* como a grafologia pode ser utilizada vantajosamente nos problemas de incompreensão generalizada, intolerância, incompatibilidade de caracteres, desavenças ou falta de afinidade psicológica, especificamente no matrimônio (referência tomada do artigo de A. O'Neil, *La Grafologia, radar del ombre,* Buenos Aires, 1971).

"A grafologia – diz o Dr. Thewlis, de Wakefield – é empregada, muito amplamente, nos Estados Unidos para estudar os pacientes. O médico norte-americano pensa que a grafologia tem uma utilidade incalculável porque lhe revela o que é o paciente, a condição de suas emoções e a evolução de sua doença".

O médico norte-americano sabe que muitas doenças são devidas a transtornos emocionais que podem ser detectados, servindo-se da escrita como instrumento de diagnóstico. Trabalham nesse sentido, na América do Norte, milhares de médicos grafólogos. Dentre outros, podemos citar, o Dr. Daniel S. Anthony, o Dr. E.C. Trautman, o Dr. Herry O. Telcher, Alfred Kanfer, William C. Halden, Paul de Sainte Colombe, que ensinam a grafoterapia no Instituto Neuropsiquiátrico de Langley Porter de San Francisco, Thea S. Lewinson e Rudolf Hearns, para citar apenas os mais conhecidos.

Um dado muito curioso, tomado da revista italiana *Scrittura,* refere-se ao grafólogo R. Backmann. Esse colecionador da grafologia chegou a reunir, em sua biblioteca, mais de vinte mil livros e revistas sobre a grafologia e uma bibliografia que abrange duzentos e cinquenta mil referências a obras e trabalhos sobre o tema. Os Estados Unidos são sempre o país dos recordes!

INTRODUÇÃO À HISTÓRIA DA GRAFOLOGIA

A GRAFOLOGIA NA FRANÇA

França, Alemanha e Suíça são os três países mais adiantados da Europa na pesquisa grafológica. Da mesma forma, estão também Bélgica, Itália, Rússia, Checoslováquia, Holanda e Espanha, mas as pesquisas desses países não têm tido tanta difusão, talvez pelo pequeno número de grafólogos lá existentes ou pelas dificuldades do idioma para ser difundido.

França é o berço da grafologia. A Société de Graphologie francesa, de categoria internacional, completou, recentemente, cem anos. Seu fundador foi Jean-Hippolyte Michon, homem de uma vasta cultura, atento pesquisador, "observador judicioso" que tinha uma lógica eminentemente dedutiva, além de uma grande sensibilidade e intuição. Michon escreveu seu primeiro livro com Desbarolles, editor, astrólogo e quiromântico. A associação com Desbarolles terminou quando Michon observou que seu colaborador contaminava a grafologia, misturando-a com ideias mágicas afastadas do critério científico.

Em um segundo livro, Michon aborda a grafologia partindo de postulados filosóficos e de raciocínios sumamente claros, desligando-se, assim, dos antigos critérios ocultistas em que a grafologia estava, até então, submersa.

Nessa obra, segundo seu biógrafo, Pierre Foix, expõe Michon "um sistema completo de grafologia filosófica, ou seja, os princípios filosóficos sobre os quais se baseia seu sistema: a anatomia gráfica, a fisiologia prática e a classificação racional dos sinais grafológicos em famílias de sinais gráficos".

Michon estabelece também, em seu *Système de graphologie,* alguns postulados muito interessantes: "A escrita é o reflexo visível do pensamento"; "Toda escrita, como todo linguajar, é uma imediata manifestação do ser íntimo, intelectual e moral"; "O sinal segue o movimento da alma e muda quando a alma ou estado de ânimo muda".

Os ensinamentos de Michon são acolhidos por Crépieux-Jamin, que os depura e engrandece com seu fino critério científico de botânico, aperfeiçoando suas leis e postulados e classificando os sinais, como o fez Lineo com as plantas, em gêneros, espécies e modos. Com Crépieux-Jamin, estamos já no início do século XX e a grafologia se estende paralelamente ao resto das ciências auxiliares da economia e da sociologia. Com os discípulos de Crépieux-Jamin, a ciência grafológica foi se aperfeiçoando cada vez mais na França, à medida que se integrou às novas correntes da psicanálise e da caracterologia moderna e, mais recentemente, à grafometria.

A França é, hoje, um país que está na vanguarda da investigação grafológica, no seu aspecto genético, caracterológico, fisiológico, médico, estatístico, pedagógico, filosófico ou profissional. Esse avanço científico da grafologia tornou possível que o Ministério do Interior do país outorgasse à *Société de Graphologie,* modelo de seriedade científica, o privilégio de ter sido designada, oficialmente, como centro cultural de utilidade pública.

A grafologia francesa destacou-se sempre pelo seu espírito aberto a toda inovação e enriquecimento científico. O boletim *La graphologie* abre suas colunas a toda colaboração nacional ou estrangeira que traga algo novo e de interesse para seus numerosos membros, espalhados por grande parte do mundo.

29

Seus congressos internacionais e suas semanas grafológicas reúnem sempre os grafólogos mais destacados da Europa e América do Norte.

Além da Société Française de Graphologie, encarregada da difusão cultural da ciência grafológica em seus cursos, conferências e publicações[4], foi fundado, em 1945, sob a presidência do dinâmico Pierre Foix, o atual Groupement des Graphologues – Conseils de France. Esse agrupamento reúne, em uma espécie de colégio oficial, os grafólogos profissionais que podem atuar oficialmente no país. Para ingressar nele é preciso ter obtido o diploma de grafólogo na Société de Graphologie e ter feito cursos de especialização em grafologia, que terminam com um exame muito rigoroso, que garante a competência profissional dos membros do grupo. Ninguém pode ingressar nesse Groupement sem ter passado no exame feito por uma banca composta de grafólogos profissionais dessa associação de classe. Ao autor desta obra cabe a honra de ter sido, desde sua fundação, membro representante na Espanha.

O Groupement des Graphologues – Conseils de France impõe a seus membros um código de deontologia, com o que a profissão de grafólogo se dignifica em sua missão, adquirindo, por sua vez, o respeito e a confiança das pessoas que utilizam as informações grafológicas em qualquer de seus múltiplos aspectos.

Dentre os grafólogos mais destacados do país, podemos citar, por sua erudição, Suzanne Bresard, Raymond Trillat, Ania Teillard, Jean Charles Gille, Jacqueline Peugeot, Pierre Favareillé, Mme. Lefebure, Bruno Tavernier, Mme. D. A. Lombard, Pierre Faideau, Robert Olivaux, Mme. Gobineau e M. Perron (criadores da grafometria), Loucien Bousquet, André Lecerf, M. Wideman, Robert Denis etc. A maior parte deles dirige ou colabora no boletim *La graphologie,* publicação muito cuidadosa em seu aspecto de seriedade científica.

Outras publicações francesas são: o boletim do Groupement des Graphologues-Conseils, que somente seus membros recebem; a *Tribune graphologique,* do Institut International de Recherches Graphologiques; os *Cahiers de l'alliance graphologique,* de M. Ostrach; as publicações do centro L'évolution graphologique, de Loucien Bousquet; e *Les cahiers de I.N.G.S.* (Institut National de Graphologie Scientifique), dirigido por Marguerite Surany e publicações isoladas nas revistas *Psyche, Connaissance de l'homme,* de grande prestígio científico na França, *e Morphopsychologie,* dirigida pelo Dr. Corman.

A literatura francesa sobre grafologia é muito extensa. Mencionaremos algumas poucas obras e autores de grande interesse para os profissionais da psicologia ou aficionados por esses conhecimentos.

Em primeiro lugar e precisamente sobre grafologia científica, oferece grande interesse a obra de H. Gobineau e R. Perron, *Génétique de l'écriture et étude de la personnalité,* obra fundamental para os que precisam se mover em um critério de medida e controle estatístico. Nesse mesmo sentido, pode-se consultar também *Précis de graphologie,* de Alix Michelet (veja bibliografia).

---

[4] Para ser admitido nos cursos da Société Française de Graphologie é necessário ter nível superior ou ter participado dos cursos de Psicologia da Sorbonne.

INTRODUÇÃO À HISTÓRIA DA GRAFOLOGIA

Para os psicólogos que preferem Jung, podemos recomendar as obras de Ania Teillard, *L'âme et L'écriture e Psychologie de L'écriture,* do Dr. Jean Charles Gille. Os interessados pela psicanálise de Freud podem consultar a obra de P. Menard e as publicações do centro L'évolution graphologique, de Loucien Bousquet. Aos que conhecem as teorias de Szondi, recomendamos a excelente obra do Dr. Gille e Mme. Lefebure, *Introduction à la Psychologie du Moi.* Aos partidários da teoria da forma (*Gestalt*), recomendamos as obras de L. Bousquet e a obra de Robert Brechet, *Les graphologies dans les sciencies psychologiques.*

O estudo dos temperamentos clássicos foram bem abordados pelos seguintes autores: Dr. P. Carton, André Lecerf, H. de Saint Morand, Muzinger, Susane Delachaux, o Dr. R. Mompin e Maurício Delamain, dentre outros (veja bibliografia).

A caracterologia de Le Senne foi estudada pela maior parte dos grafólogos franceses, e merecem ser citados, nesse aspecto, René Resten, Robert Denis e Torkomian, assim como Émile Caille, A. Vosesec e G. Beauchataud.

A grafologia médica oferece também obras muito interessantes, por exemplo as de Rogues de Fousacs, Streletski, Resten, Brosson, Duparchy-Jeannez, E. de Rougemont, Jean Charles Gille, Teillard e outros.

A grafoterapia foi estudada por Streletski, Trillat e Olivaux, dentre outros. A grafologia relacionada com o estudo do ritmo musical foi motivo de trabalhos muito interessantes, como os de Jean Charles Gille e Louis Vauzanges. A grafologia relacionada com a filosofia chinesa, os hieróglifos egípcios e a ciência tradicional tem em Marguerite Surany seu principal intérprete (veja na bibliografia as obras dessa autora).

A grafologia, do aspecto puramente fisiológico e nervoso, tem seu reflexo nos trabalhos de Maurice Periot, H. Callewaert, Streletski, Brosson e outros.

A seleção de pessoal foi tratada por Roberto Denis e Torkomian, Pierre Foix, Loucien Bousquet, S. Delachaux, Trillat, Gaussin, Gille etc.

O simbolismo das letras tem em Roseline Crepy e em Marguerite Surany sua expressão máxima, ainda que cada uma dessas autoras aborde o simbolismo de pontos de vista muito diferentes. Nesse sentido, merecem também menção especial os trabalhos de Bronson, Le Noble, Menard, Bousquet, René Salberg e outros.

As anomalias na escrita infantil foram estudadas por Jacqueline Peugeot, com magistral acerto e atenção. Outros trabalhos sobre a criança foram publicados por F. Goodenough, H. Fay, Ada Abraham, Alfred Tajan, J. Boutonier, Porot, Corman, Henry Wallon, Susanne Delachaux, André Lecerf e Mialaret, dentre outros.

Todos esses aspectos e outros são tratados no boletim *La graphologie* em diversos trabalhos ali publicados (Veja bibliografia).

A GRAFOLOGIA NA INGLATERRA

A grafologia científica começa na Inglaterra com Robert Saudek, falecido em 1935, a quem devemos duas obras muito importantes na literatura grafológica: *Experiments with handwriting e The psychology of handwriting.* Na primeira, expõe, dentre outras coisas, suas experiências mediante a filmagem do ato de escrever e um estudo

31

sobre os sinais de honestidade e de desonestidade. Essa é uma obra interessante do ponto de vista dos fundamentos científicos da grafologia. A segunda obra citada, que cronologicamente é anterior, trata, em especial, das generalidades da grafologia, mas tem vários capítulos interessantes. As obras de Robert Saudek foram publicadas, simultaneamente, em inglês, alemão, holandês e checoslovaco. A primeira dessas obras, *Experiments with handwriting*, foi publicada em 1928, e a segunda, em 1925, pela editora George Allen.

Saudek deixou, na Inglaterra e em outros países, muitos discípulos e merece o título de pai da grafologia científica inglesa, como Klages o é da alemã e Crépieux-Jamin da francesa.

Em 1926, foi traduzida para o inglês a principal obra do grafólogo francês Crépieux-Jamin, e, desde então, começaram a surgir adeptos da grafologia.

Atualmente, são muito apreciadas as obras de Eysenck, Downey, Hans Jacoby, Frank N. Freemann, Helga Eng, Middeleton, Klara Roman, Eric Singer e outros. Assim como na América do Norte, os grafólogos ingleses, muitas vezes, combinam a grafologia com o teste e psicodiagnóstico de Rorschach, com o miocinético de Mira e com outros testes.

Dada a pequena ligação que temos com os grafólogos ingleses, desconhecemos suas organizações e suas revistas, mas não há dúvida de que seguem de perto os avanços dessa ciência, a julgar pela presença de grafólogos ingleses nas reuniões internacionais. Portanto, estimamos que devem ter também seus seminários e publicações periódicas sobre grafologia.

A GRAFOLOGIA NA ITÁLIA

Na Itália, funcionam três organizações importantes: o Instituto G. Moretti, a Associação Grafológica Italiana e o instituto criado por Marchesan. Quanto às revistas, a mais importante é *Scrittura*, publicação quadrimestral do Instituto G. Moretti, 60.100, Ancona. Por ela, observamos o grande avanço que os italianos deram à grafologia desde Lombroso, Moretti e Astillero, seus iniciadores.

O Instituto Moretti, sob a direção do professor Lamberto Torbidoni, desenvolve sua atividade em três direções: profissional, editorial e cultural. Do ponto de vista profissional, cuida de análise grafológica de todo tipo (orientação, seleção de pessoal, conselho psicológico etc.) e também atende às perícias caligráficas judiciais, como vinha fazendo, desde 1925, seu fundador grande mestre da grafologia italiana, frei Girolamo Moretti.

Do ponto de vista cultural, o Instituto Moretti propõe a abertura de uma Escola Superior de Grafologia e a constituição de uma Associação de Grafólogos Profissionais, tal como a têm a França, a Suíça, a Espanha e outros países europeus. Essa associação se dividiria em grupos de estudo que granjeariam séries de experiências em várias especialidades, conferências, seminários de especialização etc. Finalmente, a parte editorial cuidaria da publicação de obras importantes relacionadas à grafologia, traduções de obras estrangeiras e da edição da revista *Scrittura*.

Outra revista italiana sobre grafologia é editada pelo Istituto di Indagini Psicologiche di Milano, dirigido por Marco Marchesan, com o nome de *Rivista di Psicologia della scrittura*. Essa revista, como a anterior, tem um alto nível grafológico e cultural.

O mencionado Istituto di Indagini Psicologiche di Milano é também escola de grafologia, centro de consultas, local onde se realizam congressos internacionais, numerosas conferências e onde se editam publicações e artigos sobre grafologia. É notável a atividade de seu criador, o psicólogo italiano Marco Marchesan; julgamos sua posição muito fechada e extremista: não admite outro critério científico além do seu. Em outras palavras, pretende ignorar, em seu sistema, aquilo que deve à grafologia a seus colegas e predecessores. Seu sistema foi exposto, há alguns anos, em sua obra, traduzida para o espanhol e publicada por Victoriano Suarez, *Tratado de Grafopsicologia* (1950).

Além dos grafólogos mencionados, Lombroso, Astillero, Moretti, Marchesan e Torbidoni, a Itália tem, atualmente, personalidades de primeira linha na grafologia europeia. Citemos, por exemplo, Mariana Leibl, Sanetti e Rollandini, Oscar del Torre, Luigi Spotti, Carla Vanini, Livio Zanin, G. Luisetto, F. Merletti, G. Galeazzi, B. Vettorazzo, S. Lena e outros.

A GRAFOLOGIA NA SUÍÇA

A grafologia na Suíça, pelo menos em seu aspecto científico, começa com Pulver, conhecido mundialmente por ter integrado à grafologia os princípios do simbolismo. Sua obra *Symbolik der Handschrift,* publicada em 1931, é um dos marcos mais gloriosos da grafologia científica. Com Pulver, a linguagem grafológica se torna universal.

Em 1928, foi criada na Suíça a primeira associação de grafólogos, a Société de Graphologie de Neuchatel. Essa associação é acessível a toda pessoa que se interesse pela grafologia. Realizam-se, aí, numerosas conferências sobre grafologia e psicologia.

Max Pulver fundou, em 1950, a *Société Suisse de Graphologie,* integrada unicamente por grafólogos profissionais ou pessoas altamente qualificadas por seus conhecimentos ou estudos de psicologia. Atualmente, podem ser membros dessa sociedade somente grafólogos profissionais diplomados nas escolas de Zurique ou Basiléia. Podem pertencer também os grafólogos de língua latina que possuam o diploma de Grafólogo Conselheiro outorgado pelo Groupement des Graphologues – Conseils Profissonnels da França. Somente, a título excepcional, podem ser aceitos novos membros pelo comitê da S.S.G. se eles, por sua atividade dentro da psicologia, obtiverem maioria de votos.

Outra entidade importante é a Société Suisse pour la Vulgarisation de la Graphologie Scientifique, fundada em Zurique por Max Frei em 1958.

A essa sociedade pode pertencer toda pessoa que se interesse pela grafologia. Seu objetivo é a divulgação dessa ciência, por meio de numerosas conferências desenvolvidas pelas pessoas relevantes no campo da psicologia, da psiquiatria e das ciências empresariais. Nessa entidade se ensina também a grafologia. Dentre as personalidades que dão frequentemente conferências nessa sociedade, podem ser citadas figuras tão conhecidas como Robert Heiss, H. Müller, A. Enskat, Roda Wieser, Lockowandt, Listenov, Buhler, Schnewlin e outros.

O seminário de Zurique, fundado em 1963, goza de uma grande reputação em toda a Europa. Foi trasladado, provisoriamente, para Basiléia, por razões de saúde de um de seus dirigentes. Em Basiléia, funciona com o nome de Séminaire pour la Science de L'Expression.

Da Suíça, surgiram eminentes grafólogos. Basta recordar Max Pulver e G. E. Magnat, conhecidos mundialmente, e os não menos famosos Marcel Meyer, Suzanne Delachaux, Robert Brechet, H. Müller, A. Enskat, A. Schlumpf, Mulhemann e S. Rausch.

Quanto às revistas sobre grafologia, recordamos os cadernos de grafologia I, II e III que apareceram como anexo à *Revue suisse de psychologie* (Ed. Hans Huber, Berna). No número I, lemos um artigo muito interessante escrito por Max Pulver sobre "L' intentionalité" (Gesinnung). Infelizmente, essa revista e, com ela, os cadernos sobre grafologia desapareceram há alguns anos.

A Société Suisse de Graphologie publicava o boletim *Scripta*, que era editado em Genebra. Sua publicação foi interrompida com a morte de G. E. Magnat em 1960. Magnat era o redator principal do boletim e nele colaboraram Marcel Meyer, M. de Trey, J. Weiss, Mosdorf, Mme. Fischer Thevenaz e outros muitos grafólogos suíços e franceses.

Atualmente, publica-se a *Zeitscrift für Menschenskunde*, revista editada por W. Braumueller de Viena (Áustria)[5]. Essa revista é o órgão oficial da Société Suisse de Graphologie e dos psicólogos da escrita alemã, os Schrifpsychologen (que é como se chamam a si mesmos alguns grafólogos alemães). A editora Käser-Hofstetter, de Menlingen-Thunersee, publica também, em língua alemã, uma revista dedicada à grafologia, intitulada *Der Graphologische Dienst*.

A GRAFOLOGIA NA SUÉCIA, HOLANDA, RÚSSIA, PORTUGAL, MÉXICO, COLÔMBIA E CHECOSLOVÁQUIA

Sabemos que a grafologia está muito avançada na Suécia, onde é utilizada, geralmente, junto com baterias de testes, nos estudos de seleção de pessoal e orientação pedagógica.

Também na Holanda se trabalha, intensamente, em grafologia (a Sociedade Holandesa de Grafologia é quase tão antiga quanto a francesa). A Rússia também possui sua sociedade de grafologia, ainda que o pouco que saibamos sobre a grafologia naquele país se deva a Jean Charles Gille, que publicou em 1963 e 1964, no boletim *La graphologie*, um "Aperçu de graphologie sovietique", comentando uma obra do grafólogo russo Zuev-Insarov.

---

[5] Wilhelm Braumueller, Servitengasse, 5, 1092. Viena.

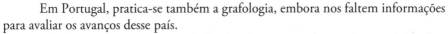

Em Portugal, pratica-se também a grafologia, embora nos faltem informações para avaliar os avanços desse país.

No México, é interessante o trabalho de Olivia Hemandez Landa, e, na Colômbia, o do jurista Luís Gonzalo Velazquez Posada e o de Alberto Posada Ángel.

Por referências, sabemos também que há na Checoslováquia bons pesquisadores no terreno científico da grafologia, ocorrendo o mesmo em outros países do leste europeu.

A GRAFOLOGIA NA ESPANHA

A grafologia, na Espanha, é conhecida desde seu nascimento. Apesar de Cirilo Serrano, Champurcin, Miracle e alguns outros terem se ocupado, no princípio do século, do estudo do caráter pela escrita, a grafologia não alcançou categoria suficiente até que Matilde Ras a importasse da França, em 1922, e publicasse seu primeiro livro de grafologia em 1917 (Editora Labor). Na mesma editora, aparecerá outra obra, dois anos depois, de autoria do professor Sneidemulh, um psicólogo alemão especializado no estudo do grafismo de delinquentes.

Matilde Ras, a quem a grafologia espanhola deve muitíssimo, não somente por seus trabalhos pessoais e publicações, mas também por seus alunos em todos os países de fala espanhola, merece uma menção de honra na história da grafologia. Seus livros e seus trabalhos pessoais foram sempre um exemplo de cuidadosa observação e interpretação. Descendente de uma família de artistas e intelectuais, Matilde Ras nasceu em Tarragona, em 12 de setembro de 1881. Estudou em Paris com Crépieux-Jamin, Solange Pellat, Streletski e outros. Seu primeiro livro, publicado em 1917, foi prefaciado por seu mestre Crépieux-Jamin. Colaborou, em sua especialidade, na Enciclopédia Espasa e nos numerosos jornais da Espanha, França, Portugal e América do Sul.

Suas obras mais conhecidas são: *Grafologia* (Editora Labor), *La inteligência y la cultura en el grafismo* (Editora Labor, 1945) *Historia de la scritura y grafologia* (Edit. Plus Ultra), *Los artistas escriben* (Editora Alhambra) e *Lo que sabemos de grafopatologia*, publicada em 1968, pela Editora G. del Toro.

Dentre seus alunos, contam-se figuras conhecidas da ciência, da arte e das letras espanholas e alguns se lembram, com respeito e simpatia, de suas famosas aulas particulares e seus cursos de grafologia prática no Instituto Internacional de Boston, em Madri. Matilde Ras, que até seus últimos momentos permaneceu trabalhando com grafologia, morreu em Madri em abril de 1969, com 88 anos.

Com a aparição do primeiro livro sério sobre grafologia, em 1917, de Matilde Ras, começam a surgir novas obras e, em 1933, publica-se, pela Editora Jorro, a obra do grande mestre da grafologia francesa Crépieux-Jamin *La escritura y el caracter*.

Como toda ciência nova, a grafologia teve de vencer resistências e romper um mundo para nascer e, como nos outros países da Europa, terminou se impondo nos meios universitários. Começou com Matilde Ras em Madri e, depois, com o autor da presente obra, com um curso em S.E.U., da Universidade de Barcelona, em 1947, e, mais tarde, orientando com seu método a tese de doutoramento de M. Almela na cátedra de psicopedagogia, de Barcelona, dirigida pelo Dr. Tusquets. Atualmente, a grafologia é estudada na Escola de Medicina Legal da Faculdade de Medicina de Madri[6] e no Instituto Salazar e Castro, filiado ao Conselho Superior de Investigações Científicas de Madri[7].

Em 1943, começou a funcionar, na Espanha, a primeira escola de grafologia por correspondência, através do departamento de caracterologia, criado por Augusto Vels em Belpost-Tecnopost, trabalho continuado depois por Mufloz Espinalt, em 1955. Da escola de Munoz Espinalt, surgiram alguns grafólogos de renome, dentre os quais podemos mencionar o P. Francisco Lacueva, Adolfo Nanot e Maria Rosa Panadés.

Conhecidos pelos trabalhos no campo da grafologia são: Arcadio Baquero, Silvia Ras (sobrinha de Matilde Ras, especialista em grafologia infantil), Ana Ch. Richouffts, prof. Tutusaus e a Dra. Pertejo.

Outra escola muito importante é a de Maurício Xandró, presidente da Sociedade Espanhola de Grafologia e diretor-promotor das Jornadas de Grafologia, de caráter internacional, das quais já se celebraram cinco em Madri e uma em Barcelona. Maurício Xandró fez parte do grupo de professores de grafística da escola da Faculdade de Medicina de Madri e do Instituto de Orientação Psicológica EOS. Foram publicadas várias obras sua, dentre as quais se destaca *Grafologia superior*. É o mais conhecido dos grafólogos espanhóis.

Outros nomes da grafologia espanhola atual são os do Dr. D. J. Villalain, Dr. Rafael Thomas, Dr. Mena, Dr. Munoz-Rivero, J. Permuy, Maria Rosa Panadés, Vicente Lledó, J., Sadurni, Martinez Villa, Maria Angeles Esteban, Carmen Gaspar, Berta Andrés, Deogracias Mellado, Elena Soler, F. del Moral e os dos professores Gumi, Dr. Deusedes, Beatriz Valdemoro, J. Pons e Roman Lopez, esses últimos especializados em grafologia pedagógica.

Autorizada pelo Ministério do Trabalho, foi criada em Barcelona, à semelhança de sua homóloga francesa, a Associação Profissional de Grafólogos da Espanha. Essa associação tem como fins concretos:

1. prestigiar a profissão;
2. manter uma deontologia;
3. dar lugar, na organização, somente a membros que possam sustentar seu profissionalismo como cientistas de grafologia;
4. controlar, mediante um exame rigoroso e uma tese, o valor científico e o profissionalismo dos solicitantes por junta examinadora;

---

[6] Os cursos oficiais da Escola de Medicina Legal de Madri são organizados exclusivamente para universitários. Os temas desenvolvidos nessa escola são especialmente: paleografia, grafística, grafopatologia, grafoterapia, orientação profissional, seleção de pessoal, orientação pedagógica e de estudos etc.

[7] A Escola de Ciências do Grafismo é ligada ao Instituto Luis Salazar e Castro, do Conselho Superior de Pesquisas Científicas, em Madri. Nessa escola se desenvolvem e acompanham cursos de três anos de duração que terminam com uma tese sobre a especialidade escolhida, para a obtenção do diploma. Esse centro docente patrocinou, de 25 a 30 de setembro de 1971, o Primeiro Congresso Internacional das Ciências do Grafismo, que foi realizado em Madri.

5. proteger seus membros contra todo descrédito e intromissão;
6. confirmar sua aptidão para o exercício da profissão mediante um título e um certificado que confirmem sua competência;
7. informar, em um boletim e conferências, sobre os avanços científicos que a grafologia e as ciências afins estejam produzindo na Espanha e em outros países.

INTRODUÇÃO SISTEMÁTICA
À GRAFOLOGIA

Definição

A grafologia é a ciência que estuda o caráter, o temperamento e a personalidade, pela análise e interpretação dos aspectos de "movimento", "espaço" e "forma" na escrita a mão.

O grafólogo considera a escrita não somente como uma linguagem, mas também como uma série de atos, como um registro gráfico de nossos gestos, de nossos movimentos, quer dizer, como um filme em que o próprio indivíduo plasma, graficamente, seu tipo de inteligência, sua sensibilidade, seus impulsos, suas tendências, suas reações etc.

Estudo dos aspectos gráficos

Podemos fazer o estudo de uma grafia, de um psicograma de nossos movimentos, segundo sua extensão, sob quatro aspectos:

1. estudo do impulso de letra;
2. estudo do impulso de palavra;
3. estudo do impulso de linha;
4. estudo da página como totalidade[8].

Os elementos que constituem o impulso de letra são:

O traço (fig. 1), que é todo o movimento que realiza a caneta em um só impulso;

O pleno (fig. 2), movimento que desce com a mão em posição de flexão;

O perfil (fig. 1), movimento de extensão[9] que a mão executa de baixo para cima.

Partes essenciais (fig. 3), que constituem o esqueleto das letras;

Partes secundárias (fig. 4), que são os traços desnecessários ao reconhecimento ou à estrutura das letras e que constituem os adornos, complicações, prolongamentos etc. dos traços iniciais e finais ou traços acessórios;

As partes longas das letras "l", "b", "t" etc. recebem o nome de *hastes* (fig. 5-1).

As partes longas das letras "g", "j", "y" etc. são denominadas *pernas*[10] (fig. 5).

---

[8] Aos leitores que desejam conhecer a fundo esses aspectos gráficos, sugerimos nossas obras *Escrita e personalidade* e *A seleção de pessoal e o problema humano nas empresas,* Herder, Barcelona.

[9] Os movimentos de abdução e de adução completam os de flexão e extensão. O primeiro se dirige da esquerda para a direita da página; e o segundo, da direita para a esqueda. Veja as obras citadas na nota anterior.

[10] Também chamadas *de laçadas* (N.R.).

O movimento que começa uma letra se chama *traço inicial* (fig. 6). Chama-se *trato final* o que a termina (fig. 7).

Esse conhecimento anatômico das letras é elementar para se seguir o estudo dos sinais gráficos[11].

A grafologia não somente estuda os sinais (fenômenos produzidos pelo movimento gráfico e diretamente mensuráveis), como também leva em conta os símbolos, a linguagem inconsciente, os significados inconscientes, ou seja, certos fenômenos que se ligam aos sinais, da mesma maneira que, nos sinais, se mesclam os conteúdos da vida real com manifestações de origem inconsciente.

É precisamente no simbolismo do espaço e de certos movimentos que a escrita oferece maior riqueza interpretativa.

O simbolismo do espaço

A partir de Klages e de Pulver, o simbolismo do espaço gráfico alcançou um valor extraordinário. Com eles, a escrita se move para quatro direções possíveis e em três dimensões.

A direção dos movimentos, preferencialmente para a esquerda da página (figs. 8 e 9), reflete a tendência do indivíduo a buscar, inconscientemente, a *imagem da mãe,* o feminino, o interior de si mesmo, seu eu, suas lembranças, seu *passado,* o de sua família ou o da humanidade.

Nessa zona, concorrem também os instintos, sentimentos e necessidades egoístas, os interesses pessoais (egoísmo, narcisismo, egocentrismo etc.). Pode refletir também "regressão".

A direção preferencial dos movimentos para a direita (fig. 10) conduz à esfera simbólica do *pai,* à esfera masculina de luta, combatividade, ação, realização. Essa zona representa o exterior, o que está fora do indivíduo (o mundo, as pessoas, as coisas). Representa também *o futuro,* isto é, os interesses altruístas e sociais: generosidade, altruísmo, amor ao próximo etc.

A direção dos movimentos gráficos para cima, para o alto (fig. 11) está em correspondência com o sentimento de si mesmo (orgulho), a ambição, o desejo de poder e de superioridade, e também com as aspirações ideais e as necessidades do espírito.

A direção dos movimentos para baixo (fig. 12) simboliza a descida para o material, o contato físico com os objetos, até às sensações, até às necessidades do corpo e do instinto. É a zona do inconsciente pessoal, familiar e coletivo, onde também reconhecemos o movimento das pernas e os interesses técnico-práticos.

---

[11] O impulso de palavra e de linha e a página como totalidade se englobam sob o termo de "escritas-tipo".

INTRODUÇÃO SISTEMÁTICA À GRAFOLOGIA

Simbolicamente, os movimentos "em descida" são próprios da fadiga, do abatimento, da depressão, da ruína moral e física, e da baixeza.

Entre essas duas últimas zonas, ocupando o centro ou esfera de confluência de ambas, encontra-se a zona média, de grande importância psicológica. A *zona média* é o ponto de convergência do espírito e da matéria, dos ideais e da experiência prática com o sentimento e com as realidades da vida cotidiana (fig. 13).

A zona média é o assento da consciência moral, das tendências do sentimento, do presente individual e da conduta do indivíduo em suas relações afetivas com seu próximo.

Essa zona média do grafismo é o centro do ser. Nela, o indivíduo revela-nos a forma como ama ou odeia, como sua consciência moral responde aos problemas que a vida cotidiana suscita e sua sinceridade nas relações com os demais. Por esse motivo, por ser o núcleo simbólico da personalidade, é que tem tanta importância o estudo de certas letras minúsculas, cujo mimetismo gráfico presta-se à interpretação de certos estados de alma.

O simbolismo do espaço gráfico deve ser conhecido a fundo para que se possa compreender *o porquê* de muitas interpretações, que daremos depois.

Esse simbolismo, tão velho quanto a humanidade, é o mesmo que a psicologia utiliza na interpretação dos sonhos e na interpretação de certos testes projetivos (Rorschach, teste desiderativo, Van Lenep, teste da árvore etc.).

Os aspectos gráficos

Além desse simbolismo do espaço, devemos observar, em todo movimento ou gesto gráfico, os seus diferentes *aspectos*:

Partindo dos módulos estabelecidos pela grafoanálise, podemos medir a corrente vital que anima nossos impulsos psíquicos segundo oito aspectos gráficos:

* **ordem** (distribuição de letras, palavras e linhas, disposição do texto na página e proporções das letras);
* **dimensão** (amplitude dos movimentos);
* **pressão** (intensidade ou energia do impulso gráfico);
* **forma** (modalidade de estrutura das letras);
* **rapidez** (vivacidade do impulso gráfico);
* **direção** (lugar ou plano simbólico para onde se dirigem preferencialmente os movimentos no espaço gráfico);
* **inclinação** (espontaneidade dos movimentos);
* **continuidade** (constância, regularidade, estabilidade ou perseverança da onda gráfica).

Cada um desses aspectos gráficos, com seus subaspectos, corresponde a um determinado plano da personalidade, ou seja, reflete, quantitativamente, determinadas particularidades psicológicas, segundo as diferenças em relação ao módulo padrão, ultrapassando ou mostrando um déficit, excedendo-se aos níveis normais ou ficando abaixo (insuficiência).

Por exemplo, a **ordem** reflete, em geral, as faculdades de organização e adaptação do indivíduo. Mas a **ordem** tem três subaspectos: *a distribuição, a disposição e a simetria.*

A *distribuição* corresponde à ordem nas ideias. A *disposição,* à ordem social. A *simetria,* ao equilíbrio e a ponderação nos juízos.

A **dimensão** corresponde, em geral, à magnitude do impulso vital e tem dois subaspectos: *extensão e alargamento.*

A **extensão** revela a magnitude expansiva, a vitalidade, a atitude do indivíduo perante o mundo que o rodeia (extroversão-introversão).

O **alargamento** corresponde, nos movimentos para cima, à necessidade de se fazer valer (ambição de poder, de importância, de superioridade, orgulho), e, na direção para baixo, à profundidade de suas tendências instintivas (ver o significado da zona inferior no simbolismo das zonas).

A **pressão** indica, em geral, a potência da libido, isto é, a força de resistência e de realização do indivíduo. Tem três subaspectos principais:

A *tensão* que nos traduz a firmeza, a força para resistir ou impulsionar nossas decisões, nossos desejos ou caprichos.

A *profundidade,* índice da capacidade criadora, gestadora, do impulso. *O relevo,* modulação da potência sugestiva de nossas ideias ou criações.

A **forma**, em geral, corresponde à expressão modal de nossa conduta. Tem três subaspectos: *execução, ligação e estética.*

A *execução* mostra o modo como o indivíduo integra o mundo que o rodeia, seu grau de convencionalismo, originalidade ou vulgaridade e a expressão sua de conduta.

A ligação revela o modo de adaptação, o tipo de atitude adaptativa, ou seja, indica como é a postura externa habitual do indivíduo e se ela corresponde ou não a suas tendências impulsivas (veja *Escritura y personalidad, p.* 159).

A *estética* põe em evidência a capacidade do indivíduo de sentir e criar a beleza, fundindo as formas com as proporções.

A **rapidez** evidencia o grau de vivacidade da nossa inteligência, de nossa intuição e de nossas reações.

A **direção** corresponde às flutuações do ânimo, do humor e da vontade. Mostra também nosso grau de objetividade com relação às metas que desejamos atingir.

A **inclinação** reflete nossa espontaneidade afetiva, assim como o grau de vinculação a pessoas e objetos.

Finalmente, a **continuidade** expressa, em geral, o grau de regularidade, estabilidade, constância e perseverança de nosso caráter, de nossas ideias e de nossa conduta.

*A **continuidade** tem quatro subaspectos: *a orientação, a ab-reação, a coesão e a regularidade.*

A *orientação* mostra a direção alocêntrica ou egocêntrica de nossas ideias, tendências, instintos e necessidades.

A *ab-reação* indica o grau de abertura ou franqueza de nossas manifestações (nível de sinceridade).

A *regularidade* põe em relevo o grau de disciplina e de controle que impõe a vontade sobre si mesmo.

E, finalmente, a *coesão* reflete o modo como o indivíduo se integra às correntes coletivas e o grau de contato que deseja ter com os demais. Reflete também o impulso realizador de cada indivíduo.

Esses aspectos e subaspectos gráficos têm, cada um deles, uma série de componentes ou sinais diferenciais que, em grafologia, foram batizados com o nome de *escritas-tipo* e *gestos-tipo.*

Segundo nossa técnica de grafoanálise, as escritas-tipo se incluem em um quadro sinóptico de sinais gráficos[12] que serve de meio para a análise quantitativa dos sinais e para enquadrar cada indivíduo de acordo com suas principais tendências caracterológicas e temperamentais.

Para não repetirmos essa técnica, suficientemente explicada nas obras citadas, vamos-nos limitar a alguns exemplos de análise, segundo o sistema clássico da grafologia.

Os módulos

O ponto de partida para definir ou valorizar, quantitativamente, cada sinal está nos módulos ou regras estabelecidas pelas normas caligráficas.

A caligrafia é o protótipo neutro do qual parte o grafólogo para estimar, por exemplo, se um grafismo é grande ou pequeno, ordenado ou desordenado, simplificado ou complicado etc.

Fornecemos, a seguir, os módulos-padrão de cada aspecto gráfico, que devem servir de guia para valorizar, quantitativamente, o excesso ou deficiência de cada um dos sinais, com carga sintomática, que aparecem em todo grafismo a ser analisado.

---

[12] Veja *Escritura y Personalidad*, Herder, Barcelona, 1981, pp. 420-424, e *La selección de personal y el problema humano en las empresas*, Herder, Barcelona 1982, pp. 628-635.

MÓDULOS DA ORDEM[13]

- Distância entre letra e letra na mesma palavra: aproximadamente, setenta por cento de sua altura;
- Distância entre as palavras: largura de um "m" minúsculo do tipo de letra analisado;

- Distância entre linhas: de três a quatro vezes a altura das letras "m", "n", e "u" do tipo de letra que se analisa;
- Proporções: partes secundárias das maiúsculas não superiores a um terço do volume das partes essenciais;
- Hastes e pernas: três vezes a altura do corpo da zona média, ou seja, três vezes a altura das letras "m", "n" e "u";
- Margens: a superior, ao menos 30 mm da borda da página; margem esquerda de 25 a 30 mm da borda do papel; margem direita, aproximadamente, de 5 a 10 mm.

MÓDULOS DA DIMENSÃO

- Escrita pequena: menos de 2,5 mm;
- Escrita de dimensões normais: entre 2,5 e 3 mm;
- Escrita grande: entre 3,5 e 6 mm ou mais;
- Altura das maiúsculas: 8 a 10 mm para a escrita pequena (aproximadamente, três e meia a quatro vezes a altura do corpo central ou zona média das letras "m", "n", "a", "u" etc.);
- Largura das letras minúsculas: 90 por cento de sua altura, aproximadamente;
- Largura das maiúsculas: a mesma proporção das minúsculas. Vejam as proporções das hastes e pernas nos módulos da ordem.

MÓDULO DA PRESSÃO

É variável, mas nos "plenos", ou movimentos de flexão, não é inferior a 3/5 de mm, nem superior a 3/4 de milímetro.

---

[13] Tomado de La seleción de personal, pp. 82-84.

MÓDULO DA RAPIDEZ

Nos indivíduos de cultura média: de 130 a 150 letras por minuto. Em indivíduos de cultura superior ou universitária: mais de 150 letras por minuto.

MÓDULO DA FORMA

Serve o mesmo modelo de caligrafia, do qual procede o grafismo (letra inglesa, reta, gótica, Colégio Sagrado Coração etc.).

MÓDULO DA DIREÇÃO

Linhas horizontais com flutuações muito ligeiras, ou seja, sem rigidez linear.

MÓDULO DA INCLINAÇÃO

Aproximadamente, 50 graus (mede-se com o transferidor graduado). Módulo da continuidade:

- Na *coesão,* escrita agrupada;
- Na *regularidade,* escrita ligeiramente desigual;
- Na *direção* do movimento, escrita progressiva;
- Na *ab-reação,* aproximadamente sessenta por cento dos sinais abertos;
- *Frequência,* não monótona, nem demasiado regular, ou seja, com marcha rítmica, ou cadência constante e sem desigualdades chocantes.

A técnica da análise gráfica

O êxito, na interpretação grafológica, está, antes de tudo, na definição, ou seja, na valorização dos sinais segundo sua importância hierárquica dentro do ambiente gráfico.

Antes de iniciarmos o estudo dos sinais gráficos, temos de comprovar, necessariamente, que a escrita ou escritas que vamos analisar é ou são autênticas. Uma caneta ou tinta ruim, um apoio insuficiente do braço ou uma mesa que balance, uma postura incômoda, um estado anormal de fadiga, depressão, excitação, por exemplo, podem causar uma deformação importante do grafismo habitual. Portanto, convém assegurar que se analisa o grafismo corrente no indivíduo, ou seja, sem influências externas ou internas perturbadoras. Isso é importante e por esse motivo convém recusar toda escrita que o indivíduo tenha realizado sabendo que será examinado grafologicamente.

Como dados necessários para complementar o informe psicológico, é preciso obter o seguinte:

- idade e sexo;
- estado de saúde;
- profissão e estado civil;
- ambiente social do indivíduo e de sua família;
- histórico escolar e profissional;
- *hobbies* ou hábitos não profissionais;
- objeto da análise (seleção para um cargo, orientação profissional, estudo de complementação de caráter etc.).

Nos casos em que a análise se realiza para ocupar um posto de trabalho, é necessário ter uma descrição das funções a serem desempenhadas no referido posto e do ambiente em que se deve desenvolver o trabalho (caráter do chefe, o diretor imediato, para se ter uma visão da complementação de caracteres e a psicologia da equipe da qual se vai tomar parte).

De posse de todos esses dados e de outros considerados necessários, como guia ou complemento do estudo, procede-se à classificação dos sinais gráficos da seguinte maneira:

Toma-se uma das folhas que denominamos "quadro sinóptico de sinais gráficos" e, de acordo com os módulos estabelecidos, valoriza-se, na segunda coluna, a intensidade dos sinais observados.

A valorização se faz considerando 5 pontos como valor médio e 10 pontos como pontuação máxima.

São considerados pouco importantes e em ordem regressiva os valores inferiores a 5 e os sinais dominantes, os superiores a 6 pontos. Portanto, uma vez realizado o exame, devemos pôr em ordem hierárquica as escritas-tipo, de acordo com a pontuação que tenha alcançado cada sinal observado.

Tomemos como exemplo a figura 14. Em primeiro plano, teremos: grande 8, nutrida 8, redonda 7, guirlanda 7, baixa 7, vertical 7, extensa 7, predomínio da zona média 8. Em segundo plano: lenta 6, anelada 6, fechada 6, clara 6, agrupada 6, regressiva 6. Em terceiro plano: pontos colocados com precisão e baixos; laços; zona inferior e superior curtas; zonas finais em arpão regressivo; barras do "t" firmes e diante das hastes; letra "s" minúscula de formas variáveis etc.

Em princípio, os sinais dominantes refletem aquelas qualidades mais exteriorizadas e visíveis na conduta do indivíduo; os sinais secundários, do segundo e terceiro planos, as facetas mais inconscientes que matizam a psicologia ou as tendências que figuram no primeiro plano.

Vejamos outros exemplos:

Figura 15
- Escritas-tipo: uniforme 9; monótona 8; ordenada 8; clara 8; caligráfica 8; lenta 8; ligada 8; inclinada 7; retilínea 7; fechada 7; etc.

Como se pode ver, não se destaca nenhum sinal que possa ser considerado em segundo plano, devido ao convencionalismo das formas. O mimetismo gráfico não apresenta variações em face do excessivo respeito ao modelo caligráfico que imita.

Figura 16
- Escrita tipo: pequena 9; rápida 9; ordenada 8; clara 8; vertical 8; simplificada 7; cuidada 7.
- Arredondada 6; rápida 6; contida 6; em guirlanda 6; baixa 6; aberta 5; anelada 5; côncava 5.

Como gestos-tipo ver: barras do "t" desiguais (forma, dimensão, continuidade); pernas curtas e com base arredondada; pontos adiantados etc.

Nesses exemplos citados, somente mencionamos o mais destacado de cada plano, para facilitar a orientação do leitor.

O "quadro sinóptico de sinais gráficos", que reproduzimos nas páginas seguintes, proporciona ao analista a base para a interpretação psicológica de cada escrita analisada, que ele logo poderá completar buscando o significado das escritas-tipo mostradas em cada plano.

Para obter essa base de orientação psicológica, será suficiente assinalar, com um pequeno círculo, ou sublinhar, com vermelho, todos os conceitos que estejam na mesma linha horizontal dos sinais, cujo valor está na segunda coluna do quadro.

Desse modo, somando-se todas as colunas, verticalmente, de acordo com a pontuação mostrada na segunda coluna, para cada sinal observado, podem-se obter os seguintes percentuais:
- 3ª coluna: valor hierárquico dos sinais Positivos (P) e Negativos (N).
- 4ª O coluna: percentuais temperamentais: Sanguíneo (S), Nervoso (N), Bilioso (B) e Linfático (L).
- 5ª coluna: Percentual de Introversão (Intro), de Extroversão (Extra), ou de Ambitendência (Ambit.).
- 6ª coluna: Funções psíquicas predominantes: Perceber (Per.), Sentir (Sent.), Pensar (Pens.), Intuir (Int.).
- Finalmente, a 7ª coluna, somada verticalmente, como as anteriores, nos põe em correlação com a fórmula caracterológica: Emotividade (E), Não

emotividade (nE), Atividade (A), Não atividade (nA), Primariedade (P) e Secundariedade (S).

Os resultados do "quadro sinóptico dos sinais gráficos" devem ser completados com o estudo das "escritas-tipo", servindo-se do dicionário de sinais.

Se os sinais estão bem avaliados, e a formação psicológica do analista é suficiente, a grafologia, mediante esse sistema, pode dar resultados brilhantes.

O predomínio de qualquer dessas características determina-se totalizando-se a pontuação (coluna 2) de cada sinal psicológico, segundo o número de vezes que se repete. Só um critério estatístico pode dar resultados positivos, sempre que a classificação dos sinais gráficos estiver bem feita[14].

---

[14] Esse quadro foi tirado, com ligeiras modificações, de *La seleción de personal y el problema humano en las empresas*, Herder, Barcelona, 1982, pp. 303-309. Aproximadamente dez por cento dos sinais psicológicos estão ainda pendentes de maiores comprovações estatísticas. Aceitaríamos, com muito gosto, qualquer ajuda nesse sentido.

Quadro sinóptico (resumo) dos sinais gráficos e suas correspondências psicológicas

1ª Sinal gráfico	2ª Pontuação	3ª Valor do sinal	4ª Vetor tempera- mento	5ª Atitude vital	6ª Função psíquica	7ª Sinal caracte- rológico	
DISTRIBUIÇÃO							
Organizada		P	N		Pens.		
Desorganizada		N	N				
Inorganizada		N					
Clara		P	B-L		Pens. Perc.	nE	S
Aérea		P		Intro.	Int. Pens.		
Confusa		N	N		Sent.	E	
Concentrada			B	Intro.	Pens.		S
Espaçada			S		Sent.		P
Ordenada		P	B	Intro.	Pens.		S
Desordenada		N	N		Sent. Int.	E	P
Cuidada		P	B	Intro.	Pens.		S
Descuidada		N	L			nA	P
Limpa		P	B	Intro.	Pens.	A	P
Suja		N	L			nA	P
Palavras ou – letras saltadas		N				E	P
Ilegível		N	N		Int. Pens.	E	nA
Inacabada		N	. L-N				nA
DISPOSIÇÃO							
Margens		N					
- cuidadas			B	Intro.	Pens.	nE	A S
- descuidadas		P	N-S		Sent. Int.	E	nA S
- regulares		N	B	Intro.	Pens.	nE	A S

1ª Sinal gráfico	2ª Pontuação	3ª Valor do sinal	4ª Vetor tempera-mento	5ª Atitude vital	6ª Função psíquica	7ª Sinal caracte-rológico
- irregulares		P	N-S		Sent. Int.	E A S
- alargando-se		N	S-N	Extro.	Sent.Int.	E A P
- estreitando-se			N-B	Intro.	Sent.	E nA S
PROPORÇÃO						
Proporcionada		N	B	Intro.	Pens.	nE A S
Desproporcionada		P	S-N	Extro.	Sent.	E P
Discordante		N			E	
Pontuação cuidada		N	B	Intro.	Pens.	nE A S
- descuidada		P	N-L		Int.	nA P
- adiantada		N	S-N	Extro.	Int.	E A P
- atrasada			L-N	Intro.	Pens. Perc.	nA S
- alfa		N				E nA
- baixa		N	L-N	Extro.	Pens. Perc.	
ALTURA						
Grande			S	Extro.	Sent.	P
Pequena			N-B	Intro.	Pens. Int.	S
Alta			S-N	Sent.		E
Baixa		N	L-N	Extro.	Pens. Perc.	nA S
Soerguida			S-B		Sent. Pens.	E
Baixada			N-L		Int. Perc.	E nA
Crescente		N	S-L	Extro.	Sent.	E P
Gladiolada		N	B-N	Intro.	Int. Pens.	S
Uniforme				Perc.	nE	S
Filiforme		L	N		Int. Pens.	E nA P

52

QUADRO SINÓPTICO

1ª Sinal gráfico	2ª Pontuação	3ª Valor do sinal	4ª Vetor tempera-mento	5ª Atitude vital	6ª Função psíquica	7ª Sinal caracte-rológico
LARGURA						
Extensa ou ampla		N	S	Extro.	Sent.	E A P
Apertada ou estreita			N-B	Intro.	Pens.	S
Movimentada			S	Extro.	Sent.	E A P
Sóbria	P				Pens.	S
Impulsiva ou Lançada	P		S	Extro.	Sent.	P
Contida			B	Intro.	Pens.	S
Dilatada (inchada)			S	Extro.	Sent.	P
Compensada			B-N	Intro.	Pens. Int.	S
TENSÃO						
Firme ou tensa			B		Pens. Sent.	A
Frouxa	P		L-N		Int.	nA
Branda		N	L			nA
Vacilante		N	N	Ambit.	Int.	E nA
PROFUNDIDADE						
Profunda ou marcada		N	B			A
Robusta		P	S-B			A
Apoiada		P	B-S			A
Nítida			B		Perc. Sent.	A
Acerada		P	S-N	Extro.	Sent. Int.	E P
Rombuda			B	Intro.		E A
Fusiforme			L-S		Perc.	
PESO (SUBSTAN-CIALIDADE)						
Robusta		N	L		Perc.	nE nA
Nutrida			S		Sent.	
Empastada		P	L-S		Perc.	nA

53

DICIONÁRIO DE GRAFOLOGIA E TERMOS PSICOLÓGICOS AFINS

1ª Sinal gráfico	2ª Pontuação	3ª Valor do sinal	4ª Vetor temperamento	5ª Atitude vital	6ª Função psíquica	7ª Sinal caracterológico
Ligeira		N	N	Intro.	Inf. Pens.	nA S
Tênue			N	Intro.	Int. Pens.	E nA S
RELEVO						
Em relevo			S-B		Sent. Perc.	A
Sem relevo		P			Intro.	E nA
Relevo desigual		N	N			E
EXECUÇÃO						
Caligrafia		N	L		Perc.	nE S
Redonda		N			Perc.	nE nA S
Arredondada		N	S		Sent.	A
Angulosa		P	B		Pens.	A S
Simples			B		Pens.	A S
Ornada		P	S	Extro.	Sent. Perc.	nA
Complicada			S	Extro.	Sent.	E P
Simplificada		N	N	Intro.	Int. Pens.	S
Cheia		P	S	Extro.	Sent. Int.	
Seca		P	N-B	Intro.	Pens.	E S
LIGAÇÃO						
Em guirlanda oval		N	S	Extro.	Sent.	E A P
Em guirlanda redonda		P	L	Extro.	Perc.	nE nA P
Em arcos			S		Sent.	
Caligráfico			L		Perc.	
Em anéis, laços		N	L-S		Sent. Perc.	
Em quadrados			B		Pens.	S
Serpentina		N	N		Int. Sent.	
Filiforme		N	N	Ambit.	Int. Pens.	

54

QUADRO SINÓPTICO

1ª Sinal gráfico	2ª Pontuação	3ª Valor do sinal	4ª Vetor temperamento	5ª Atitude vital	6ª Função psíquica	7ª Sinal caracterológico
ESTÉTICA						
Harmônica		N	B		Equilíbrio	E A S
Desarmônica		P	S-N		Desequilíbrio	E nA P
Vulgar		N	L			
Convencional		N	L		Perc.	
RAPIDEZ						
Lenta			L		Perc.	nE nA
Pausada		N	B		Pens.	nE A S
Rápida		P	N-S	Extro.	Pens. Sent. Int.	E A P
Lançada		P	S	Extro.	Sent.	E A P
Precipitada		N	N	Extro.	Int. Sent.	E A P
Inibida		N	N	Intro.	Pens.	E nA S
DIREÇÃO						
Retilínea			B	Ambit	Pens.	nE A S
Ascendente		P	S	Extro.	Sent.	A
Descendente		P	L-N		Perc.	E nA
Sinuosa		N	S-N		Int.	E nA
INCLINAÇÃO						
Inclinada		N	S	Extro.	Sent.	E A P
Vertical		P	B	Intro.	Pens.	nE A S
Invertida				Intro.	Sent.	E S
Oscilante		N	N	Ambit.	Int.	nA PS
ORIENTAÇÃO						
Progressiva		N	S	Extro.	Sent.	A
Regressiva		P	L	Intro.	Perc.	nA S

55

DICIONÁRIO DE GRAFOLOGIA E TERMOS PSICOLÓGICOS AFINS

1ª Sinal gráfico	2ª Pontuação	3ª Valor do sinal	4ª Vetor temperamento	5ª Atitude vital	6ª Função psíquica	7ª Sinal caracterológico
Progressivo-regressiva		N	N-S-L	Ambit.	Misto	E PS
Inibida			N-B	Intro.	Pens. Int.	E S
AB-REAÇÃO						
Aberta			S	Extro.	Sent.	A
Fechada	P		B	Intro.	Pens.	nE S
Recheada, laços			S-N	Ambit.	Sent.	E PS
COESÃO						
Ligada	P		S-L	Extro.	Sent. Perc.	A P
Desligada	P		N	Intro.	Int.	E nA S
Agrupada		N	B	Ambig.	Equilíbrio	
Combinada			B-N		Pens. Int.	A
Fragmentada	P		N-L	Intro.	Int.	E nA
Truncada		N	N	Intro.	Int.	E nA S
REGULARIDADE						
Igual		N		Perc.	nE	S
Desigual		L	N-S		Int. Sent.	E S
Rítmica		N	S		Sent.	A
Cadenciada	P		B		Equilíbrio	A S
Monótona	P		L		Perc.	nE nA
Estável		N	B	Ambig.	Pens.	nE S
Instável	P		N	Ambit.	Int.	E nA P
Vacilante		N	N		Int.	E nA
Retocada		N	N	Intro.	Sent.	E
VARIABILIDADE					Pens.	
Constante			B-L	Ambig.	Perc.	nE A S
Inconstante	P		N-S	Ambit.	Int. Sent.	E nA P

QUADRO SINÓPTICO

1ª Sinal gráfico	2ª Pontuação	3ª Valor do sinal	4ª Vetor temperamento	5ª Atitude vital	6ª Função psíquica	7ª Sinal caracterológico
Variável		N	S-N		Sent.	E
Homogênea		N		Ambig.	Pens.	nE A S
OUTROS SINAIS						
Pernas longas, dilatadas e de ponta arredondada		P	L-S	Extro.	Perc. Sent.	
Pernas longas, estreitas e de base angulosa			B-S		Pens. Sent.	A
Laços, nós		P	S		Sent.	
Arpões			B-N		Pens. Int.	
Golpes de sabre			S-B	Extro.	Sent.	E A A
Golpes de chicote			S		Sent.	E A P
Números bem formados					Pens. Perc.	A P
- malformados		P			Int. Sent.	nA
Traços cruzados		N	B-S	Ambit.	Sent.	E A
- em diagonal			S-B-N		Sent.	P
Barras dos "tt" ligadas			S		Sent.	P
- curtas e firmes		N	B	Intro.	Pens.	A S

57

DICIONÁRIO DE TERMOS GRAFOLÓGICOS

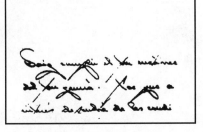

A

A – As letras A e O: As letras ovais "a" e "o", especialmente, são consideradas as letras reflexivas da sinceridade. Por elas, descobre-se o grau de franqueza, reserva ou dissimulação.

Os ovais destas letras, iniciados à direita, acima e abertas nesse sentido (fig. 17) refletem a liberdade e a espontaneidade de expansão dos sentimentos e emoções. O indivíduo dá demonstrações naturais e espontâneas de ternura, de afeto ou de simpatia.

Os ovais que se abrem demasiado (fig. 18) refletem a indiscrição, a impossibilidade de guardar segredo, ou seja, indicam insuficiente reserva e moderação nas expansões. Esses indivíduos não devem ser colocados em cargos, ocupações ou lugares de trabalho que exijam discrição e reserva sobre o que se faz ou se observa.

Ovais abertos, precedidos de um pequeno caracol (fig. 19): expansão calculada, interessada. Reserva pessoal de uma parte da verdade.

Os ovais abertos por baixo e traçados na direção dos ponteiros do relógio (fig. 20) foram identificados como sinal de hipocrisia, baixeza e deslealdade, ou seja, refletem tendência a compor uma verdade, moldá-la e deformá-la de acordo com um desejo, mais ou menos calculado, de enganar pela aparência, por prazer de falar por falar, ou por prazer em influir com mentiras no ânimo dos demais.

É conveniente não julgar unicamente por esse sinal. Deve ser comprovado com outros.

Os ovais abertos por trás (fig. 21) expressam a necessidade de dominar as próprias expansões, certamente por prudência, tato ou timidez. Pode indicar também a prévia intenção de ocultar o que não se quer dizer.

Os ovais fechados em cima e à direita (fig. 22) denotam a necessidade de reserva, de discrição moral. O indivíduo não faz uma *demonstração* espontânea de seus sentimentos e emoções com o mundo – como ocorre com os ovais abertos –, mas demonstra um comportamento sensato, discreto, prudente e previdente.

Os ovais fechados por trás (fig. 23) indicam uma atitude de reserva, plenamente reflexiva, talvez obrigada por um ambiente hostil, por ocultação de problemas interiores, ou de conflitos com os demais, ou ainda por orgulho e necessidade de independência afetiva. O indivíduo não declara sua maneira de sentir, com relação às pessoas e coisas, exceto em casos de extremo interesse.

Ovais fechados em duplo anel ou laço (fig. 24): Refletem a habilidade do escritor para julgar com seu silêncio ou com suas palavras (se o oval se abre, às vezes, em algum sentido). Esse sinal denuncia as pessoas que sabem calar a tempo ou insinuar alguma vantagem sem demonstrá-la abertamente. Apresentam as coisas pelo lado mais atrativo ou que oferece maior interesse, silenciando os dados desfavoráveis que possam desagradar. Esse comportamento corresponde a sentimentos egoístas (habilidade e capacidade para intrigar, para *dourar* as coisas ou influir sugestivamente no ânimo dos demais atendendo, exclusivamente, ao próprio interesse).

Os ovais de anel duplo (fig. 25) são apresentados, com frequência, na escrita de muitos comerciantes, vendedores, charlatães etc. Podem ocorrer também em grafismos de pessoas com habilidades para enredar (novelistas, diplomatas, negociantes e mulheres vaidosas).

O indivíduo com escrita de ovais abertos (fig. 18) convence e persuade se tiver fé nos argumentos que empregar. Deixa-se persuadir ou convencer pelos demais, se lhe falta o entusiasmo ou o perde (sensibilidade moral aos argumentos negativos, os quais aceita sem crítica).

O indivíduo que fecha os ovais na escrita, especialmente se os fecha em anel duplo (figura 14), persuade ou tenta persuadir e convencer os demais, mesmo não estando seguro, pois não necessita ter fé para argumentar; pode enganar.

Ovais das letras "á" "d" "g" "o" e "q" minúsculos em elipse: Os ovais das letras indicadas aparecem no grafismo apertados, largos horizontalmente, tomando a forma de uma elipse deitada (figs. 107, 112, 122a e 146).

Interpretação: S. Brésard, o Dr. Gille e Roseline Crepy, dentre outros autores, mencionaram tal sinal identificando-o como uma tendência a manifestar o contrário do que se sabe, se crê ou se pensa. O Dr. Gille, em sua obra *Psychologie de Écriture,* denomina-a escrita "ovalizada" e lhe dedica um interessante estudo.

Em um ambiente gráfico negativo, a escrita com ovais apertados ou em elipse expressa a tendência à mentira e ao fingimento, ou seja, reflete uma forma de atuar que deforma a verdade ou simula sentimentos e desejos que não se tem. Essa atitude, inspirada em convenções mundanas, na cortesia social, na diplomacia mal-entendida, na vaidade de aparentar, no amor próprio, no falso pudor ou no culto exagerado à dignidade pessoal, toma a forma de hipocrisia ou falsidade quando o grafismo é muito desarmônico (fig. 146).

Não obstante, convém à interpretação procurar outros sinais simultâneos.

No sentido positivo, com um bom nível harmônico, o Dr. Gille o interpreta como "tendência à reserva, à timidez e ao escrúpulo". Em alguns casos, o indivíduo pode se comportar como uma pessoa fraca, com a vontade debilitada. Sua timidez ou seu escrúpulo inclina-o para um "desejo excessivo de trabalhar bem, e sua aspiração para uma perfeição nunca alcançada impulsiona-o a verificar, constantemente, suas menores ações, e melhorar o que fez, já que seu escrúpulo de consciência condena-o a uma insatisfação quase permanente" (N. Sillamy).

Esse sinal é observado em grafismos de adolescentes muito emotivos, ansiosos, com sentimento de insegurança bastante aguçado e com um superego muito rígido.

Aberta: Letras de oval aberto. Maiúsculas, cujos traços iniciais e finais não se fecham sobre si mesmos (fig. 26).

Interpretação: Quando os ovais das letras são abertos em cima e à direita (fig. 28), refletem, com escrita harmônica, abertura de ânimo, sinceridade, espontaneidade, ausência de fingimento ou de hipocrisia. Se as letras se abrem por trás (oval aberto na parte posterior esquerda), refletem a necessidade de conter os primeiros impulsos expansivos (a espontaneidade é refreada pela prudência, o medo ou a desconfiança). Refletem, portanto, o efeito da experiência de vida nos indivíduos, normalmente expansivos, nos quais se inicia a retração.

Os ovais abertos por baixo, na base das letras, parecem demonstrar fingimento, simulação, ficção e hipocrisia. O indivíduo, nesse último caso, mascara seu pensamento com a comédia, a farsa ou a dissimulação (fig. 20).

Os ovais das letras "a" e "o", muito abertos, em forma de "u", são próprios de indivíduos muito abertos, muito espontâneos e indiscretos, a quem a ingenuidade, a sugestibilidade e a falta de sentido crítico e de prudência leva-os à doçura, à credulidade infantil, à simplicidade e à ausência de picardia, malícia, cautela e discernimento ponderado nas expansões e expressões verbais (fig. 18).

Ab-reação desigual: veja Desigualdade.

Acelerada: Diz-se da escrita que, habitualmente lenta ou pausada, em um determinado momento, ou em determinado escrito, passa, total ou parcialmente, para maior grau de rapidez, apresentando os sinais de escrita rápida (veja texto da fig. 155 em relação à assinatura).

Interpretação: Se o grafismo mantém um bom nível nos três aspectos fundamentais (forma, espaço e movimento), indica uma boa capacidade para acelerar o ritmo habitual de trabalho sem prejudicar sua qualidade. Indica também boa saúde mental e física, pronta adaptação, ou seja, certa facilidade do indivíduo para modificar a personalidade psíquica, com ajustes, às exigências do mundo exterior.

Quando os aspectos forma, espaço e movimento aparecem prejudicados (desordem, agitação, perda de domínio das reações motoras), estamos diante de um indivíduo com dificuldades de adaptação. Pode se tratar de um hiperemotivo descontrolado, habitualmente muito inibido, ou de um viscoso mental (tipo epileptoide). Em muitos desses casos, quando o indivíduo deseja acelerar seu ritmo, passa ao efeito contrário.

Comprova-se esse sinal aplicando o teste Palográfico (veja *Escritura personalidad*, y p. 200-211).

Acentos: Veja Pontos.

Acerada (Pontuda): Brusco disparo da caneta nas barras dos "tt" e nos traços ou riscos finais, que terminam em uma ponta acerada ou aguda (fig. 27).

Interpretação: Segundo sua frequência, espessura, dimensões e harmonia geral do ambiente gráfico, pode significar: espírito crítico ou mordaz, agudeza de sensibilidade, vivacidade de espírito, ironia, paixão que move a indignação, a irritabilidade ou o nojo, a impaciência, arrebatamentos

AÉREA

frequentes de impulsividade etc. É um sinal de agressividade, de combatividade.

Quando o sinal é muito marcado na pressão, espessura e afilamento da ponta, essa agressividade de reação pode mostrar o aspecto sádico: crueldade, ferocidade e espírito sanguinário (foram identificadas boas amostras desse sinal em assassinos sádicos e em revolucionários: Petiot, Marat, Robespierre etc.).

Aérea: A massa gráfica está, de tal modo, distribuída na página que o ar circula, livremente, entre palavras e entre linhas e igualmente pelas margens. Nessa escrita-tipo, fica excluído todo contato possível, por alargamento ou desproporção dos elementos das letras e das linhas de cima com as de baixo ou de uma palavra com outra na mesma linha (figs. 75 e 76).

Interpretação: Participa, no grau superlativo, do significado da escrita *clara,* ou seja, reflete um modo de pensar transparente, luminoso, diáfano em que cada palavra e cada frase se fazem, facilmente, compreender. O pensamento organiza-se de maneira que evita todo tipo de confusão. O juízo é ponderado, equilibrado, independente e bem definido, ou seja, não afirma nada que possa conduzir a erro. A imaginação, disciplinada por um bom juízo, e a emotividade, perfeitamente controlada, asseguram uma conduta sensata e um espírito vigilante, mas, da mesma forma, livre de toda paixão ou tirania afetiva. O bom sentido e a equidade guiam o comportamento, e o indivíduo se conduz na vida, com uma boa dose de adaptação e de correção. *Quanto mais organizada for a escrita,* maior será o equilíbrio moral do indivíduo e mais claro e transparente seu pensamento.

Com escrita *rápida, plena, combinada, progressiva e rítmica,* mostra a capacidade criadora dos homens superiores. Com escrita *lenta, igual e monótona,* expressa a mente analítica, rotineira e disciplinada de muitos homens, de pensamento claro, mas pouco profundos ou insignificantes (figura 41).

Agrupada: letras, nas palavras, unidas entre si em grupos de duas, três ou mais. As letras, nas palavras, separam-se formando sílabas ou para pôr um ponto ou barra de "t" (figs. 16 e 28).

Interpretação: Se o ambiente gráfico for harmônico, mostrará certo equilíbrio entre impulsos e tendências inconscientes e o mundo consciente, ou seja, um jogo harmônico, uma relação estável e equilibrada entre as funções psíquicas e a conduta exterior. Os sentimentos não são afetados pela razão, nem a razão está isenta do modo de sentir e querer e de uma objetividade eclética. Juízo ponderado. Equilíbrio entre a realidade interna e externa, entre o impulso de atuar e a reflexão.

A capacidade de raciocinar não exclui a visão intuitiva nem esta interfere naquela, mas se apoiam mutuamente. Boa integração e adaptação.

Com ambiente desarmônico, pode mostrar as dificuldades de adaptação, o desequilíbrio entre as tendências internas e o ambiente exterior (lutas, conflitos, insatisfações, frustrações, insegurança etc.). Mescla de iniciativa e cautela, de intuição e discernimento, de impulso criador e de sentido prático (Esse sinal gráfico foi tratado amplamente em *Escritura y personalidad*) .

Alinhada: Veja Retilínea.

Alta: As letras ou parte das letras que ocupam a zona média são, em proporção, muito mais altas que largas (fig. 127), destacando-se por sua desproporção.

A escrita *sobre alçada* afeta somente as maiúsculas, letras de haste, barras de "tt" e traços iniciais e finais de letras.

Interpretação: Desejo de valorizar-se a si mesmo no social e profissional (desejo exacerbado de glória, de honrarias, de fama e fortuna, ou seja, de poder social e profissional, afã de domínio adleriano). Orgulho muito sensível ao valor e atenções que os demais dispensam ao ego do indivíduo. Uma frustração, contrariedade, oposição ou um simples esquecimento pode desencadear o drama de um ressentimento profundo e duradouro, especialmente se a escrita é angulosa. Essa tendência pode se aliar ao sadismo, buscando formas de prazer nesse tipo de domínio ou buscando outras gratificações substitutivas. Em todos os casos, o indivíduo tenta fazer-se dono das situações, escravizar, submeter, pôr a seu serviço exclusivo os que o cercam. Culto à fachada externa.

Ampla: Veja Extensa.

Anelada ou recheada: Letras de oval em duplo anel (fig. 24 e 25).

Interpretação: Habilidade no trato com as pessoas (o indivíduo sabe julgar, silenciosamente ou insinuar sem demonstrar, abertamente, suas intenções ou seus desejos). *Com escrita harmônica,* indica discrição, prudência, tato e reflexão *(savoir faire)*. *Com sinais desarmônicos,* reflete insinceridade e habilidade para enganar, fazendo as coisas atraentes, para tirar partido das próprias sugestões (é a escrita dos homens hábeis nos negócios). Instintos possessivos e egoísmo. O indivíduo manifesta ideias e sentimentos que criam desejos e ilusões, para alcançar seus objetivos. Trabalha em silêncio, amparando-se nele, na credulidade ou a boa fé dos outros. Astúcia, mentira, hipocrisia. Insanidade moral. Preocupação em ocultar a verdadeira personalidade com objetivo de representar o papel sexual (masculino ou feminino), social ou profissional que deseja ter ante os demais (insinceridade).

Angulosa: As letras, que normalmente deveriam ser arredondadas, estão formadas por movimentos angulosos ou triangulares (fig. 30).

Interpretação: *Com pressão forte,* indica firmeza de caráter, decisão, forte resistência. *Com escrita ordenada e regular,* indica consciência profissional, integridade moral, disciplina, perseverança. Conduta regida por princípios éticos estáveis e rígidos, própria das pessoas que creem que a verdade é uma só (fig. 182).

Klages interpreta a escrita angulosa como sinal de um controle da reflexão crítica (falta de fantasia).

Em sentido negativo: Intransigência, dureza e pobreza de sentimentos. Incapacidade de adaptação (o indivíduo não quer se adaptar ao mundo, quer que o mundo se adapte a ele). O indivíduo procura os conflitos, em vez de evitá-los, vive em atrito constante com os demais ou consigo mesmo (fig. 182).

Segundo F. Kurka, o ângulo é uma forra tipicamente masculina, viril, enérgica, combativa: a curva é de natureza feminina.

APAGADA

Apagada: Falta de cor no grafismo (onda gráfica pálida, apagada) que não se destaca sobre o branco do papel. Difícil para obter cópias nas reproduções. Chama-se também escrita *sem relevo ou pálida.*

Interpretação: Da mesma forma que as cores quentes irradiam luz e as opacas atraem-se, no grafismo, a onda gráfica tem a mesma propriedade: Se a onda gráfica tem relevo e profundidade, irradia; se é apagada ou de baixo relevo, absorve, ou seja, expressa uma sensibilidade aguda para todas as coisas que se referem ao próprio ego e à falta de sensibilidade, de "empatia" para tudo que concerne aos demais. O indivíduo sente a necessidade de absorver calor, afeto, apreço, considerações, atenções especiais etc. Ao contrário, raramente está disposto a renunciar algo pelos demais. Sua pobreza de sentimentos e de vitalidade, seu egoísmo, impedem-no de se colocar no lugar dos outros ou oferecer algo aos outros com renúncia ou sacrifício voluntário do próprio interesse.

Esse sinal pode dar-se em pessoas de ego débil, que carecem de confiança em si mesmas e andam à procura de segurança afetiva, aprovação, garantia renovada de apreço, estima e consideração, mas que, dada sua conduta absorvente e egoísta, nem sempre atingem as satisfações desejadas e vivem, às vezes, em contínuo estado de insatisfação e ansiedade.

Apertada: As letras, nas palavras, comprimem-se umas sobre outras (figs. 30, 47 e 50).

Interpretação: Opressão de tendências, instintos e necessidades (por dificuldade de exteriorização). Reserva, timidez, contenção (por covardia). *Se o traçado é muito condensado,* indica avareza, sordidez. Desenvolvimento excessivo da vida interior e inadaptação à vida social (hostilidade aos ambientes sociais).

Todo sinal de encolhimento é sinal de emoção primária ou pânico. Portanto, é uma demonstração clara do predomínio, no indivíduo, dos sinais de inibição (prudência, previsão, desconfiança, avareza, timidez, covardia, analidade etc.) sobre os sinais de energia (expansão, audácia, aprumo, segurança, iniciativa, combatividade etc.).

A escrita apertada e desarmônica é normal em "pessoas que não chegam a resolver seus problemas interiores" (Bousquet).

Quanto mais espaço livre fica entre as palavras, mais se acentua, no indivíduo, sua tendência ao isolamento e suas formas de inibição.

Apoiada: Aumento brusco da pressão em determinados traços ou direções, produzindo maior espessura, geralmente em desproporção com o resto do traçado (fig. 31).

Interpretação: Tendência ao acúmulo e descarga de emoções violentas.

Deslocamento do conjunto da energia psíquica para a zona em que se apresenta o apoio e na direção dos movimentos. Manifestações bruscas dos desejos, instintos e necessidades.

Arcos (em): As letras, especialmente os "m", "n", e "u", tomam formas arqueadas. Ocorre também com certos traços das maiúsculas, barras dos "tt" etc. (fig. 32).

Interpretação: Tendência para dar mais importância às aparências que à realidade das coisas. As relações com o ambiente exterior se efetuam com a forma de atitudes elaboradas pelo indivíduo e calculadas em virtude da necessidade de aparentar e de demonstrar alguma superioridade. É também uma aspiração à homenagem.

O arco na zona superior e com escrita harmônica e combinada reflete a imaginação construtiva e criadora, o talento inventivo e a elegância pessoal nas ideias.

Em sentido negativo: falta de franqueza, insinceridade como base das relações humanas. Aptidão para a simulação e para o fingimento. Desconfiança e reserva acentuadas nos contatos com o mundo.

Arpões: Movimento regressivo, em forma de gancho ou arpão, próprio de certos traços iniciais ou finais em escritas mais ou menos angulosas ou na rubrica (figura 33).

Interpretação: Segundo a zona onde se apresente, pode expressar tenacidade, resistência, teimosia (passiva ou ativa) na consecução das ideias, desejos ou apetências pessoais.

Expressa também persistência, obstinação, afã de reter (dinheiro, propriedades alheias, livros etc.). Também reflete a propensão à intolerância e ao ressentimento. *Com sinais muito regressivos e desarmônicos*: tendência à apropriação ilegítima de valores de todo tipo.

Arqueada: Letras ou partes de letras em forma de arco (veja figuras 32, 92 e 134). Ocorre, frequentemente, nos traços iniciais e nas letras "m" e "n".

Interpretação: Em geral, o arco é um movimento regressivo, de tipo narcisista, que tende a ocultar impulsos rejeitados pela atitude consciente. O indivíduo abandona a realidade para salvaguardar o ego, para o qual dirige sua *libido*. Nas relações com o exterior, a conduta é elaborada, em virtude de uma forte vigilância e de um poderoso desejo de aparentar uma superioridade e nos dotes de atração e simpatia que o indivíduo deseja representar. Sente a necessidade de que o ambiente considere o personalidade admirável e prodigiosa. Daí, o significado corrente de sua capacidade para fingir e dissimular.

No sentido positivo, ou seja, *em um bom ambiente gráfico,* pode refletir capacidade criadora, orgulho, distinção, elegância, cuidado do próprio estilo, qualidades que estão intimamente ligadas ao desejo de ser admirado.

Arredondada: Escrita de caracteres ovalados e ritmo rápido (figs. 75, 85 e 149).

Interpretação: Indica, em geral, a facilidade de adaptação e a receptividade às sensações múltiplas e simultâneas. Com escrita branda, indica preguiça, brandura, falta de tensão nas atitudes (o indivíduo cede às tensões exteriores).

Com escrita *rápida e harmônica* (fig. 75) expressa, segundo Vian, gostos pessoais e uma certa finura e delicadeza de espírito.

Com escrita *movida e grande* (fig. 48): preponderância da imaginação e necessidade de extroverter-se e voltar-se, com insistência, para o contato com outras pessoas.

Quando a escrita é dilatada e a base das letras em *guirlanda* (*guirlandas dilatadas*)

ARRÍTMICA

(fig. 149), o indivíduo se expande, em qualquer ambiente, ante a presença dos outros, sem embaraço e sem nenhuma timidez. Com *formas graciosas e adornos,* indica personalidade sugestiva e atrativa e todas as formas da amabilidade. Em geral, pode refletir o sentido do humor, especialmente com *guirlandas na zona superior.*

Arrítmica: Perturbações de ritmo (veja Desigualdades de rapidez).

Artificial: Formas singulares das letras que não se parecem com os modelos convencionais (fig. 34b).

Interpretação: Tendência consciente ou inconsciente para destacar a própria personalidade recorrendo a formas singulares de exteriorização: exibicionismo, esnobismo, afetação e vaidade. Nesse caso, as formas são extravagantes e infladas e estão destinadas a agradar, a seduzir, a criar um certo efeito no ânimo do observador.

Ocultação e dissimulação frequentes de alguma debilidade ou inferioridade pessoal. Em conjunto, reflete a ausência de sensibilidade, de naturalidade e de espontaneidade.

Há, dentro da escrita artificial, uma modalidade de grafismo que o Dr. Gille define como escrita *machineé ou* intrigante e que consiste em um tipo de grafismo em que "as formas são, intencionalmente, complicadas, justapostas, e os movimentos, sistematicamente inibidos, regressivos e atormentados" *(Psychologie de L'Écriture)* (figuras 26, 99b e 108a e b).

"Esse grafismo reflete, antes de tudo, espírito de intriga, mentira, engano, má-fé etc. O indivíduo, em certos casos, sabe jogar, com uma conduta regular, durante algum tempo, para ganhar a confiança e assim enganar, mais eficazmente, suas vítimas". Em certos casos, é necessário ter em conta o ambiente gráfico para não se correr o risco de interpretar erroneamente.

Ascendente: Linhas orientadas para cima (figura 35).

Interpretação: Ambição, necessidade de compensar, inconscientemente, certos complexos de inferioridade. Sensação íntima, no indivíduo, de força e de poder criador ou realizador. Tendência a progredir com forte impulso, apaixonando-se pela própria iniciativa (ardor, entusiasmo, esquecimento de si mesmo etc.). O indivíduo, em sua atitude, tende a ver, com preferência, o lado bom das pessoas e das coisas, tem fé em si mesmo, no progresso e na evolução positiva das pessoas e dos problemas. É corajoso, não se deixa vencer pelos obstáculos, nem se abate por problemas difíceis. Ao contrário, trata de combater, em qualquer momento, aquilo que dificulta seus planos ou decisões.

Demonstração combativa: Iniciativa inovadora. Quando esse sinal for constante, refletirá certo grau de excitação na estrutura psicodinâmica do indivíduo (libido em plena progressão).

Se as linhas são muito ascendentes, o indivíduo mostra seu estado de excitação, de exaltação mental, seja por efeito de emoções intensas, seja por influência de alguma intoxicação (café, álcool, estimulantes nervosos etc.).

Assimétrica: Desequilíbrio nos três aspectos fundamentais do grafismo (forma, espaço e movimento), essencialmente no que se refere às proporções. As letras se desproporcionam com relação a seus eixos (figuras 44, 34a e b, 29, 50, 68; veja, adiante, sob o título de Desproporcionada).

Interpretação: Se as desproporções são consequências do ritmo da escrita, impulsos fortes, ou seja, grande capacidade de reações do indivíduo perante os estímulos que provoquem desprazer, capacidade de luta, afirmação do ego, forte expansão, forte resistência e pronta agressividade ante o obstáculo.

Se as desproporções ou assimetria são consequências da simples desordem psíquica, mostram um sentido defeituoso de medida, de proporção, de justeza e imparcialidade nos juízos e na apreciação da escala de valores. No indivíduo, dominam as imagens sobre os conceitos, predomina a imaginação, o instinto, o sentimento imediato, o desejo, a paixão sobre a objetividade do raciocínio e a ponderação na conduta (visão defeituosa da realidade).

Assinatura: A assinatura é a marca de fábrica da nossa personalidade, é o selo distintivo próprio, o emblema que nos representa ante os demais e ante nós mesmos.

Todas as leis de interpretação devem-se aplicar à assinatura e à rubrica, incluindo o simbolismo das zonas, das maiúsculas e das formas.

É muito instrutiva a comparação do texto com a assinatura. Geralmente, o texto expressa, simbolicamente, a forma como o indivíduo se comporta no meio social, inclusive na vida profissional; representa o indivíduo atuando ante os demais, "fazendo seu papel", às vezes agindo de modo diferente de como é na realidade.

Ao contrário, a assinatura mostra o indivíduo tal como é ou tal como ele quer ser ou aparentar. A assinatura resume, geralmente, a maneira íntima de ser, a personalidade privada, com seus complexos, ambições, sentimentos de superioridade ou de inferioridade, com seu selo de vaidade ou de orgulho, com sua tendência para o isolamento ou para a aproximação social, enfim, com suas paixões e traços dominantes de caráter.

Assinatura com caracteres iguais aos do texto (figs. 85 e 86): Se o texto e a assinatura se desenvolvem em um ambiente gráfico harmonioso, refletem, geralmente, um comportamento espontâneo e natural, sem discordâncias nem contradições (não há diferença entre a atitude íntima e a atitude social). Portanto, podem refletir um equilíbrio na conduta, um respeito ponderado aos demais.

Se o ambiente gráfico é desarmônico ou apresenta irregularidades de pressão, forma, coesão, dimensão e deslocamento para a esquerda, podem mostrar que o indivíduo se refugia no passado por se sentir em conflito com o presente (fig. 78).

O grafólogo psicanalista francês Lucien Bousquet, que estudou esses casos, nos confirma que o indivíduo se movimenta em declive neurótico. "Em alguns casos – diz – o indivíduo pode estar preso ou arraigado a seu tipo de neurose. Pode-se mostrar aos demais tal qual é, mas demonstrando, em sua conduta, carência de meios de adaptação e deficiência do ego para encontrar uma forma de evoluir e melhorar. A neurose pode chegar ao extremo de o indivíduo não se dar conta de seu estado". Volubilidade, discordância, instabilidade na conduta.

A identidade gráfica entre a assinatura e o texto ocorre mais frequentemente – e confirmamos L. Bousquet – nos ambientes gráficos harmoniosos.

Assinatura com caracteres diferentes dos do texto (figura 79): "De forma geral, diz Lucien Bousquet[15]13, a identidade gráfica do texto e da assinatura indica uma unidade de atitude, uma certa homogeneidade do comportamento. Ao contrário, a discordância texto-assinatura reflete a pluralidade de atitudes e, eventualmente, a dissociação da conduta, a discordância ou desavença, os conflitos e a incerteza nos desejos e nas decisões. A vida íntima do indivíduo pode estar em desacordo com sua vida social, profissional ou com sua situação matrimonial.

A direção das linhas na assinatura: teoricamente, a direção das linhas, seja no texto, seja na assinatura, está em relação com as flutuações do ânimo, do humor e da confiança em si mesmo e nos objetivos a alcançar. A linha é como um caminho seguido para o objetivo. Quando nos sentimos impelidos pelo entusiasmo e confiança que temos em nós mesmos para conseguir um desejo, satisfazer uma ilusão ou alcançar a meta, a mesma excitação eufórica que possuímos produz uma onda vivificante que leva aos movimentos em sentido ascendente. O *tônus*

vital (energia vital disponível ou em ação em um dado momento da vida), quando está em seu apogeu, põe em marcha nosso grande potencial biológico, de forma que é capaz de ultrapassar qualquer obstáculo ou emergência que se interponha no caminho das realizações, sempre que contamos com a inteligência, habilidade e destreza necessárias para alcançar os fins perseguidos. Essa é, *grosso modo*, a explicação da escrita de linhas ascendentes que, no caso da assinatura, referem-se à atitude íntima do ego.

Assinatura ascendente com texto de linhas horizontais: indica ambição, necessidade de alcançar metas mais elevadas (o indivíduo não chegou à situação que deseja e tem fé em alcançar seus objetivos profissionais ou sociais). *Quando a colocação se desloca para a esquerda, o* indivíduo encontra dificuldades para se realizar (fig. 80).

Assinatura descendente com texto ascendente (fig. 81): Grande desenvolvimento de atividade social ou profissional como consequência de uma reação da luta diante de si mesmo e da não resolução dos problemas íntimos.

Assinatura ascendente com texto descendente (fig. 83): Dificuldade de exteriorização. O indivíduo inibe-se em seus contatos sociais, falta-lhe serenidade e segurança em si mesmo, sente que lhe falta energia nos momentos em que essa é-lhe mais necessária. A falta de força e de combatividade para chegar aos seus objetivos e aspirações pessoais pode levá-lo a um *hobby ou* afeição, espécie de *"Violin de Ingres"*, em que desenvolverá, talvez, um dinamismo ou desdobramento de uma atividade que contraste com sua mediocridade na esfera prática profissional.

---

[15] Comunicado nº 19, março de 1957, do "Centre d'Étude L'Évolution Graphologique", 41 Av. Alphand, Sant Mande (Seine), França.

A assinatura em cascata descendente: Quando o *tônus* vital que anima a ação é baixo, ou se debilita o ânimo e o indivíduo se sente impotente, desalentado, inseguro, sem confiança em si mesmo ou na realização de suas ideias, planos ou desejos, os movimentos caem e chegam a um verdadeiro desmoronamento nos casos de depressões agudas.

Quando a assinatura "cai em cascata" ou – vale a redundância – "em descida" (fig. 82), algo se derruba na personalidade, algo muito sério ocorre, já que afeta o núcleo do ego. Pode se tratar de uma doença, de uma frustração muito forte, de uma perda muito profunda, como por exemplo, a perda de um ser muito querido, de um fracasso matrimonial, da perda do posto de trabalho (quiçá seu único meio de vida), ou de qualquer outra coisa que ponha em sério perigo a segurança ou o prestígio da pessoa, cuja assinatura apresente esse sinal.

Na assinatura, mais que no texto, os sinais de descida estão relacionados, inconscientemente, com sentimentos de culpabilidade, enquanto a direção ascendente está em correlação com a iniciativa e a combatividade. A oscilação subida-descida é também uma oscilação sadomasoquista.

A maturidade, a serenidade, o equilíbrio e a ponderação fazem com que a assinatura se mantenha dentro da linha horizontal. A velhice, o pessimismo, a queda profissional ou social, a senilidade, a falta de confiança em si mesmo, a perda de saúde, a fadiga moral e física, a perda de confiança na vida etc. produzem, na assinatura, os sinais de descida.

Assinatura que segue a linha horizontal A assinatura que se estende em um plano horizontal parece refletir o estado de maturidade e de estabilidade, sobretudo se a linha de base é pouco oscilante, ou seja, sei as letras descansam sobre a mesma base linear (figs, 90 e 91).

Quando a base das letras é sinuosa, o indivíduo realiza esforços para refrear ou moderar sua conduta emocional, buscando essa maturidade e a estabilidade, a serenidade do ego que julga necessária para sua própria autoimagem e, sobretudo, para dar essa imagem de si mesmo aos demais. A assinatura de Leopoldo Calvo Sotelo pode ser uma boa mostra do que afirmamos (fig. 84).

Localização da assinatura: É o ponto do espaço gráfico que a assinatura ocupa com relação ao texto. A localização pode ser um indicador, dentre outras coisas, do grau de dependência ou da capacidade de autonomia que existe entre a vida íntima e a vida social, entre os ideais do indivíduo e suas realizações sociais ou profissionais, entre o que o indivíduo ambiciona ser e o que aparenta exteriormente.

Assinatura próxima ao texto (fig. 87): Quanto mais parecidos forem os caracteres gráficos da assinatura com os textos, maior será também a identificação do indivíduo com sua esfera social e profissional. A proximidade da assinatura com o texto é uma proximidade da vida íntima com as correntes coletivas, os gostos, princípios, convencionalismos ou ideias reinantes no ambiente em que se movimenta o indivíduo.

Assinatura muito próxima ao texto (fig. 87): Em certos casos, pode ser reflexo de uma personalidade insegura, com muita vulnerabilidade interna, com pouca resolução fora de seu ambiente habitual, no qual se sente amparado, protegido ou apoiado.

De algum modo, a assinatura, quando é de traço fraco **e** se aproxima muito do texto, geralmente nos traduz necessidade de apoio e proteção, necessidade de dependência. Algumas pessoas imaturas têm pequena capacidade de decisão e de autonomia, sentem-se débeis e inseguras fora de suas tarefas habituais e do meio ambiente que lhes é familiar. E se angustiam quando se afastam de seu trabalho ou de seu ambiente habitual.

Assinatura distanciada do texto (fig. 86): Não indica, forçosamente, o contrário da assinatura muito aproximada do texto.

O que pode ocorrer, sem dúvida, é que, entre a vida íntima e a vida social, entre os ideais do indivíduo e suas realizações sociais ou profissionais ou entre o que o indivíduo ambiciona e o que aparenta exteriormente, exista uma grande distância, uma separação acentuada.

Se a assinatura está à direita da página (fig. 85), mostra, simplesmente, que o indivíduo deseja fazer uma separação maior ou menor entre sua vida privada ou íntima e sua vida profissional e social. Contudo, *quando a assinatura se separa do texto e se coloca à esquerda da página,* (fig. 83), o indivíduo se isola em uma atitude regressiva, bloqueia toda atitude natural de integração e de contato com a realidade, como consequência de um choque doloroso, mais ou menos potente ou constante, com os obstáculos de que não pode se libertar. Essa evasiva da realidade supõe a imaturidade psicológica, a falta de preparação para a vida (o indivíduo reage, ante

problemas, às vezes, insignificantes, com a conduta infantil, imatura, neurótica). Os curto-circuitos afetivos desses indivíduos podem se agravar, de tal modo, e as frustrações serem tão profundas, que ele tende para suicídio. Em geral, essa classe de pessoas, enclausuradas em seu egocentrismo e em suas neuroses, vão se matando lentamente e, amiúde, de forma premeditada (alcoolismo, drogas, trabalho excessivo, inapetência etc.). A autodestruição será tanto mais forte quanto maior for o grau de desorganização que o grafismo apresente e mais agudos sejam os sinais de descida (veja, um pouco mais adiante, o parágrafo sobre a assinatura deslocada para a esquerda).

Em geral, quando o modo íntimo de pensar, sentir e querer íntimo não coincide com o modo de pensar, sentir e querer do meio circundante, o indivíduo pode tomar duas atitudes: *a)* Desinteresse pela vida social, fazendo ver aos demais que passa o dia com a adaptação mais ou menos "vegetativa" ou simulada; *b)* Isolamento e independência dos outros. No último caso, mostra, claramente, sua inadaptação, neurose ou psicopatia.

Quanto às demonstrações de desinteresse social ou profissional, refletidas na assinatura distanciada do texto, observa-se, por exemplo, que pessoas que não queriam sentir a responsabilidade de suas tarefas, que não queriam se comprometer a trabalhar mais tempo que o normal ou trabalhar mais que o normal, ou que lhes aborrecia ficar pendentes de suas obrigações, tinham a assinatura mais distanciada do texto que o normal. Portanto, a aproximação da assinatura ao texto poderia ser traduzida também como a aproximação do eu íntimo ao eu social, ou como a maior ou menor identificação entre o "ser" e o "fazer".

Assinatura colocada à direita do texto e da página (fig. 85): Reflete, em geral, uma tendência natural para a atividade, para a iniciativa, para o altruísmo, para a identificação da conduta com o lado viril (luta, combatividade). Se o grafismo da assinatura é ascendente, confirma o anterior: o indivíduo está bem integrado no social e se desenvolve na vida com confiança em si mesmo, com otimismo.

A fuga dos conflitos interiores ou do ambiente íntimo pode estar indicada pela assinatura à direita, se o grafismo é desigual ou mais ou menos desarmônico.

Assinatura demasiado próxima à margem direita (fig. 85): quando a separação entre texto e assinatura é normal e não há grande diferença entre texto e assinatura, pode indicar que o esforço para o processo de individualização está em marcha, se a assinatura é moderadamente ascendente.

Quando a assinatura é débil ou bastante diferente do texto, pode ser a expressão de uma tentativa inconsciente de fuga de um passado ameaçador ou de um presente muito problemático (temores, presença de ameaças que põem em perigo a segurança e o prestígio do indivíduo). Se a assinatura mostra vacilações **e** se aproxima do texto, pode estar indicando uma necessidade de aproximação dos outros em busca de apoio ou de refúgio contra a insegurança ou a culpabilidade (medo do castigo, do menosprezo, da humilhação, da desvalorização do ego).

Assinatura colocada no centro da página (fig. 86): Se o grafismo é harmônico, pode mostrar uma tendência, mais ou menos forte, do indivíduo para tomar precauções, para vigiar-se a si mesmo, para se inibir em suas manifestações espontâneas (evita o contato aberto, o primeiro impulso, a franqueza ou a ingenuidade). O indivíduo tenta discernir, distinguir entre o que é bom ou mau para continuar ou fugir dele.

A vigilância do superego pode ser tanto mais intensa quanto menor for a assinatura e maior a separação das palavras entre si e da assinatura com relação ao texto.

Assinatura deslocada para a esquerda (fig. 83): Quanto mais a assinatura se desloca para o lado esquerdo, mais intensa é a inibição, a regressão, o isolamento do indivíduo em si mesmo, e seu passado como consequência das frustrações recebidas. O indivíduo, nesse caso, sente-se incapaz de resolver seus conflitos e foge da realidade, se desintegra das correntes sociais ou da convivência coletiva.

A tendência ao desânimo, à falta de confiança em si mesmo e na vida é tanto mais intensa quanto mais descer a direção da assinatura (o indivíduo recua ante a realidade, prende-se à solidão de seu egocentrismo, sua inadaptação, sua frustração, sua tragédia interior).

"O medo – diz Mira Y López – é vivido intimamente como um estado de progressiva insegurança e angústia que nos invalida, mais ou menos, ante a impressão iminente, objetiva ou subjetiva, de que pode nos acontecer algo que, a todo custo, desejamos evitar, mas que nos consideramos incapazes de lhe fazer frente." Quanto mais subjetivo é o medo, mais impulsionados nos vemos para escapar da situação, seja fugindo ou ocultando-nos ante o perigo real ou imaginado.

Desse medo, derivam as interpretações psicanalíticas da tendência para voltar ao ventre materno, complexo de culpabilidade ou de castração, repressão exagerada nas pulsões sexuais etc., sequelas do complexo de Édipo.

Essa *libido* em regressão, para utilizar também um termo junguiano, pode ser a resposta, inconsciente, para situações de *stress*, dificuldades ou problemas difíceis de vencer, fracassos amorosos, traumas dolorosos (como pode ser a perda de um ser querido ou do emprego), o estado subsequente a uma violação etc.

O certo é que todo desvio da assinatura para a margem esquerda mostra uma regressão, um mecanismo de defesa do ego, em que o indivíduo regride ou retorna a estados efetivos que já havia ultrapassado. Nesses casos, o indivíduo tende a esquecer o acontecimento recente para lembrar-se, com certa facilidade, de fatos antigos. Em outras palavras: foge do presente e se refugia no passado.

A dimensão. Traduz, na altura, o conceito autoestimativo; na extensão, a magnitude dos desejos expansivos íntimos.

Assinatura maior que o texto: É a expressão de uma notória sobrestima dos valores pessoais. A inflação do ego na fig. 88a recai essencialmente sobre o nome (veja o P de Pier). As letras do nome são mais altas que as do sobrenome: sobrestima do papel que o indivíduo julga ter no ambiente íntimo.

Toda sobrestima dos próprios valores induz a pensar no obrigatório reconhecimento dos demais.

Como sabemos, o motor primitivo da ambição é o afã de domínio. O instinto de poder e de dominação adleriano conduz também à autoafirmação, à independência, ao apetite de glória, de honrarias e de prerrogativas. Supõe o rechaço de toda submissão. Ser importante ou crer-se importante é como ser portador do direito, a toda classe de privilégios, do direito ao reconhecimento, à admiração e a que, de certo modo, os demais se ponham a serviço de um egoísta. Muitos fracassos matrimoniais são devidos, geralmente, a um excesso de sobrestima por parte de um dos cônjuges.

As desproporções de dimensão entre texto e assinatura quanto maiores são mais desequilíbrio mostram entre a ambição íntima e os valores que são reconhecidos socialmente no indivíduo.

A inflação do ego é evidente nos grafismos reproduzidos nas figs. 88a, 88b, e 88c (assinaturas de Pier Angeli, Samantha Eggar e Melina Mercuri, respectivamente).

A inflação do ego (presunção, orgulho, afã de poder, sobrevalorização de si mesmo, desejo de deslumbrar, impulso para a perfeição e universalidade do ser, rivalidade, afã de crítica, fanatismo etc.), enfim, o "desejo de poder", de "ser tudo", de "poder tudo" são traços caracterológicos próprios de muitas personagens da arte, da política e dos negócios.

Quando a sobrestima aparece em forma de algumas dimensões da assinatura, sumamente desproporcionadas em relação ao texto, a inflação do ego desencadeia, facilmente, respostas violentas às frustrações (fig. 88c). Basta, às vezes, que se ponham travas ou se impeça, de alguma forma, a realização imediata de algum desejo, criando um obstáculo momentâneo no caminho da consecução para que a reação emocional desses indivíduos se caracterize por uma irritabilidade agressiva desproporcional com a causa motivante. Esses indivíduos reafirmam, desse modo violento e temperamental, sua condição de pessoas importantes e "invulneráveis" (é bom que aspirem ser invulneráveis e que ninguém os frustre em seus desejos). E assim vemos na altura desmedida de sua assinatura não somente o orgulho, mas também o desejo de que nada supere "sua altura", seu nível, sua superioridade.

Aqui se cumpre a famosa lei de Jung, segundo a qual "quando a consciência toma uma atitude excessiva em um sentido, no inconsciente, acontece o oposto". E o oposto seria um lastimoso sentimento de inferioridade. O medo de ser menosprezado impulsiona a busca, a qualquer custo, da superioridade, ou do poder.

Assinatura menor que o texto (figs. 88 e 94): Quando a assinatura aparece com dimensões menores que as do texto, geralmente pensamos em um conceito autoestimativo débil ou em uma redução da importância do ego. Essa atitude pode se dever à timidez (caráter impressionável, submisso e resignado com atitude vital introvertida), à imaturidade afetiva provocada por uma proteção excessiva por parte dos pais, a complexos de inferioridade por pertencer, por exemplo, a uma classe social baixa, ou pode indicar sentimentos de inferioridade por não estarem suficientemente reconhecidos, pelo ambiente, os valores pessoais do indivíduo (ou esse pensa assim), por necessidade de isolamento ou, simplesmente, pelo gosto de se concentrar na própria vida interior. O

certo é que, seja por uma ou outra causa, o indivíduo reduz sua capacidade expansiva, permanece retraído ou oprimido por um complexo de menos-valia.

Também pode ocorrer que um superego muito severo e exigente imponha princípios morais excessivamente rígidos que encurtem a liberdade de escolha e de expansão do ego: complexo de castração.

Em muitos casos, o encurtamento das maiúsculas e das letras de haste pode supor uma falta de confiança em si mesmo ou uma modéstia, inspirada no medo de enfrentar pessoas e obstáculos exteriores. Em todos esses casos, o ambiente gráfico é o que determinará a interpretação mais justa.

Segundo sobrenome mais destacado que o primeiro (figuras 88d e 88e): Nos casos que apresento, omite-se o nome e dá-se maior importância dimensional ao nome da mãe que ao do pai. Complexo de Édipo? Possivelmente.

O primeiro desses grafismos corresponde a Gregorio Martínez Sierra, escritor teatral, novelista e poeta. É autor de várias obras de grande popularidade, como *Primavera en Otono, Mamá, Canción de Cuna*, e outras. A ele se devem também os livretes *Las Golondrinas* de Usandizaga, *Margot* de Turina e *La dana del fuego* de Manuel de Falla. Veja como, inconscientemente, contrasta a pequena dimensão do M de Martínez, a ausência da barra do "t", o retorno do traço final do "r" e a pouca altura geral do primeiro nome ante a violenta afirmação do movimento descendente do G e o volume das letras do segundo nome, que representa a mãe.

Quanto à fig. 88e, toda ela vem a ser um símbolo. Trata-se do grafismo de Alfonso Hernández Catá, escritor cubano, morto em um acidente de aviação. Foi embaixador de Cuba na Espanha, e como escritor colaborou com Marquina e com Alberto Insúa. Uma de suas novelas mais conhecidas é *El Angel de Sodoma*. Como sinal curioso dessa assinatura, podemos ver o estranho arco que serve como "d" e como o C maiúsculo interceptam as duas últimas letras do primeiro nome que aparece sob o ponto em forma de arco. O traço mais forte é, sem dúvida, o que corresponde ao segundo trecho do arco e que, teoricamente, forma o C de Catá, sobrenome da mãe. A satisfação narcísica pode ser vista no sublinhado que dá estrutura ao último traço do C, destacando esse nome, ou seja, colocando-o como sobre um pedestal. Depois de estudar esse simbolismo, não cabe perguntar se era ou não importante, no escritor, o apego à mãe, posto que se depreende de sua assinatura que ele a idolatrava. Outra diminuição mostra a fig. 88f que nos apresenta o caso de uma viciada em morfina que vendia objetos valiosos do lar, às escondidas, para morfina. A descida do grafismo e a diminuição da assinatura não só mostram o estado depressivo e o complexo de culpa dessa pobre mulher, mas também o sofrimento de sua impotência perante sua necessidade de droga e à sobrecarga de angústia que o estado de necessidade acrescenta à dor inicial. A subida e a descida das linhas mostram os eclipses súbitos, seguidos de euforia, próprios dos estados psíquicos desses enfermos.

Assinatura na qual se destaca o nome sobre o sobrenome (figura 89): O indivíduo expressa, inconscientemente, sua satisfação pelo papel que tem na intimidade familiar. Sente-se mais importante no papel que representa familiarmente que em suas atividades profissionais ou relações sociais. Se quiser conquistá-lo, deve-se chamá-lo pelo nome e esquecer seu sobrenome.

Assinatura em que se destaca o sobrenome sobre o nome (fig. 90): O indivíduo se sente mais importante e satisfeito com seu meio social ou profissional do que com seu papel na intimidade. Para ganhar seu apreço, dever-se-á chamá-lo pelo sobrenome.

No caso das mulheres casadas, cujo sobrenome de solteira desaparece para ostentar o do marido, pode-se descobrir – segundo Daim, *Handscrhift und Existenz,* Anton Pustet, Salzburgo –, pela dimensão e o espaço que ocupam esses dois nomes justapostos, os sentimentos de satisfação ou descontentamento, de orgulho ou de postergação, de liberação ou opressão que cada mulher alimenta com respeito a seu estado matrimonial.

"Os sentimentos positivos de boa compenetração com o esposo ou de identificação orgulhosa com ele – diz Daim – nos mostram a cônjuge elevando as dimensões e tomando mais espaço com o sobrenome que com seu próprio nome de batismo". Esses sentimentos são negativos e mostram um desejo, mais ou menos inconsciente, de liberação da opressão, ou uma regressão ao passado familiar, para escapar de um presente insuportável, se as dimensões são reduzidas, e o espaço é mais curto no sobrenome que no nome próprio. Da mesma forma, acrescenta Daim, "a mulher pode mostrar-se arrogante com sua família enquanto na vida social se mostra amável e esplêndida. Nesse caso, o nome próprio será sobressaltado e anguloso, enquanto o sobrenome será dilatado e suavizado com movimentos curvos".

Colocar em uma linha o nome e em outra, abaixo, o sobrenome (fig. 88f: Depende muito da pessoa de quem se trate, se é mulher ou homem, se é casada (no caso da mulher) e das circunstâncias familiares e sociais que ocorram em cada caso.

Foi observado em mulheres casadas que elas fazem prevalecer seu nome sobre o sobrenome, o qual é postergado ou posto debaixo. Inconscientemente, elas desejam manter o privilégio do papel familiar e lhes estorva o valor do papel social com o qual não se sentem identificadas. Pode indicar também, de forma simbólica, o desejo de voltar ao antigo lar, ao dos pais, por se sentir pouco identificada com a situação de esposa ou com o marido.

Em um homem, pode refletir uma satisfação plena da situação que tem na vida familiar e um sentimento de vergonha ou de insatisfação, de fracasso ou de menos-valia na vida social ou profissional. Também pode equivaler a um complexo de Édipo mal resolvido, no qual persiste o ódio ao pai e a identificação narcísica com a mãe.

No caso da fig. 88f, não indica nada disto, mas, simplesmente, a autodestruição da vida social e privada (a pessoa, sobrecarregada por seu complexo de culpa, por sua necessidade de droga e pela dor inicial que sua doença produz, sente-se impotente e destrói sua relação familiar e social toda vez que se destrói a si mesma em vez de se destruir a si mesma. Como se recordará,

trata-se de uma pobre viciada em morfina, cujo único trato social era a venda de objetos, às escondidas da família, para prover-se de droga.

No aumento ou na diminuição da assinatura, com relação ao texto, representa um grande papel a autoimagem, a ideia que o indivíduo forma de si mesmo. Há indivíduos inteligentes com uma autoimagem negativa, os quais se sentem impregnados de ideias de fracasso, medo ou impotência pessoal diante dos obstáculos. Outros, ao contrário, possuindo uma escala de valores inferior, mas com uma autoimagem positiva, sentem-se capazes de empreender as mais arriscadas aventuras, confiantes em poder superar todos os obstáculos, oposições ou problemas.

Por essa razão, é conveniente ter em conta determinados fatores pessoais sobre a pessoa, cuja assinatura vamos analisar (idade, ocupações, meio ambiente, situação econômica, estado civil, enfim, um *curriculum o* mais completo possível). Pois, como diz Corman, em um ambiente favorável, o ser humano se dilata, cresce e se expande livremente (autoimagem positiva). Em um ambiente desfavorável, o ser humano se retrai, se introverte, se defende, permanece na expectativa (autoimagem com tendência negativa).

A título de curiosidade, reproduzimos (fig. 91a) da obra de J. Ch. Gille, *Types de Jung et temperaments psychobiologiques,* Maloine, Paris, 1978, uma série de assinaturas de engenheiros franceses e americanos. De acordo com uma estatística realizada, 80% dos engenheiros franceses acusavam o predomínio do pensamento introvertido e, como função secundária, a sensação; os norte-americanos apresentavam, frequentemente, o pensamento extrovertido.

O aspecto forma na assinatura: Teoricamente, na área da personalidade, a forma do traçado revela a expressão modal da conduta, ou seja, os modos do comportamento. O traçado anguloso se relaciona com a tensão, e o traçado curvilíneo, com a expansão.

Semelhança estrutural entre texto e assinatura (figs. 83, 85 e 86): A semelhança de forma entre as letras do texto e as da assinatura, quando o ambiente gráfico é harmônico, salvo quando o indivíduo queira colocar, voluntariamente, a máscara da virtude, é, geralmente, um sinal positivo de maturidade moral e pode mostrar-nos um processo de individualização junguiano mais ou menos vencido. Há uma certa identificação entre o ser e o querer ser, entre a ambição e as conquistas, entre o que o indivíduo idealiza (ideal do ego) e seu mundo externo. Profissionalmente, pode haver uma identificação do indivíduo com sua tarefa, uma integração social sem muitos problemas e algumas relações com o outro sexo, mais ou menos, isentas de conflitos. As amostras de escritas das figuras citadas não são exatamente o reflexo de um equilíbrio total, mas se aproximam do que queremos expressar.

Geralmente, *quando as diferenças no aspecto forma entre o texto e a assinatura são importantes,* temos que suspeitar de uma superação do ambiente social ou profissional da autoimagem. O conceito que esse indivíduo tem de si mesmo (autoimagem) e a atitude social divergem. Essa atitude ocorre, com curiosa frequência, em algumas profissões, tais como as da política, dos negócios, da medicina e outras. Entre

os políticos, é muito frequente o traçado filiforme na assinatura: Henry Kissinger, John F. Kennedy, Nikita Kruchev, Harold MacMillan, J. M. Triginer, Manuel Fraga Iribarne etc. E entre o que o político diz ou promete para ganhar adeptos e o que pode fazer ou sabe que pode fazer existe um abismo que, muitas vezes, o obriga a fugir de si mesmo (assinatura de traço filiforme).

Outras vezes, o traçado filiforme é utilizado por homens que assinam muitos documentos por dia, tal como ocorre com os diretores e gerentes de bancos e caixas, com os diretores de empresas ou diretores financeiros etc. (fig. 94 bis).

Os médicos, por tradição, por pressa ou para conservar o aspecto enigmático das receitas, utilizam o traçado filiforme, tanto o texto (para desespero, às vezes, dos farmacêuticos) como na assinatura. Talvez considerem que o paciente não deva ler o que receitam. Outro tanto ocorre com os estudantes universitários que, na necessidade de apressar o grafismo para tomar os apontamentos, terminam por fazer também a assinatura filiforme.

Assinatura com formas de ligação em guirlanda (fig. 40): O indivíduo mostra-se, em sua vida familiar ou íntima, amável, conciliador e compreensivo. Quer deixar de si mesmo uma imagem agradável.

Assinatura com ligação ou letras e arcos (fig. 92): O indivíduo cuida da distinção e do formalismo, ou seja, observa, com certo rigor, as normas e tradições sociais, as regras da distinção e da elegância (naturalmente, essa interpretação não é válida se as formas gráficas não têm certa harmonia e elegância) (fig. 94b).

Com formas vulgares, mostra a necessidade de aparentar, fingir, elaborar uma conduta submissa às conveniências pessoais (fig. 92).

Assinatura com predomínio dos ângulos ou angulosa (fig. 90): O indivíduo quer mostrar seu domínio sobre si mesmo e, na intimidade, pode ser duro, intransigente, áspero e frio.

Em alguns indivíduos, o ângulo na assinatura indica sua incapacidade de adaptação, sua dificuldade para resolver alguns conflitos interiores (de Jacoby), assim como sua excitabilidade nervosa, instabilidade e individualidade instável, se o grafismo é desigual.

Em geral, o ângulo na assinatura expressa, a individualidade, a necessidade de reafirmar a personalidade interior e de manter a independência com relação ao mundo exterior (firmeza, energia, tensão interior).

Assinatura de traçado filiforme (fig. 93): Assim como a assinatura de letras legíveis testemunha uma atitude clara, fiel a si mesmo, e às obrigações sociais e profissionais, a assinatura de letras ilegíveis ou filiformes parece estar em concordância com uma atitude de evasiva ou de repugnância do indivíduo ante determinadas obrigações ou responsabilidades. O indivíduo se evade, dissimula, finge ignorância, é infiel, pouco autêntico e pode passar de uma atitude diplomática ou habilidosa, escorregadia e flutuante para uma simulação perversa.

Resumindo: O traçado *filiforme* na assinatura, como elemento de forma e de enlace, ou seja, afetando o coligamento e a coesão, pode ser interpretado, em sentido positivo, como o emprego do talento, da habilidade e da inteligência no confronto com os problemas e situações (políticos, negociadores, diplomáticos, banqueiros e outras profissões desse tipo). Em sentido negativo, a assinatura de traçado *filiforme* pode mostrar a permeabilidade a toda classe de influências, a evasão do ego através de atitudes dúbias ou incertas, flutuantes ou problemáticas (conduta duvidosa).

As variações de forma na ligação (mescla de arcos, ângulos, guirlandas ou traços filiformes): Essas desigualdades não são observadas no texto, mas somente na assinatura (não dispomos de nenhum exemplo). Geralmente, expressam conflitos internos, problemas entre o ego e o eu ideal, ou entre o eu e a realidade. O indivíduo pode ser um frustrado em qualquer dos aspectos fundamentais da personalidade (frustrado nas relações do eu com o outro sexo; frustrado nas relações do eu com a profissão, ou frustrado em qualquer aspecto social). A fig. 81 poderia ser um exemplo aproximado das desigualdades de forma no coligamento.

"Desde o princípio mesmo, dizia Freud, sempre sustentamos que os homens ficavam doentes devido ao conflito entre as exigências de seus íntimos e a resistência interna que se coloca entre eles". Portanto, as variações de forma ou "desigualdades de forma" na assinatura, geralmente, correspondem a conflitos ou frustrações.

Deve ser levado em conta, ao estudar o aspecto forma, que, na juventude, muitos adolescentes de ambos os sexos, imitam a assinatura de pessoas que admiram, seja dos pais, dos professores ou do ídolo que tomam como "modelo".

Nos meios gráficos pouco evoluídos, encontramos assinaturas, inclusive rubricas, muito complicadas com letras muito enfeitadas, aneladas ou cheias de laços ou de traços como teia de aranha. Geralmente, essas complicações têm uma interpretação negativa. Complicar é emaranhar, enredar, confundir, embrulhar ou intrigar. Essa atitude é própria do excesso de imaginação e do desejo de intrigar, amedrontar, surpreender o ânimo e manter os demais em expectativa. Veladamente, é um modo de fazer sofrer e, portanto, tem uma origem sádica. Pode se tratar de uma imaginação intrigante e literária como a de Erle Stanley Gardner, criador da série de televisão, ou melhor, da novela e da personagem de Perry Mason, de intriga policial (fig. 94a), ou da complicação com fins vaidosos que apresenta a figura 155.

Também é certo que há muita gente desconfiada que complica sua assinatura para que não seja imitada nos talões de cheques. O estímulo à falsificação de cheques cresceu muito nos últimos anos e essa precaução exige que a consideremos como normal.

O simbolismo das formas na assinatura: Há grafismos que, de alguma maneira, reproduzem, inconscientemente, algumas particularidades da profissão ou da atividade com a qual se identifica o assinante. Às vezes, é difícil captar o simbolismo, mas alguns ficam mais ou menos claros. Por exemplo, a figura 94b identifica-se com o famoso cirurgião Dr. Pérez Rosales. Em certos movimentos, podem ver-se as agulhas curvas e pontos de sutura.

Aspecto da ordem: A ordem, como sabemos, corresponde às faculdades de organização e adaptação.

Assinatura cuidada e texto descuidado: Desinteresse ou indiferença ante toda ideia de organização ou de adaptação social e profissional (o indivíduo não se disciplina nos princípios, regras, sistemas ou modos de conduta social ou profissional e vive, ao contrário, tecendo e organizando o dourado casulo de seu narcisismo, mais ou menos neurótico ou psicótico).

Assinatura descuidada, desorganizada, com texto bem cuidado e organizado O indivíduo dá uma importância capital ao seu meio social e trata de se ocultar, no exercício das suas relações com os demais, com os de fora, os defeitos, deficiências, dificuldades ou desvantagens pessoais que tem ou crê ter. Esse disfarce, camuflagem, ou tela protetora que o indivíduo utiliza para encobrir sua intimidade ou seus complexos, denota uma ambição de superioridade ou de considerações desproporcionais aos méritos e o valor autêntico da pessoa. Em outros casos, pode refletir esquecimento de si mesmo, entrega generosa e acentuada do indivíduo às tarefas que realiza ou aos fins sociais.

Assinatura terminada com um ponto (fig. 97): Segundo Pulver, é a expressão de "uma necessidade de acabar, de terminar". Pode expressar também a desconfiança, a prudência, a precaução do indivíduo que teme algo do exterior.

A pressão na assinatura: Corresponde, em geral, à potência da libido, à força e intensidade de nossos instintos, de nossas pulsões, tendências e necessidades. Revela a força geradora de ação e de resistência de nosso caráter e, no caso da assinatura, reflete o nível de potência de nosso eu íntimo, a força de nossos ideais, de nossos

ASSINATURA

desejos, de nossa ambição, de nosso querer ser.

Por essa razão, uma assinatura de grandes dimensões, sem pressão, é como "fogo de palha", reflete o blefe da personalidade. Em outras palavras: é reflexo de uma personalidade sem consistência, cujo brilho dura pouco. Tem a magnitude de fogos de artifício. Uma vez consumado o papel, já não faz mais nada, evapora-se ou se desincha como um frágil balão quando é perfurado por uma ponta. Esse poderia ser o caso de Melina Mercuri (fig. 88c). Essa personagem quer ser brilhante no teatro, no cinema e na política. Mas, já perdeu os atrativos físicos que a sustentavam um pouco; do resto, não fica mais nada.

Mais pressão na assinatura que no texto (fig. 88b): Indica, geralmente, a tendência para querer apoiar ou afirmar a personalidade sobre bases sólidas, quem sabe para evitar dúvidas, inquietude, angústia ou vacilações. Esse pode ser o caso de Samantha Eggar, conhecida atriz, intérprete de várias séries de televisão, a que se mantém em seu ambiente artístico com bastante "dignidade profissional".

Menos pressão na assinatura que no texto (fig. 87): Pode expressar, segundo os casos, uma sensibilidade íntima mais permeável ou vulnerável aos problemas do eu e familiares que aos acontecimentos ou circunstâncias sociais ou profissionais. Deve-se ter em conta que a pressão em um traçado anguloso ou, predominantemente, anguloso mostra a intensidade de tensão do ego em suas pulsões, tendências, desejos e necessidades. Ao contrário, a pressão em um traçado curvo ou, predominantemente, curvilíneo e de movimento progressivo reflete-nos o nível de expansão do ego em suas tendências, instintos, desejos, necessidades e ideais.

Assinatura de traçado mais anguloso e nítido que no texto (fig. 90): Quanto mais completa e legível for a estrutura das letras, tanto mais refletirá seu autor uma posição disciplinada e firme e um sentido mais concreto das próprias responsabilidades e deveres pessoais. Essa atitude pode chegar à inflexibilidade, à dureza e à intransigência.

Assinatura de traçado mais brando e pastoso que no texto (fig. 97a): A amostra de assinatura que reproduzimos é a de Gamal Abdel Nasser, que foi presidente do Egito. Vários anos antes de sua morte, à vista dessa assinatura, prognostiquei a possibilidade de uma forte intoxicação orgânica, dado o empastamento congestivo do traçado. Nasser morreu, em 1970, vítima da glicemia e de um ataque cardíaco. Além do fato de que toda congestão no traçado, se não é consequência de caneta ruim ou papel poroso, é sintoma de intoxicação orgânica, seja por alcoolismo, tabagismo, drogas ou qualquer causa que provoque *stress,* fadiga excessiva ou depressão orgânica; o traçado brando e pastoso, em uma assinatura, corresponde, geralmente, a pessoas que não são capazes de controlar sua sensualidade e sua sexualidade e que se deixam levar pelos apetites do corpo, ou seja, não são capazes de negar, ao corpo, qualquer prazer. Dada a estrutura morfológica de Nasser, é possível que ele se encontrasse nesse caso. O excesso de trabalho e as preocupações próprias de sua liderança naqueles momentos tão difíceis para o Egito "acrescentava, ao exercício do poder, a vontade de não se privar...", possivelmente, dos prazeres primários do corpo. Sua morte veio, momentos depois

ASSINATURA

de uma tensa reunião ministerial, por problema cardíaco.

As desigualdades de pressão na assinatura (fig. 31): Os apoios bruscos, maças, traços fusiformes etc., na assinatura, quando não os há no texto, mostram violências pulsionais internas (cargas energéticas, estados tensionados, excitações corporais) que o indivíduo reprime, socialmente, mas que descarrega com brutalidade em sua esfera íntima. As reações do indivíduo, na descarga de suas excitações, serão tanto mais brutais ou bruscas, quanto mais violentos sejam os apoios ou pressão dos traços (veja figs. 31 e 76).

A pressão deslocada (fig. 87): Falamos de pressão deslocada quando os traços regridem ou recebem sua máxima pressão nos movimentos de extensão (normalmente os apoios se realizam nos movimentos de flexão, de cima para baixo, e não nos movimentos de abdução ou de adução, ou seja, da esquerda para a direita ou de direita para a esquerda. Veja na fig. 97b o aumento da pressão nos movimentos de abdução da esquerda para a direita. Trata-se da assinatura do famoso diretor de orquestra Arturo Toscanini, que se caracterizou pelo vigor, dinamismo e vivacidade sonora que conseguia com as orquestras que regia. A pressão deslocada pode ser um sinal indicador de conflitos entre o ego e o superego, entre o eu e ele; em outras palavras, é um sinal revelador de conflitos, de neurose.

Quanto mais frágeis são os traços em algumas zonas e mais violentos em outras, tanto mais o indivíduo é vulnerável às excitações, mudanças bruscas, violências pulsionais, frustrações e descargas inesperadas. Como dissemos antes, o aumento da pressão mostra uma carga pulsional, uma acumulação tensional procedente de uma excitação. Se a pressão é deslocada, a carga tensional pode provocar excitações internas ou externas deslocadas, não normais e, portanto, em conflito com o ego. O mesmo pode ocorrer nas excitações sexuais pervertidas, de uma impressionabilidade ou frustração anormal nos desejos (o indivíduo se impressiona e se angustia, anormalmente, ou se frustra com demasiada facilidade ante qualquer estorvo que intercepte seus desejos e, como consequência, acumula tensões).

Se levarmos em conta o significado da assinatura com relação ao texto, o aparecimento de variações de pressão e, sobretudo, pressão deslocada na assinatura, induz-nos pensar na existência de conflitos internos, ou seja, na existência de uma incompatibilidade, de uma luta entre pulsões internas e a necessidade de manter um meio social ou profissional não contaminado pelos ímpetos passionais, os impulsos, as tendências ou instintos que forçam sua saída.

A consequência desse conflito é, sem dúvida, a neurose, e pessoas que tenham maior contato íntimo com o indivíduo, possivelmente, devem sofrer por isso.

A pressão fica, normalmente, deslocada quando se escreve, segurando a caneta entre o dedo indicador e o dedo médio. Veja na fig. 97b a colocação da caneta em sua posição normal (primeira escrita) e, no segundo caso, quando se escreve do modo indicado, assim como um exemplo da escrita resultante. Nesse caso, deve-se considerar como pressão normal.

A rapidez na assinatura: as variações de rapidez da assinatura com relação ao texto podem nos informar sobre o grau de reflexão, prudência ou cautela que mantém o indivíduo em si nas tomadas de decisão, sobretudo nas situações em que arrisca a própria segurança ou prestígio.

Assinatura mais lenta que o texto (figs. 76, 90, 91 e 155): Indica, geralmente, que o indivíduo toma tempo para refletir em tudo aquilo que põe em perigo ou de alguma forma compromete o próprio prestígio. Quer que sua imagem (suas ideias, seus atos, suas decisões) esteja na altura que deseja. Quer mostrar-se prudente, atento e responsável, judicioso e ponderado.

Assinatura mais rápida que o texto (figuras 89, 93, 96 e 156): Segundo a profissão que tenha o autor, e o costume de não assinar, muitas vezes, ao longo do dia, o significado pode variar entre:

a) Necessidade de abreviar, de simplificar uma tarefa, como ocorre nos empregados bancários e outras profissões que obrigam a assinatura de muitos documentos ao dia. Nesse caso, deve-se investigar se existe outro tipo de assinatura que não seja a profissional.

b) Falta de solidez e de suficiente maturidade na tomada de decisões, seja por estar dominado por um ego impaciente e influenciável, vulnerável aos estímulos internos e externos, seja porque o indivíduo tem tendência à evasiva, ao enfrentamento nulo dos problemas ou compromissos pessoais que não pode cumprir. Nesse último caso, a debilidade do ego é evidente, e o único recurso é tomar uma atitude flutuante ou evasiva, sobretudo se o grafismo é filiforme.

Pouca diferença de rapidez entre texto e assinatura: Com uma escrita harmônica, pode ser um sinal de identificação entre a atitude interior e o comportamento social.

A inclinação da assinatura: A inclinação das letras na assinatura expressa a atitude afetiva do eu com respeito às pessoas do ambiente social e profissional.

Quando a assinatura é inclinada e o texto não o é, ou não o é tanto (fig. 95): A paixão interior ascende o fogo dos afetos e desejos e aviva o calor dos sentimentos muito mais na vida íntima que na vida social.

Assinatura vertical com texto de letras inclinadas (fig. 96): Esse sinal é representativo, em muitos casos, de indivíduos que controlam mais a afetividade e os desejos na vida privada que na vida social. Causa? Provavelmente a falta de compenetração ou do bom entendimento com determinados membros, influentes, da família, ou por haver sofrido desenganos ou frustrações na vida sentimental.

As desigualdades de inclinação na assinatura (fig. 81) devem ser atribuídas, geralmente, a conflitos, lutas internas, a uma atitude ambivalente em relação às necessidades afetivas e à forma como se apresentam ao indivíduo os acontecimentos ou circunstâncias exteriores.

A clareza, a ordem harmoniosa e a identidade entre texto e assinatura da figura 40 (escrita pequena, vertical, pausada, ordenada, retilínea, com predomínio do elemento curvo que expressa a necessidade de expansão criativa das ideias, e seu traçado ligeiro e contido, indicador de sensibilidade contida etc.) são um bom exemplo do pensar introvertido de Jung. Quando essa pessoa apresenta uma obra ou um produto de sua imaginação criadora, que se estima como produto bem acabado, é que realmente o produto tem valores autênticos, está bem trabalhado e bem apresentado. Com esse grafismo, não há dúvida de que seu autor, Juan Sebastian Arbó, é um homem cuidadoso de seu estilo, da clareza de suas ideias, de seu prestígio e de seus personagens de novelas.

A continuidade na assinatura: Para não complicar esse aspecto gráfico, vamos referir-nos somente a dois subaspectos, *a coesão e a progressão*.

A coesão dos movimentos na assinatura é tão importante ou mais que no texto. Se a assinatura representa o ego com a própria autoimagem, o conceito que o indivíduo tem de si mesmo com as atitudes e aspirações íntimas, com seus impulsos, paixões, desejos e necessidades, quando o movimento aparece interrompido, algo interrompe as pulsões do ego. Ao contrário, quando a assinatura aparece sem nenhum tipo de interrupção ou corte do movimento, supõe uma identidade entre o pensamento e o desejo, o pensamento e a ação, o sentimento e o significado da ação. E como "não querer se soltar daquilo em que crê ou daquilo que se deseja". Em um campo mais amplo, a coesão não interrompida na assinatura poderia significar também uma identificação com as tarefas que se realizam ou com os meios sociais ou profissionais (veja as figs. 76 e 97).

Interrupções, cortes ou lapsos de coesão na assinatura (fig. 85): Creio que esses casos devem ser interpretados como um sintoma de insegurança interior, de mudança ou necessidade de mudança, de incerteza, medo, dúvida ou angústia vital, segundo os casos. Pode indicar também a má resolução de um ego débil ou a cautela de um ego que se detém para preparar seu meio ou adequar seu plano de acordo com as circunstâncias que ocorrem em cada acontecimento ou situação. Em determinados indivíduos, pode estar indicando uma dissociação do ego ou separação entre o mundo do pensamento e a vida afetiva (fig. 92). Em alguns casos, pode se tratar, simplesmente, de uma necessidade de autocontrole e de vigilância de si mesmo para evitar transmitir aos demais outra imagem diferente da desejada ou para evitar choques dolorosos com os demais; também para tirar algum proveito das relações com os outros.

Maiúsculas desligadas no nome ou no sobrenome (fig. 97d): Aqui, observa-se a importância simbólica do nome e dos sobrenomes, o que esses representam para o indivíduo. Por exemplo, no caso da fig. 97d, parece que está de acordo com uma falta de identidade entre o que o indivíduo queria em sua intimidade, em seu meio familiar, e o que ele realmente é. A desproporção é evidente se se compara a dimensão da maiúscula inicial (J) com as minúsculas que se seguem para completar o nome. A maiúscula é a autoimagem, o conceito que o indivíduo tem de si mesmo, e as minúsculas simbolizam a importância de seu papel na esfera familiar. Ao contrário, a força das letras do sobrenome (dimensão e pressão) indica seu êxito na vida social e profissional. Trata-se do ator de cinema Jimmy Durante, célebre ator cômico. Esse desnível, real ou subjetivo, entre o que o indivíduo quer ser e o que realmente consegue, entre o que ambiciona e os meios que, às vezes, tem à sua disposição para alcançar seus desejos, pode gerar dúvidas sobre os próprios planos, produzindo, então, um lapso de coesão entre o final da maiúscula e o começo da letra seguinte, ou seja, um grande espaço em branco. Esse espaço em branco equivale a dúvidas e vacilações. Essas dúvidas inclinam o indivíduo a procurar apoio, a sentir a necessidade de que outro ou outros lhes deem segurança em suas ideias, estimulando seu próprio valor e sua força impulsora e realizadora.

Se o grafismo é soerguido, estreito e regressivo, o terreno pode ser sinal para que surjam, no indivíduo, estados mais ou menos persistentes de insatisfação e descontentamento, o que o motiva a uma crítica mais ou menos agressiva aos demais, ao meio circundante, ou seja, a tudo quanto, de alguma maneira, surgira-lhe uma suspeita de contrariedade, projetando assim, fora de si mesmo, nas pessoas, nas situações e nos acontecimentos, o próprio complexo de insatisfação interior.

Essa tendência é de origem paranoide (fig. 92).

Assinatura de movimentos progressivos (fig. 97e). A assinatura de movimento progressivo é própria, sobretudo quando a escrita é simples ou simplificada, de pessoas que sustentam uma relação madura, sem travas ou obstáculos importantes, com o entorno. Entre o eu íntimo e o eu real, o eu e o tu, o ser e o querer ser não há grande desnível e, portanto, o indivíduo desenvolve-se com tanto mais harmonia ou sensibilidade, com tanto mais ponderação e adaptação interativa quanto mais claro é o grafismo e mais harmônicos os diversos aspectos gráficos. Veja na fig. 97e texto e assinatura do papa João Paulo II.

Assinatura de aspecto harmônico, mas muito cortada ou de letras desligadas (fig. 97f). As letras desligadas se diferem da coesão do texto e podem indicar a necessidade de ficar submetendo, constantemente, à reflexão todos os atos e decisões. Sabemos, por exemplo, quanto Matilde Ras cuidava de todas as suas produções literárias. Antes de dá-las à imprensa, repassava-as uma infinidade de vezes para se assegurar de que não havia nenhuma falha na qualidade e no estilo de suas criações, de suas publicações. Todas elas são um modelo de expressão literária.

Se víssemos o mesmo sinal na assinatura que apresenta aspectos negativos de dimensão, pressão e forma, por exemplo, poderíamos suspeitar de um conflito caótico entre o íntimo e o real, o que o indivíduo quer ser ou aparentar e seu estado interno cheio de dúvidas, vacilações, medos ou frustrações, dependendo do caso.

Assinatura de movimentas regressivos (figs. 92 e 94b): A regressão é um movimento que segue uma trajetória oposta à normal, é um giro ou desvio anormal para trás, para a esquerda, em sentido contrário ao da marcha normal da escrita.

Em sentido geral, a regressão é um mecanismo de defesa do ego. O indivíduo retrocede, foge, volta atrás, seja para manter seu ego e a defensiva ou para se resguardar de algum perigo, seja por um recolhimento egoísta, não interativo (o indivíduo pensa somente em seu problema, em suas necessidades, em seus desejos) ou por se sentir culpado ou envergonhado por algo (esse é o caso dos que trabalham ocultamente ou dos que querem ocultar um fracasso). Por isso, a regressão na assinatura deve ser estudada segundo cada caso. Não podemos dar a mesma interpretação às regressões em forma de anéis sinistrógiros que estão na fig. 94b e as que estão na fig. 94a. Cada uma delas responde a padrões psicológicos distintos. A fig. 94b, que já comentamos anteriormente, apresenta as regressões nos arcos sinistrógiros. O arco na assinatura, existente também no texto e tendo em conta o aumento da dimensão, está em relação com atitudes elaboradas para demonstrar uma certa superioridade, não isenta de narcisismo e de aspiração à homenagem. Finalmente, a complicação dos movimentos regressivos na assinatura de Erle Stanley Gardner (fig. 94a) parece coincidir com um narcisismo vaidoso e intrigante que leva o ego a buscar metas de superioridade. Busca em suas criações influir sobre os demais com a ação "mágica e onipotente" de seu pensamento e a trama misteriosa da intriga, do enigma, do enredo que mantém o ânimo tenso e desperta o máximo interesse, ou seja, mantém a emoção. No fundo, o que o autor de Perry Mason persegue é a satisfação da necessidade de ser admirado, o obrigatório reconhecimento dos demais, gozando ele, assim, do privilégio de tê-los subjugados, ou seja, em plena expectativa, como compensação, talvez, de uma infância e adolescência cheias de dificuldades.

As assinaturas devem ser estudadas individualmente. É muito difícil generalizar porque cada assinatura é a representação gráfica de um ser complexo que arrasta muitas sequelas de herança, de ambiente, de educação, de cultura e do correr da vida.

Atormentada: Esse grafismo se caracteriza por uma espécie de agitação e insegurança no movimento que forma as letras. O indivíduo não pode avançar de maneira plana, controlada e segura. Os movimentos do grafismo aparecem deformados por constrangimentos, sacudidas, contorções, inseguranças e aflições. Vemos algumas letras incontroladas, impulsionadas valentemente e outras inibidas ou remontadas sobre si mesmas (figs. 26, 70 e 170).

Interpretação: O traçado atormentado dá a impressão de como o escritor oscila, vacilantemente, entre a irritabilidade e a angústia, entre a inquietação e a fadiga, entre a impulsividade e a vertigem. Sua atividade parece perturbada pela ansiedade, inquietação e aflição do ânimo (desassossego, sofrimento, insegurança vital).

O Dr. Gille, referindo-se a esse grafismo, mostra que pode pertencer – e assim o é, às vezes – a "pessoas infelizes, neurastênicas ou masoquistas". Frequentemente – acrescenta o mesmo autor – "essas pessoas são pouco eficazes, socialmente, devido à sua desordem interior". No que diz respeito à minha experiência pessoal, esse sinal gráfico é observado em indivíduos gagos muito emotivos e em alguns adultos que abusam da masturbação. Em dois casos isolados, é comprovado também em indivíduos que adquiriram hábitos ou práticas anormais da sexualidade, ainda que isso não permita tirar uma conclusão afirmativa.

Do ponto de vista psicanalítico, a escrita atormentada é a expressão gráfica das frustrações da *libido* e dos complexos de culpa freudianos. Em alguns casos, podemos interpretar esse grafismo como uma reação de defesa contra a angústia da castração ou como o desvio de forças instintivas, agressivas para o próprio indivíduo (necessidade de ser castigado, de sofrer, masoquismo).

Automática: Repetição mecânica, automática das formas e dos movimentos das letras (estereotipia gráfica) (fig. 15).

Interpretação: Automatismo mental e psicológico (diminuição mais ou menos profunda da atenção, da sensibilidade e da vontade).

Com *escrita regular e angulosa,* indica necessidade de dominar ou dissimular fortes estados emotivos ou passionais (repressão, falta de flexibilidade, inadaptação, artifício).

Com *escrita branda e monótona,* reflete a neurastenia, a debilidade mental e, às vezes, a tendência à obsessão.

Esse tipo de grafismo é frequente em oligofrênicos (débeis e imbecis mentais).

B

Baixa: Maiúsculas e letras de haste ("1", "b", "f", "h", "t" etc.) mais baixas que o normal. Também se refere a barras dos tt baixas (fig. 36).

Disposição para renunciar ao desdobramento das necessidades ideais e das aspirações de domínio ou de superioridade sobre os demais (atitude de submissão, de acatamento, de humildade ou de resignação por renúncia, por adaptação ou por falta de energia para rebelar-se contra as imposições do ambiente). Caráter dependente.

Com escrita pequena, indica predomínio da vida interior (introversão).

Com escrita vulgar e de pressão fraca, indica rotina, falsa humildade ou debilidade no juízo moral.

Com escrita grande: desenvolvimento do sentimento de si mesmo e das necessidades cotidianas (egocentrismo).

Barras dos "tt": Veja letra T.

Bizarra: Escrita de formas insólitas ou artificiais, que se efetuam para chamar a atenção (figuras 108a, 135, 34b, 146, 155, 172). A forma das letras pode ser parecida, de longe, com a caligrafia normal.

Interpretação: Procura exibicionista, destinada a satisfazer à necessidade narcisista de chamar a atenção. O indivíduo deseja compensar sentimentos de inferioridade real ou imaginária.

Essa atitude evidencia a falta de maturidade e, às vezes, um desejo irreprimível de alcançar prestígio, destacar-se, ser "vedete". No homem pode refletir a existência de um complexo de castração. Neurose. *Quando as formas são originais, harmônicas e elegantes,* podem indicar faculdades criativas, originalidade e distanciamento, um estilo próprio, uma forma inédita de fazer as coisas, de se afastar da vulgaridade.

Branda: Movimentos muito curvos com déficit de pressão e de dinamismo (fig. 37).

Interpretação: Estímulo interno insuficiente para superar os obstáculos, problemas ou dificuldades que requerem luta e iniciativa na ação (passividade e adaptação sem resistência). Debilidade da vontade, apatia, indiferença, desordem e volubilidade. Moral duvidosa. Fácil claudicação perante as pressões exteriores (o indivíduo cede sem luta, ou toma o caminho da obstinação passiva, da teimosia ou resistência passiva – retenção – própria de sua tendência sadoanal, ou masoquista).

Bucle, em anelada: Letras formadas por bucle*s* ou anéis (fig. 39).

Interpretação: Forma de contato amável e hábil que tem como objetivo atingir os próprios desejos com o mínimo de esforço e sacrifício possível.

A escrita *anelada* e com arcos reflete a moral de aparência e a atitude sedutora de uma cortesia calculada.

C

Cadenciada: Proporcionada e com boa distribuição dos movimentos, formas e espaços gráficos (figuras 40 e 48). Escrita intermediária entre rítmica e monótona.

Interpretação: Conduta estável (constância nos sentimentos e nos desejos). Regularidade no trabalho (sentimento do dever e sentido da ordem). Fidelidade, perseverança, retidão moral. Resistência à fadiga e aos choques morais. Equilíbrio funcional nervoso.

Caligrafada: Letras de formas convencionais, corretamente formadas (fig. 41).

Interpretação: Habilidade manual, facilidade para executar trabalhos práticos e para se adaptar às tarefas comerciais se a escrita for rápida e com movimento. Desejo de ordem e clareza se a rapidez do grafismo estiver sacrificada em favor da nitidez da letra. Hábito profissional (contadores, professores, desenhistas etc.).

Caligráfica: Letras que reproduzem os modelos de caligrafia escolar (figs. 42 e 43).

Interpretação: Conformismo (adaptação às regras, princípios e costumes sociais e profissionais). O indivíduo não quer reconhecer outras razões formais além das de hábito ou da experiência adquirida. Identificação do indivíduo com a profissão ou papel social que desempenha. Rotina, falta de personalidade.

Amiúde, esse tipo de grafismo oculta neuroses e bloqueios importantes do instinto e das tendências naturais.

Calma: Letras realizadas lentamente, sem vigor, sem dinamismo (figs. 42 e 43).

Interpretação: Atividade calma, carente de entusiasmos e de dinamismo. Automatismo na conduta. Emotividade e impressionabilidade débeis (o indivíduo se sobressalta **e** se inquieta pouco, não se angustia nem emudece ante qualquer surpresa, tem presença de espírito e reage ante os grandes acontecimentos, com a mesma normalidade com que reage ante os acontecimentos rotineiros).

Centrífuga: Movimentos deslocados com vigor ou impetuosamente, em direção dextrogira, para a direita e acima ou para a direita e abaixo (fig. 45).

Interpretação: Todo movimento centrífugo reflete uma fuga da intimidade (pessoal ou familiar) e uma necessidade de contato com o exterior, com o mundo circundante, com as pessoas, com as coisas que nos rodeiam.

Essa necessidade de contato com o exterior pode ser ideológica (movimentos centrífugos na zona superior), pode ser afetiva, ou afetar a necessidade de intercâmbios afetivos, se os movimentos centrífugos são produzidos na zona média; pode refletir necessidades de contato instintivo ou físico, se os movimentos centrífugos aparecem na zona inferior. Finalmente, pode se manifestar de forma amável, benéfica e altruísta (*se os movimentos são curvos e suaves*), e de forma violenta e agressiva, se os *movimentos são apoiados, pontudos, espasmódicos ou maciços* (veja sob os títulos Lançada ou Impulsiva).

Centrípeta: Movimentos encaracolados e com tendência a se voltarem sobre si mesmos, para a zona inicial (figs. 34a e 46).

Interpretação: A direção dos movimentos para trás indica a tendência para a retirada. O indivíduo reprime a necessidade de contato exterior e, como consequência, a *libido* descarrega-se mediante o contato consigo mesmo (egocentrismo, egoísmo, narcisismo). Fuga do mundo e de seus problemas. É, em princípio, uma tendência antissocial. É muito observada na zona média da escrita de religiosos e religiosas em clausura que buscam a perfeição distanciando-se do mundo.

Essa retirada antissocial ou negação do contato com os demais pode ser ideológica (movimentos centrípetos na zona superior), afetivo (zona média centrípeta) ou instintivo (zona inferior), refletindo, no último caso, uma repugnância a todo contato sexual tão forte quanto maior for a pressão e a dimensão do impulso gráfico.

Cifras: Pesquisadores alemães, suíços, franceses e nós mesmos estudamos as cifras, partindo da seguinte base: as cifras são um símbolo dos valores materiais. Não é, pois, absurdo que a estrutura, ordem, clareza etc. das mesmas nos revelem as aptidões para as profissões mercantis, o sentido comercial e o domínio, mais ou menos forte, que cada indivíduo possui, para representar, como abstratos, os diversos valores materiais.

Cifras claras, rápidas, bem ordenadas e estruturadas: Clareza e rapidez nos

conceitos materiais e para assimilar as questões mercantis (sentido comercial). Facilidade para o cálculo numérico, objetividade comercial (fig. 47c).

Cifras claras e caligráficas: Costume ou hábito profissional dos números como representação de valores materiais (contadores, caixeiros, empregados de oficina ou de banca, comerciantes etc.).

Cifras confusas, ilegíveis, pouco estruturadas a ponto de se confundirem uns números com outros:

a) *Se a escrita é rápida,* pode refletir a tendência a criar confusão, a fugir da verdade e se aproveitar das situações em benefício próprio (restaurantes, comércios etc.). É frequente em indivíduos comercialmente hábeis, mas pouco escrupulosos nas questões de dinheiro (forma hábil de roubar; fig. 47d)

b) *Se a escrita é lenta e os números apresentam retoques frequentes (cifras retocadas na escrita normalmente clara)*: complexo de inferioridade para os assuntos de dinheiro, para os quais o indivíduo não é apto.

Colunas de cifras malformadas, de estrutura desajeitada: Incapacidade para se ocupar dos assuntos de dinheiro. Devem buscar outras aptidões.

Cifras simplificadas e estéticas, mas sem rigor na ordem: mais preocupação com a beleza e aspecto artístico dos objetos que com seu valor material.

Cissuras: Empregamos esse termo para designar os cortes nos enlaces de uma letra com outras nas palavras. Foi introduzido na grafologia por Trillat, que distingue quatro tipos de cortes na coesão: a cissura inicial, a cissura central, a cissura fonética (corte por sílabas) e a cissura constante (palavras e letras dissociadas). Figs. 37, 71, 123, 40, 173.

Interpretação: Cada corte ou cissura na onda gráfica é um sinal de detenção, de inibição, quando não é motivada pela interrupção do impulso para colocar um ponto ou barra de "t". Essa supressão parcial ou total do impulso, em plena atividade, pode ser um sinal regulador da atividade nervosa ou um bloqueio de pensamentos, desejos ou atitudes que manifestariam intenções ou ações não convenientes à imagem que de si mesmo o indivíduo quer dar. A força do superego é, então, a que oculta ou reprime o impulso e o impede de se manifestar. Essa inibição pode ocorrer acompanhada de sinais de depressão.

Com um bom ambiente gráfico, a escrita desligada (veja sob o título Desligada) mostra o hábito de refletir, observar, pensar detidamente, depois de haver concebido ou antes de prosseguir com um desejo. Prudência, precaução, medo de errar, em pessoas muito intuitivas, ou com ideias originais.

Com ambiente gráfico negativo: Inadaptação, egoísmo, egocentrismo, pouca sociabilidade. Quando os cortes ou cissuras são excessivos e frequentes os lapsos de coesão, o indivíduo se encontra em estado de desorientação interior, de dispersão e desordem psíquica. Ocorre em drogados e em doentes mentais.

As interrupções podem se dever também, em alguns casos, a problemas circulatórios.

Clara: Distribuição harmônica do texto (letras, palavras, linhas) e dos espaços brancos (fig. 40).

Interpretação: A escrita clara, harmônica e espontânea indica o predomínio da atitude consciente, ordenada e ponderada. Clareza e espontaneidade no pensamento e na ação. Simpatia, sensibilidade e repugnância pelo complicado e pelo sujo de ordem moral e afetiva.

Se a escrita é irregular e rápida (temperamento nervoso), indica sensibilidade para captar as coisas sem necessidade de reflexão, juízo rápido e intuitivo, habilidade para desorganizar o jogo e a trama do pensamento alheio, mais pela rapidez para captar e expor que pela solidez e acerto dos juízos.

Combinada: A rapidez da escrita comporta ligamentos ou uniões anormais de pontos, acentos, finais ou barras dos "tt" com a letra seguinte. Esses ligamentos ajudam, favorecendo o ambiente estético e a originalidade do grafismo (fig. 28).

Interpretação: Rapidez e originalidade de pensamento. Vivacidade e facilidade de assimilação e compreensão intelectual. Cultura, espírito inventivo, pensamento inspirado por intuições originais.

Com escrita branda ou frouxa e descendente, pode indicar pobreza, fadiga intelectual ou *surmenage;* e, com sinais de desordem, indica a precipitação nas deduções.

Comercias: Escrita que reproduz os modelos convencionais, empregados pelos contabilistas e administradores (fig. 48).

COMPACTA

Interpretação: Aptidão para a vida comercial ou reflexo do hábito profissional. Escrita frequente em contadores, escriturários e homens de negócios, onde se requer esse tipo de grafismo.

Compacta: Veja os títulos Concentrada e Condensada.

Compensada: O desenvolvimento insuficiente do gesto gráfico, em uma determinada zona ou direção do grafismo, é compensado pela hipertrofia (desenvolvimento excessivo) em uma ou outras zonas ou direções geralmente opostas. Assim, por exemplo, o encurtamento e estreitamento das pernas se compensam amplificando os movimentos da zona superior; o encurtamento das zonas finais (escrita inibida, suspensa ou contida) compensa-se com uma zona inicial abundante em traços iniciais amplos (figs. 30 e 36).

Interpretação: Essa compensação gráfica obedece a um mecanismo psíquico de adaptação, com o qual o indivíduo encobre ou disfarça tendências, impulsos ou necessidades instintivas, *simulando ou desenvolvendo* uma conduta ou comportamento contrário e exagerando em suas manifestações. Dessa forma, com a projeção, sublimação, realização imaginária do desejo etc., o indivíduo chega a descarregar a tensão de seus instintos e necessidades, sem lesar sua própria consciência moral.

Pode indicar também no indivíduo uma sensação de inferioridade, que tenta compensar com o propósito de ostentar alguma superioridade.

Se a insuficiência do desenvolvimento se apresenta na zona inferior, especialmente nas pernas dos "g", "i" etc., pode indicar ou "uma tentativa de luta contra os instintos sexuais, ou uma diminuição das necessidades sexuais" (Resten), ou um complexo de castração, de impotência, traduzível na vida cotidiana, como um insuficiente domínio da realidade e dos problemas vitais, o que pode originar diversas neuroses e, no plano profissional, desadaptações, especialmente nas tarefas de mando e de direção.

Se a insuficiência do desenvolvimento gráfico se manifesta sobre a zona superior (hastes) (fig. 36) e o volume de desenvolvimento recai sobre a zona inferior, pode-se suspeitar de alguma limitação das aspirações ideológicas, compensada por fortes aspirações e interesses materiais (prazeres do corpo, ambição de dinheiro, de ambientes positivos e de vantagens pessoais) (fig. 135).

Complicada: A escrita contém traços desnecessários e complicados, que não existem no modelo caligráfico (fig. 34a e b).

Interpretação: Tendência para complicar as coisas por excesso de imaginação. Relato dos fatos, com contribuições que fogem da realidade. Desejo de chamar a atenção e de influir no ânimo dos demais com jactâncias pessoais (compensação de complexos de inferioridade, exagerando a importância dos fatos, da própria intervenção ou da própria personalidade). Tendências amorais, costume de enredar, de intrigar, por mitomania, ou por má fé. Essa escrita é frequente em homens de negócios, em vendedores e em comerciantes hábeis em disfarçar a realidade, complicando o valor e a importância das coisas em benefício próprio.

Comprimida: Veja título Apertada.

Côncava, linha (As linhas formam uma concha ou guirlanda (figs. 35 e 29).

Interpretação: Tendência a fazer as coisas com certo pessimismo; entretanto, uma vez iniciadas, a energia se reforça e persegue o objetivo até alcançá-lo (falta de entusiasmo nos inícios). Atitude previsora e prudente em toda iniciativa. Com tensão débil, pode indicar luta contra um estado físico deficiente ou contra a fadiga física e moral.

Concentrada: Redução dos espaços que separam as palavras e as linhas (fig. 47).

Interpretação – Capacidade para se concentrar nas tarefas profissionais e nos problemas. Memória dos detalhes relacionados com a atividade cotidiana. Se a escrita é pequena e contida indica falta de visão panorâmica dos fatos, incapacidade para coordenar grandes conjuntos de coisas, estreiteza de espírito e de horizontes.

Condensada: O mesmo que concentrada, em grau superlativo (figs. 49b e 50).

Interpretação: Opressão afetiva, tendência a se torturar pela dificuldade de expandir a própria ambição. Complexo de insatisfação permanente próprio do temperamento nervoso. Egoísmo, avareza, estreiteza do pensamento com relação aos sentimentos humanos. Parcialidade nos juízos. Egocentrismo. Pedantismo.

Confusa: Distribuição defeituosa dos espaços e de movimentos. Certas letras ou partes das letras ocupam o lugar de outras, invadindo espaço nas linhas de cima ou de baixo (fig. 50).

Interpretação: Visão defeituosa das coisas por falta de clareza e de precisão dos juízos (a imaginação deforma a realidade exagerando-a, deformando-a ou contaminando-a, segundo lhe afetam os acontecimentos ou as circunstâncias). Predomínio das tendências inconscientes sobre a vida consciente. Falta do sentido da organização. Conflitos interiores. Vida interior pouco madura e insuficiente.

Congestionada: Os olhais das letras ficam preenchidos com tinta (fig. 51).

Interpretação: Antes de se decifrar o significado, deve-se comprovar que a congestão das letras não se deve à má qualidade do papel, ou da caneta ou a uma tinta muito espessa.

Faz parte dos sinais patológicos. Pode indicar *surmenage,* fadiga, astenia, perturbações circulatórias (quadros de intoxicação), diabetes etc. e, como consequência, uma diminuição da atividade por motivos de saúde. Nas tarefas habituais, o indivíduo pode mostrar um certo grau de imprecisão, de deficiência de atenção, de memória etc. Outras consequências podem ser a preguiça e a instabilidade, a tendência a renunciar aos objetivos nas primeiras dificuldades ou o desânimo prematuro etc.

Constante: O grafismo não acusa variações de um para outro documento (fig. 41).

Interpretação: Emotividade e impressionabilidade reduzidas. Regularidade, constância e unidade no caráter, nas decisões e nas tendências.

Firmeza, segurança, confiança em si mesmo. Lealdade e fidelidade moral se a escrita é harmônica. Perseverança nas tarefas e nos métodos. Se o grafismo é redondo, lento e uniforme: estabilidade passiva, rotina, convencionalismo (temperamento linfático).

Constrangida: Avanço dificultoso dos movimentos gráficos (fig. 52).

Interpretação: O constrangimento é uma forma de inibição, de coibição ou atitude coercitiva produzida por alguma destas causas:
- Inabilidade gráfica (o indivíduo tem dificuldade para escrever);
- O indivíduo se sente observado por alguém que lhe impõe medo;
- Mudanças atmosféricas (frio, mudança de altitude, mau tempo etc.);
- Camuflagem dos desejos, tendências ou sentimentos (repressão);
- Posição inadequada ao escrever ou utensílios defeituosos etc.

Contida: Mesura e contenção dos movimentos, especialmente nos traços finais (fig. 40).

Interpretação: Atitude reflexiva e consciente com relação aos acontecimentos e à atividade. Prudência, sentido elevado da responsabilidade e das consequências. Maturidade mental, limitada ao conhecimento objetivo e lógico da realidade se a escrita é regular e clara. Com sinais de inibição, reflete timidez e impedimento para uma afetividade apaixonada. Introversão. Tendência para calar a verdade por prudência, temor, covardia ou incapacidade para fazer frente às suas consequências.

Contorcida: Desvios em forma de torção nos traços descendentes das letras. Figuras 70, 123 e 170.

Interpretação: Pode ser devida a diversas causas alheias ao estado físico do indivíduo. Por exemplo: escrever dentro de veículo em andamento, em uma mesa que treme etc. O frio também pode causar esse sinal. Em todos os casos, a escrita habitual do indivíduo não apresenta contorções.

Quando a contorção é habitual, pode se tratar de crianças entre os 9 e 13 anos (idade pré-puberal) ou de mulheres em seu período de menopausa. No homem, é sinal de velhice prematura, caso ocorra antes dos sessenta anos. Em alguns casos, revela um forte *stress*. Em idades juvenis, é sintoma de intoxicação por drogas ou de paralisia. As crispações nervosas e as emoções violentas podem produzir esse tipo de escrita, como no caso de sequestrados ameaçados de morte. *Libi*do débil, bloqueada ou em regressão, segundo o ambiente gráfico.

Convencional: Reprodução das formas caligráficas convencionais (figs. 53a, b, c).

Interpretação: é a escrita própria de muitos contadores e pessoas que conservam costumes antigos (Veja sob a palavra Caligrafada).

Convexa: As linhas primeiro ascendem e logo descem, formando uma abóbada ou arco (figs. 54 e 35e).

Interpretação: A energia e, sobretudo, a perseverança não estão à altura do primeiro impulso (ardor que não se sustenta na ação). Inconstância na direção dos objetivos que o indivíduo persegue.

Saul saiu à procura de ovelhas desgarradas e retornou com um reino. O indivíduo sai, com frequência, em busca de um reino e retorna com as ovelhas de Saul. Aventuras à moda de Tartarin.

Coquilhas (espirais): É um gesto que partindo de um ponto (o ego) se estende, dando voltas sobre si mesmo nas zonas iniciais.

Quando se instala nas zonas finais, o indivíduo realiza um movimento centrípeto, mas sempre buscando um ponto central (o ego) (fig. 55).

Interpretação: O espiral é um gesto egocêntrico, narcisista, do que se refere, o tempo todo, a si mesmo, e é incapaz de colocar-se no lugar dos outros. Mostra, também, o egoísmo, o subjetivismo, a coqueteria (busca do amor ou de admiradores sem reciprocidade, com o emprego de meios hábeis de sedução, de atração). Frivolidade, afetação. O indivíduo calcula, premeditadamente, seus atos ou atitudes, com o fim de obter o que deseja.

O egoísmo pode se complicar com a mentira, com o amor-próprio e com o desejo de posse, ou seja, com a tendência a adquirir ou se apropriar não somente do que é útil e necessário para o indivíduo, mas também de tudo aquilo que lhe é vantajoso e favorável.

Cortante ou talhante: É aquela escrita que parece que corta ou faz uma incisão forte e penetrante no papel. A pressão, em sua direção normal (flexão), ou desviada (extensão-abdução) é, às vezes, espasmódica. Figuras 108a, b, 109, 127, 135, 172. Para compreender melhor esse grafismo, temos de imaginar, seguindo uma sugestão de Pulver, citada pelo Dr. Gille, que o escritor utilizou nossa pele em vez do papel.

Interpretação: A escrita cortante expressa, em geral, a incapacidade do indivíduo para reagir, adequadamente, a uma contrariedade ou frustração. Com reações cortantes, violentas ou agressivas, tenta impressionar os outros, para que cedam aos seus desejos ou exigências, com o risco, às vezes, de que, se os demais não cederem, o indivíduo possa cair em uma crise nervosa. Com essa atitude, o indivíduo "cortante" crê afirmar sua personalidade e modificar, magicamente, o que não pode modificar realmente: temperamento emotivo, impulsivo, irritável, apaixonado e violento. Pode se dar em indivíduos de tendência epileptoide ou paranoide e em certos estados enfermos relacionados com a afetividade.

Crescente: As letras finais de palavra têm maior altura que as anteriores (figs. 56a, b, c).

Interpretação: Exagero do sentimento de si mesmo e do efeito que as coisas produzem no ânimo do indivíduo, o qual atende mais aos fatores subjetivos e emocionais que à razão de ser das coisas. Ingenuidade, candura, falta de sentido crítico. Tendência a deixar-se levar pelo primeiro impulso sem refletir sobre as consequências. Incapacidade para penetrar nas coisas com sagacidade e sentido lógico. Nostalgia das recordações que revivem a infância.

Cuidada: Asseio e precisão nos sinais secundários (pontos, acentos, barras dos tt etc.) unidos a uma ordem geral no grafismo (fig. 16).

CUIDADA

Interpretação: Necessidade de ordem e de precisão. Respeito e deferência com a personalidade alheia (cortesia). Tendência a realizar as tarefas com limpeza, cuidado e método. Escrúpulo, pontualidade, consciência moral exigente. Às vezes, oculta-se uma neurose sob os indícios de uma ordem e regularidade muito rigorosas.

D

D: Entre as letras longas na zona superior com maior significado psicológico, está a letra "d" minúscula, denominada *letra reflexiva da orientação do espírito.*

O espírito orienta-se para as regiões ideais se o traço, que normalmente teria de ser dirigido para baixo, se dirige para cima (fig. 58).

O pensamento se orienta pela lógica reflexiva ou por uma imaginação criativa prudente *se o traço final do d se liga pela parte alta da zona média à letra seguinte* (fig. 59).

O espírito expressa seu desejo de independência e sua atitude dominante se o traço final se adapta à forma de um "t" (fig. 60).

Se o "d" adquire amplitude demasiada na zona superior com relação à sua base, expressa o desequilíbrio da imaginação com respeito à realidade (a ilusão e a fantasia crescem em desproporção com as possibilidades reais). Essa fantasia ou ilusão infantis, próprias do pensamento mágico, conectam com o passado, com as recordações, com as evocações, se a voluta se dirige para trás, preferencialmente (fig. 61).

Conduz à formação de quimeras, utopias etc., com relação ao futuro, se o bucle se desloca para a direita da página (ver segundo "d" da fig. 62).

Quando a oval ou olho da letra está separado da haste (fig.61) (letra dividida ou separada em duas partes), reflete um desdobramento da personalidade, ou seja, uma divisão ou separação entre a vida espiritual e a vida afetiva. Expressa independência ou desacordo entre sentimentos e emoções e o pensamento e a lógica. Essa tendência a viver em separado ou a desligar a vida afetiva e emocional da atitude do pensamento pode dever-se a interesses egoístas (egocentrismo, narcisismo, afã de solidão) ou refletir a consequência de um antagonismo entre o indivíduo e seus familiares. O indivíduo remonta suas necessidades afetivas e liberta-as de sua ação, de seus cálculos e de seu pensamento. Seu comportamento é frio e calculado, não liga o sentimento a suas palavras, a suas ideias nem aos laços de convivência com os demais. O indivíduo pode viver em simbiose com terceiros, aproveitando-se do abrigo, mas sem entregar nada de si mesmo para uma convivência mais afetiva. Observamos esse sinal em adultos órfãos desde a infância e em indivíduos que viveram sua infância com pais adotivos.

A letra "d" com haste caligráfica, sem voluta (fig. 15), indica pouca riqueza de imaginação e *de* recursos espirituais, ou seja, um espírito curto, rotineiro, convencional, trivial.

A letra "d" com a haste descendo para a zona inferior (fig. 12) denota a orientação da vida interior para o lado material, a busca do concreto, do que tem um valor tangível (dinheiro, bens materiais, luxo, satisfações corporais etc.). Nesse caso, o espírito tem pouca elevação, desinteressa-se pelos ideais superiores.

Descendente: Em seu percurso, as linhas descem na margem direita (figs. 35c e 64).

Interpretação: Decréscimo da capacidade de trabalho e de rendimento

Visão pessimista das coisas. Fadiga. Decaimento moral e físico. Falta de energia e de confiança nas próprias forças para vencer as dificuldades ou superar obstáculos.

As principais causas que podem fazer a escrita descendente são: o cansaço, a velhice, a doença, a indolência, a preguiça, a aflição, a dor moral ou o desengano.

Descuidada: Desordem e omissões nos sinais secundários (pontos, acentos, barras dos "tt", margens etc.). (fig. 65).

Interpretação: Tendência para deixar as coisas sem fazer, por preguiça, negligência ou fadiga. Incapacidade para tarefas que requerem método, ordem, asseio e cuidado de detalhes. Falta de respeito e de deferência à personalidade alheia. Descuido e desordem moral. Inaptidão para lutar, eficazmente, contra os obstáculos. Insuficiente desenvolvimento da vontade ativa e reflexiva.

Desenhada: Tendência para desenhar as letras, quer seja imitando as formas tipográficas ou outras formas mais ou menos caligráficas ou originais. Às vezes, o indivíduo intercala desenhos no texto ou nas margens (figs. 71 e 144).

Interpretação: Além do gosto artístico ou sentimento estético das formas que o indivíduo possa ter, na maior parte dos casos, a escrita desenhada representa uma camuflagem dos complexos ou deficiências pessoais do escritor. O indivíduo tenta ocultar, nas formas mais ou menos estéticas ou convencionais, as lacunas, desvantagens, "menos-valias" ou insegurança pessoal, e pretende produzir, com sua letra, uma impressão melhor. Não quer deixar transparecer a sua inferioridade social ou profissional. Seu medo de ser julgado, tal como ele se vê em sua intimidade, obriga-o a cultivar uma fachada artificial.

Em alguns casos, a escrita desenhada é a expressão de um narcisismo egocêntrico mais ou menos denunciado, mas que não implica que o indivíduo sinta a satisfação de se ver a si mesmo nas formas rebuscadas e nos adornos e embelezamentos que imprime à sua escrita.

Esse grafismo é frequente na juventude atual, em alguns artistas, em desenhistas, topógrafos, estilistas e em alguns doentes psíquicos dobrados sobre si mesmos. Por essa razão, é necessário descobrir o que pode ocorrer, em cada caso: de deformação profissional (desenhistas, topógrafos, estilistas etc.), de psique enferma *(libido* em regressão, por exemplo), de narcisismo ou de sentimento de insegurança social ou profissional.

O simbolismo da escrita desenhada – como indica o eminente grafólogo e psiquiatra canadense Jean-Charles Gille – pode ser explicado, às vezes, como sinal de certas preocupações religiosas, de certos ritos mágicos e, inclusive, como idealização inconsciente dos instrumentos de trabalho ou de formas musicais, arquitetônicas, pictóricas, navais etc., visíveis, amiúde, na assinatura e na rubrica. O boletim *La graphologie* publicou interessantes artigos sobre esse tema.

Desigual: Variações mais ou menos importantes e numerosas nos diversos aspectos gráficos da escrita: desigualdades de *dimensão, pressão, forma, rapidez,* direção, continuidade etc. (figs. 26, 29, 45, 66).

Interpretação: Enquanto a *regularidade* é a expressão de uma vontade consciente, controlada, disciplinada e bem dirigida, a *desigualdade* é, ao contrário, um índice do descontrole emotivo. O indivíduo emotivo sempre abandona o esquema, o método, a disciplina, o sentido da medida e da ordem, a sistematização e o planejamento. O emotivo prefere improvisar, sair dos limites, desligar-se de tudo o que o aprisiona (normas, convencionalismos, sistemas, princípios e exigências da lógica). No emotivo, o impulso imaginativo, o calor afetivo, o ardor de seus desejos e a expansividade de suas reações impedem toda lógica, limitação ou disciplina, seja social ou profissional, familiar ou individual.

Desigualdades de ab-reação: Letras abertas e fechadas em diferentes direções (variações chocantes na abertura das letras) (fig. 29).

Interpretação: Alternância da sinceridade na expressão das emoções e na conduta afetiva.

Desigualdades de coesão: Desigualdades de coesão nos enlaces de umas letras com outras (fig. 68).

Interpretação: Tendência para dúvidas e vacilações por falta de unidade ou identificação entre o que o indivíduo sente ou deseja e a forma como são produzidos, exteriormente, os fatos ou como se comportam as pessoas. Dificuldade para realizar trabalhos sem ter que voltar, constantemente, sobre o que fez para comprovar, verificar ou se assegurar de que não ficou nada por fazer.

Tendência para dúvida a respeito de si mesmo ou a respeito da aceitação de si, de seus atos ou de suas ideias sobre os outros.

Desigualdades de dimensão: De maneira geral, as desigualdades da dimensão (oscilações da altura e da largura das letras e das palavras) (fig. 68) estão em correlação – segundo Klages – com a riqueza de nossa afetividade e emotividade e com o nível de autocontrole que somos capazes de exercer sobre elas.

No sentido positivo, todas as desigualdades de dimensão e de todo tipo refletem, para Klages, a vivacidade e o calor do sentimento, a paixão, a intensidade das emoções e dos estados anímicos e a impulsividade ou tendência a manifestar, espontaneamente, as reações afetivas.

Com um ambiente gráfico desarmônico, expressam a debilidade na vontade, ou seja, nos mecanismos de controle emotivo, o que dá lugar à inconstância, à versatilidade, à instabilidade, à impressionabilidade ou influenciabilidade, à inconsciência e à falta de unidade e de disciplina no comportamento. O indivíduo mostra sua neurose e sua volubilidade nas relações sociais (muda facilmente de opinião, de planos e de amigos).

Desigualdades de direção: Linhas de direção desigual (fig. 67).

Interpretação: Alternâncias entre crises de exaltação e períodos de abatimento.

DESIGUALDADES DE DISTRIBUIÇÃO

Instabilidade do ânimo, do humor e da vontade (vontade descontínua e caprichosa). *Com escrita desarmônica, leve ou frouxa, regressiva e arqueada,* pode refletir a insinceridade, a hipocrisia e a deslealdade. Em geral, reflete a instabilidade do temperamento nervoso.

Desigualdades de distribuição: Desigualdades mais ou menos numerosas e intensas na distribuição ou espaçamento das letras, palavras e linhas (fig. 68).

Interpretação: Alternativas entre a clareza reflexiva do pensamento e a impulsividade, a confusão ou o bloqueio do pensamento pela ação perturbadora de um inconsciente em luta com a consciência. Desarmonia ou desequilíbrio na hierarquia dos planos: físico, moral, espiritual ou intelectual (luta entre a exaltação da matéria e a delicadeza seletiva da consciência espiritual). Alternâncias entre a ordem e a desordem, a clareza e a confusão, entre o egocentrismo e o altruísmo, a influenciabilidade e a necessidade de individualismo e de resistência.

Desigualdades de forma: Mudanças frequentes de estrutura nas letras, especialmente nas maiúsculas (letras com formas diferentes) (fig. 69).

Interpretação: Indivíduo "proteiforme". Volubilidade, versatilidade, inconstância (o indivíduo varia, com facilidade, de opinião, de aflições, de ambiente ou de amigos). A atitude camaleônica pode fazer o indivíduo caprichoso, insincero, flutuante ou que foge às dificuldades. Conduta do tipo inconstante.

Em geral, expressa mudanças imprevistas, ou sem razão, da conduta.

Desigualdades de inclinação: Variações na inclinação das letras (fig. 70).

Interpretação: Tendência para variar de atitude com relação às necessidades fisiológicas, morais ou espirituais por luta ou discordância entre a atitude interna do indivíduo e a forma com que se apresentam, para sua consciência, as circunstâncias ou fatos exteriores. Capacidade para contemporizar. Atitude ambivalente (o indivíduo não encontra, em si mesmo, ou nos estímulos exteriores, suficiente motivo para se decidir e luta entre querer e não querer, entre o desejo e o temor, entre simpatia e repulsa). Essa atitude termina, frequentemente, na angústia neurótica, quando não é produto dela.

Desigualdades de ligação: Mistura de ângulos, arcos, guirlanda, traços filiformes e outros na ligação (fig. 68).

Interpretação: Mudanças irracionais na conduta. O indivíduo mostra um caráter frustrado sentimentalmente. Inadaptação neurótica. Falta de sinceridade nos contatos afetivos. O indivíduo não adapta sua sensibilidade afetiva ao mundo que o rodeia. Vive frustrado e frustrando, por sua vez, os outros com reações inadequadas.

Desigualdades de ordem: Falta de simetria, de organização e de cuidado na colocação das letras, partes de letra, palavras e linhas, assim como nas margens, nos pontos e parágrafos (fig. 70).

Interpretação: As desigualdades na ordem afetam a capacidade de organização do indivíduo em suas ideias, em seus atos e em sua vida afetiva. Portanto, toda desigualdade nesse aspecto expressa um modo de conduta boêmio, caótico ou desordenado, segundo a intensidade do sinal. Expressa também a dificuldade do indivíduo para trabalhar com método, para aceitar disciplinas e ressaltar valores objetivos.

Desigualdades de pressão: A pressão do traçado está em correlação com a força ou potência dos instintos (tendências, desejos, necessidades) (fig. 31) e podemos admitir, segundo Müller-Enskat, os seguintes graus: insuficiente, débil, mediana, forte e excessiva. Portanto, as mudanças ou variações anormais da pressão indicam, em geral, perturbações instintivas, ou seja, desequilíbrios nas reações do indivíduo (excitabilidade, violência, impressionabilidade, explosividade). Os traços débeis acentuam a impressionabilidade e a debilidade dos instintos e das forças vitais do indivíduo e o tornam vulnerável, permeável aos choques com o ambiente, sensível e frágil a qualquer mudança inesperada na atitude dos demais ou do ambiente em que se move.

Quanto mais tênues são os traços, mais refletem a zona dolorosa e frágil de sua personalidade ou de seu corpo.

Quanto mais violento é o traço, mais violenta a acumulação das cargas emotivas e das descargas temperamentais (explosividade, rudeza, brutalidade, crueldade ou ferocidade nas reações).

Toda desigualdade chocante na pressão conduz seu autor aos conflitos com o meio que o rodeia e é um claro indício de inadaptação, de desequilíbrio na conduta, tanto maior quanto mais violenta é a desigualdade na pressão dos traços. *Quanto mais desarmônica for a escrita,* o desequilíbrio e a inadaptação adquirem maior relevo e periculosidade.

Dentro da *pressão desigual* está o que os franceses designaram de *pressão deslocada,* que consiste em uma inversão da pressão dos traços: os plenos normais (movimentos em flexão) são delgados, enquanto os "perfis" (movimentos em extensão) são grossos. Esse sinal pode expressar diversos tipos de frustração sensual, afetiva, emotiva, espiritual etc. e também refletir o desvio da *libido* para qualquer campo de perversão. O indivíduo pode se comportar, algumas vezes, com uma doçura extremamente pegajosa e amável e, outras vezes, reage com inesperada violência ou irritabilidade.

Desigualdades de profundidade: Alternância na profundidade dos traços (uns traços são firmes e profundos e outros frouxos ou superficiais, sem pressão) (fig. 36).

Interpretação: Predisposição à vulnerabilidade interna, às mudanças de atitude, de atuar com dureza ou firmeza, algumas vezes, e claudicar, ou se deixar influir em outros momentos. Falta de equilíbrio na personalidade interior. O indivíduo pode ceder, com facilidade, à angústia, aos sobressaltos, à inquietação, às vacilações ou às depressões nervosas, especialmente se alternam os traços de plenos grossos com outros muito delgados. Viva e dolorosa impressionabilidade (veja adiante o verbete sobre a escrita com Pressão desigual).

Desigualdades de rapidez: Escrita de movimento desigual (variações na velocidade) (fig. 70).

Interpretação: Luta entre a impulsividade e a necessidade de contenção e moderação das tendências instintivas. Nervosismo, inquietação e agitação.

Insegurança, propensão à dúvida e às mudanças repentinas de ideias e projetos. Constituição emotiva, sugestionabilidade e impressionabilidade nervosa.

Desigualdades de relevo: Mudanças de relevo no traçado, às vezes na mesma linha, inclusive na mesma palavra (verificar se não foi efeito de falta de tinta na caneta) (fig. 31).

Interpretação: As partes de relevo forte expressam os valores dinâmicos, as possibilidades criadoras e o poder sugestivo e de irradiação vital do indivíduo. Ao contrário, as partes do traçado de relevo fraco ou sem relevo acusam a perda de vitalidade e de efeito sugestivo, assim como o aumento da impressionabilidade e da sensibilidade do ego, seja por efeito da fadiga, do *surmenage*, de falta de saúde ou por deficiência nas forças instintivas. Quanto mais se acentua a coloração pálida ou a escrita perde mais relevo, maior será a tendência do indivíduo para se refugiar na vida interior ou no narcisismo que acentua sua sensibilidade egocêntrica e susceptível.

Desigualdades de tensão: Escrita alternativamente tensa e frouxa ou firme em algumas zonas e branda ou sinuosa em outras.

Interpretação: Se as alternâncias de tensão-distensão são produzidas nos traços verticais, denunciam a insegurança (vacilações, dúvidas ou flutuação) do indivíduo em sua forma de se afirmar ou de enfrentar a realidade ou os demais. A posição do ego é precária, insuficientemente afirmada, quer seja em seu meio social ou profissional, quer seja em sua esfera privada ou familiar. Essa falta de firmeza ou descontinuidade na força moral pode ser perigosa para o indivíduo ou para os que o rodeiam. Reflete a tendência para claudicar, subitamente, na posição que deveria sustentar moralmente, mas em que não pode se manter.

Quando os movimentos gráficos apresentam os desníveis de tensão na direção horizontal (movimentos da esquerda para a direita), o indivíduo mostra suas alternâncias de afirmação vacilação na esfera da expansão e das realizações. O indivíduo, algumas vezes, impõe seu critério, seus desejos, sua ação sobre o entorno; e em outros momentos deixa-se influir pela insegurança e pela vacilação ou por um desengano depressivo que afrouxa seu interesse e dinamismo pessoal (veja adiante o verbete sobre a escrita de Pressão desigual).

Desligada: Letras desligadas, separadas nas palavras (fig. 71).

Interpretação: Isolamento moral.

Dificuldade para se integrar, para entrar em contato, de maneira espontânea e aberta, com novos ambientes ou pessoas. Falta de hábito social devido ao excesso de predomínio da vida interior. Mais aptidão para ver e analisar os detalhes que para "abarcar" o conjunto. Com formas monótonas e sem movimento, indica atividade retardada e dificuldade para coordenar, rapidamente, as coisas, os fatos ou os acontecimentos. Com escrita harmônica e de formas originais, indica originalidade do pensamento, intuição, tendência ao descobrimento, à invenção, à percepção espontânea de fatos ou leis desconhecidas.

Em geral, reflete as tendências egocêntricas, o egoísmo e a avareza (sentimentos humanos débeis).

Desnutrida: Déficit na espessura, tensão, profundidade e dinamismo dos traços, os quais se caracterizam por sua pouca espessura, falta de firmeza e fragilidade (veja verbete sobre a escrita Tênue). Figuras 40, 70, 133.

Interpretação: Sendo a pressão e a força da onda gráfica o indicador de energia dos instintos, dos desejos, afetos, vontade, capacidade de trabalho – em outras palavras, da energia vital –, a escrita desnutrida ou tênue reflete um déficit, uma insuficiência nas forças vitais do indivíduo. Isso supõe uma sensibilização maior, defensiva nos instintos do ego, fragilidade psíquica e nervosa, fácil impressionabilidade, propensão ao sobressalto, à angústia, à insegurança, ao medo. O indivíduo é vítima fácil dos acontecimentos ou fatos externos que, de algum modo, podem ter uma aparência de ataque ou de ameaça à sua segurança. Por isso, geralmente se refugia nos prazeres do espírito, menos perigosos para ele que os prazeres materiais. Dificuldades de adaptação, delicadeza, timidez, covardia (medo excessivo dos conflitos com a realidade).

Desordenada: Defeito na apresentação, na distribuição e organização do texto na página (fig. 70). A desordem nos aspectos gráficos, alterando sua clareza e harmonia (fig. 50).

Interpretação: Coordenação defeituosa do trabalho, do tempo e das ideias.

Com escrita *movida, desigual e rápida,* indica excesso de imaginação que conduz, com facilidade, a exageros e a uma falta de equilíbrio e ponderação nos juízos.

Com escrita *branda e descuidada,* reflete a preguiça, a atitude aberta e passiva de aceitação (espera obter tudo sem esforço pessoal), o abandono das obrigações, a imprevisão e a desordem moral (fig. 70).

Desorganizada: Devido à idade, a uma enfermidade, por haver escrito de forma inadequada (trem ou automóvel em andamento, mesa balançando, sobre um apoio insuficiente), sob pressão ou ameaça, sob os efeitos do frio intenso, drogado, em estado de embriaguez, em um momento de precipitação etc., o grafismo atual, o que se analisa, apresenta sinais de desordem ou anomalias gráficas que não estão presentes em outros grafismos do mesmo autor (figuras 44, 54, 70, 155, 170, 75, 173).

Interpretação: Habitualmente, produzem deterioração na onda gráfica os seguintes casos:

a) frio intenso, que contrai os músculos da mão;
b) enfermidades mais ou menos graves, estados pós-operatórios, desequilíbrios nervosos;
c) acidentes na mão, no braço ou no ombro, tumores cerebrais;
d) estados passionais ou de desordem moral;
e) estados de precipitação ou de grande excitação nervosa.

A escrita desorganizada supõe, em princípio, uma diminuição do rendimento na atividade psíquica, física e mental.

Desproporcionada: (veja verbete Malproporcionada).

Dextrogira: Direção espontânea e aberta dos movimentos para a direita (veja também escrita progressiva).

Interpretação: Facilidade para entrar em contato com pessoas e coisas (atitude altruísta). Rapidez de adaptação (extroversão). Espontaneidade, franqueza, simpatia. Socialização das tendências, instintos e necessidades.

Com escrita ligada, arredondada e rápida, pode indicar a bondade, o altruísmo e a generosidade. Se a escrita é harmônica, reflete cultura e sentimento social.

Em sentido negativo, pode indicar a falta de recato, o excessivo atrevimento (o indivíduo dá confiança a todo mundo, sem distinção de hierarquias). Propensão à influenciabilidade e à sugestão. Necessidade de tempo livre para dedicá-lo às próprias distrações e prazeres. Tendência a fugir de si mesmo e das responsabilidades, atirando-se a uma intensa atividade social (com escrita muito extensa, espaçada e desordenada).

Dilatada: Letras mais largas que altas. As letras de haste e perna com laços dilatados (figs. 10, 61, 29).

Interpretação: Atitude vital extrovertida. Caráter expansivo, aberto e radiante. Dilatação de ânimo, euforia. Indica também memória e imaginação verbais. Em geral, reflete a ambição e a avidez de ordem intelectual se o sinal se apresenta na zona superior; desejo de afeto e de êxito social se apresenta na zona média. Na zona inferior, indica tendências exibicionistas ou avidez de prazer corporal.

A dilatação nas pernas reflete, em alguns casos, as inadaptações da esfera sexual e a imaginação erótica, segundo o grau e a forma que esses sinais se apresentam. As dilatações na curva são próprias do temperamento linfático.

Dinamizada: Os movimentos avançam sobre o espaço gráfico com forte impulso e amplitude e sem nenhuma forma de inibição, atendendo a sua força dinâmica (figs. 71 e 72).

Interpretação: Tendência para se atirar com forte impulso, necessidade de abordar os problemas, rapidamente, improvisando soluções pelo caminho.

Impulso vital potente, boa saúde, euforia, dinamismo realizador. Necessidade de chegar, rapidamente, à obtenção dos objetivos.

Entusiasmo comunicativo e faculdades persuasivas, se o grafismo tem relevo.

Com sinais de desordem e desarmonia, reflete o predomínio dos impulsos e tendências inconscientes (a imaginação ultrapassa a realidade e cai na utopia). Deformação das coisas por excesso de imaginação.

Discordante: Discordância nos aspectos ou subaspectos do grafismo, especialmente no que se refere à pressão, à dimensão, à rapidez e à continuidade (figuras 155 e 172).

Interpretação: A. Lecerf fez um estudo sistemático de mais de mil escritas de anormais sexuais, chegando à conclusão de que dois terços desse tipo de indivíduos tinham escritas discordantes (segundo dados tomados de J. Ch. Gille, *La Psychologie de l'Écriture,* Payot, Paris).

Portanto, de acordo com esse estudo, há de se supor que a escrita discordante indique a possibilidade não só de desequilíbrios temperamentais e de caráter, mas também de anomalias sexuais. Freud explica que onde se encontra caráter fraco, aí se camufla um problema sexual. "Uma escrita monótona com sinais discordantes é a indicação mais intensa de desequilíbrio psíquico" (Lecerf).

Disgrafia: Síndrome patológica que consiste na dificuldade ou na impossibilidade que tem o indivíduo para escolher e reproduzir as letras que formarão as palavras.

Interpretação: Pode ser consequência de uma paralisia ou de doença que afete os centros nervosos (trauma, acidente, tumor, lesão, cerebral etc.).

Também pode ser uma anormalidade (hereditária) ou uma perda progressiva da eficácia funcional da linguagem escrita como consequência do alcoolismo, das drogas ou da debilidade de determinadas funções cerebrais. Em qualquer caso, salvo se trate de uma criança anormal, é um sinal patológico.

Dissimulada: Camuflagem intencional do próprio grafismo, o qual se desfigura ou disfarça para que não seja reconhecido (figuras 124 e 71).

Interpretação: A camuflagem reflete uma atitude que pode estar ligada a um problema de infância: a dificuldade de aceitar a presença de outro, o irmão ou irmã, que dividiu a atenção e o afeto do pai ou dos pais (processo de inveja, ciúmes).

O indivíduo (assim como o sexo) não dispõe de uma personalidade suficientemente forte e atrativa. Tem necessidade de que o entorno e principalmente seu parceiro esteja-lhe dando constantemente

mostras (garantias) de seu afeto. Essas garantias deverão ser constantemente renovadas para que seu instinto de posse fique satisfeito. A mínima dúvida põe em jogo o sofrimento dos ciúmes, sob cuja obsessão surge a agressividade sadomasoquista. Quando os ciúmes têm um traço neurótico, o impulso de enviar recados anônimos é frequente.

Às vezes, trata-se de simples brincadeiras, ou ações de mau gosto, entre amigos. Um disfarce é, geralmente, uma ação pejorativa, atrás da qual há sempre uma intenção de... "jogar a pedra e esconder a mão, vale dizer, há uma agressão".

Dura: Dizemos que uma escrita é dura, quando os movimentos de flexão (verticais) são firmes, inflexíveis e com a base angulosa (figuras 33, 27, 175k).

Interpretação: Comportamento brusco, radical, inflexível do indivíduo que rechaça, sem exame, as ideias ou sugestões alheias. As tendências naturais estão submetidas às exigências de um superego violento, orgulhoso, disciplinado de acordo com princípios ou objetivos, com os fins ou com as normas, sem ter em conta as circunstâncias especiais que rodeiam cada caso ou cada pessoa: intransigência, rigidez, militarismo.

Dureza: A ideia do dever, da honra, das regras, dos princípios, sobretudo *se as linhas são rígidas,* predomina sobre qualquer outra consideração ideal ou afetiva. Para interpretar corretamente, é necessário ter em conta o ambiente gráfico. Quanto mais desarmônico é o grafismo, mais desagradável é a conduta.

E

Empastada: Traçado pastoso, lento, excessivamente carregado de tinta (fig. 51).

Interpretação: Predomínio das tendências materiais em sua forma passiva, estática, absorvente. O indivíduo é como um papel secante: permeável, sensual, preguiçoso, como se estivesse em estado de sonolência mental.

Pode expressar também a fadiga nervosa e psíquica (*surmenage*) e certos estados de saúde afetados por problemas circulatórios, alcoolismo, diabetes ou outros estados congestivos.

Equilibrada: Equilíbrio de formas, de movimento e de espaços (figuras 40, 145, 149): veja também Harmônica.

Interpretação: Adaptação fácil e contínua ao ambiente que rodeia o indivíduo. Tendências, instintos e sentimentos equilibrados. Calma, harmonia e equilíbrio resultantes de uma mescla equilibrada das diferentes disposições afetivas e das diversas atividades intelectuais que se fundem sem que prepondere, de forma tirânica, nenhuma delas.

A energia (dinamismo) é suficiente; o choque emotivo pouco intenso e não ocasiona nenhuma desordem intelectual (Streletski). Em sua atividade, o indivíduo não acusa desigualdades, desproporções, discordâncias.

Escada em ascendente (Imbricada ascendente): Palavras com letras finais em subida (figs. 72, 73).

Interpretação: Ardor e entusiasmo freados pela vontade. Ambição e vivacidade contidas.

Esforço constantemente renovado, mas pouco resolvido ou que luta com obstáculos que desanimam o indivíduo. Impulso psíquico que não se sustenta por falta de resistência física.

Em sentido negativo, pode refletir a predisposição neurótica, as crises de excitação que se alternam com períodos de abatimento (se as linhas ou finais de palavra tendem também a descer). Descargas emotivas mal dominadas pela vontade.

Escada em descendente (Imbricada descendente): Palavras com letras finais em descida (fig. 73).

Interpretação: Luta da vontade contra o desânimo. Luta da razão contra o sentimento. Vontade que se mantém firme, apesar das contrariedades e dos fracassos sofridos.

Tendência para o desalento. Luta contra o cansaço, o esgotamento ou a doença. Obstinação sombria e sem esperança do indivíduo, que carece de energia ou de meio para se impor ou para chegar aos objetivos ambicionados.

Espaçada: Palavras que se separam, entre elas, mais do que o comprimento de um m do tipo da escrita utilizada (fig. 75).

Interpretação: Se o grafismo é extenso e amplo, reflete extroversão, necessidade de liberdade, de expansão, de espaço, assim como certa indulgência ampla nas questões morais e de princípios (temperamento sanguíneo).

Quando os espaços entre as palavras e as linhas coincidem com uma escrita pequena e de letras aproximadas, refletem a necessidade de separar umas coisas de outras para vê-las distintamente e podê-las estudar, analisar e definir. Essa atitude é própria de pessoas de atenção minuciosa, de espírito de observação e sentido critico. Quando esse sinal se exagera com escrita muito pequena, apertada e de palavras e linhas muito distanciadas, indica a tendência particular para crítica, para reflexão, para o raciocínio (G. Vian). Esse sinal também é próprio dos indivíduos autistas, que se distanciam do ambiente que os rodeia e se fecham na solidão, significando, por sua atitude hipercrítica, o desacordo com tudo que os rodeia.

Espasmódica: Diz-se do grafismo que apresenta irregularidades na espessura dos traços em flexão ou descendentes das letras. O movimento de descida muda de um movimento suave e delicado para uma pressão forte e brusca, que aumenta a espessura do traço e passa, novamente, à pressão suave (figura 31). Chama-se também escrita fusiforme (figura 99a e b).

Interpretação: Complacência nos deleites sensuais e sexuais. Busca sadomasoquista do prazer. Tendência para crises emocionais com aparato teatral (dramatização excessiva das situações pessoais). Crispações nervosas, irritabilidade, superexcitação, dificuldades no autocontrole. Com traços finais acerados (pontudos), essas alterações de caráter se unem a tendências agressivas sádicas (forte agressividade).

Em todos os casos, reflete uma forte projeção dos instintos de prazer e de morte (Eros e Tantos). Todo obstáculo ao prazer, à necessidade de satisfazer as pulsões eróticas e sensoriais, será uma frustração contra a qual o indivíduo reagirá com agressão ao agente provocador, quer seja externo, quer seja interno (sadomasoquismo). Veja outras interpretações na escrita Fusiforme.

Estável: Veja sob o termo Constante.

Estereotipada: A estereotipia gráfica é a repetição mecânica, automática dos movimentos que dão forma às letras. Cada letra, palavra ou linha é igual às suas antecessoras ou às seguintes. Figuras 41 e 144.

Interpretação: Esse mecanismo não é próprio de uma atividade mental livre, espontânea e natural. A estereotipada é incompatível com uma boa e saudável estrutura mental e psíquica. A mente do indivíduo não funciona com ideias novas ou com sentimentos variados de acordo com os estímulos que incidem em sua esfera perceptiva (dificuldade de assimilação e de geração de ideias), mas parece funcionar como programada por esquemas invariáveis, repetidos, espécie de hábitos que servem de sustentação para a conduta e que a impedem de ir além do número de atos e de palavras em que o indivíduo se sente seguro. Fora desses esquemas de conduta, parece que a reflexão, a vontade e a afetividade se defendem, ou seja, adotam uma atitude defensiva.

Os significados de debilidade mental, oligofrenia, rotina, diminuição da sensibilidade e da atenção etc. vêm como consequência das limitações que o automatismo leva consigo.

Estilizada: Estilização e originalidade nas formas das letras (fig. 76).

Interpretação: Pensamento pouco convencional, original, capaz de concepções pessoais, estranhas ao critério comum das pessoas vulgares.

Estilo pessoal nos gostos e no pensamento, seletividade.

Estreita: As maiúsculas e as letras de haste e perna tendem a se estreitar (fig. 77).

Interpretação: Estreiteza de ideias e de critério. Introversão. Atitude reflexiva e cautelosa. Desconfiança perante o ambiente. Economia que chega à avareza. Mesquinhez. Inveja.

A escrita estreita e angulosa pode refletir o egoísmo frio e calculista, a falta de calor no sentimento e a agressividade brusca que se camufla sob a capa da disciplina e da rigidez moral.

Em geral, reflete a falta de liberdade para expandir as emoções, por medo de perder a personalidade e a opressão dos sentimentos e tendências.

Evoluída: Grafismo que já adquiriu grau suficiente de maturidade e pode ser considerado como escrita cursiva normal.

O indivíduo já superou a fase de aprendizagem, desenvolve os movimentos gráficos com soltura, sem travas nem dificuldades. Figuras 83, 84 e 85.

O desenvolvimento do grafismo é, geralmente, proporcional ao desenvolvimento do caráter e da personalidade. Na evolução dos movimentos gráficos, em sua estrutura geral e na maneira de ocupar o espaço gráfico, podemos reconhecer o grau de maturidade mental, espiritual, social e profissional de um indivíduo.

Extensa: As letras, em proporção ao módulo, são muito mais largas que altas (figs. 10 e 29).

Interpretação: Esse tipo de grafismo corresponde a indivíduos com tendência muito evidente à expansão, à convivência com outros. Geralmente, essa necessidade de comunicação ou de relação com os demais desenvolve um caráter aberto, acolhedor, generoso e confiado, ao mesmo tempo em que a vaidade, a necessidade de exibicionismo e de ostentação dá intensidade ao pensamento, provoca a jactância, o pedantismo, a presunção ou a fantasia. O ambiente gráfico determinará, em todos os casos, o significado do sinal. Por exemplo, a escrita ampla, com sinais de desordem, reflete a dispersão, o esbanjamento, a perda de tempo em prazeres e diversões (instinto lúdico). Com maiúsculas muito altas e largas, o exibicionismo se mescla com a soberba (inflação do ego), podendo traduzir-se por um endeusamento jactancioso e molesto, nunca próprio de uma autêntica personalidade, como ocorre em certas pessoas mimadas pelo êxito, como certos industriais, políticos, artistas, inclusive cientistas.

F

Fechada: Movimentos fechados na: letras de óvulo, nas maiúsculas e nas minúsculas (fig. 47).

Interpretação: Atitude reflexiva, obrigada pelo ambiente ou pelo caráter reservado e desconfiado do indivíduo. Vida afetiva e emotiva introvertidas. Ocultação dos problemas e dos conflitos com o exterior, por orgulho, hostilidade do ambiente ou desejo de isolamento.

Insinceridade se o grafismo não for harmônico.

Filiforme: As letras interiores das palavras se parecem com um fio que se desenrola (fig. 66).

Interpretação: Facilidade para se adaptar às circunstâncias momentâneas e para variar de atitude de acordo com as conveniências do indivíduo (inteligência oportunista). Atividade mental. Imaginação rápida para achar recursos e para fugir das dificuldades. Caráter proteiforme. Pensamento "polifacético".

Em sentido negativo, reflete a ambiguidade, a imprecisão do indivíduo hábil para a dissimulação, a farsa ou a intriga. Tendência para fugir das responsabilidades e dos problemas difíceis e penosos da vida, adotando uma atitude superficial de adaptação. Versatilidade, inconstância, instabilidade se a escrita é desigual e pouco firme em seus movimentos, caso em que pode indicar também a tendência da personalidade para a metamorfose, tomando a atitude do camaleão, ou seja, mudando segundo as circunstâncias e segundo as pessoas que o indivíduo tem diante de si.

Com formas originais e sinais de rapidez, reflete o gênio e a habilidade diplomática, o espírito criador e a cultura.

Finais: Veja Traços Finais.

Firme: Escrita de movimentos tensos, firmes, retilíneos (fig. 149).

Interpretação: Caráter enérgico, voluntarioso e decidido. Capacidade de resistência e afirmação das tendências pessoais. Estabilidade, maturidade, virilidade, atividade e sangue frio.

Quando a firmeza dos traços é constante, indica uma boa capacidade de rendimento e uma grande firmeza e segurança no modo de pensar e de realizar o próprio pensamento.

Em sentido negativo, pode indicar a rudeza, a violência e a falta de respeito (imposição violenta das próprias ideias aos demais).

Firme-dura: Escrita firme com a base das letras angulosa. Veja sob o termo Angulosa.

Firme-suave: Escrita firme com a base das letras em curva. Veja sob o termo Arredondada.

Fragmentada: As letras formadas por dois ou mais traços desunidos (figs. 63 e 70).

Interpretação: Tendência para ocultar as emoções profundas por desencontro afetivo ou por experiências desagradáveis com o ambiente familiar. Temos encontrado a escrita fragmentada em indivíduos cujos pais viviam mal e em indivíduos que viviam em inimizade com algum membro de sua família íntima (antagonismo entre pais e filhos ou entre irmãos). Essas fragmentações são observadas nos óvulos centrais, separados de suas hastes ou de suas pernas (letras "d" e "g" principalmente) (fig. 63).

Essa escrita se dá, geralmente, em indivíduos hipersensíveis, intuitivos, capazes de uma grande sistematização intelectual, mas mostrando, por sua vez, uma apreensão pelas coisas materiais e repulsa pelos prazeres físicos (repulsa de si mesmo, introversão).

Com escrita sacudida (torções, tremores, retoques, "brisados"), pode indicar insuficiências orgânicas, tais como perturbações circulatórias e respiratórias e, por consequência, a angústia e a ansiedade próprias de tais estados (fig. 70).

Frouxa: Déficit de tensão, de dinamismo e de firmeza nos movimentos (fig. 70).

Interpretação: Temperamento linfático. Falta de afirmação das tendências pessoais. Sobrecarga, astenia, imprecisão, negligência, instabilidade e falta de firmeza moral. Dificuldade para fixar a atenção de um modo ativo e seguido. Necessidade de se amparar no automatismo para evitar o esforço (debilidade da vontade e do autodomínio).

Fusiforme: A escrita é fusiforme ou espasmódica quando a pressão aumenta, bruscamente, no decorrer do traço, toman-

do esse a forma de um fuso, ou seja, quando se engrossa e afina dentro do mesmo traço (figs. 99a e b).

Interpretação: Esses engrossamentos ou "reinflados" estão em concordância com certos distúrbios da libido, da sexualidade. Mostram, com bastante frequência, as tendências paroxísticas, ou seja, a inclinação para buscar o máximo prazer forçando o organismo a obtê-lo. Esse afã de voluptuosidade máxima indica, também, frequentemente, sua correlação com o desequilíbrio de nervos e de adaptação (crispações nervosas, irritabilidade súbita, violências inesperadas ou reações grosseiras em pessoas de aparência cortês e delicada).

A conduta dessas pessoas surpreende pelo inesperado de certas cenas, nas quais o indivíduo provoca, ou insinua, propostas relacionadas com todo tipo de prazeres, dando a entender, com maior ou menor cinismo ou atrevimento, seu desvio. Dentre outros tipos de neurose, esse grafismo é frequente nas personalidades histéricas, em que a falta de pudor e de recato e a necessidade de exibicionismo são, amiúde, muito patentes.

Com uma escrita adornada (laços, embelezamentos, espirais e outros sinais ornamentais (fig. 99a e b), pode demonstrar, simplesmente, a presença de atitudes frívolas ou estudadas, o modo de vestir provocativo, a insinuação do corpo nas mulheres "coquetes" que gostam de realçar sua frivolidade, sua excentricidade, tratando de ser admiradas, ou de surpreender, por seu *sex appeal*.

Essas pessoas gostam de chamar a atenção de diversos modos: flores, obséquios, cumprimentos, felicitações, atitudes cerimoniosas ou demonstrações exageradas de afeto (nem sempre sincero) etc. Dentro desse campo de desvio da sexualidade ou da sensualidade para a voluptuosidade mais ou menos pervertida (homossexualidade, sadismo, masoquismo, fetichismo etc.), a escrita fusiforme mostra sempre um desequilíbrio entre espírito e matéria, podendo a pessoa chegar ao êxtase místico, se o reinflado se produz na zona superior (sublimação da sexualidade).

G

G: A letra "g", minúscula, é, dentre as letras de perna, a que melhor se presta ao estudo da zona inferior, e ao descobrimento das tendências da libido[16].

A letra "g" minúscula – dizemos em Escritura y personalidad[17] – consta de um movimento inicial em círculo ou óvulo (fig. 100) que contém, em teoria, a atitude ética e emocional prévia da libido (do amor) nas quatro direções possíveis do sentimento: o alto (o ideal), o baixo (o corporal e terreno), a direita (o vínculo com os outros), a esquerda (a atitude egoísta, narcisista, egocêntrica).

A perna, segundo movimento do "g" (fig. 100), penetra nas profundezas do inconsciente (na zona inferior) indicando, segundo a tensão, profundidade, calibre, direção etc. dos traços, a força e os modos de expansão dos instintos, das tendências da libido.

A perna, em seu traço descendente, é o termômetro indicador da potência dos instintos, desejos e necessidades; reflete a força vital (fig. 101).

A base da mudança de direção indica a forma como se amortece, freia, inibe ou expande o instinto (fig. 101).

E, finalmente, o perfil ou traço ascendente (voluta) revela a forma como se expandem os desejos e como se conduz o instinto para a realização do prazer (fig. 101).

No "g" e em toda letra que se prolongue com forma normal ou anormal sobre a zona inferior, temos que ver, principalmente, dois aspectos: um motriz, de posse, de domínio (masculino); e outro de tipo sensorial, passivo ou de entrega (feminino).

Distinguimos desejos, tendências, instintos e necessidades masculinas quando as letras têm um impulso vivo, cortante, dinâmico, tenso e decidido (pressão e rapidez acusadas) (figs. 48, 90 e 102).

O instinto é passivo, feminino, de entrega, quando os movimentos gráficos são suaves, brandos, carregados de ornamentação e de pastosidade nos traços (figuras 44, 50, 51, 68, 69 e 101).

Tendo em conta essas leis, é fácil compreender as seguintes interpretações:

Pernas longas com forte pressão e traço ascendente, normalmente ligado à letra

---

[16] A libido é um termo introduzido por Freud para denominar a energia do instinto sexual, cujo fim é o prazer. Esse prazer descrito por Freud não é somente o dos genitais, como o leigo entende, mas o do amor em geral: amor físico, amor a si mesmo, amor aos outros, amor paternal, ou maternal, amizade, amor aos animais, às coisas, aos objetos, às idéias etc., inclusive, sublimado, o amor a Deus. Essa fonte de energias seria a responsável por todo ato criador do pensamento (obra de arte, obra científica, obra social ou industrial, obra espiritual etc.). Veja, adiante, sob o título Libido, no capítulo dedicado aos principais termos psicológicos usados em grafologia.

[17] Herder, Barcelona, 1972, p. 309.

seguinte (fig. 103): Denotam instintos e necessidades fortes. Calor vital. Necessidade de prazeres e gozos materiais, especialmente se a zona superior é curta, ou seja, se as hastes acusam menos comprimento que as pernas no grafismo.

À medida que a pressão e a dimensão aumentam, nos movimentos de descida, o impulso é mais materialista, os desejos têm a raiz mais biológica, mais corporal, está mais apegado às necessidades físicas ou aos interesses terrenos. Nos casos de boa estrutura, a realidade técnica domina acima das especulações teóricas (positivismo).

Pernas curtas com pressão fraca e traço ascendente interrompido, truncado ou desligado (fig. 104): O Eros tem pouca força expansiva, ao menos no aspecto material (debilidade instintiva e fraca, domínio da realidade e dos interesses técnico-práticos). Essa debilidade pode ser sexual e também de caráter, mas isso deve ser confirmado por outros sinais.

À medida que os movimentos da zona inferior perdem vigor na pressão e se encurtam na dimensão, são contidos ou carecem de continuidade na zona média, os instintos são mais fracos, mais freados ou inibidos, menos materiais. Essa renúncia ou pouca expansividade encontra, frequentemente, sua esfera compensadora na oposta e, assim, às vezes, quanto mais se enfraquece a zona inferior, mais se desenvolve a superior e vice-versa, pois, segundo Adler, todo ser aspira passar de uma posição de inferioridade a outra de superioridade, como compensação.

Quanto mais se acentua o comprimento das pernas na zona inferior, o instinto de domínio, da ambição de realidade,

é muito mais marcado em seu aspecto motriz (fig. 102), mostrando o indivíduo, nesse sentido, sua combatividade, sua tendência a modificar a realidade, a lutar contra ela (interesses técnicos e práticos) para moldá-la, adaptá-la ou submetê-la aos próprios desejos ou às conveniências coletivas.

Sem dúvida, quando o comprimento das pernas é acompanhado da inflação dos movimentos e de pastosidade e lentidão (fig. 105), o indivíduo não expressa sua combatividade, mas sua sensorialidade, seu sibaritismo, sua necessidade de gozos e satisfações para seus sentidos, seja em terreno artístico, poético ou de sonhador, ou em desfrute plenamente carnal com mescla de fantasia.

A figura 102 reflete, em seu dinamismo, o aspecto motriz, a combatividade, o afã de domínio da realidade a que nos referimos antes.

O aspecto sensual, voluptuoso, concupiscente do sibarita, do acomodado, mais ou menos refinado, que tem prazer em alargar os prazeres, pode ser visto na amplitude anormal do amortecimento do movimento de descida (base alargada, inflada) (fig. 105). O indivíduo saboreia a "curva do prazer", entretém o paladar, retarda o fim para aproveitar, ao máximo, seu regozijo voluptuoso, seu afã de sensações.

Quanto mais curta e estreita é a perna e seu bucle de subida (fig. 106 a b), a sobriedade dos desejos instintivos é maior, o indivíduo é menos sensual, mais ascético, mais modesto em suas ambições materiais, contudo mesquinho e pusilânime, se a escrita é pequena, minuciosa e de pressão fraca (quem tem pouco, pouco pode dar).

Quando as pernas são curtas e cheias (fig. 107), refletem certo infantilismo (sexual ou de caráter) ou mesmo a contenção ou estancamento dos instintos com a consequente perda de confiança em si mesmo para dominar a realidade (necessidade de proteção). Há calor, mas não há valor nem combatividade.

A forma de traçar a voluta de subida é cheia de significados, porque reflete o comportamento do instinto quando tem que atravessar a fronteira da consciência para realizar seu fim.

O instinto é duro, frio, intransigente e procura somente a sua satisfação, *quando antes de iniciar a subida existir um ângulo na base* (fig.102). Mas se essas pernas de base angulosa são regulares (mesma forma e dimensão) em todo o grafismo, então indicam a atuação da vontade reta e diretora que freia e controla o instinto, submetendo-o às conveniências racionais, inclusive tornando os impulsos mais ajustados.

A voluta de subida, precedida por uma curva suave (fig. 107), reflete, ao contrário, uma conduta amável, alegre, carinhosa e sedutora. É uma atitude de entrega, de adaptação.

A amplitude da base e o inflamento da voluta de subida indica, segundo seu grau de dilatação, a medida da vaidade física, das necessidades de ostentação e de exibicionismo.

Ao indivíduo agrada exibir seu corpo ou a forma como o veste ou enfeita, quando as volutas das pernas são dilatadas (fig. 68). Adquire o máximo interesse psicológico quando a voluta da perna se dilata,

tomando forma triangular (fig. 108a e b), pois indica, então, a necessidade de manifestações espetaculares, de representar um papel importante a todo momento. Essa necessidade de exibicionismo pessoal encontra-se comumente na flagrante contradição dos méritos que o indivíduo se atribui e os que têm de verdade, ou entre os desejos de notoriedade e as possibilidades reais. O indivíduo deseja aparentar, interessa-se mais pelo "parecer" que pelo "ser". Quando o ambiente não proporciona oportunidades, o indivíduo descarrega suas necessidades na fantasia, inventa, confabula (realizações imaginárias de desejo).

Se a pressão da voluta de subida é forte, o indivíduo tenta impor suas exibições a seu meio circundante, tenta impor sua fantasia, submeter e assombrar, causar surpresa.

O exibicionismo, com todas as suas sequelas de fantasia, confabulação, deformação da realidade, mentiras, invenções etc., é tanto maior quanto mais dilatação têm as volutas.

A sinceridade é tanto menor quanto mais se arredondam as pernas triangulares (fig. 109). Nesse último caso, podem refletir, além da tendência à falsidade, certas anormalidades da sexualidade, que não serão estudadas aqui.

As necessidades de exibicionismo se complicam com a coqueteria (arte de se insinuar), quando as volutas das pernas tomam a forma de laços (fig. 108a), indicando, nesses adornos, a necessidade de agradar, de atrair, de seduzir, de enganar (jogar o laço) ou de buscar tudo isso no ambiente das homenagens, jogando com o atrativo físico e com os sentimentos e instintos do sexo oposto. Essa atitude intrigante e muito significativa quando se dá em grafismos pertencentes a indivíduos do sexo masculino.

Quando as pernas são simplificadas, com base angulosa e voluta de subida dextrogira (fig. 28), o indivíduo não se deixa dominar pelos instintos em seu aspecto ou sentido primário, mas a energia representada por esses se desloca para os interesses morais, culturais, ou espirituais, ou seja, humanizam-se as tendências, mostrando também grandes ambições no terreno cultural ou espiritual e certa habilidade e vontade nos pensamentos, segundo os casos.

As pernas com voluta dextrogira e base arredondada (fig. 110) indicam bondade, alegria de poder fazer algo pelo outro, de prestar um serviço aos demais (desprendimento, generosidade e entrega de si mesmo). Isso ocorre se o resto do grafismo está em concordância com esse significado, pois quando tal sinal ocorre em uma escrita branda ou sem firmeza indica mais uma condescendência excessiva e a incapacidade para se opor a solicitações injustas ou a atos indevidos dos outros.

Pernas com voluta de subida interrompida paralelamente à perna, sem tocá-la (fig. 111): Foi interpretado por alguns autores alemães como indício de esnobismo, modéstia afetada, hipocrisia, inclusive como uma atitude daquele que não quer crer na realidade. Outros autores atribuem-lhe hábitos onanistas e neurastenia sexual. Sem dúvida, a prudência ante essa ordem de interpretações é aconselhável em todos os casos. Em teoria, quanto mais se aproxima a voluta de subida para o contato com o traço descendente ou a perna, menos se acentua o significado do

caso anterior, pois indica que há duas forças, tendendo para a descarga (figs. 51, 41, 102). Nesse caso, os desejos e necessidades instintivas aproximam-se mais da realidade, para sua satisfação, especialmente quanto mais o contato se aproxima da zona média.

Pernas em formato de oito (algarismo) (fig. 112): Indica geralmente a tendência narcisista, a reserva ou ocultação dos desejos, possivelmente por não estarem estes em concordância com as exigências éticas. Pode refletir tendências homossexuais com escrita muito inclinada, pastosa e descendente.

Pernas em forma de "raquete de pelota" (fig. 113): Esse sinal é encontrado, frequentemente, em escritas de homens de grande intuição criadora. Mas também é própria de pessoas com tendências contemplativas (instinto passivo), ou seja, com pouco ardor ou impulso nos desejos sexuais.

Em outros aspectos, pode indicar a tendência para investigar o passado pessoal, familiar, racial ou histórico.

Pernas de base angulosa e voluta sinistrogira, impulsionada para trás (fig. 114): Pode indicar, segundo os casos, tendências agressivas contra si mesmo e contra os outros (irritabilidade mesquinha e mordaz), se o resto da escrita é angulosa; ou a repulsa ao contato sexual, se o grafismo é pouco anguloso ou normal. Dá-se esse sinal em grafismos de religiosos e indivíduos mal adaptados na esfera sexual.

Perna em bucle, que cruza o traço descendente em forma de barra maciça (fig. 115a, b): É reconhecido, desde Michon, como afã de domínio. O indivíduo deseja reger o seu meio familiar ou social (depende da amplitude inflativa do grafismo), ou deseja reagir a si mesmo nos instintos (com escrita pequena e contida). Indica também o impulso maternal de proteção, de abrigo, se o grafismo é feminino e o traço forma um pequeno arco (veja a primeira letrada figura 115a, b), mas sem excluir o desejo de impor os próprios desejos.

Quanto mais angulosa é a voluta (que pode ser triangular), o desejo de domínio é mais forte e duro. Com base e voluta angulosas (perna triangular) e traço final reto e passivo (fig. 115a), o indivíduo impõe seus desejos por decreto, é um pequeno déspota na esfera familiar, profissional ou social, dependendo de sua influência no meio que o rodeia.

O desejo de dominar é mesquinho e o indivíduo relaciona-se em tudo e todos sem desejo, se o traço final da voluta se dirige em arco fechado para baixo (fig. 116).

Se o traço final é maciço (fig. 116), a estreiteza de visão se mistura com a imposição obstinada e teimosa, com os desejos brutais, às vezes ocultos ou reservados.

A arrebatação impulsiva desloca-se de seu objetivo imediato se a voluta desliza em guirlanda para a direita e para cima (fig. 117). Esse sinal é encontrado com bastante frequência em grafismos de religiosos, habituados à veneração, à consideração humana, à suavidade nos modos. Mas, se nessas letras a base da perna é angulosa, indica que o indivíduo tem que lutar contra seus desejos instintivos.

Pernas sem voluta (fig. 118): Refletem debilidade instintiva se o movimento de descida tem pouca pressão.

Se a perna acusa pressão forte em seu movimento e termina em ponta maciça, reflete a inibição de instintos violentos, a acumulação de fortes cargas emocionais e instintivas, de desejos rudes (desejos sexuais e sentimentais não realizados).

Esse caso está amplamente estudado em nossa obra *La seleción de personal y el problema humano en las empresas* (Editora Herder, Barcelona, 1982).

Ganchos: Assim se chama o movimento de retrocesso com que terminam certos traços ou se iniciam outros, tomando forma de gancho ou de arpão. Figuras 33, 57, 72, 73 e 153b.

Interpretação: Retorno de tendências ou impulsos de tipo agressivo ou sádico. Fácil irritabilidade. Com ambiente harmônico, indica tenacidade, forte resistência às influências externas negativas ou a tudo o que tende a romper esforços ou a destruir os planos que conduzem aos objetivos, mais ou menos imediatos, aos quais o indivíduo se propôs. Fixação nas próprias ideias, nas atitudes tomadas.

Com ambiente negativo, pode indicar avidez, afã de posse, de retenção, torpeza, conflitos, ressentimentos e rancor. A interpretação depende muito da zona onde se instalam preferencialmente os ganchos ou arpões, de sua intensidade, dimensão, frequência etc. Veja sob o verbete Arpões.

Gladiolada: Letras finais de palavra com dimensão reduzida progressivamente (fig. 105).

Interpretação: Com escrita rápida e harmônica, indica o caráter flexível, hábil e diplomático, com facilidade para enganar ou induzir os demais sem revelar as próprias intenções (finura, sutileza e impenetrabilidade). Com escrita frouxa, pode traduzir a debilidade que, às vezes, se estende, em alguns casos, à esfera moral e comprometer a honestidade e a franqueza. Em todo caso, indica brandura, espírito superficial e evasivo.

Se a escrita é muito redonda: dissimulação, falsidade, hipocrisia (Resten).

Acompanhada de sinais de tremor, sacudidas, quebradiços, torções e descidas das linhas ou finais de palavra pode indicar qualquer enfermidade crônica que impossibilite ao indivíduo a eficiência das tarefas.

Golpe de chicote: Movimento em laço com final lançado. Figuras 72, 124 (barras dos "tt").

Interpretação: Predomínio instintivo afetivo e imaginativo expresso de forma impulsiva (dinamismo das tendências vitais). Tendência reativa imediata.

É próprio de indivíduos ardorosos, entusiastas, apaixonados, inclinados aos extremismos, que não conseguem reprimir a necessidade de mostrar ruidosamente suas simpatias ou antipatias (pouca discrição no modo de falar ou se manifestar). São indivíduos pouco idôneos para tarefas que requerem um estudo metódico, reflexivo, que utiliza uma escala graduada de valores objetivos (juízo subjetivo e de resposta imediata).

Golpe de sabre: Movimento precedido de um triângulo agudo que termina em um traço final lançado (Figura 29, 175n (barras dos "tt").

Interpretação: Forte necessidade de poder e domínio, independência material e afetiva, com tendência para reger, dirigir, impor suas próprias ideias. Impulsividade, muitas vezes incontrolada e súbita, que persegue a satisfação imediata de desejos ou necessidades de uma forma egoísta e imperiosa. Autoritarismo.

Na mulher, mostra uma atitude viril de reivindicação vinculada, a juízo dos psicanalistas, ao complexo de castração. Esse sinal se dá em mulheres que buscam, em seu parceiro, um indivíduo a quem possam dominar facilmente, um homem fraco para submeter-se a ela.

Exaltação do sentimento do ego e do desejo de poder. Audácia, independência de caráter, combatividade. Falso sentido das coisas inspirado na paixão que anima as ideias, a ação e os objetivos a conquistar (excessivo egoísmo e ambição).

Gorda: Escrita lenta, de traço grosso, sem pressão nem profundidade (fig. 147).

Interpretação: (veja sob o título Pesada). Escassa tendência para a atividade, preguiça. Sensualidade, falta de seletividade e delicadeza (materialismo). Escassos valores espirituais. Tédio, ausência de vontade. O indivíduo pode cair nos vícios e nas paixões de todo tipo.

Gordurenta: Escrita que se destaca em relevo sobre o papel por efeito exclusivo da tinta e da espessura do traço, mas que não apresenta sinais de tensão e profundidade (figs. 14, 51, 74, 80, 118).

Interpretação: Predomínio das faculdades sensório-perceptivas. Boa adaptação ao mundo externo. Memória visual. Boa faculdade de observação.

Calor nos sentimentos. Relevo aparente da personalidade. Com escrita pesada ou pastosa, indica forte sensualidade, materialismo, preponderância da vida instintiva e vegetativa sobre as ideias e desejos. Falta de delicadeza, de flexibilidade, de tato e finura.

Grande: As letras interiores (zona média) ultrapassam os três milímetros de altura (figs. 14, 33, 57, 127).

Interpretação: Preponderância do sentimento de si mesmo. Vitalidade. Exuberância expansiva. Extroversão. Sede de importância e admiração (culto à própria personalidade). Orgulho. Vaidade.

"Com escrita firme, indica afirmação do ego e imposição autoritária dos próprios critérios. Independência pessoal. Quando é exageradamente grande e firme (fig. 127), reflete a falta de respeito à personalidade alheia, inadaptação à vida cotidiana ou coletiva e a parcialidade nos juízos (exigências insaciáveis)" (Beauchataud).

Com escrita branda e monótona: personalidade superficial e vazia com tendências exibicionistas.

Falta de objetividade nos juízos devido à tendência a exagerar e deformar as coisas, por excesso de imaginação.

Assinatura maior que o texto: orgulho e ambição. Em alguns casos, a escrita grande reflete a tentativa de compensação de um sentimento de inferioridade.

Guirlanda (em): As letras "m" e "n" adotam a forma de "u" com base arredondada (figs. 14, 119).

Interpretação: A guirlanda reflete uma predisposição nata para se deixar invadir, para ser penetrado ou dominado pelas impressões mais variadas, quer sejam físicas (escrita pastosa e com zona inferior predominante), morais (escrita arredondada, progressiva, harmônica e com predomínio da zona média) ou espirituais (escrita nítida, ligeira, transparente e com zona superior dominante).

Com escrita inclinada e progressiva, indica a necessidade do indivíduo de sentir a presença de outros e se deixar invadir pelos sentimentos, pensamentos ou atos alheios, pela influência externa que recebe.

Com escrita vertical e firme, indica a necessidade de separar o efeito subjetivo das impressões recebidas para poder escolher e tomar decisões. O indivíduo não rechaça suas impressões, mas as separa, estabelece uma valorização, faz intervir a razão para ordenar e classificar os sentimentos, passa da síntese à análise, esclarece e prevê, delibera e trabalha, consequentemente, de acordo com seu egoísmo, com suas necessidades pessoais ou com as necessidades gerais. Não se deixa conduzir a um resultado, elege seus meios, seleciona seus fins, toma a atitude que mais lhe convém.

A guirlanda, na escrita invertida (fig. 119), indica a necessidade de rechaçar as impressões procedentes do contato com os demais, implica uma oposição ao contorno, um "não querer depender dos outros", uma necessidade de independência ou uma renúncia. O indivíduo é receptivo por natureza, mas rechaça sua predisposição nativa para deixar-se penetrar e influir pelos sentimentos, os atos ou os pensamentos dos demais. A origem dessa atitude deve ser buscada em outros sinais. Veja sob o termo Invertida.

Em geral, a escrita em guirlanda indica permeabilidade às influências exteriores:

portanto, supõe uma tendência natural à adaptação (ciclotimia). Essa adaptação pode ser somente parcial, ou seja, composta de matizes: tudo depende dos demais sinais.

H

Harmonia desigual: Veja Desigualdades de forma.

Harmônica: A harmonia é uma perfeita concordância entre o movimento, a forma e o espaço gráfico. As letras, na escrita, sem perder sua espontaneidade no traçado e seu ritmo natural, são proporcionadas, claras, bem espaçadas e executadas com o sentido natural da ordem. Não se observa, no grafismo, qualquer esforço especial da vontade para manter formas convencionais (desenho), mas somente que o grafismo se inscreve no papel com a maior naturalidade, oferecendo um ambiente gráfico ponderado, claro, harmonioso e ordenado (figs. 15, 16, 40, 75, 145, 149, 154 e 181).

Esse sinal é muito importante, pois do maior ou do menor nível de harmonia, no conjunto do grafismo, dependerá o sentido positivo ou negativo da interpretação.

Interpretação: A harmonia na escrita – dizia Crépieux-Jamin – corresponde à harmonia do caráter. Sendo os movimentos gráficos uma expressão de nossa maneira de pensar, sentir e querer, a maior ou menor harmonia da onda gráfica reflete o equilíbrio, medida e ponderação de nossas ideias, de nossos sentimentos e de nossos atos.

Uma onda gráfica caprichosa, desordenada e desproporcionada refletirá, indubitavelmente, a expansão de nossas tendências, instintos e necessidades, de maneira impulsiva, inconsequente e desordenada (a imaginação e o desejo prevalecerão sobre o autocontrole).

Ao contrário, uma escrita ponderada, em seus aspectos de movimento e espaço, ou seja, clara, rítmica, ordenada e proporcionada, mostrará o equilíbrio entre a imaginação e a razão, entre o desejo e a sensatez, entre o instinto e o domínio de si mesmo (veja *Escrita e personalidade*, pp. 28-30, sobre a polivalência dos sinais e a importância do sentido positivo e negativo e do tipo de vivência nas interpretações).

Hastes: são os movimentos de flexão, descendentes, das partes altas das letras "b", "d", "f", "l" e "t", e das maiúsculas. Por extensão, também de algumas letras internas, como os "m" e "n". As partes inferiores, descendentes, das letras "f", "g", "j", "p", "y" etc. recebem o nome de pernas. Veja também a letra "t" (fig. 5).

Interpretação: Segundo o ambiente gráfico e o grau de tensão, comprimento, forma etc., podem ser interpretadas de maneira diferente. Vejamos alguns exemplos:

Hastes retas, firmes: Afirmação do ego nas ideias, desejos e atitudes. Energia, boa saúde, atividade (fig. 149).

Hastes retas com base angulosa (Vejam sob o verbete Dura). Teimosia, intransigência (figs. 73, 127 e 182).

Hastes curvadas fazendo concavidade para a direita (fig. 28 e 40): Atitude afável, amável, acessível e compreensiva para os demais. O indivíduo deseja ser agradável, seja para ganhar amigos, ou para evitar o incômodo da rejeição, da luta ou da marginalização (desejo de entrega, de serviço, de integração). Fácil adaptação. Simpatia.

Haste curvada fazendo concavidade para a esquerda (figs. 64 123 e 174c): É interpretada como o arco. O sinal anterior se interpreta como movimento em guirlanda. Portanto, esse tipo de haste corresponde a indivíduos que, de alguma maneira, tomam uma atitude de rejeição (repressão) consciente das tendências ou necessidades relacionadas com a ternura, com a afetividade. Como consequência dessa repressão, o indivíduo adota a atitude contrária à fusão afetiva, à identificação, à complacência pela felicidade de outro ou de outros. Rejeita tudo o que forem doces demonstrações de afeto, carícias, mimos ou efusões do sentimento. Daí as frequentes interpretações de orgulho, displicência, antipatia, reserva, desapego, aversão, fácil ressentimento etc., consequência, às vezes, de experiência de hostilidade (complexo de Édipo não liquidado) ou ciúmes infantis (complexo de abandono) não superados. Vejam esses termos psicológicos em nosso Dicionário.

Hastes que ultrapassam a linha de base e outros casos: Veja na letra "t" o estudo das hastes.

Homogênea: Os movimentos, as formas e o espaçamento são similares ao largo do escrito ou da página (fig. 41).

Interpretação: Unidade de pensamento e de decisão. Continuidade nos hábitos e na conduta. Lealdade, sinceridade, tenacidade e perseverança, como resultado de uma certa regularidade e estabilidade das tendências, instintos e necessidades. Firmeza, segurança e confiança em si mesmo com escrita firme e regular (dotes de mando).

Horizontal: Escrita de linhas retas, horizontais (veja Retilínea) (fig. 41).

Interpretação: Harmonia e equilíbrio físico e moral. Vontade igual e ponderada, juízo sereno e reflexivo (maturidade intelectual, emotividade fraca, calma e domínio de si mesmo).

Linhas horizontais e rígidas: Dureza, fanatismo e intransigência, formulação e inflexibilidade nas ideias. Disciplina rígida, especialmente com escrita angulosa e estreita. Sentimento disciplinado do dever.

I

Igual: Veja sob o título Uniforme.

Ilegível: Letras malformadas, enigmáticas, que tornam as palavras ilegíveis (fig. 120).

Interpretação: Precipitação, atividade febril, desordem. Prazer em intrigar, surpreender e criar dúvidas. Tendência para criar mistério em torno das coisas. Dissimulação das próprias intenções. Falta de sentido de organização. Fuga das responsabilidades e das obrigações por instabilidade, fadiga, astenia ou falta de sentido moral.

Imbricada ascendente: Veja sob o título "Escada em ascendente".

Imbricada descendente: Veja sob o título "Escada em descendente".

Imprecisa: Veja Ilegível.

Impulsionada: Rapidez que transborda a ordem e a medida devido ao dinamismo. Barras de "t" e finais lançados (fig. 72).

Interpretação: Tendência para disparar sem prévia reflexão. Dinamismo impulsivo e combativo. Atividade e iniciativa empreendedora com escrita firme e ascendente. Predomínio das tendências instintivas sobre o domínio da razão. Impaciência, irritabilidade e agressividade (impossibilidade de suportar, com calma, um obstáculo, uma oposição ou uma resistência sem atuar de forma agressiva e combativa). Tendência para reagir contra

os objetivos imediatos ao menor estímulo (segundo Pulver, "o impulso para terminar e o desejo desse término se impõem sem nenhuma consideração").

Inacabada: Palavras de letras incompletas, inacabadas ou esquecidas (fig. 120).

Interpretação: (Se é por excesso de rapidez, veja sob o verbete Precipitada). Quando é por falta de letras nas palavras: tendência para descuidar dos detalhes, deveres ou obrigações por esquecimento, pobreza ou negligência (distração do pensamento, falhas na atenção ou pobreza de atenção). Apatia. Incapacidade para tarefas de alta responsabilidade e precisão. Em certos casos, reflete a mentalidade do sábio, muito eficaz nas tarefas de sua especialidade, mas inadaptado e "ausente" dos problemas e assuntos da vida cotidiana.

Inarmônica: Escrita de formas vulgares, movimentos desproporcionados e distribuição desigual (figs. 44, 50, e 75).

Interpretação: Nível cultural e mental inferior. Incapacidade para poder apreciar e compreender as manifestações elevadas do espírito, da arte e da natureza. Inadaptações e exageros nos juízos por infantilidade, rudeza ou incapacidade psicológica. Impulsividade, grosseria e, em certos casos, atitudes antissociais. Sinal de moral deficiente.

Inclinada: Letras inclinadas para a direita (fig. 121).

Interpretação: Necessidade, quase permanente, da presença e dos atos dos outros (inclinação para ir em busca dos outros ou para necessitar de sua presença). Sensibilidade, ternura, sugestionabilidade com escrita ligeira e desigual. Com escrita firme, rápida, limpa e angulosa, reflete paixão nos desejos, tendências e necessidades, que se impõem ao ambiente que rodeia o indivíduo.

Com escrita angulosa, indica combatividade e oposição às ideias, gostos e critérios alheios. Com escrita arredondada e progressiva, simpatia de contato, afabilidade e natureza doce.

"Quanto mais inclinada é a escrita, mais tende o escritor a reagir com rapidez aos acontecimentos e aos atos dos demais, aos estímulos do mundo exterior" (Brach). Sem dúvida, o tipo de reação mudará caso a escrita seja angulosa e firme ou suave e em guirlanda. No primeiro caso, a reação suporá uma oposição ativa, uma resistência ou uma imposição; no segundo, o indivíduo reagirá, aceitando, adaptando-se ou deixando-se influir passivamente.

Jacoby e Rohner veem, na escrita inclinada, um "interesse marcado pelo mundo circundante, por nossos semelhantes e por nosso próprio futuro".

Inclinada, muito: A inclinação da escrita para a direita supera o ângulo de 45 graus. Figura: maior grau de inclinação que o da figura 27.

Interpretação: J. Ch. Gille ocupou-se desse sinal em sua obra Psychologie de l'Écriture. Segundo esse autor, tal sinal é o reflexo de um "caráter apaixonado, levado por seus impulsos para os extremos", ou

seja, se o indivíduo ama, deseja algo ou empreende uma ação, se entrega tudo isso de forma febril, total, desmedida e passional. E o mesmo ocorre quando sofre um revés, uma contrariedade, uma "frustração", odeia ou "faz os diabos" com o mesmo ímpeto e falta de controle, de medida e de reflexão.

Incoerente: Esse termo se aplica à direção das palavras nas linhas quando elas se desordenam de tal modo em sua trajetória que perdem o sentido de orientação retilínea (Figs. 52, 170 e 173).

Interpretação: Pode ter diversas causas patológicas, desde a neurose obsessiva à intoxicação grave, a crise maníaco depressiva à esquizofrenia. Em todos os casos, é o reflexo de um estado caótico interno e de uma conduta emocional sujeita aos saltos de humor que, de modo incompreensível para o observador, vão se produzindo.

Inadaptação, desordem. Falta de autocontrole, de disciplina, de coordenação e de estabilidade nos desejos, no humor e na conduta. Irresponsabilidade moral. Será trabalho do médico, e não do grafólogo, encontrar as causas exatas desse sinal gráfico se sua sintomatologia for alarmante.

Inconstante: Diz-se que um grafismo é inconstante quando apresenta mudanças importantes de um documento a outro ou no mesmo documento, se este contém várias páginas. Não se deve confundir com escrita desigual, na qual as mudanças são produzidas nas letras e nas palavras dentro das linhas. A escrita inconstante se refere ao conjunto do grafismo.

Interpretação: O apego do indivíduo a uma ideia, um plano, um desejo, um amor ou um objetivo a alcançar nem é grande, nem seguro. Geralmente, a vontade não é persistente, não tem uma continuidade, esgota-se nas conquistas imediatas e muda de rumo quando o indivíduo se sente atraído por outros estímulos menos custosos no esforço e no tempo.

Sua adaptação pode ser inicialmente boa, mas, logo que o indivíduo esgota sua capacidade de sofrimento, se não tem gratificações que renovem sua necessidade de satisfazer suas tendências egoístas, optará pela mudança tão rápido quanto lhe surja oportunidade interessante.

Infantil ou pueril: Presença de formas infantis na escrita de um adulto (figs. 15, 42, 43, 106a, 122b).

Interpretação: Segundo Dr. Gille, que dedicou um extenso estudo a esse sinal, as formas pouco evoluídas não são concomitantes à involução total da personalidade, mas de uma falta de evolução parcial, o que é o mesmo que uma "evolução incompleta em que um ou vários aspectos da personalidade permaneceram infantis". Pode tratar-se de sábios que, dedicados desde muito jovens, e intensamente, à sua especialidade, ficaram imaturos em alguns aspectos de seu perfil psicológico. Como pode ocorrer nos indivíduos afetados por um estado de regressão, que os inclina a se conduzirem, em alguns casos, ou a reagirem com uma conduta claramente infantil.

O problema do infantilismo ou involução parcial pode ser traduzido somente em alguns aspectos do grafismo. Tal é, por exemplo, o caso das pernas encurtadas e estreitas que recordem as formas gráficas desses elementos na escrita do menino.

Dá-se esse caso em indivíduos adultos que encontram, dificilmente, sua orientação sexual e que, inclusive, apresentaram ou apresentam um desenvolvimento tardio das características sexuais (busto, pelos, mudança de voz etc.).

Quando as formas pueris da escrita acentuam-se sobre a zona média do grafismo, podemos suspeitar da existência do infantilismo afetivo. Nesse caso, trata-se de indivíduos, adolescentes ou adultos, com um tipo de conduta e de atitude afetiva que lhes recordem a da criança. As manifestações caracterológicas mais frequentes nesse tipo de involução são: acanhamento, timidez, certas torpezas, caprichos alimentares, evasão ante as responsabilidades, indecisão e atitude de retrocesso ante toda iniciativa ou risco.

Segundo Porot, esses transtornos do caráter podem desviar-se, com frequência, para o "desejo de polarizar sobre si a atenção dos circunstantes". Mostra também a necessidade do indivíduo de "perenizar sua dependência afetiva. É corrente, diz Porot, o apego excessivo à mãe (fixação edipiana) e o reforço, com frequência, da atitude protetora dela e a culpável ausência material e moral de um pai que não assume seu papel de educador"[18].

Inflada: Dilatação ou volume exagerado das maiúsculas, das hastes, das pernas e das letras de ovais (figs. 29, 34, 61, 62.

Interpretação: Imaginação sobre-excitada pelo aumento exagerado da ideia do ego ou das tendências inconscientes (excesso

---

[18] A. Porot, *Diccionário de psiquiatria*, Labor, Barcelona.

INSTÁVEL

de ilusão, fantasia, jactância nos atributos e desejos pessoais). Satisfação de si mesmo (vanglória). Ausência de ponderação e de discernimento nos juízos. Mitomania, embustes, desejo de chamar a atenção sobre si mesmo. Blefe. Necessidade de se sentir importante. O indivíduo deseja "ser tudo", "poder tudo", valoriza, ilusoriamente, sua pessoa e suas possibilidades de ação, sonha grandezas com os olhos abertos.

As dilatações nas pernas correspondem à necessidade de exibir o corpo e de prolongar os gozos sensuais e sexuais.

Os inflados nas hastes correspondem às necessidades egocêntricas de expansão das próprias ideias (o indivíduo desejaria ter poderes mágicos para assustar os demais. Mas não dispondo das palavras ou da varinha mágica para deixar atônitos e encantados os espectadores, procura deformar, engrandecer, complicar e fantasiar as coisas, saindo da órbita da realidade). A imaginação é grande e ampla; o juízo, curto. Reflete também o pensamento mágico, infantil, pouco maduro, o indivíduo de razão subdesenvolvida.

Inibida: Diminuição ou detenção brusca ou progressiva dos movimentos gráficos (figs. 123 e 180).

Interpretação: Tendência para reprimir o primeiro impulso por medo, prudência, timidez ou reflexão. Predomínio da atitude vital introvertida. Contenção imaginativa. Atuação sobre a esfera consciente de um superego severo e exigente. Tendência para se alarmar facilmente. Escrúpulo moral ou profissional exagerado, que torna o indivíduo vacilante, angustiável, avaro, parcimonioso e covarde. Insegurança, dúvida, incerteza, instabilidade (veja Temperamento nervoso no dicionário de termos psicológicos usados em grafologia).

Inicial: Veja sob os verbetes Traços iniciais e Zona inicial.

Inorganizada: Diz-se da escrita do autor que está ainda no período de aprendizagem. O indivíduo tem o pensamento posto no desenho das letras e não no que, com a escrita, ele pode expressar. Não domina ainda a arte de escrever (figura 65).

Interpretação: Falta de cultura elementar. Pensamento pueril, pobre e inseguro, em geral. Quando se trata de uma criança, deve-se recorrer às obras especializadas em grafologia infantil para interpretar, adequadamente, o grafismo.

Se tem em conta que a grafologia parte de alguns módulos e que estes, por sua vez, estão relacionados com os modelos caligráficos, não é possível interpretar, com certeza, os movimentos gráficos que estão ainda travados pela dificuldade de escrever. Seria o mesmo que estudar a habilidade e capacidade de um datilógrafo nos seus primeiros dias de contato com uma máquina de escrever.

Instável: Mudanças ou variações muito frequentes nos movimentos e na fisionomia das letras (figura 70).

Interpretação. Exaltação da sensibilidade e da vida intelectual por emotividade transbordante, por sugestão do ânimo e da vontade ou por inconstância e capricho nos fins e na direção do pensamento (temperamento nervoso). Também indica

125

versatilidade, instabilidade e, às vezes, transtornos nervosos. Veja os aspectos que estão mais afetados.

Inutilmente barrada: Pequenos traços horizontais desnecessários, riscados sobre a crista de certas maiúsculas, das hastes ou detendo as pernas em sua projeção para baixo.

Interpretação: Na zona inferior, reflete a tendência do indivíduo a limitar seus instintos corporais, especialmente o instinto sexual. Na zona superior, essa limitação refere-se às aspirações ideais do indivíduo. Na zona final, especialmente nos finais das maiúsculas e de palavras, refletirá a tendência para evitar certos contatos sociais por incompatibilidade com o mundo circundante (veja verbetes Contida, Centrípeta e Regressiva).

Invasora: O texto invade toda a página, sem deixar margens nem espaços livres entre palavras nem entre linhas (fig. 50).

Interpretação: Em geral, quando o nível ou ambiente gráfico é baixo, reflete uma exteriorização excessivamente demonstrativa e fatigante da verbosidade (necessidade de falar, de ocupar o tempo dos outros com exclusividade) que tem o autor desse tipo de grafismo. Com escrita grande, rápida, lançada, dinamogênica, inclinada e extensa, pode refletir igualmente a extroversão, a demonstratividade invasora e dominante, a força vital e o dinamismo representativo de uma personalidade radiante, otimista, apaixonada e realizadora, capaz de pôr grande quantidade de pessoas em movimento.

O Dr. Gille diz haver observado a escrita invasora em maníacos e em esquizofrênicos paranoides, com delírio muito ativo. "Medo da solidão e do desconhecido. Desejo de ser amado" (M. Tavernier).

Invertida: As letras se inclinam para a esquerda, para trás (figs. 33, 50, 66, 108a 119).

Interpretação: A escrita invertida é devida, segundo Meyer, a um reflexo condicionado negativo. O indivíduo revela, com esse sinal, ter-se colocado em uma situação social, familiar, amorosa etc. que lhe é desfavorável e diante da qual experimenta uma certa hostilidade ou grande dificuldade para se adaptar. Esse sinal traduz uma luta entre a personalidade íntima e o meio social, familiar ou conjugal, de onde o significado corrente de inibição, repressão, bloqueio afetivo e emocional, retraimento, isolamento, orgulho distanciador, depressão, não utilização das aptidões pessoais etc.

Os motivos da hostilidade ou dificuldade de adaptação podem ter sua origem nos impulsos afetivos "ressentidos" durante a primeira infância. Esses "ecos" da vida infantil podem tomar duas formas: a do sadismo ou agressão contra o ambiente (tirania com os demais, críticas, oposição, negativismo etc.) ou a agressão contra si mesmo (depressão, censuras, ressentimento, mortificação do ego etc., masoquismo). Os sinais de subida e descida do grafismo indicarão qual das duas formas é a predominante.

A escrita invertida – diz Le Noble – pode representar a mentalidade daqueles indivíduos que depreciam ou menosprezam aqueles dos quais se servem ou exploram, mas pode também indicar o gosto da ação que prossegue em si mesma, sem ilusões, contra a opinião geral e os sentimentos que essa ação provoca nos outros. Nesse caso – segue Le Noble – a ação se baseia nos princípios, sobre convicções profundas, numa grande fé interior.

J

Jointoyée: Veja sob o título Anelada.

Justapostas: Letras desligadas, desunidas nas palavras (figs. 71, 173). Quando são as próprias letras que sofrem cortes ou cissuras, caracteriza-se escrita fragmentada. Não se incluem nessa escrita tipo as formas tipográficas nem o *script*.

Interpretação: Assim como a coesão ou enlace contínuo supõe a necessidade de estar em contato constante com o externo e, portanto, supõe também passar facilmente do pensamento para a ação ou do sentimento para sua expressão espontânea, os cortes de coesão, os desligamentos ou a justaposição das letras nas palavras são próprios das pessoas que necessitam pensar, refletir para atuar, observar e ter segurança para escolher ou para decidir. Todo corte ou cissura é uma detenção, uma parada, um silêncio, uma dúvida, uma sombra, que se interpõe entre o "mim" e o "outro", entre o eu e a realidade, o desejo e o ato a realizar, o impulso e a consciência que dirigem a conduta. E uma inibição, um isolamento moral. Daí a interpretação frequente de dificuldade de adaptação, falta de sentido prático, egoísmo, retardo nas decisões, lentidão etc., que os grafólogos clássicos atribuíam a esse sinal. Veja, ainda, os verbetes Desligada e Cissuras.

L

Laço (em): Volutas entrelaçadas. Encontram-se, principalmente, na assinatura, nas maiúsculas, nas barras dos "tt" e nas pernas (fig.124).

Interpretação: Facilidade e habilidade para obter vantagens utilizando, como meio, a sedução, a simpatia e o atrativo pessoal. Tato, simpatia atrativa, tendências decorativas, imaginação e inventiva açambarcadoras. Maneiras envolventes (habilidade comercial), especialmente se os laços se apresentam na assinatura.

Em geral, o laço indica habilidade de qualquer tipo (habilidade manual, habilidade de expressão, comercial, de realização etc.).

Lançada: Disparo dos traços finais em um arranque de vivacidade (fig. 72).

Interpretação: Dinamismo impulsivo e combativo. Exuberância, impaciência (impossibilidade de suportar, com calma, um obstáculo, uma oposição ou uma resistência, sem mostrar reações agressivas). Paixão. Com escrita desigual na continuidade, reflete ciúmes ardentes de curta duração.

Exageros de tipo inconsciente quando a escrita é muito desproporcional. Em geral, reflete o ardor impulsivo para um fim e o desejo apaixonado desse fim, que se impõe sem nenhum tipo de consideração (se a escrita é firme e dinâmica).

Lapsos de coesão: Termo criado pelo autor desta obra, em 1945, para designar o lapso exagerado que existe em certos grafismos entre o ponto inicial, a interrupção do movimento de uma letra e o ponto onde ele reinicia de novo o movimento no interior das palavras (figs. 135, 146, 173 e 177).

Interpretação: Toda interrupção anormal, na onda gráfica, supõe um bloqueio de impulsos. Esse bloqueio pode ser consequência de desagradáveis experiências infantis, que atuam no indivíduo como mecanismos de defesa de tipo inibitório. Esse mecanismo de defesa (bloqueio) atua evitando, inconscientemente, toda situação que possa suscitar um desenvolvimento de angústia, um perigo ou uma ameaça para o ego. A força desse bloqueio é, às vezes, tão poderosa que chega a produzir, depois do lapso, desníveis, equívocos, retoques, torpezas na estrutura das letras etc., nas palavras seguintes.

Esse sinal se dá, com frequência, em adolescentes, drogados, pessoas que tentam camuflar complexos de culpa ou atos moralmente pouco dignos. O ambiente gráfico determinará a interpretação.

Lasseada[19]: Traçado lento, descuidado, frouxo, de direção incerta e sem relevo. Pontuação descuidada, linhas caídas e distribuição desarmônica do texto (figs. 70 e 124).

---

[19] Do original *Lacia* (desbotado, murcho). (NT.)

LENTA

Interpretação: Falta de energia, indecisão, sugestibilidade, indolência, preguiça (passividade influenciável, cansaço, apatia). O indivíduo tende a viver em simbiose: busca amparo e segurança em pessoas que continuamente o protejam. Terreno fértil para resultados caracterológicos amorais (Veja Frouxa).

Lenta: Menos de cento e vinte letras por minuto (figs. 15, 87, 106a, b).

Interpretação: "É frequente na escrita do linfático, do amorfo ou do apático" (Bousquet). Têm tendência para serem lentos:

a) as pessoas ponderadas, reflexivas, que gostam de pensar com profundidade e que examinam, por exemplo, um problema de todos seus ângulos;
b) as pessoas que têm uma natureza passiva, tranquila e pesada;
c) as pessoas indolentes, vacilantes, preguiçosas, indecisas, tímidas ou cronicamente nervosas;
d) "os culpáveis em potencial que tentam disfarçar e dissimular" (Jacoby).

A lentidão pode ser devida à debilidade dos impulsos (caso c) e se reflete, então, num grafismo de movimento pouco seguro, frouxo, brando, com falta de tensão. Quando a pressão é forte e o traçado seguro e regular (caso a), o escritor possui ideias firmes e constantes e um excelente sentido da realidade; é conservador, prudente, moderado e se pode contar com ele. Quando o grafismo é monótono, a lentidão traduz a falta de imaginação e de iniciativa, o peso e a indiferença (caso b).

Letras prolongadas para baixo: Finais de letra prolongados sob a linha (fig. 125).

Interpretação: Sentido da realidade muito evidente, tendências muito positivistas (o indivíduo só tem em conta o valor material das coisas e sua utilidade concreta na vida). Necessidades sexuais e corporais fortes, coincidem-se com pernas longas, tensas e plenas.

Apego ao dinheiro e aos prazeres físicos. Necessidade de açambarcar se o movimento é regressivo.

Ligação: Em ângulos, arcos, bucles, caligráfico, quadros, desigual, filiforme, guirlanda, semiângulo, serpentina etc. (veja, respectivamente, nos títulos Angulosa, Arcos, Bucle, Caligráfica, Quadrada, Desigual, Filiforme, Guirlanda, Desigualdades etc.).

Ligada: As letras, nas palavras, estão enlaçadas, unidas entre si (fig. 126).

Interpretação: "A coesão é um elemento dinâmico e especificamente expressivo na escrita. Traduz de que forma o escritor aborda os contatos com os demais, com as coisas e com os acontecimentos, ou seja, a forma como realiza os intercâmbios com o mundo exterior" (Le Noble).

O indivíduo é mais constante e realizador, mais prático e seguro em sua atividade, quanto mais ligada for sua escrita.

No terreno intelectual, reflete o pensamento dedutivo, sistemático e lógico, o realismo prático e o racionalismo nas ideias, a previsão e continuidade no pensamento, especialmente quando o grafismo é rápido, firme e com bom nível de forma.

A escrita muito ligada expressa também o apego sistemático e quase obsessivo aos desejos, aos projetos e às ideias (sofisma, sectarismo, utopia; o indivíduo "anda a cavalo" sobre seus princípios). Com escrita lenta e monótona, expressa a devoção às rotinas e aos convencionalismos, a falta de iniciativa e à necessidade de se inspirar na experiência para ter segurança nas coisas (é próprio dos temperamentos linfáticos).

Ligada-lenta: Veja ambos os títulos.
Ligada-rápida: Veja ambos os títulos.

Ligeira: Escrita de traço fino, debilmente apoiado (fig. 40).

Interpretação: Necessidades orgânicas débeis. Delicadeza, fragilidade. Sensibilidade facilmente impressionável. Vulnerabilidade interna. Tendência para as emoções de temor, inquietude, angústia e sobressalto. Pudor moral, aspirações ideais. Débil domínio da realidade, especialmente se as pernas são débeis. Se a escrita é extensa e rápida, indica superficialidade, ligeireza de caráter, forte sugestionabilidade e, às vezes, visões estranhas (temos observado, frequentemente, esse grafismo em médiuns).

Podem indicar também intuição, faculdade para captar os acontecimentos presentes e futuros e para achar o sentido oculto das coisas (espírito vidente).

Limpa: Veja Simples.

Linhas cruzadas: A página está invadida por linhas de texto que a cruzam em sentido vertical e horizontal.

Interpretação: Tendências invasoras (charlatanismo, desordem, embrulho, desejo de falar por falar). Esse sinal se dá em pessoas que não consideram a existência de gostos, ideias, planos e objetivos de seus semelhantes. Ocupam o tempo dos demais inoportunamente e sem utilidade, sem proporcionar nenhum prazer nem compensação ao próximo (falta de respeito, de consideração e de compreensão). Geralmente, envolvidas em sua ardorosa verbosidade, gastam mal o tempo dos outros, com uma falta irracional de sentido da medida. Imaginação complicada. Mau gosto, vulgaridade.

Linhas rígidas: Veja Rígida.

M

"M" maiúscula: (Veja, também, maiúsculas).

Por sua estrutura especial, a letra M maiúscula é altamente simbólica, não somente pelas diferentes mudanças de forma a que se presta (M tipográfico, M em pórtico, M comum etc.), mas também pelo significado de suas hastes, consideradas como uma ponte entre o ego e os outros.

A primeira haste do M maiúsculo representa a estimativa inconsciente pessoal, o nível de valor que o indivíduo se concede a si mesmo. Nas dimensões (altura) que atinge esse primeiro movimento, descobre-se a magnitude que tem na consciência o sentimento do próprio eu.

A segunda haste reflete, simbolicamente, o lugar que o indivíduo ocupa na constelação familiar (a situação que ocupa dentro da hierarquia familiar).

Na altura da terceira haste se expressa, inconscientemente, a importância do indivíduo sobre seu marco social, profissional, político etc.: ou seja, reflete o que ele representa, socialmente, no campo profissional, político etc.

Quando o M é de duas hastes, utilizam-se os símbolos dados para a primeira e terceira.

A igualdade nas dimensões das três hastes (fig. 127) reflete certo equilíbrio nos três planos da personalidade. A primeira haste, mais elevada, mede, segundo sua dimensão, o nível de autovalorização, de orgulho, de amor próprio, de sentimento do próprio lugar, situação ou dignidade. Se as minúsculas são pequenas, denunciam um "complexo de inferioridade importante, supercompensado em orgulho desmedido" (Teillard).

Se a primeira haste é mais baixa que as outras, (figura 131d) expressa, ao contrário, a baixa do nível de autoestima do escritor (Veja parágrafo sobre as Maiúsculas baixas no item Maiúsculas).

Se as três hastes são elevadas ou altas (fig. 127), refletem um desejo de supervalorização do indivíduo nos três planos (pessoal, familiar e social): fazem suspeitar uma ambição clara de hierarquia, de aristocracia, de poder, classe ou dignidade. Essa tendência pode estar inibida ou camuflada atrás da timidez se a letra é estreita e alta.

Se as três hastes são baixas (fig. 132), pode-se suspeitar de uma atitude modesta ou de uma falta de confiança em si mesmo. Qualquer haste que se sobressaia, em detrimento das outras, mostrará o plano sobre o qual o indivíduo se supervaloriza ou tenta se compensar, o plano onde se sente grande (fig. 129). Ao contrário, toda haste baixa ou suspensa (cujo traço descendente não chega a tomar base na zona média) revela a esfera onde o escritor se sente inferior, diminuído, pouco importante ou desvalorizado (fig. 132).

No entanto, esse último pode ser somente um sentimento subjetivo de inferioridade.

Para outras interpretações, basta aplicar o simbolismo das hastes (veja também Maiúsculas).

"M" e "n" minúsculas: As letras "m" e "n" revelam, simbolicamente, o modo como o autor enlaça seus sentimentos na ação que desenvolve ou ao fim que persegue.

Os desejos, os afetos e a ação se adaptam às condições do ambiente social, das ideias e sentimentos reinantes no meio em que o indivíduo se desenvolve se os "m" e "n" tomam a forma de "u" ou de guirlanda (fig. 14).

O indivíduo tem tendência para impor seus próprios desejos, afetos e ação, combate a maneira de pensar e sentir dos demais ou se fecha em atitudes intransigentes, se os movimentos tomam a forma angulosa (figs. 102 e 133). O ângulo, na zona média da escrita, indica, positivamente, a resistência e firmeza ante as influências exteriores.

Se os "m" e "n" tomam a forma de arcos (fig. 134), o escritor não atua com liberdade e espontaneidade de sentimento, como no primeiro caso (enlace em guirlanda), mas adota uma atitude de aparência, seja por necessidade, "camuflagem", dissimulação de sua inferioridade, ou por um desejo de dominar o ambiente, aparentando certa superioridade e categoria social, profissional ou moral (necessidade de homenagens; culto à classe pessoal).

O movimento em arco, unido a outros sinais, pode refletir não somente o desejo de aparência, mas também a tendência para levar uma conduta previamente calculada (germe da hipocrisia).

Quando os "m" "e" "n" perdem, mais ou menos, sua forma clássica e se enlaçam como traços filiformes (fig. 135), indicam uma adaptação simulada ou problemática, na qual o escritor se adapta, aparentemente, com os gostos e ideias dos outros, inclusive com seus sentimentos, mas conservando a própria independência e liberdade de ação.

A falsidade moral, a evasiva ante as responsabilidades diretas, as insinuações astutas e a mentira histérica podem surgir dessa forma de enlace, se há outros sinais gráficos que apoiem essa tendência.

Maças: Pressão violenta sobre os traços finais que se alargam bruscamente, tomando a forma de maças ou clavas (figs. 31, 115, 127, 133).

Interpretação: Refletem a acumulação de tensões, no interior do indivíduo, e a possível descarga dessas tensões de forma explosiva e brutal (violência nas manifestações de contrariedade).

Quanto menos sinais de autocontrole e ordem se observem, quanto mais baixo seja o nível positivo do grafismo e mais potentes sejam os traços em maça, maior será a possibilidade de que o indivíduo descarregue suas tensões emotivas em forma desconcertante, brutal e agressiva (indivíduos sempre perigosos nas empresas, o mesmo em patrões, chefes e trabalhadores).

Com bom nível positivo e maças em zona superior (barras dos "tt"), indicam uma boa potência de vontade, de decisão e energia para pôr em marcha as próprias ideias sem ter em conta as obstruções e pessimismo dos covardes e dos apáticos (vontade realizadora e enérgica que persegue o fim até alcançá-lo, especialmente com escrita ordenada, clara, retilínea, angulosa ou ascendente).

Maciça: Acumulação de força que faz aumentar a espessura do traço no final, quer seja nos movimentos horizontais como barras dos "tt" e finais, quer seja em traços verticais (hastes, pernas). 'Figuras 115a, 116b, 127, 175m'.

Para produzir a maça, à medida que aumenta a pressão, diminui, progressivamente, a rapidez para produzir uma interrupção brusca. Veja também verbete Maça.

Interpretação: A maça é um indicador de acumulação de energia inibida. Portanto, supõe um bloqueio a uma carga instintiva ou emocional à qual se impediu a expansão brusca ou brutal. Quanto mais forte e espesso é o traço, maior é o potencial da força contida. Essa força armazenada pode ser canalizada para atividades superiores (desenvolvimento de uma atividade profissional, científica, artística, comercial etc.) mediante a canalização de uma vontade dominante, ou descarrega-se em forma violenta contra o indivíduo, com qualquer contrariedade ou frustração que o excite e o irrite (explosividade, violência, brutalidade, indignação passional fácil etc.).

Portanto, explicada assim, a maça engloba toda essa série de significados que lhe atribui a grafologia clássica.

Maças em traços horizontais: Imposição de desejos, caprichos ou necessidades.

Afã de domínio. Valor, coragem, audácia, decisão.

Maças em traços verticais: Afirmação passional do eu. Intransigência nas atitudes, rigorismo, inflexibilidade. Atitudes cortantes, obstinadas, inacessíveis à compreensão e à tolerância (rigidez, dureza).

Maiúsculas: As maiúsculas são as letras destinadas a dar valor a um nome próprio. Representam, teoricamente, sobretudo na assinatura, o ego da pessoa que escreve e refletem, com relação às minúsculas – que seriam, simbolicamente, os outros –, o valor que o indivíduo se concede a si mesmo e o que concede aos demais, se as relacionamos com as minúsculas.

A largura das maiúsculas expressa o lugar que o indivíduo deseja ocupar em seu meio, o interesse que deseja despertar com sua pessoa e a importância que deseja socialmente ter (vaidade).

A altura indica o campo ou nível de superioridade que o indivíduo deseja ter, expressa o sentimento íntimo de si mesmo, a autovalorização interior (orgulho, ambição, dignidade). A largura e altura unidas são o termômetro do amor próprio e do nível de "inflação dos desejos".

Maiúsculas largas, infladas (fig. 34b): Expressam a tendência para conceder mais valor às aparências, à importância pessoal e à posição social que aos verdadeiros e autênticos valores pessoais (vaidade, necessidade de aparecer, brilhar, sentir-se homenageado). Necessidade que o próprio nome encerra. O indivíduo deseja ocupar um amplo espaço ou que os demais ocupem-se amplamente dele: aspira, de alguma forma, que os demais vejam-no

MAIÚSCULAS

dotado de qualidades extraordinárias ou de méritos especiais. Inflação do ego.

Maiúsculas altas, soerguidas (figs. 34b e 172): denotam a exaltação do sentimento, do valor pessoal e o desejo de independência (orgulho, sentimento de superioridade, presunção). Esse sentimento pode chegar aos extremos do delírio de grandeza (fig. 172), à ambição de autoridade e de poder excessivos, cuja única saída pode ser ou a solidão, ou o domínio tirânico das pessoas que rodeiam o indivíduo. Em qualquer caso, reflete um excesso de sensibilidade no sentimento de si mesmo.

Maiúsculas baixas (fig. 128): Se são de largura normal e pertencem a uma escrita harmônica, refletem a atitude sensível, modesta, humilde e complacente da pessoa que renuncia a reger e dirigir a vida dos demais de acordo com os próprios critérios, como ocorre no caso anterior. Se as letras são mais estreitas e comprimidas, refletem a timidez, os complexos de inferioridade, a falta de confiança em si mesmo, a necessidade de apoio e de aprovação.

O indivíduo necessita, para crer em si mesmo, de que os outros creiam nele. Maiúsculas alternativamente altas e baixas, largas e estreitas (fig. 128): denotam os complexos autoestimativos, a insegurança no próprio valor, as mudanças que o indivíduo sofre segundo a maneira como se sente influenciado pelos acontecimentos exteriores.

Supõe um desequilíbrio importante na esfera do ego, especialmente se o escritor muda as formas muito amiúde.

Maiúsculas convencionais (lembram o modelo caligráfico) (Fig. 144): Refletem, geralmente, um eu rotineiro que se rege pelas normas, costumes e princípios, pelas ideias convencionais, impessoais, de sua educação. O indivíduo impõe a si mesmo limitações (falta de espontaneidade) e se comporta mais ao pé da letra que segundo os ditames do coração. Em certos casos, as formas caligráficas (com escrita lenta, monótona, automática, sem vida etc.) refletem uma inteligência-cópia, ou seja, a ausência de recursos criativos e de imaginação.

Maiúsculas tipográficas (fig. 145): Gosto estético. Predomínio intuitivo. Capacidade para intuir a essência das coisas e prescindir do acessório e insignificante. Independência de espírito. Síntese nos critérios.

Maiúsculas complicadas, carregadas em suas partes acessórias ou secundárias (fig. 34b): indicam a exuberância do ego em sua própria busca ou em seu efeito exterior, a necessidade de destacar a fachada, de brilhar, de chamar a atenção dos demais para si mesmo (ilusões fantásticas de grandeza, esnobismo, vaidade narcisista). Esse sinal pode ser considerado totalmente contrário à sinceridade. O complicado é, dificilmente, sincero, reto e nobre no aspecto moral.

Maiúsculas ligadas normalmente (sem laços) à letra seguinte (fig. 75): Na forma de ligar as maiúsculas às minúsculas, o indivíduo expressa a espontaneidade com que liga seus sentimentos aos demais. Fraternidade.

Maiúsculas ligadas depois de um laço ou movimento centrípeto (fig. 34b): O indivíduo calcula seu interesse antes de entregar seu sentimento.

Maiúsculas desligadas (Fig. 145): Necessidade de reflexão antes de atuar ou de se entregar. Necessidade de selecionar seu grupo de amigos. Isolamento moral, inadaptação do indivíduo à convivência social, quer por rechaçá-la ou por não estar capacitado para ela. Essa última tem de aparecer seguida de outros sinais (escrita estreita, inibida, desligada, espaçada entre palavras etc.).

Malproporcionada: Falta de medida (desproporção) e, às vezes, anarquia nas dimensões das letras. Desarmonia nas dimensões (figs. 61, 62, 68, 70, 92, 102, 108a e b, 109, 135).

Interpretação: Emotividade. As tendências, instintos e necessidades saem de órbita com relação a um sentido preciso das coisas reais. Desproporção entre a causa e o efeito, entre as emoções e a causa que as provoca. Compensação fictícia de deficiências pessoais ou de sentimentos de inferioridade. As desproporções devem se relacionar com as zonas e com a rapidez do grafismo, para localizar o sentido psicológico das mesmas (veja capítulo sobre escrita desigual).

Maquilada: Veja Artificial.

Marcada: Também é chamada de escrita profunda e é aquela que, observada com a lupa, mostra o sulco que foi deixado no papel pela caneta, ou pelo instrumento empregado. É também reconhecida pela incisão na parte posterior do papel. Pode ser verificada passando a ponta dos dedos pelo dorso do papel escrito.

Interpretação: Quanto mais profundo é o sulco e mais nítido e limpo o perfil do traço, maior é a profundidade e relevo das tendências, mais forte a vitalidade e maior grau de autenticidade têm os atos, as palavras e os gestos. Segundo Pulver, a escrita profunda ou marcada é um bom índice de atividade criadora, dinamismo, força realizadora; cremos que Pulver se referia mais ao aspecto quantitativo que ao qualitativo, ainda que, geralmente, ambos estejam juntos.

Os significados de firmeza, segurança, valentia, resolução, profundidade de ação e pensamento etc. são a consequência de uma libido forte, tanto em sentido freudiano como junguiano.

Margens: de maneira geral, as margens da esquerda e superior traduzem a atitude consciente e reflexiva e o respeito consciente às normas sociais, à ordem cívica, à pessoa alheia e a si mesmo (educação).

A margem da direita marca o grau de prudência do indivíduo em seus contatos com o exterior e a maneira como atua seu subconsciente (Ballandras).

Margens, ausência de (fig. 136).

Interpretação: Com escrita grande, extensa, progressiva e aberta (temperamento sanguíneo), indica a tendência para invadir o ambiente, desperdiçar o tempo, o dinheiro e a atividade. Sinais frequentes em vendedores e em herdeiros de grandes fortunas que dilapidam seus bens. Afeição ao luxo e à ostentação. Tendência mental agressiva. "O indivíduo deseja ter sempre razão" (Ballandras).

Com escrita pequena e apertada, indica o instinto de economia, mesquinhez, desconfiança, suspeita e temor. O indivíduo aproveita tudo o que tem a seu alcance sem fazer a mínima concessão aos demais. Emprega também, exaustivamente, tanto quanto lhe é possível, os objetos e os meios que tem disponíveis (esses meios podem ser, às vezes, as pessoas): mesquinharia, avareza, exploração do rendimento humano etc.

Margens superior e esquerda amplas (fig. 137).

Interpretação: Deferência, mais ou menos exagerada, com os demais. Respeito pelas convenções e usos sociais, educação e cortesia (se a escrita é ordenada e clara). Com escrita grande: Amplitude de critério. Generosidade, extroversão, despreocupação ou desperdício de tempo e atividade. Ausência de sentido de economia, falta noção de prejuízos (o indivíduo não se inquieta por nada e se desenvolve no ambiente sem nenhuma espécie de timidez). Nesses casos, a escrita é grande e extensa.

Com escrita pequena e linhas que não chegam à margem direita (figs. 142 e 143), expressa timidez, complexos de inferioridade, respeito excessivo à importância dos demais. Inibição, regressão. Sentimento de postergação e desamparo. Complexo de desmama, sobretudo se a margem esquerda vai se estreitando.

Margem esquerda alargando-se de forma progressiva (fig. 138).

Interpretação: Ardor, otimismo, ambição, atividade, iniciativa, necessidade de independência, com escrita rápida e linhas ascendentes. Esse mesmo sinal, com escrita extensa e rápida, indica a tendência inconsciente para ultrapassar o pressuposto por vaidade ou obsequiosidade e

à organização defeituosa do tempo e da atividade.

Com escrita irregular e sinais neuróticos, indica a tendência inconsciente para fugir da opressão do ambiente íntimo ou familiar e, em alguns casos, o complexo de Édipo mal resolvido.

Com escrita grande e pernas dilatadas, indica a necessidade de exibicionismo.

Margem esquerda estreitando-se de forma progressiva (fig. 139).

Interpretação: Tendência para se retrair, para economizar, guardar, diminuir gastos (medo do futuro e da privação). Desconfiança dos demais. Apreensão, dúvida. O indivíduo sente-se facilmente frustrado em seus desejos. Essa tendência para frustração produz atitudes recriminatórias (quando o indivíduo sofre um fracasso no que espera, responde com acusações e censuras, culpando aos demais). Nesses casos, a escrita é pequena, apertada, condensada, e os pontos às vezes girados. Com escrita descendente e débil de pressão, indica fadiga, depressão física, perda de confiança em si mesmo e tendências fatalistas (pessimismo sombrio).

No sentido psicanalítico, indica fixação ao passado infantil e apego inconsciente à mãe (complexo de desmama). Com escrita grande, indica desperdício do pressuposto nos primeiros momentos e angústia de dinheiro, depois, por falta de previsão e de organização.

Margem esquerda e direita irregulares (fig. 140).

Interpretação: Instabilidade, desordem afetiva e econômica, má organização do tempo, do dinheiro e da atividade.

Desigualdade na conduta do indivíduo por dificuldades de adaptação e de reflexão.

Segundo Pulver, a margem direita irregular pode ser a expressão do gosto por uma vida exterior irregular e a afeição às viagens, às aventuras e mudanças (desejo de mudar de ambiente). As margens irregulares expressam uma conduta inimiga de toda regra, caprichosa, vacilante e desordenada. O indivíduo carece de estabilidade de critérios e de meios de adaptação.

Margens cheias de texto.

Interpretação: Organização defeituosa da atividade, do tempo e do dinheiro. Necessidade de falar por falar (charlatanismo). Falta de respeito e de consideração com a personalidade alheia.

Margens tipográficas: Texto é enquadrado como nos livros (fig. 141).

Interpretação: Gostos poéticos, delicadeza, finura nos modos, cultura estética. Introversão, se a escrita é pequena, original, harmônica e bem espaçada. Se a margem da direita é irregular (linhas que se interrompem antes de chegar à borda da página), pode indicar o temor a um contato espontâneo e aberto com o ambiente exterior (necessidade de recolher-se, desconfiança, refúgio em si mesmo, fuga de um mundo que é hostil ao indivíduo, perseverança nas impressões e nas recordações, sensibilidade e impressionabilidade exageradas). Nesses casos, a escrita é pequena, ligeira e contida ou com diversos sinais de inibição. Se coincide com uma assinatura deslocada para a esquerda, indica a fuga inconsciente do indivíduo ante os problemas e circunstâncias exteriores (insuficiente capacidade de luta e de defesa). Com escrita descendente e assinatura escalonada em descida, indica a atitude de derrota e suicídio, ao menos em sentido inconsciente e simbólico.

Metódica: Escrita regular, sóbria e bem organizada (figs. 41 e 145).

Interpretação: Veja o significado de Ordenada, Cuidada, Regular e Constante.

Moderada: Ritmo médio, boa ordem e claridade na distribuição de texto e espaços (fig. 145).

Interpretação: Veja Pausada.

Monótona: Repetição mecânica, automática, uniforme, tranquila e estereotipada dos caracteres gráficos (figs. 15 e 144).

Interpretação: Espírito rotineiro e sem fantasia, sem "fogo" na imaginação. Repete sua vida e seus costumes, seu trabalho ou suas tarefas da mesma maneira que repete seus movimentos gráficos.

Apatia, indolência, melancolia, resignação. Indivíduo apto para tarefas de cópia e reprodução, arquivo e registro. Falta de aptidão para tarefas de criação e de iniciativa inovadora (incapacidade para o improviso).

Movimentada: Os movimentos acusam a vivacidade e mobilidade de impulso, assim como o dinamismo e, às vezes, a agitação do escritor (figs. 68 e 121).

Interpretação: Impulso vital vivo e exuberante (temperamento sanguíneo). Humor alegre resultante da necessidade de expansão e regozijo. Desdobramento da imaginação criadora, fantasista ou com ilusões infantis (o desejo cria a ilusão e, nesse sentido, o temperamento sanguíneo vive sempre movido pelo desejo e a ilusão). Com nível de forma negativo, reflete a tendência ao blefe, ao exagero, ao embuste e uma tendência para o exibicionismo e a espetacularidade nas manifestações do caráter (necessidade de ego e ressonância no ambiente, de sentir-se engrandecido: vaidade, ostentação, exibicionismo).

Esse grafismo é observado nos grandes inventores, em políticos e militares eminentes (Beethoven, Goethe, Pérez Galdós, Lord Byron, Eugênia de Montijo, Baudelaire, Garibaldi, Paganini, Napoleão, Gonzálo de Córdoba e outros).

Entretanto, também é encontrado nos exaltados e nos mitômanos (do gênio à loucura há somente um passo) (figs. 68 e 34b).

N

Nítida: Traçado de contornos precisos e limpos, sem pastosidade, sem dentes de serra, sem inflexões ou torceduras, ou seja, firme, profundo (figs. 145, 149).

Interpretação: Expressa saúde e vitalidade, demonstradas com uma boa precisão e firmeza nas ideias. Como na escrita profunda, com a qual coincide frequentemente, reflete também um índice significativo de atividade criativa e realizadora, seguida de certo poder sugestivo nas ideias. No terreno moral, pode indicar disciplina pessoal, firmeza de convicções e de atitudes e capacidade para concentrar a energia da vontade em atos que valem a pena. Se a escrita é harmônica, o indivíduo é justo e razoável na apreciação de valores e reto em seu proceder (a razão se impõe sobre os instintos, e os sentimentos não se desdobram em paixões pessoais).

Se a escrita é ligeira e ordenada, expressa a delicadeza, a sensibilidade interior, a clareza de espírito e a ordem e método na formulação do pensamento. Pode mostrar, também, sobriedade, austeridade, sentido da economia etc., com escrita sóbria e contida.

Nós: Movimentos em laço regressivo, formando uma espécie de nó sobre os óvulos das letras "a" "o" "d" e "g" minúsculas, ou sobre as maiúsculas (fig. 146).

Interpretação: Necessidade de manter segredo, de camuflar ou reprimir aspectos da vida afetiva ou emocional. Tendência para intrigar, insinuar-se, provocar nos demais sentimentos de dúvida ou de desejo com relação a qualquer aspecto emotivo, afetivo ou instintivo.

Insinceridade, adulação interessada, fingimento, com escrita inarmônica. Desejo de atrair para si a atenção e a homenagem dos demais, de captar, de cativar o ânimo alheio, quer seja para satisfazer as inclinações egoístas ou narcisistas do indivíduo ou por gosto de surpreender e intrigar.

Em grafismos femininos, coqueteria e *savoir-faire* perigosos.

Nutrida: Traçado bem alimentado de tinta (boa pressão) e com uma espessura aproximada nos traços plenos, de 0,5 mm (figs. 79, 90, 91 e 181).

Interpretação: Vitalidade. Boa energia psíquica e nervosa. Resistência à fadiga física se a pressão é constante. Mostra, em geral, uma espécie de equilíbrio entre a delicadeza e a materialidade, sempre que não haja apoios bruscos (o indivíduo pode dominar seus instintos de prazer, sua sensualidade, e harmonizar a atração da carne com os princípios morais e espirituais que mostrem sua ética pessoal e sua educação). Gosto pelas formas exteriores, pelo faustoso e ornamental. Boa memória visual, se o grafismo tem relevo. Com sinais de dinamismo gráfico, expressa a imaginação criadora e realizadora, a força sugestiva do pensamento e a iniciativa perante os obstáculos.

Quanto mais dinamismo ou movimento tem o traçado, maior é a força expansiva e realizadora do indivíduo. É um bom sinal de atividade.

O

O: Veja os dizeres iniciais da letra A.

Omissões: Ausência de pontos, acentos, barras de "t" etc.

Interpretação: Tendência para descuido de pormenores, deveres e obrigações. Negligência e esquecimentos frequentes (o pensamento se distrai, quer seja fixando-se em outra coisa, quer seja por interferências produzidas por mecanismos inconscientes). Aturdimento, insegurança, pobreza de atenção, incapacidade para tarefas de muita precisão e responsabilidade (especialmente se a zona média do grafismo não está bem definida, ou seja, com letras bem estruturadas e ordenadas).

Ondulante: Escrita do tipo descrita por Gille[20] como o traçado que evita os ângulos, tanto na parte alta como na baixa do grafismo, com ondulações no coligamento. Essas ondulações podem se aproximar da guirlanda, do arco e do ângulo. Figuras 29, 66, 70, 107 e 130a

Interpretação: Corresponde – segundo Gille – a pessoas que evitam cortar os obstáculos de frente e desenvolvem uma hiperadaptação, aparentemente pouco problemática, mas que pode ser consequência da debilidade do ego e da influência ou permeabilidade da vontade (se o sinal coincide com escrita frouxa ou branda, imprecisa, vacilante e insegura).

Quando a ondulação se aproxima mais do ângulo e coincide com escrita firme, limpa, precisa, rápida, retilínea, o indivíduo elabora atitudes amáveis, mas sem perder de vista seus objetivos. Pode ter boas qualidades de adaptação, mas sem renunciar à sua própria individualidade e independência. O comportamento é verdadeiramente "ondulante", impreciso, flutuante, quando o coligamento se aproxima do arco e da escrita filiforme.

Ordenada: Distribuição clara e ordenada de letras, palavras, linhas e margens (fig. 145).

Interpretação: Distribuição clara e organizada do tempo, do dinheiro e da atividade. Método e disciplina no trabalho. Pontualidade. Respeito às convenções e normas sociais. Gosto pelo trabalho bem-acabado (consciência profissional). Com escrita harmônica e ligeira, indica lucidez e clarividência de espírito.

Organizada: Nível suficiente de domínio da escrita para que o pensamento não seja dependente do seu traçado. O indivíduo expressa o que sente, pensa ou quer, sem ter que prestar uma atenção especial ao desenho da escrita (figs. 28, 36, 40 e 48).

Interpretação: Inteligência cultivada. Capacidade para ordenar e expressar ideias, servindo-se de sinais gráficos.

Se a escrita é caligráfica, mostra a dependência do indivíduo ao modelo, à norma, aos convencionalismos ou rotinas que adquiriu em seus contatos com o meio

---

[20] J. Ch. Gille, *Psychologie de l'écriture*, Payot, Paris, 1978.

ambiente educacional, profissional e social. Ao indivíduo falta capacidade de autonomia. Somente aceita e aprova aquilo que se identifica com as normas, experiências e comprovações que experimenta de modo constante. Imaturidade.

Ornada: Ornamentação, mais ou menos original e harmônica das letras (figs. 108a e b, 134, 135 e 146).

Interpretação: Tendência para dar importância ao externo. Preocupação por aparentar, por produzir efeito exterior. Desejo de privilégios, de distinção, de prioridade. Vaidade. Gostos ornamentais. Sentido das formas. Capacidade para representar papéis sociais (necessidade narcísica, vaidosa, de rodear a própria personalidade do maior luxo ornamental possível).

Às vezes, reflete complexos de inferioridade supercompensados no orgulho excessivo ou no afã de aparecer.

Com dimensões moderadas, indica, segundo Beauchataud, a importância concedida ao detalhe em detrimento do essencial. Juízo defeituoso.

Oscilante: Oscilações em um ou vários aspectos ou subaspectos gráficos (mudanças de inclinação, de rapidez, de direção; cortes de coesão; retoques; letras suspensas; pontos ou barras de "t" atrás do lugar correspondente; repetição de palavras; pontos desnecessários; tremidas; traços truncados etc.) (figs. 26, 37, 44, 69, 70, 123). Veja adiante o verbete Vacilante.

Interpretação: Quer seja por medo, dúvida, debilidade de caráter, angústia neurótica, ambição seguida de culpabilidade, desejos reprimidos etc., o indivíduo não pode assumir uma decisão, uma atitude clara, não pode dar uma opinião ou razão segura, já que não encontra em si mesmo suficiente apoio e energia para determinar uma forma de atitude para si próprio.

Essa situação deve-se a um conflito emocional inconsciente, resultante de uma falta de integração da personalidade total e de um sentimento interno de impotência e desamparo.

Em sentido positivo, com bom ambiente gráfico, pode mostrar a necessidade de escolher, de refletir, e surge a dúvida, como uma consequência do exame do pró e do contra, dos diversos aspectos e das situações de tomada de decisão.

P

Pastosa: Traçado mole e sujo, de contornos ou bordas mal delimitadas, empastado ou negro, brando, sem dinamismo e sem nitidez (figs. 51 e 72).

Interpretação: Materialismo no sentido físico (agudeza sensorial). Sensualidade, glutonaria, epicurismo ou vício. Abandono aos prazeres naturais do corpo. Com sinais de harmonia, indica sensualidade de ordem estética, gosto pelas cores, pelas paisagens e pela beleza física das coisas. Com escrita inclinada, indica sentimentos ardentes. Com escrita lenta, indica falta de atividade (poltroneria, lentidão física e mental, preguiça no esforço ativo e continuado). Com escrita monótona, capacidade para execução das tarefas, mas falta de faculdades criadoras.

Boa memória e retenção visual pelo prolongamento das impressões (gosto de reter as impressões físicas, especialmente as de colorido e forma).

O traço pastoso é o sinal da intervenção de uma força estranha que move o indivíduo, ao contrário do traço simples, que indica uma necessidade de trabalhar sobre as forças estranhas ao próprio ser. Pode refletir também a decadência física, moral e espiritual e a enfermidade.

Pausada: Oscila entre 130 e 150 letras por minuto, geralmente com boa ordem (fig. 145).

Interpretação: O tempo pausado reflete uma inteligência observadora e reflexiva que não somente se limita a recolher dados e a classificá-los, mas que sente a necessidade de intervir nas coisas ou nos fatos para adaptá-los às necessidades da vida. Boa memória e juízo são e sensato sem a precipitação das naturezas impulsivas nem o peso e o convencionalismo rotineiro das pessoas de ritmo lento.

Indica também presença de ânimo, prudência, bom autodomínio. Com escrita frouxa e descendente: débil capacidade para tarefas de luta e decisão, caráter apagado, passivo, débil de espírito. Submissão aos hábitos e às pessoas. Com escrita clara e ordenada, indica a ausência de sinais de agitação, de complicação e de confusão no caráter, pois não se pode conceber a moderação ao lado da confusão, da desordem e da complicação.

Pequena: A dimensão das letras interiores é inferior a 2,5 mm de altura, e a largura não ultrapassa 80% da altura (figs. 145 e 148).

Interpretação: Concentração da energia e das ideias, tendência para a síntese e a economia judiciosa do esforço. Redução da capacidade expansiva do indivíduo (introversão). Nos casos em que a escrita é pouco harmônica ou de nível inferior, reflete a mesquinhez, a estreiteza das ideias, a insegurança no próprio valor, daí a tendência do indivíduo para ser absorvido e dominado pelos pequenos detalhes ou por um exagerado escrúpulo e pela minúcia que o impede de compreender e assimilar o conjunto das coisas ou ver,

143

com amplitude, assuntos de certa envergadura ou complicação. Em muitos casos, a escrita pequena é ocasionada pela miopia (fig. 180).

Pernas[21] estreitas e curtas: (Figs. 104 e 106a, b). Para um estudo mais completo das pernas, veja letra "g".

Interpretação: Deslocamento da energia sexual para outras esferas. Timidez, insegurança, pouco domínio da realidade. Tendência para o ciúme. Se se trata de uma mulher, indica falta de confiança em seus atrativos físicos.

Pernas longas de base angulosa: Figura 102.

Interpretação: Vitalidade instintiva potente e fogosa. Tendências instintivas fortes contra as quais o indivíduo reage, pondo um freio às mesmas (ângulo na base), o que se manifesta, às vezes, em atitudes de oposição, com dureza e agressividade ante o ambiente (temperamento sanguíneo).

Pernas longas, infladas e de base redonda: Figura 105 (veja um estudo mais amplo sobre o G).

Interpretação: Tendência para aumentar os prazeres. Voluptuosidade epicúrea. Sonho com os olhos abertos. Fantasias sexuais e sensuais. Exibicionismo e ostentação dos atrativos físicos. Se a voluta ascendente é muito regressiva e inflada, indica anomalias na esfera sexual. Esse sinal também foi observado em indivíduos encarcerados ou internados em campos de concentração.

Também indica uma natureza ancorada no material.

Pesada ou gorda: Escrita de traço grosso, sem pressão, dinamismo e profundidade. Não se deve confundi-la com escrita robusta (fig. 147).

Interpretação: Indivíduo passivo dominado pelas inclinações materiais: sensualidade, luxúria, glutonaria (gula), preguiça, epicurismo etc.

Pode ter capacidade de execução, mas falta-lhe a qualidade criadora. O indivíduo não é seletivo, é pouco delicado, pouco refinado, geralmente sujo, e na falta de outra coisa melhor, aceita o que tem à mão. Abulia, indolência.

Plena[22]: Movimentos amplos ou "plenos" nas letras de voluta na zona superior. Essa escrita se associa a outros sinais, como harmônica ou rítmica, dextrogira, arredondada, simples, pausada ou rápida, clara, simplificada, combinada, ordenada etc. (fig. 28).

Interpretação: Força imaginativa e sugestiva (amplitude, ritmo, cor e movimento nas imagens). Espírito criador, sentido estético e generosidade de espírito. Boa saúde (plenitude vital). Erotismo estético.

Em um ambiente gráfico negativo (escrita desarmônica, malproporcionada, desordenada e desigual), a imaginação percorre os caminhos do exagero, do engano e da irrealidade, produzindo uma imagem deformada das coisas (o sentimento

---

[21] Também chamadas de laçadas inferiores (N.R.).

[22] Também chamada de cheia (N. R.).

e a imaginação, contaminados por efervescência inconscientes, se desligam do raciocínio e da precisão de julgamento).

Pontos e acentos: Os pingos dos "ii" e "jj", mais especialmente os pingos dos "ii", foram identificados como o sinal que reflete o comportamento da atenção, com referência não só aos objetos exteriores que são observados, mas também à forma como são representados pela imaginação.

Certos pesquisadores, como Trillat e Periot, pretendem: o primeiro, descobrir nos pingos dos "ü" o equilíbrio do pensamento em presença de uma obrigação, e o segundo compara a colocação dos pingos com a prova de Barany, que identifica os fatores de equilíbrio neuropsíquico (sinergia ou assinergia cerebral).

Em geral, colocar, com precisão e exatidão, um pingo é ser preciso e exato nos julgamentos, nas observações e nas obrigações.

Os pingos, colocados com regularidade e exatidão, nem altos nem baixos (figs. 41 e 145), refletem precisão e exatidão da atenção, ordem nas ideias e observação correta das obrigações profissionais (pontualidade, visão clara do próprio dever e responsabilidade). Maturidade de critério.

Pingos omitidos: Tendência para descuidar ou esquecer obrigações, deveres ou detalhes que estão à margem da atividade cotidiana do indivíduo ou dos seus interesses pessoais. Desatenção, falta de ordem, de precisão e de exatidão. O pensamento não se apoia em argumentos objetivos e bem controlados (divagação), mas se deixa

levar, passivamente, pela receptividade. Indolência. Incapacidade para a iniciativa (se a escrita é lenta). Desejo de simplificar se a escrita é rápida.

Os pingos colocados altos e finos (figs. 37 e 33) parecem tender a expressar um certo abandono da realidade, um certo vagar do pensamento pelas nuvens. O indivíduo não é firme nem preciso em suas obrigações e deveres, tende a evadir-se da luta e dos problemas que a realidade lhe apresenta, deixando de atender tudo aquilo que supõe um esforço da vontade. Pode deixar-se levar por tendências idealistas, religiosas, místicas, simplesmente fugir, preguiçosamente, para as esferas da fantasia, da novela ou do sonho com os olhos abertos.

Os pingos altos podem indicar, também, se adiantam à letra (fig. 85), busca constante de um ideal nunca alcançado. Se os pingos são altos e estão colocados atrás da letra (fig. 112), pode-se suspeitar do retorno do pensamento para evocações de lembranças distantes (nostalgia, recordações infantis) ou da necessidade ideal de estar junto à mãe ou de reviver as coisas do passado. Mostra também a debilidade da vontade, ou a preguiça de lutar para avançar, de se esforçar para melhorar o próprio futuro.

Os pingos dos "ii" baixos e precisos (fig. 41) parecem estar em concordância com o pensamento realista, concreto, habituado a prestar atenção a objetos próximos, do momento presente (o pensamento positivo que não se perde nas nuvens).

Mas se são baixos e pesados (fig. 14), geralmente carregados de tinta e sujos, como que caídos sobre as letras, podem indicar (deve ser comprovado com outros sinais) o pessimismo e o desalento produzidos por causas morais ou físicas.

Os pingos, a uma altura normal e adiantados, segundo Decombez, Brosson, Periot e outros pesquisadores, parecem estar em concordância com um cérebro potente, ou seja, o indivíduo move-se e pensa com vivacidade, põe-se imediatamente em marcha e tende a adiantar-se ao presente, força a realidade para o futuro. Mostram também o pensamento intuitivo, a iniciativa, o esforço, a ambição de progredir ou de alcançar as metas propostas ou desejadas, o afã de descobrir o futuro das coisas.

Em casos negativos, refletem, frequentemente, que o indivíduo se aventura em decisões e realizações sem reflexão, sem prévia planificação, sem racionalizar nem organizar sua atividade.

Pingos à altura normal e atrasados, colocados atrás da letra: Denotam certo retardo nas reações da atenção e nas observações.

Com respeito ao pensamento, pode refletir a indecisão, o desvio para o passado pessoal ou das coisas, por falta de confiança em si mesmo e no futuro, por timidez, falta de iniciativa ou carência de meios de improvisação.

Todo pingo atrasado, especialmente quando menos pressão houver nele, reflete uma atitude débil da atenção e da vontade diante da vida e das obrigações. Sem dúvida, quando os pingos estão atrasados (*após a letra, com boa pressão*), podem indicar uma necessidade de reflexão, de prudência, de consulta, de previsão. O indivíduo deseja, provavelmente, pensar

bem antes de carregar sobre si mesmo a responsabilidade das decisões.

Pingos e acentos grandes e deslocados para a direita (fig. 76): Necessidade de se adiantar ao presente e de alcançar a meta ambicionada (impaciência, pouca reflexão nas decisões, mais iniciativa de pensamento que segurança e precisão nas realizações).

Pingos ligados à letra seguinte (fig. 28): Se o grafismo é rápido e simplificado, indica a vivacidade do pensamento, a pronta assimilação e dedução, a intuição, o medo de deixar escapar as ideias ou a oportunidade de atuar. É também expressão de uma imaginação fecunda e com recursos criadores. Se a escrita é branda ou frouxa, com pouco movimento e pouca pressão, o ponto ligado à letra seguinte pode ser tomado como um esforço do homem cansado ou como expressão da preguiça (levantar a caneta requer um pequeno esforço).

Pingos recurvados em vírgula (fig. 135): denotam inquietude, sentimento de insegurança ou de incerteza (angústia vital). Mas também podem traduzir a instabilidade nas ideias, a agitação do espírito, as ideias revoltas, a impaciência e a ansiedade. Supõem, em maior ou menor grau, uma perturbação do equilíbrio da atenção e da vontade.

Pingos em forma de grandes vírgulas (fig. 135): Podem refletir ideias agressivas e desequilíbrio emotivo, com repercussão na atitude mental (neurose, escrúpulos, perturbações de espírito etc.), segundo os casos. Esses pontos em vírgula são frequentes em indivíduos reclusos em sanatórios de doenças mentais e com ideias agressivas.

Pingos em forma de pequenos círculos (fig. 151): Expressam, segundo minhas próprias observações, a tendência do pensamento a dar voltas, de forma obsessiva sobre uma preocupação. É um sinal cada vez mais frequente. Esse sinal, que há alguns anos era raramente encontrado, hoje é comum nas cartas manuscritas dos solicitantes de emprego que respondem aos anúncios da imprensa. É observado especialmente na juventude atual. Com outros sinais, pode indicar – segundo o doutor Pérez Slacker – tendências homossexuais latentes.

Tomamos da grafóloga e psicanalista francesa Roseline Crepy algumas das conclusões que fez sobre o ponto em pequeno círculo em sua obra *La interpretación de las letras del alfabeto en la escritura:*

"A escolha da forma do pingo em pequeno círculo é uma prova evidente de que o indivíduo tenta liberar-se de conflitos interiores".

"O pingo em círculo, ao deter o ritmo da escrita, expressa um retardo na adaptação, ou seja, uma dificuldade de adaptação".

"O pingo em círculo pode expressar um sentimento secreto de opressão, de reclusão, como se o indivíduo se sentisse traído, sufocado por um estado latente de angústia profunda que lhe leva à fadiga, ao desengano, ao desalento".

"Pode ser a expressão biográfica de velhos conflitos infantis".

"Em outros casos, expressa um desejo ávido de originalidade, retrato do movimento de oposição e protesto juvenil".

"Às vezes, encontra-se naqueles indivíduos que passam do impulso afetivo-instintivo explosivo das pernas em triângulo a um comportamento doce, silencioso e tranquilo da racionalização intelectual. "Quando o pingo é em anel (*jointoyée*), a passagem do instinto corrompido e vicioso para a vida intelectual não é perfeitamente satisfatória".

Digamos, enfim, que o ponto em pequeno círculo é a expressão da angústia vital na juventude e, dentro desse significado e de acordo com o ambiente gráfico, pode se dar uma infinidade de interpretações a esse sinal, desde o simples narcisismo à homossexualidade.

Pontuda: Veja o verbete Acerada.

Precipitada: O indivíduo escreve com a maior velocidade que pode alcançar (fig. 150).

Interpretação: Caráter veemente, precipitado, que cai facilmente nas reações passionais, na irritabilidade, na impaciência, na atividade exaltada do pensamento e dos desejos e, portanto, na instabilidade e na complicação.

Quando a escrita precipitada é habitual, indica a incapacidade para levar a termo e de maneira sólida a maior parte das atividades iniciadas. Em todo caso, indica a facilidade para improvisar soluções momentâneas e a incapacidade para trabalhos de esforço contínuo (esforço sustentado) e persistente. Com sinais de desordem: má organização do trabalho e falta de método; impulsividade, insinceridade (falta de formalidade nos propósitos e na conduta).

Pressão desigual: Desigualdade na pressão dos traços em flexão e extensão (figs. 28, 31, 90, 92, 98, 99a, 125, 127 e 135).

Interpretação: Segundo Beauchataud, indica motividade, impulsividade, reflexos inconscientes, preponderância da vida instintiva. Com escrita discordante e acerada, indica agressividade violenta, irritabilidade e falta de controle de si mesmo. Com escrita espasmódica: crispações nervosas, impaciência, caráter atordoado. Se os traços são fusiformes, indica sensualidade, gula, erotismo, necessidade de sensações físicas agradáveis. Tendência para surpreender com cenas, provocações ou insinuações atrevidas. Veja também verbete Desigualdades de pressão.

A escrita fusiforme e ornada, na mulher, indica voluptuosidade, coqueteria, posturas estudadas do corpo e apreciação frívola dos seus encantos e das formas (exibicionismo). São sinais de histerismo para Teillard, Pulver, Leibl e outros autores. Para mais detalhes, veja verbetes Fusiforme, Desigual, Pontuda e Maciça.

Pressão deslocada: A pressão normal se desloca dos traços descendentes (flexão) aos movimentos ascendentes (extensão) ou aos traços em movimentos de adução ou abdução (fig. 149).

Interpretação: "De maneira geral – diz Pierre Faideaux –, o indivíduo é mais vulnerável em suas zonas de expansão gráfica, onde ele se abre e se expressa, do que em suas zonas de retraimento, nas quais ele se defende e se fecha. E, portanto, nas zonas simbólicas do perfil ou nos traços onde se desloca a pressão, onde se dilata, onde o indivíduo apresenta maior vulnerabilidade, pois é onde se coloca mais em contato com o meio externo".

Uma escrita com a pressão deslocada pode refletir tendências orais, homossexuais, narcisismo, epicurismo e muitos outros "ismos", mas também pode ser sintoma de angústia, medo, sofrimento moral, repressão, exaltação dos sentidos e muitas outras coisas, pelo que, unicamente, um cuidadoso estudo do ambiente gráfico poderá alcançar a interpretação adequada.

É um sinal de instabilidade emocional, que pode ir acompanhado de irritabilidade, pessimismo e reações bruscas. Pode indicar um estado interior de frustração, de insatisfação ou de amargura, que obriga o indivíduo a deslocar sua energia instintiva, afetiva ou espiritual em uma direção forçada. Esse é, por exemplo, o caso da mulher que perde seu esposo e seus filhos em um acidente e se vê obrigada a deslocar sua afetividade para outros seres ou para uma atividade compensadora.

A pressão deslocada indica, em todos os casos, a manifestação de um "caudal" de energia psíquica causado por uma visão diferente da normal. Quando a pressão deslocada associa-se a um traçado pastoso, traduz um tipo de vida fictícia que o indivíduo carece de valores essenciais (não "é", mas que tenta "parecer"), existindo o perigo de uma falta de liberdade moral. Com pressão simples, o grafismo reflete a autenticidade dos valores pessoais que são deslocados na direção que indicam os traços.

Pressão normal: Dizemos que uma escrita tem pressão normal quando não apresenta deficiências nem excessos de tensão, espessura, nitidez de traço e profundidade. É difícil apreciar esse aspecto em cópias e reproduções (figs. 41, 47 e 85).

Interpretação: Personalidade com valores médios, ou seja, com aceitável capacidade de pensamento, decisão e realização. Adaptação sem conflitos nem choques violentos com o ambiente. Libido normal, sem desajustes com a realidade. O ambiente gráfico determinará outras interpretações.

Profunda: Traçado firme, tenso, no qual a caneta incide sobre o papel, marcando-o profundamente (figs. 145 e 149).

Interpretação: Veja os dizeres dos verbetes Firme e Nítida.

Progressão contida: Veja verbete Contida (fig. 145).

Progressiva: Movimentos dirigidos, espontaneamente, para a direita, em direção progressiva com relação à linha (figs. 10, 28, 40, 45, 75).

Interpretação: Necessidade de contato físico, afetivo ou espiritual com pessoas ou acontecimentos exteriores (atitude alocêntrica). Mais interesse pelas pessoas ou coisas externas que pelos problemas internos ou familiares. Socialização das tendências, instintos e necessidades do indivíduo. Atitude aberta, espontânea.

Franqueza e simpatia, bondade e benevolência (impulso para a compreensão dos demais e dos problemas que afetam o meio social em que vive o indivíduo, a humanidade).

Com escrita rápida ou precipitada, filiforme ou extensa, indica tendência à evasão, à fuga de si mesmo e dos problemas internos (despersonalização nas atitudes) (fig. 150).

Proporcionada: Equilíbrio e proporção nas dimensões das letras (figs. 41, 44, 144 e 145).

Interpretação: Igualdade de humor, ponderação, prudência e sensatez nos juízos. Objetividade nas apreciações. Tendência para buscar, nas coisas, as relações mais claras e as comprovações prudentes dos acontecimentos. Sobriedade, ordem moral, sentido da justiça, ausência de esnobismo e de excentricidade. Domínio das próprias paixões e sentido equilibrado do dever e das obrigações sociais. Com escrita regular e rígida: falta de imaginação e de capacidade para criar, rigidez e inflexibilidade nos princípios, na conduta e na atividade. Frieza e aspereza (ou secura) afetiva.

Q

Quadrada (ligações em quadrados): Letras "m", "n", e "u" com a base quadrada (fig. 57).

Interpretação: Indica, segundo Pulver e Leibl, uma falta de naturalidade nas palavras, na conduta e nos modos, por simulação ou repressão dos sentimentos espontâneos (sacrifício do espontâneo às aparências).

Esse sinal é também considerado por esses autores como tendência a se fechar nos prejuízos, em rotinas morais, em convencionalismos ou em atitudes prévias derivadas da educação moral e religiosa recebidas.

Esse tipo de grafismo é quase exclusivo da mulher. Ao longo de nossas investigações, somente o encontramos nos indivíduos do sexo masculino com tendência à excentricidade.

Quebrada: O traçado apresenta interrupções (a caneta passa por cima sem marcar o papel, produzindo uma sensação de descontinuidade) (fig. 38a e b).

Interpretação: É um sinal patológico na maior parte dos casos. Indica, geralmente, perturbações respiratórias, circulatórias ou nervosas. É frequente nos cardíacos e nos asmáticos, nos indivíduos que sofrem palpitações ou espasmos coronários e, também, pode ser produzido por pessoas muito gordas que, ao se sentarem à mesa, pressionam o ventre, o que lhes tira ligeiramente a respiração. O grafólogo não deve emitir diagnóstico para evitar a angústia que pode produzir uma notícia desse tipo em qualquer pseudocardíaco.

R

Rápida: Mais de 150 letras por minuto (fig. 28).

Interpretação: A rapidez do grafismo deve ser considerada reflexo da vivacidade da inteligência e, dela, pode-se deduzir a rapidez com que o indivíduo compreende os problemas e busca soluções para os mesmos, assim como a velocidade e o ritmo do trabalho.

Há dois tipos de rapidez: a escrita rápida e de movimento flutuante (figs. 66, 81, 150) e a escrita rápida e com forte pressão (fig. 152). No primeiro caso, encontramos os indivíduos de temperamento nervoso, intelectuais, intuitivos, com grande vivacidade de adaptação e compreensão e com pouco gosto para as tarefas de maior reflexão. São indivíduos aptos para a parte mais "flutuante" dos negócios (vendas, correspondência, publicidade etc.). No segundo caso (dinamismo gráfico), encontramos os realizadores, os homens de contato social fácil e de atividade rápida e eficiente, os criadores das grandes fases de produtividade, os que sabem mover e se mover, os que conquistam com forte impulso e capacidade sugestiva ou combativa. Os sanguíneobiliosos ou bilioso-sanguíneos, indivíduos vitais, que avançam com grande impulso, rompendo resistências e atacando os obstáculos de frente. Os nervosos, os "flutuantes" rodeiam as dificuldades, evitam-nas ou soslaiam; os dinâmicos enfrentam-nas de cara, combatem-nas, anulam-nas.

A rapidez de movimento "flutuante" dá, com baixo nível positivo, a evasão, instabilidade, precipitação, agitação, falta de firmeza moral, falta de ordem, de disciplina e sistematização das tarefas. A rapidez dura ou de movimento dinâmico, com baixo nível positivo, pode expressar também a falta de ordem e de disciplina no trabalho, se a escrita é desordenada ou irregular. Esse sinal pode, ainda, conduzir por excesso às imposições bruscas, às injustiças e ao abuso de autoridade, sobretudo em pessoas pouco formadas culturalmente ou com excesso de agressividade. Ocorre em alguns indivíduos rebeldes, revolucionários, agitadores e pessoas mal adaptadas socialmente. As ambições e o forte impulso desses indivíduos não estão compensados suficientemente, devido à falta de cultura ou a outras causas. O sentimento de inferioridade social desses indivíduos pode conduzir, às vezes, à inadaptação para o lado antissocial: ataque à sociedade, às normas, à regulamentação, a tudo o que seja "limitação" ou "ordem" para a convivência social ou para o desenvolvimento de um trabalho.

Rapidez com inibições e desigualdades: Veja os dizeres do verbete "Desigualdades de rapidez" (figs. 26 e 70).

Rebaixada: As maiúsculas e letras de haste ("l", "b", "h", "t" etc.) têm pouca altura e apenas ultrapassam as letras da zona média do grafismo (figs. 36 e 37).

Interpretação: Em uma escrita de pouco vigor nos traços, reflete debilidade ou depressão da atividade intelectual. Falta, ao indivíduo, impulso para elevar suas ideias e se fazer ouvir. Também é sinônimo de modéstia, sensibilidade, timidez e restrição no caráter. O indivíduo, em vez de impor uma atitude ou ideias, resigna-se, submete-se, claudica ante a voz firme ou a atitude enérgica dos demais. Astenia.

Em geral, como já foi dito, reflete uma deficiência no tônus psíquico, traduzível pela diminuição da iniciativa (indolência, ansiedade, apatia, falta de força moral e pessimismo psicológico). O indivíduo pode atuar como um ser fechado, melancólico e sombrio que passa longo tempo ruminando, em seu interior, seus ressentimentos, seu mal-estar e suas frustrações.

Quando o encurtamento refere-se somente às pernas, reflete uma diminuição das necessidades físicas e das funções do aparato locomotor (debilidade sexual e medo de confronto com a realidade). Esse sinal está amplamente estudado em minha obra Escritura y personalidad.

Rebuscada: Veja em Artificial.

Retilínea: Chama-se também horizontal ou alinhada. As linhas são todas horizontais e formam um ângulo reto com a margem direita ou esquerda do papel (figs. 15, 41, 128 e 149).

Interpretação: Atitude madura, ponderada, baseada no equilíbrio entre a ambição e a medida que o indivíduo tem da realidade. O indivíduo não parece nem excitado, nem deprimido, mas mantém um bom domínio sobre si mesmo, sobre seus nervos e emoções (submissão à realidade prática e às leis da experiência). Veja mais no verbete Horizontal.

Redonda: Escrita de caracteres redondos e ritmo lento (figs. 37, 153a e b).

Interpretação: Temperamento linfático. Adaptabilidade passiva, sociabilidade. Atividade pausada, calma, tranquila, sem entusiasmo nem ambição (o indivíduo é pouco demonstrativo). Com escrita branda: indolência, falta de pontualidade, indiferença afetiva (dissimulada pelo trato cordial). Tendência à tolerância excessiva. Brandura, apatia, passividade. Boa memória das sensações, se a escrita apresenta bom relevo.

Avidez materialista (predomínio dos interesses corporais e egoísmo nas questões de dinheiro) com escrita regressiva.

Regressiva: Movimentos dirigidos para trás, em sentido contrário à direção normal da escrita (figs. 8, 32, 44 e 134).

Interpretação: Habilidade para atuar e pensar em proveito próprio. Tendência para se ocupar dos próprios problemas e fazer com que os outros também se interessem por eles. Nas mulheres: habilidade para se fazer desejar. Em geral, reflete o predomínio do desejo de aquisição e a busca das satisfações pessoais, a necessidade de se ocupar de si mesmo, a falta de espontaneidade, o egoísmo, o egocentrismo e o narcisismo. Essa atitude de avidez é dura se coincide com escrita firme e angulosa; é doce, hábil e dissimula como os encantos da sedução quando predomina, no grafismo, o movimento suave e curvilíneo (volutas, laços, nós, coquilhas etc.).

Quando as regressões se acentuam na zona superior, o egoísmo afirma-se nas ideias. E afetivo (falta de generosidade e de espírito de sacrifício) quando as regressões incidem na zona média e, finalmente, é instintivo e ávido de prazeres, de dinheiro e de bens materiais quando as regressões se acentuam na zona inferior.

Esse tipo de grafismo é corrente em pessoas dedicadas ao comércio e aos negócios. O nó, o laço e as volutas se manifestam no grafismo dos grandes vendedores, refletindo a imaginação para agradar ao cliente e a habilidade para fazê-lo desejar o artigo.

Regular: Regularidade, simetria, firmeza e uniformidade no traçado de letras, palavras, linhas e margens (figs. 83, 145).

Interpretação: Submissão das tendências naturais e da ação a princípios e regras de conduta a objetivos concretos. Perseverança e tenacidade. Consagração ao trabalho e aos deveres e obrigações. "Ordem, pontualidade, exatidão, atividade metódica e sentido da disciplina" (Beauchataud). Sobriedade e temperança, pequena preocupação com as aparências e indiferença pelas honrarias.

Sentimento muito restrito da própria dignidade e da própria missão. Fidelidade e veracidade (Em todos esses casos, a escrita apresenta um nível superior).

Rotina, convencionalismo, rigidez mental. Tendência para pensar mal dos outros e ver neles coisas que somente estão no inconsciente do indivíduo (projeção de pecados, de culpas, de responsabilidades, complexos etc.). Se o grafismo mostra um nível positivo baixo, intransigência e dureza de sentimentos.

Em geral, a escrita regular revela o predomínio da vontade regente e diretora sobre a esfera afetiva e instintiva.

Reinflada: Veja os dizeres dos verbetes Espasmódica ou Fusiforme (figs. 99a e b).

Relevo (em) Contraste marcante entre os traços e o branco do papel. Vem junto com escrita limpa (figs. 28 e 149).

Interpretação: Com formas originais e nível superior, indica a capacidade gestora, criadora e realizadora do indivíduo, a autenticidade dos valores manifestados, o relevo pessoal (o indivíduo destaca-se em seu meio pela potência sugestiva de suas ideias, de seus sentimentos, de sua pessoa). Boa saúde. Resistência às influências exteriores. Necessidade de chegar ao fundo das coisas e de apreciá-las em seu valor justo. Em todos esses casos, o relevo coincide com o traço profundo e limpo. Quando o relevo mostra uma simples pastosidade nos traços, indica a preponderância da matéria passiva que o autor deve arrastar, porque carece de impulsão dinâmica.

Relevo (sem): Veja verbete Apagada.

Relevo desigual: Veja Desigualdades de relevo.

Retardada: Lentidão de execução provocada por esmero excessivo, ornamentos nas letras, retoques muito frequentes, fragmentações, detenções etc. (figs. 34a e b, 71, 122b, 123, 134, 135).

Interpretação: Com bom nível positivo, indica esforço da atenção e da vontade (aplicação em tarefas).

Esse tipo de escrita reflete também o escrúpulo minucioso e a prudência exagerada e "formalidade" no desenvolvimento do indivíduo no seu trabalho. Inteligência pouco adaptada e pouco espontânea, fora da ordem das coisas conhecidas (retardo na adaptação a novas tarefas). O desejo de aperfeiçoamento, de qualidade e de precisão no trabalho impulsiona o indivíduo a verificar, constantemente, a tarefa que está realizando, por insegurança, por um estado de dúvida ou de angústia que o impede de avançar com confiança e segurança no trabalho.

Com excesso de ornamentos, indica o entretenimento na decoração e nos detalhes secundários das coisas.

O atraso pode ser produzido, anormalmente, por estado de abatimento moral, perda de memória, debilidade nervosa e por estado de intoxicação (excesso de café, tabaco, álcool, drogas etc.).

Retocada: Retoques, *a posteriori*, nas letras ou nas palavras. Esses "emplastros" ou adições podem ser em forma de fragmentos de letra, letras ou palavras. Incluem também as manchas ou borrões (figs. 54, 70 e 122b).

Interpretação: O retoque em uma escrita clara e precisa indica a tendência escrupulosa a deixar bem claras as coisas e o cuidado de uma boa apresentação, tanto nas tarefas como na pessoa, quer seja acrescentando, corrigindo ou refinando a linguagem.

Quando afeta certas letras, de uma forma constante, como por exemplo os laços dos "aa" ou dos "ll", indica a aplicação minuciosa e exigente do indivíduo a suas tarefas, a necessidade de realizar os trabalhos, de acordo com as normas, regulamentações e convencionalismos existentes na empresa. Espírito ordenado, consciencioso, meticuloso.

Com baixo nível e com escrita desordenada, confusa e embrulhada, reflete a insegurança, inquietude, falta de precisão, inclusive hipocrisia e engano, tanto nas ideias como nos sentimentos.

Pode mostrar, eventualmente, a dificuldade de expressão, o cansaço ou fadiga mental, uma mistura de dúvida, inquietude e sentimento excessivo do dever. É produzida, também, em certos estados de paralisia, depressão, psicopatias etc.

O retoque ou rabisco em cima, para cobrir um erro, tem outro significado. Veja o verbete Atos falhos, descrito no Dicionário de termos psicológicos.

Retocada-vacilante: Veja ambos os verbetes.

Revés, ao: J. Ch. Gille descreve esse grafismo como aquele em que a onda gráfica, nas letras ou nas palavras, segue o movimento em sentido contrário ao ensinado pela caligrafia (*ècriture à rebours*) (figs. 44, 108a e b, 123, 128, 134, 135). Pode afetar um ou vários aspectos do grafismo.

Interpretação: Em qualquer caso, refletirá "um estilo de conduta em que o indivíduo, seja em suas ideias, em seu trabalho, produções, maneira de ser, não quer pensar ou fazer as coisas como todo mundo" (Gille). Esse grafismo, segundo esse autor, reflete um elemento mais ou menos importante de anomalia, que pode estar entre o anticonformismo do adolescente e o juízo radicalmente falso do paranoico.

Pode demonstrar, em um ambiente gráfico elevado, um estilo pessoal original. Em um grafismo de ambiente negativo, pode indicar um estilo de vida pouco adaptado ou um espírito falso unido a um caráter difícil.

É sinal frequente em indivíduos de temperamento nervoso. O nervoso, para se distinguir, para surpreender e impressionar, recorre, com frequência, aos contrastes, atua contra a corrente, em sentido contrário à opinião geral.

Rígida: A horizontalidade das linhas adquire certa rigidez, imprópria em uma escrita de curso natural (figs. 102, 172 e 182).

Interpretação: Adaptação rígida e inflexível às normas e princípios interiores ou exteriores. Falta de flexibilidade, severidade e dureza consigo mesmo e com os outros (se a escrita é angulosa). Frieza de sentimentos e emoções.

Comportamento social forçado, diminuído, formal, que afasta os inferiores. O indivíduo exterioriza uma fachada fria, intransigente e rígida, através da qual não deixa transparecer o que ocorre em seu interior. Essa fachada é um muro contra o qual se chocam todas as demonstrações afetivas, persuasivas ou sentimentais, procedentes do exterior. Falta de espontaneidade na conduta.

Dentro da empresa, esse tipo de indivíduo vigia com alma de polícia a própria culpabilidade e a dos demais. Personalidade esquizoide.

Com baixo nível positivo, indica o fanatismo, a intransigência e a imperturbabilidade agressiva contra tudo o que não seja formalismo, dever, trabalho, disciplina, princípios ou tradições sociais, políticas, religiosas etc.

Rítmica: Movimento da onda gráfica espontâneo, livre e sem travas em todos os seus aspectos, revelando um fluxo e refluxo do impulso gráfico, um ir e vir da caneta no traçado das letras, onde tanto as formas quanto o espaço gráfico não sofrem perturbações, detenções ou saltos bruscos (figs. 29, 75, 85, 86, 89 e 152).

Uma escrita rítmica tem sempre um aspecto de movimento fácil e contínuo, sem regularidade e sem rigidez, mas conservando certa ordem inconsciente na relação: movimento, forma e espaço.

Interpretação: A escrita rítmica reflete uma expansão radiante, viva, espontânea, criadora e sugestiva da personalidade. É sinal de boa saúde, de boa adaptação e integração social e de um perfeito equilíbrio entre as funções orgânicas e psíquicas. Esse grafismo é frequente nos gênios e inventores, nos artistas e nos cientistas com estilo próprio. Reflete também originalidade e poder sugestivo sobre os outros.

Essa escrita-tipo é muito importante. Do ritmo e da harmonia do grafismo depende o giro positivo ou negativo das interpretações. É evidente – diz G. Beauchataud – que uma escrita que reúna, de uma só vez, o mais alto grau de dinamismo, harmonia e ritmo classifica seu autor como um homem superior, pois reunirá, de uma só vez, a potência da ação, equilíbrio, superioridade moral, irradiação sugestiva de sua personalidade e sua originalidade criadora.

ROBUSTA

As perturbações do ritmo (escrita desigual, retocada, confusa, vacilante, retardada, excessivamente inibida, variável, instável etc.) traduzem os desequilíbrios afetivos, as neuroses, as dificuldades de adaptação, os conflitos sexuais e outras muitas perturbações da personalidade profunda (figs. 70, 123, 170 e 172).

Robusta: Escrita apoiada, tensa, firme e rápida (fig. 152).

Interpretação: Potente dinamismo psicofísico. Vitalidade, firmeza, poder sugestivo e criador. Necessidade de atividade. O indivíduo destaca-se pelo relevo e firmeza de sua personalidade, move-se com consistência, segurança e confiança em si mesmo.

Com pequeno nível: materialismo, despotismo, falta de consideração no trato com os outros.

Rubrica: A assinatura, como já dissemos, é o selo, a marca de fábrica da personalidade daquele que escreve. Em troca, a rubrica é o marco ou embalagem na qual colocamos nosso eu íntimo, é a vitrine que serve de apresentação (vaidade, jactância ou fantasia). Também pode refletir – segundo Pulver – a expressão da habilidade, esperteza ou astúcia subalterna, ou a expressão de um temor (busca de segurança).

Podemos dizer que há tantas maneiras de rubricar quantos são os indivíduos. Há quem não rubrique (fig. 154). Ao contrário, outros emaranham a assinatura com a rubrica complicada, arrevesada, intrincada (fig. 155), como se seu autor quisesse tornar difícil a entrada em sua intimidade e tecesse uma espécie de teia protetora.

Há os que sublinham o nome com um traço horizontal, que serve de pedestal ao ego (ver figs. 78, 85 e 156). Outros o envolvem ou emparedam entre linhas ou em uma espécie de óvulo ou muro de defesa, fechando a assinatura (o ego íntimo) a todo perigo procedente de fora (fig. 80).

O que é evidente é que quanto mais simples é a rubrica, maior o grau de sinceridade, de espontaneidade e de autenticidade. Mostra o indivíduo em suas relações com os demais. E quanto mais complicada, maior o grau de camuflagem, ocultamento ou defesa inconsciente do indivíduo (angústia de castração).

À rubrica podemos aplicar todas as leis da grafologia e buscar no dicionário de sinais suas características: laços, volutas, ângulos e zonas onde se produzem, complicações, ornamentos, traços ascendentes, descendentes, maças, traços pontudos etc.

Damos alguns exemplos de interpretação:

Letra inicial sublinhando o nome: O indivíduo estende uma espécie de tapete para colocar em seu íntimo e demonstrar, assim, sua satisfação, a admiração que sente por si mesmo (vaidade, complacência narcisista), ou, quem sabe, sua presunção.

Os traços que sublinham a assinatura ou que se colocam por baixo dela, da esquerda para a direita (fig. 157), indicam a capacidade psicofísica do indivíduo, seu aprumo e decisão sobre as realidades externas. Isso é tanto mais forte quanto maior for a potência e retidão dos traços.

Os traços por baixo da assinatura da direita para a esquerda refletem uma atitude defensiva do eu físico, do corpo do indivíduo, ligada também à atitude defensiva nos sentimentos (fig. 158). Quanto mais potência e retidão tenham os traços, maior será a força defensiva com que se arma o indivíduo.

O traço final da maiúscula inicial cobre o nome: se o traço é maciço ou enérgico (fig. 159), reflete o absolutismo nas ideias, a imposição, por decreto, de sua forma de pensar, sentir e querer. Se o traço é suave e em forma de arco sobre as minúsculas, pode refletir o tom protetor nas ideias.

De maneira geral, os traços colocados por cima da assinatura como rubrica mostram: se estão traçados da esquerda para a direita, a necessidade de poder e de dominação do indivíduo. Enquanto os traços dirigidos da direita para a esquerda, por cima ou por baixo da assinatura, refletem sua necessidade de defesa e segurança. Em alguns casos, pode também ser uma "necessidade de posse".

Final da assinatura alongada horizontalmente com terminação em ponta (fig. 79): agressividade. Veja adiante verbete Acerada (Aguda).

Rubrica que enquadra a assinatura entre dois traços paralelos (fig. 80): O indivíduo tem um caráter perseverante e uma vontade inflexível e se protege contra toda influência que o leve ao terreno das ideias ou que o pressione no terreno positivista e material. Quanto mais firmes são as linhas, mais enérgica será a atitude do indivíduo em sua resistência no caminho que se tenha traçado.

Rubrica envolvente (fig. 160): O indivíduo envolve o nome dentro de uma ou várias elipses, traços ou círculos, demonstrando,

assim, sua desconfiança, sua necessidade de se sentir protegido ou seu medo de ser atacado. Também pode refletir, depende do modo como se instale a rubrica, uma atitude narcisista, egocêntrica e egoísta, assim como a astúcia na defesa de um ego fraco ou de interesses calculados *a priori*.

Rubrica em traço descendente a partir da letra final (fig. 161): Pode ser maciço, pontudo ou rombudo. Segundo a força do traço e a direção para a direita (os outros) ou para a esquerda (o eu íntimo), pode expressar maior ou menor afirmação do ego em sentido de ataque ou de defesa. Essa afirmação é tanto mais forte quanto maior sejam a espessura e a força do traço. A violência aumenta se termina em maça. A agressão será mais viva e irritável quanto mais envergadura tenham os traços terminados com ponta aguda.

Rubrica com ângulos (fig. 162): Os ângulos situados à direita do nome mostram a propensão a se ressentir com as pessoas de fora. Se estão à esquerda, o ressentimento é com o próprio ego ou com os familiares. A rigidez, agudeza e força dos ângulos aumentam o ódio ou antipatia, a aversão a pessoas e coisas, inclusive a si mesmo, se os movimentos se cruzam cobrindo a assinatura (autodestruição, fig. 163).

Rubrica rabiscando ou cobrindo o nome (fig. 163): Desejo inconsciente de se eliminar. Tendência para a autodestruição inconsciente, o autocastigo. Esse sinal é encontrado em indivíduos dados à masturbação, com fortes complexos de culpa e com tendência para a dramatização excessiva de suas faltas ou de menos-valia.

Quando as letras da assinatura são muito reduzidas em relação às do texto, o indivíduo acentua, inconscientemente, seu complexo de inferioridade sadomasoquista. A autodestruição será tanto mais evidente quanto mais impulsivo e pontudo for o traço ou traços feitos sobre a assinatura, especialmente quando esses traços são dirigidos da direita para a esquerda da página.

S

S: A letra s minúscula é considerada a letra que reflete o escrúpulo moral.

Quando essa letra é aberta e se apresenta em uma escrita simples, sem adornos supérfluos (fig. 164), revela uma consciência moral ampla, aberta e generosa. Se a letra é muito aberta, indica indulgência em demasia.

O "s" fechado por baixo (fig. 165) indica consciência moral reservada, cautelosa, provisora. Se a base é em ângulo, a consciência reflete certo grau de dureza e de intransigência aplicada consigo mesmo ou com os demais. Anguloso e estreito, reflete o egoísmo, a estreiteza de consciência, a incapacidade de sacrifício pelos demais.

Quando, como na figura 166, o "s" se fecha com um pequeno laço ou anel, pode-se suspeitar de uma consciência egoísta que esconde ou dissimula, habilmente, as intenções (egoísmo oculto). Esse significado se endurece e reforça se a base da letra é angulosa.

O "s" minúsculo, triangular, com traço final impulsionado para trás (fig. 167) denuncia um tipo de egoísmo impulsivo, mesclado com escrúpulos de consciência exagerados. O indivíduo revisa, com desconfiança, sua própria atuação (consciência seca e receosa) e é refratário a toda ideia nova.

A consciência é orgulhosa e se envaidece quando o "s" se prolonga para cima (fig. 168).

É uma consciência muito materializada se o traço final se prolonga para baixo, anormalmente (fig. 169).

Sacudida: Desigualdades bruscas na forma, na dimensão, na pressão e no tamanho da onda gráfica (fig. 170).

Interpretação: Nervosismo, impaciência, hipersensibilidade, instabilidade. Segundo o doutor Resten, é às vezes o resultado de um combate entre duas forças contraditórias que operam no interior do indivíduo (inconsciente e consciente); complexos de compensação, significando um estado de luta constante, do escritor que se vê obrigado a moderar seus impulsos por não poder sempre ser franco.

É um bom sinal de impressionabilidade e de hipersensibilidade. Com traços pontudos, indica irritabilidade, susceptibilidade e agressividade. Apresenta-se, com frequência, segundo o doutor Resten, nas neuroses obsessivas e na astenia por esgotamento nervoso (neurastenia).

Script: Modelo caligráfico de origem inglesa. Caracteriza-se por sua tendência para imitar certas letras de imprensa. Portanto, trata-se de letras separadas, quadradas, monótonas, desenhadas, tipográficas (fig. 71).

Interpretação: Veja as escritas: Caligrafiada e Desenhada.

Seca: Na faixa gráfica, os movimentos são secos, delgados, pontiagudos, angulosos, sóbrios, estreitos e sem relevo (figs. 27 e 106b).

Interpretação: "Predomínio da forçada razão sobre o sentimento" (Klages). Falta de afetividade expansiva (precaução, reserva, gosto pelas ocupações solitárias, desconfiança, cálculo frio de tudo). Secura de consciência. É um dos sinais mais claros de esquizotimia. Essa escrita – sempre pouco agradável à vista – é sinal de um caráter ácido, egoísta e rancoroso. O indivíduo espera, secretamente, que os outros tenham, para com ele, atenções, admiração, enquanto sua conduta áspera, fria, egoísta e insensível destroça a alegria, as ilusões, os desejos e os sentimentos dos demais.

Sem relevo: a escrita aparece sem relevo, sem contrastes de claro-escuro, pálida ou apagada. A escrita, descolorida, não se destaca sobre o branco do papel (figs. 69, 122b, 123). Esse sinal não pode ser visto na reprodução por processo eletrostático.

Interpretação: Assim como o relevo do traço, o dinamismo e a pressão gráfica são sempre reflexo de uma "personalidade que se impõe", por sua vitalidade, vontade, necessidade de ir ao fundo das coisas, sua potência criadora, gestora e realizadora, a falta de relevo (traçado pálido, sem vigor ou desbotado) é quase sempre reflexo de uma inferioridade criadora, de falta de personalidade e de escasso poder sugestivo.

Pode existir, com nível positivo, em outros aspectos, uma boa educação e uma boa assimilação cultural, mas falta sempre o vigor, o frescor, a graça e a riqueza da imaginação; falta, por assim dizer, o "relevo" da pessoa em suas ideias, sentimentos e manifestações. Uma escrita sem relevo é comparável a uma árvore não frondosa, sem verde, sem seiva, sem poder gestador, sem sombra, sem beleza e sem fruto. O indivíduo se adaptará a qualquer tarefa passiva, mas será sempre uma nota cinza dentro da empresa.

Serpentina: Linhas de direção ondulante (figura 128). Não deve ser confundida a escrita de linhas serpentinas com a escrita sinuosa. A sinuosidade refere-se às letras nas palavras (nenhuma letra repousa sobre a mesma base). Na escrita serpentina, não são as letras nas palavras, mas as linhas que oscilam de maneira ondulada ou serpentina (fig. 112).

Interpretação: Humor variável com atitude dócil, flutuante e influenciável (instabilidade do ânimo, do humor e da vontade). O indivíduo é como o camaleão, sua falta de firmeza e de segurança convidam-no a mudar de atitude para não se enfrentar de modo direto (rodeia o obstáculo em vez de combatê-lo). Pode indicar flexibilidade e diplomacia, mas também pode ser desvio de caráter para a mentira, a dúvida e a astúcia para se defender ou para camuflar suas intenções desleais.

Simples: Escrita desprovida de adornos ou traços supérfluos, excêntricos ou sobrelevados (figs. 16, 40 e 83).

Interpretação: Naturalidade no trabalho e na maneira de ser. Maturidade psicológica. Ausência de artifício e de complicação no caráter. Simplicidade nos gostos, na conduta e nas ideias. Com escrita clara e harmônica: sinceridade, franqueza e espontaneidade (o indivíduo nunca pretende assustar o mundo com extravagâncias ou exibicionismo). Sobriedade. Moderação na própria estima.

Simplificada: Formas das letras reduzidas à sua expressão estrutural mínima (figs. 76, 85 e 145).

Interpretação: Cultura, sentimento estético e originalidade, com nível gráfico positivo. Atividade mental rápida. Habilidade para assimilar e expor a essência dos fatos e das coisas. Intuição. Condensação esquemática das ideias (síntese).

Em sentido negativo: ausência de sensibilidade para as formas e para o belo. Puritanismo, austeridade, seriedade excessiva. Desatenção ao externo, com escrita pequena, desligada e pouco inclinada.

Sinais normais: Podemos considerar sinais de normalidade, ao menos de forma relativa, os seguintes:

a) Traçado de contornos limpos, bem nutridos, com boa tensão, com relevo, seguindo uma onda gráfica sem alterações ou mudanças bruscas de profundidade ou espessura (fig. 149).
b) Linhas retas ou moderadamente ascendentes e sem rigidez.
c) Onda gráfica de movimento espontâneo, rítmico e progressivo (da esquerda para a direita) sem retornos bruscos para a esquerda, sem excesso de ângulos ou de curvas (fig. 149).
d) Harmonia nas proporções das letras e na distribuição dos espaços entre as letras, palavras e linhas, mas sem monotonia, automatismo ou rigidez (fig. 149).
e) Clareza e ordem no texto. Sinais acessórios normais, colocados com esmerada precisão.

f) Escrita cadenciada ou rítmica (sem excesso de regularidade) (fig. 149).
g) Ambiente gráfico geral positivo (boa fusão dos aspectos fundamentais: forma, espaço e movimento (fig. 149).

Sinais patológicos: São os seguintes os sinais de anormalidade na saúde, no aspecto psíquico ou orgânico:

a) O tremor, os quebrados, as torções, as sacudidas, as congestões, o empastado, as perdas de relevo em trechos das palavras, a sujeira, os alongamentos súbitos e estranhos etc. (Pressão).
b) As linhas descendentes, os traços em descida, as linhas exageradamente ascendentes.
c) As grandes desproporções na distribuição de espaço e movimento (letras exageradamente grandes junto de outras pequenas, ênfase excessiva nas partes secundárias das letras que atingem dimensões discordantes).
d) Movimentos estranhos e regressivos (desvios anormais de certos traços para a esquerda). A abundância de retoques (erros, atos falhos).
e) A estereotipia gráfica. Letras maiúsculas no meio das palavras.
f) O bizarro ou complicações por meio de enfeites extravagantes e ociosos (desnecessários) que desequilibram o ambiente gráfico.

Sinais exagerados de admiração: Abuso dos pontos de interrupção etc.

g) O entrecruzamento excessivo dos elementos gráficos das linhas adjacentes com as subjacentes (escrita confusa e desordenada, margens desiguais etc.).

A união de vários desses sinais na mesma escrita pode refletir a anormalidade. Não obstante, o diagnóstico sobre esse aspecto deve ser feito pelo médico e não pelo grafólogo, pois este deve se limitar a aconselhar a consulta médica adequada.

Sinistrogira: Veja Regressiva.

Sinuosa: Palavras e linhas em que cada letra repousa sobre uma linha de base distinta (figs. 26, 70 e 171).

Interpretação: Instabilidade, emotividade. Falta de constância nos princípios, nos quais se baseia a atividade. Humor variável. Variações frequentes na conduta e na direção dos fins. Flexibilidade, diplomacia, *savoir-faire*. Capacidade para adaptar, provisoriamente, a própria atitude às conveniências exteriores.

A escrita sinuosa indica frequentemente debilidade, fadiga, *surmenage*.

Com nível negativo, pode refletir falta de firmeza moral, versatilidade, astúcia, impressionabilidade e falsidade.

Sistematizada: Espécie de estereotipia gráfica, em que as estruturas das letras apresentam uma "uniformidade extrema das formas" (Gille).

Tanto a escrita estereotipada (grau extremo da sistematização, pelo automatismo anormal que a produz) como a escrita sistematizada são sinais de anormalidade (fig. 144).

Interpretação: A escrita sistematizada mostra um déficit na adaptação, um empobrecimento na capacidade de reação diante das mudanças e situações do meio exterior. A inteligência, diz Dr. Gille, observa e julga as coisas do mesmo ângulo, apresentando limitações e um defeito de maturidade que se fecha em um "espírito sistemático".

Personalidade unilateral, capacidade discriminativa débil. O indivíduo não forma opiniões derivadas de novos juízos ou de elaborações racionais sobre um tema, mas utiliza ideias e posições preconcebidas ou formas esquemáticas de percepção e juízo. Em qualquer caso, devemos supor pessoa com adaptação difícil.

Sóbria: Escrita de dimensões e proporções moderadas (figs. 41, 104, 145 e 148).

Interpretação: Atitude prudente e reflexiva com relação ao entorno, às tarefas e aos acontecimentos (o indivíduo não se arrisca, não se lança ao primeiro estímulo, necessita estar seguro, toma precauções para evitar fracassos e surpresas desagradáveis). Introversão.

Predomínio da razão sobre a imaginação. O indivíduo rege-se pela lógica, limita, comprova, mede e demonstra; busca o transcendental e universal das coisas sem transformar nem deformar nada.

Com escrita regular e angulosa indica austeridade, intransigência e rigidez mental. Falta de flexibilidade no caráter. Sentido estrito e formal das coisas (escassa influência emotiva e afetiva; o indivíduo se comove pouco).

Com escrita arredondada, clara e simples indica uma natureza espontânea, clara e simples (simpatia moral).

Com escrita desligada e suspensa, indica timidez, cortesia e abatimento, dificuldade de expansão, tendência para alarmar-se facilmente.

Soerguida: As letras ou partes das letras exageram suas dimensões para o alto da página (figs. 11, 34, 61, 62, 72, 85, 90, 92, 93, 96, 108a e 127, 130a e b, de modo excepcional, a fig. 172).

Interpretação: Orgulho, sentimento excessivo da própria dignidade e como consequência: tendência a menosprezar o valor e os atos dos demais, inclusive a se deliciar, às vezes, com as desgraças de pessoas que o indivíduo considera "inimigas" ou que podem lhe fazer "sombra". Fantasias de ter classe e superioridade, de "senhorio", de poder, de grandeza, inspiradas em tendências mais ou menos sádicas, produzidas por "estados de insatisfação" permanentes, que conduzem o indivíduo à reivindicação e ao descontentamento de si mesmo e dos demais. Ideais patrióticos, políticos ou estéticos (fig. 156). Sentido do mando e, às vezes, despotismo. Complexo de inferioridade, supercompensado pelo orgulho e amor próprio desmesurados. Com maiúsculas estreitas e letras desligadas susceptibilidade e, às vezes, ideias paranoides (fig. 172).

O nível de sobrealçamento é paralelo ao nível autoestimativo. O orgulho é tanto mais elevado quanto mais altas são as letras. O desejo de superioridade pode levar o indivíduo à megalomania (fig. 172). Veja também Inflação do ego no Dicionário de termos psicológicos.

Suave: É o sinal contrário à escrita dura. Nas letras de haste e perna, ao passar do movimento de flexão ao de abdução ou ao de extensão (do impulso de descida para a direita ou para cima, como ocorre nas letras "l", "t", "b", "f" etc.), a mudança de direção se realiza de forma curvilínea (figs. 28 e 181).

A base das letras de haste e perna é em guirlanda.

Interpretação: Se a escrita é tensa, firme, de boa pressão, indica que o indivíduo suaviza sua atitude ao entrar em contato com seu ambiente social ou profissional, é amável, compreensivo, tem empatia.

Se o grafismo é pouco tenso, o indivíduo tem um caráter excessivamente amável e apenas oferece resistência às solicitações de seu ambiente. Sua adaptação se realiza sem condicionante e, desse modo, evita as colisões emocionais, os choques incômodos com os demais.

Para outras interpretações, veja verbete Guirlanda.

Suja: Dizia Crépieux-Jamin que uma das demonstrações mais claras da desordem é a sujeira. Nessa escrita, abundam as manchas, os borrões, os retoques e as censuras unidas à desordem geral (fig. 75).

Interpretação: Complexo sadomasoquista. A sujeira e a desordem mostram uma deficiência ou baixo nível, do ponto de vista ético, intelectual, social e estético. Não somente reflete a negligência, a torpeza, a falta de habilidade para as coisas, mas pode mostrar a inaptidão e a incapacidade para a maior parte das tarefas e para viver, sem ser um peso, dentro de um grupo ou comunidade de indivíduos.

É um sinal que encontramos frequentemente entre os dementes e deficientes mentais (oligofrênicos).

Suspensa: Certos movimentos ficam suspensos antes de chegarem à linha de base (inibição do impulso da letra) (fig. 173).

Interpretação: Inibição para tendências espontâneas. Escrúpulo moral, pudor, timidez, abatimento (com escrita pequena). Tendência para se alarmar facilmente.

Dissimulação e ocultação do pensamento e das intenções (o indivíduo não diz o que pensa nem o que sabe, seja por medo [complexo de castração] ou com o objetivo de ocultar ou enganar os outros sobre suas intenções secretas).

Em muitos casos, é um sinal de angústia, de dúvida, de incerteza (com escrita retocada e vacilante).

Com escrita regressiva e invertida, indica medo de se manifestar por egoísmo, narcisismo ou egocentrismo. As consequências morais, derivadas do significado de cada escrita, devem se correlacionar com o nível positivo ou negativo do grafismo.

T

T: Certas letras ou partes de letras se prestam à identificação de determinadas tendências. Assim, por exemplo, a letra "t" é universalmente conhecida como a letra que reflete a vontade.

A explicação é simples. O gesto gráfico percorre nos "tt" duas direções divergentes: uma, de cima para baixo, ao traçar a haste (movimento que mede a afirmação pessoal, o grau de energia interior), e outra, da esquerda para a direita, ao traçar a barra (reflexo da potência expansivo-realizadora da vontade).

Quando o traço vertical (haste) é reto (figura 174a), indica a afirmação do pensamento e do sentimento, a resistência defensiva das próprias ideias.

Se a base da haste é angulosa, essa atitude de afirmação e resistência é firme, dura, rígida (veja a mesma figura 174a).

Se a base da haste é curva, indica que o indivíduo suaviza sua atitude ao tomar contato direto com a realidade.

Se a haste é côncava (fig. 174b), a vontade cede ante o sentimento, ante as emoções de simpatia e toma a atitude deferente, complacente, acolhedora (condescendência).

Quando a haste é convexa (fig. 174c), indica a tendência para rechaçar, por repulsão, as ideias e sentimentos alheios, a tendência para não se deixar convencer nem atrair (orgulho austero, oposição ao que propõem os demais, às ideias dos outros, falta de compreensão a tudo que é ideia, gosto ou preferência pessoal).

Se a haste ultrapassa a base da zona média (figura 174d), penetrando bruscamente na zona inferior, expressa, segundo Trillat, o domínio insuficiente de si mesmo e a tendência para atuar, opinar ou manifestar sem refletir nas consequências.

Quando a haste, pelo contrário, se detém no seu impulso para baixo e não chega a alcançar a base da zona média (fig. 174e), reflete a inibição das tendências, dos desejos e das afirmações pessoais, seja por timidez, insegurança, medo da realidade ou de agir, enfrentando os demais ou medo das consequências que poderiam derivar da ação (o indivíduo não quer se chocar frontalmente com a realidade, com sua consciência moral ou com as outras pessoas).

Com a base em ângulo (fig. 175a), o indivíduo está habituado a tomar posição firme. Sua atitude pode oscilar entre a tenacidade e a obstinação aguda. A base em ângulo torna mais firme e aguda a autoafirmação das tendências pessoais.

Se a base da haste é curva (fig. 175b), reflete a adaptação do pensamento ou das atitudes pessoais à realidade circundante, ao critério geral, às conveniências do meio ou dos demais.

T

Temos visto, nos exemplos que precedem, que todo traço com flexão (haste), especialmente as hastes dos "tt", indica, segundo sua força, estrutura, dimensão etc., o modo como se afirmam as tendências pessoais.

Todo traçado horizontal, em abdução, dirigido da esquerda para a direita, manifesta a conduta da vontade na realização das ideias, dos desejos ou das tendências. Poderíamos dizer que cada movimento em abdução marca, simbolicamente, a forma como o indivíduo age no mundo que o rodeia, para adaptá-lo às suas necessidades, às suas ideias, aos seus gostos ou às necessidades coletivas.

Nesse sentido o traço horizontal mais simbólico, o que adquire um significado especial, pelo fato de exigir um esforço (levantar a caneta para traçá-lo), é o das barras dos "tt". Segundo Trillat, "as barras dos "t" são comparáveis a um termômetro da autoridade e do poder da vontade".

Os autoritários, os dominadores, aqueles que impõem suas ideias (ou seus desejos) colocam as barras dos "tt" muito altas e apoiam o movimento com forte pressão (fig. 175a).

O contrário também é certo: as pessoas passivas, tímidas, subordinadas, que preferem obedecer ou se submeter à vontade ou à direção dos demais, colocam as barras dos "tt" baixas e com pouca pressão. Quanto menos força tenham os traços horizontais dos "tt" e quanto mais baixos forem, é mais débil o papel da vontade em seu aspecto expansivo, de realização e domínio exterior (fig. 175b).

As barras dos "tt" em cruz (metade adiante, metade atrás da haste) (fig. 175c), se são horizontais com a linha e sua dimensão é correta, refletem o equilíbrio entre deliberação e ação e o sentido claro da responsabilidade.

Colocadas atrás da haste (fig. 175d), expressam indecisão, retardamento da vontade para atuar, medo de empregar a autoridade ou de enfrentar a realidade, se essa é adversa ou aponta situações insustentáveis.

As barras dos "tt" à frente da haste (fig. 175e) indicam, ao contrário, quando são firmes, a decisão pronta, a tendência para servir, sem muito cálculo ou reflexão de poder, da autoridade ou dos desejos, na ação sobre o contorno. Indica também iniciativa, audácia, necessidade de se adiantar, de alcançar, sem demora, os objetivos desejados.

Se a barra é fina e longa (fig. 175g), expressa a impaciência e pouca consistência nos desejos. O indivíduo tende a forçar, rapidamente, a realidade para adaptá-la aos caprichos momentâneos. Nesse último caso (barra longa e fina), pode se suspeitar de um sentido pouco claro e organizado, da responsabilidade e da previsão.

As barras curtas e sem pressão (fig. 175f) mostram a timidez, a falta de arrojo ou de vigor na vontade. É sinal próprio de pessoas muito tímidas, prudentes e reflexivas.

As barras longas e sem pressão (fig. 175g) indicam, como foi dito anteriormente, impaciência e falta de ordem nos desejos, no sentido da responsabilidade, da medida e da previsão. Esses indivíduos forçam – ou tentam forçar – a realidade para adaptá-la a seus desejos imediatos.

As barras dos "tt" terminando em ponta aguda ou pontiaguda (fig. 175h) refletem a agressividade, a irritabilidade, a atitude crítica, picante ou mordaz do pensamento ou das reações quando se encontram diante de contrariedade. Essa agressividade adota a forma de sentido crítico, agudeza, penetração, sutileza do pensamento etc. se os traços são corretos, ou não ultrapassam muito as medidas ou módulos nos aspectos dimensão, pressão, inclinação e direção.

Se os traços mencionados excedem os limites corretos, essa agressividade pode passar do pensamento e da palavra à ação, mostrando uma irritabilidade perigosa, especialmente, se os traços são potentes e pontiagudos e se a haste é reta e de base angulosa (veja última letra da fig. 175h). Nesse último caso, a agressão pode tomar forma de crueldade, sadismo, ataque cruel e sem piedade, sem contemplações a tudo (pessoa ou coisa, ideia ou situação), que suponha ser uma oposição, contrariedade ou mal-estar aos desejos ou ideias do indivíduo. A história está cheia de bons exemplos: Carrière, Marat, Petiot e muitos outros.

Quando as barras dos "tt" pontiagudas se dirigem para cima (fig. 175i), a agressão está dirigida contra tudo o que, aos olhos ou ao inconsciente do indivíduo, representa algo que está acima dele, algo (pessoa ou coisa) que ele sente como "superior a si mesmo". No fundo, pode considerar uma agressão à imagem do pai, a tudo quanto representa autoridade, mando, imposição, ordem etc. Pode indicar, no adulto, o complexo de Édipo não resolvido.

Se as barras de "tt" pontiagudas se dirigem para baixo (fig. 175j), a agressão toma a forma masoquista, vem dirigida contra o próprio indivíduo e, por extensão, contra seus inferiores na escala familiar, social ou profissional, contra tudo quanto representa, ante seus olhos, ou seu inconsciente, uma situação de inferioridade (fig. 175k).

Quando as barras dos "tt" terminam em maça ou ponta quadrada (fig. 175l e m), refletem a acumulação de tensões emotivas no interior do indivíduo. Quando surge a descarga dessas emoções, isso ocorre na forma violenta, explosiva, brutal e inconsequente, como se o indivíduo se sentisse saturado de sua própria paixão, emoção, instinto ou sentimento.

A violência dessas reações aumenta com a intensidade da pressão, com a desproporção das dimensões e com a angulosidade dos traços. Quanto mais grossos, longos e angulosos são os traços, mais violenta e brutal é a reação.

Quando o traço maciço é de dimensões corretas, e o grafismo é harmônico e bem organizado, reflete o acúmulo de energia em prol da ação contínua e enérgica (força dirigida, estruturada).

A forma do movimento nas barras dos "tt" é muito expressiva. O indivíduo procede, por decreto, em suas decisões e na maneira de impor seus desejos ou sua autoridade, se a barra do "t" é de forma triangular (fig. 175n).

A vontade atua, com habilidade, com os recursos da amabilidade e a sedução dos modos, se o movimento é em forma de laço (fig. 176a).

Prossegue, tenazmente, o avanço sobre seus objetivos se tem um nó na base e, na barra, o traço final em arpão (fig. 176b). O arpão reforça sempre a tenacidade em qualquer letra.

O indivíduo deixa-se influenciar pelas decisões dos outros, pelo que os outros opinam, a vontade é preguiçosa ou branda, passiva e descuidada (abandono de si mesmo), se não há barra do "t" e a haste se curva muito na base das letras (fig. 176c).

As barras dos "tt" côncavas (fig. 176d) são expressão de entrega e complacência de caráter. Às vezes, no sexo feminino, podem indicar a frivolidade, os caprichos, a inconstância nos pensamentos e desejos.

As barras dos "tt" convexas (fig. 176e) indicam mais a seriedade, a repugnância às carícias e contatos epidérmicos, a inibição dos instintos agressivos e de entrega.

Quando a barra se liga, pela base, à letra seguinte, sem formar laço (fig. 176f), indica, com escrita rápida, a adaptação da vontade às exigências do trabalho cotidiano e a eficiência e rapidez nas tarefas.

Se a barra do "t" é ascendente em diagonal para a direita da haste, desde a zona média (fig. 177), expressa as tendências oposicionistas (atitude de inconformismo, de litígio, de polêmica, de contradição). Essa tendência é tanto mais forte quanto mais angulosa for a base da haste.

Se a subida em diagonal se faz à esquerda da haste (fig. 178), a atitude oposicionista é passiva, interiorizada, toma o caminho do ressentimento vingativo, da obstinação ou das críticas intencionais com frases de duplo sentido, especialmente se o traço é reto e seu término é pontiagudo.

As barras dos "tt" em forma de amplo laço (fig. 124) refletem imaginação transbordante com grande quantidade de recursos de evocação e de invenção. A realidade é transformada e adaptada, em cada momento, à medida da ilusão. Se a base é angulosa, essa tendência se mescla com a obstinação.

Barras dos "tt" acima da haste e sem tocá-la (fig. 175a) podem indicar a predominância excessiva do pensamento sobre as realidades, que somente são vistas com "olhos de pássaro" (pensamento utópico). Com ele, vem também o afã de superioridade e de autoridade, o absolutismo nas ideias e nos desejos, que é tanto mais claro quanto mais forte for à pressão. Indica também necessidade de independência, tendência para tirar os méritos das opiniões dos demais e a fazer prevalecer as próprias.

Talhante: Veja Cortante.

Tênue: Expressão mínima da espessura do traço (escrita de traços muito delgados) (fig. 180).

Interpretação: Grande delicadeza e fragilidade vital. Predisposição para vulnerabilidade interna, ou seja, a se sentir subjugado pela angústia, pela inquietação e pelo sobressalto. Impressionabilidade viva e dolorosa. Possíveis anomalias cardíacas, nervosas ou respiratórias. Veja também o verbete Desigualdades da pressão.

Tensão branda, frouxa, firme, dura, vacilante: Veja verbetes Branda, Frouxa, Firme, Dura etc.

Tipográfica: As letras imitam os caracteres de imprensa.

TRAÇOS EM CRUZ

Interpretação: Se são as maiúsculas, veja Simplificada. Se são as maiúsculas e minúsculas, veja verbetes Caligráfica, Caligrafiada e Desenhada.

No primeiro caso (maiúsculas tipográficas; fig. 145), indicam gosto e sentimento estético, cultura, simplicidade e elegância de espírito. Se as maiúsculas e minúsculas são tipográficas, podem refletir o desejo de clareza e o amor às formas, se a escrita é rápida. Em outros casos, indicam espírito de imitação, compensação fictícia de sentimentos de inferioridade, dissimulação das próprias deficiências e tendência para exibir méritos que não se tem. Veja, para mais detalhes, o verbete Desenhada.

O "a", em alfa, é, para alguns grafólogos, sinal de erudição, e o "e" em "épsilon", sinal de preciosismo, de atração pelas joias e objetos brilhantes. Esse último sinal foi descoberto em alguns cleptomaníacos e ladrões de joias e de objetos preciosos. Não podemos confirmar nem desmentir essas interpretações.

Torcida: Os traços que deveriam ser retos aparecem torcidos, flexionados ou com dupla curvatura (figs. 38b, 70, 106a e 123).

Interpretação: Os traços torcidos são sempre sinais de alguma perturbação, quer seja circulatória, cardíaca ou endócrina. Apresentam-se, amiúde, depois de cirurgias ou como consequência de posições anormais do corpo. Mostram uma debilidade vital, crônica e passageira.

Podem refletir, moralmente, o caráter tortuoso, cauteloso ou solapado (ausência de retidão). São sinal de timidez, falta de vigor (debilidade), instabilidade, vacilação e insegurança com escrita frouxa.

Torções: Os traços que deveriam ser retos sofrem torções ou inflexões (figs. 38b e 126).

Interpretação: Tomamos do doutor Resten o significado desse "gesto de sofrimento": "A torção das letras respiratórias traduz as perturbações do aparelho respiratório. Associada aos traços quebrados, é frequente nos enfermos com afecções cardiopulmonares. Apresenta-se, frequentemente, nos asmáticos com insuficiência cardíaca".

A torção complicada, nas letras inferiores (pernas), está em relação com as perturbações ou anomalias dos órgãos abdominais e dos membros inferiores.

A torção das pernas e o encolhimento das volutas podem indicar os enfermos do fígado e do estômago. Para mais detalhes, veja *Les écritures patologiques*, de Resten.

Traços em cruz: Barras dos "tt", "XX" etc., em forma de cruz (fig. 71).

Interpretação: Reflexão, atitude consequente, necessidade de se inspirar no passado ou na experiência para emitir julgamentos ou tomar decisões. A ação vem depois da reflexão. Prudência. Nesses casos referimo-nos às barras dos "tt" formando cruz com a haste. Podem refletir sofrimento físico, moral ou espiritual, com escrita ligeira, descendente e suspensa.

Quando se trata de traços cruzados, impulsivos, na assinatura ou nas palavras (movimentos impulsionados e pontudos), refletem a descarga de tendências agressivas e combativas, o ânimo excitado e a susceptibilidade irritável (fig. 135). Com outros sinais: tendências homossexuais.

Traços finais: Da mesma maneira que os traços iniciais indicam a procedência (ideal, afetiva, instintiva) dos desejos, atitudes e intenções, os traços finais expressam a forma como cada ideia, desejo ou intenção entra em contato com a realidade, com o exterior, com o mundo que rodeia o indivíduo, ou seja, refletem os "modos" de atuar e reagir ante a situações, obstáculos, problemas etc. de seu meio ambiente.

A direção do traço final representa o futuro, o que está fora do indivíduo, ir para os outros ou contra ou outros; indica também a necessidade de espaço, a *crainte da pasassez*, de Oscar del Torre.

Os finais longos (figs. 33, 57, 72, 133), associados a uma escrita grande, extensa e muito inclinada, indicam a necessidade incontida de falar, a loquacidade, o charlatanismo, com os riscos consequentes de intemperança, inoportunismo e indiscrição. Quando o indivíduo não tem nada a dizer, inventa. Esse sinal se dá, preferentemente, no sexo feminino e entre as mulheres desocupadas da alta sociedade. Deseja-se, inconscientemente, invadir o ambiente circundante, surpreendê-lo, assombrá-lo com a importância extraordinária de seus relatos, de suas manifestações espetaculares. Necessidades de exibicionismo pessoal, especialmente se as pernas são tão preponderantes quanto os finais (fig. 125).

O traço final longo e pontudo (fig. 125), coincidindo com a escrita movida e lançada, expressa a tendência a se manifestar de forma impulsiva e agressiva, produto de uma avidez exagerada e de uma atividade sem freios inibidores. Tendência à provocação e para o ataque brusco, à menor contrariedade, às vezes sem causa suficientemente justificada. Imposição agressiva dos próprios desejos.

O traço final longo em uma escrita filiforme, sinuosa, lenta, complicada e com óvulos em duplo anel indica a desconfiança, a tendência à intriga, falar por falar e pensar mal dos outros.

O indivíduo se diverte criando mistérios, dúvidas, insinuações etc., destinadas a expandir a própria agressividade (sadismo oculto). Desse modo, libera-se de cargas de angústia, ciúmes, ódios etc., abrigados em seu inconsciente.

Quando o traço final longo se apresenta em um grafismo de letras apertadas, estreitas, inibidas, regressivas e de inclinação invertida expressa, se é delgado: timidez; se é acerado (terminação em ponta aguda): atitude hostil para os outros; se é maciço (fig. 119b), é um movimento de freio, de contenção; se é simplesmente grosso, não faz mais do que acentuar a natureza dilapidadora ao excesso do autor; se é ondulado, é um indício de precipitação, se é rígido, é um sinal de descarga nervosa. Sem dúvida, o traço final longo pode significar, frequentemente, vários desses estados de uma só vez, a menos que o ambiente gráfico seja desordenado, desigual e discordante e se o traço final tenha vários aspectos, por exemplo, se é traçado de uma só vez grosso e rígido, delgado e simples, fino e ondulante, fino e grosso etc.

Os traços finais curtos ou contidos (fig. 145) revelam certa repugnância às manifestações espetaculares, ao exibicionismo pessoal, ao charlatanismo, à atuação sem medida e sem reserva nos sentimentos, palavras e emoções. É um sinal de introversão, domínio de si mesmo, discrição, sobriedade, reserva e pudor moral. O superego rege a conduta. O indivíduo distingue, raciocina, discerne claramente, foge do extravagante e excessivo.

Quanto mais se contém o traço final, mais se acentua a prudência, a reserva, a timidez e o domínio dos impulsos ao entrar em contato com o exterior podendo chegar ao extremo de o indivíduo se anular a si mesmo diante das realidades e das pessoas do exterior.

Finais em guirlanda ou curva aberta (fig. 153a): Mostram o contato amável, serviçal, a alegria expansiva, o sentimento generoso e bondoso do escritor, se a escrita é progressiva.

Finais em diagonal, lançados para a direita e acima (fig. 27): Indicam coragem física, impulso combativo, espírito de protesto e de sublevação, caráter de difícil adaptação.

Se a ponta é acerada, acentua a agressividade e a irritabilidade.

Finais prolongados para baixo (figs. 125 e 12). Se o traço é reto e firme, expressa a afirmação decidida da própria atitude ou desejo e a necessidade de realizações concretas (o indivíduo não vive de ideais ou teorias filosóficas, ama o dinheiro, o positivo, os acontecimentos concretos, deseja levar suas ideias a tomar forma real, tangível, material).

Se o traço é pesado e pastoso, pode indicar o materialismo brusco e grosseiro (fig.

125) ou o desvio do ânimo, se é vacilante (veja Descendente).

Os finais em traço regressivo, lançados para cima e para trás (figs. 114 e 185) denunciam, se são pontudos, o movimento de intenção agressiva que se volta em uma atitude defensiva, por instinto de conservação. Se a curva se acentua, e a ponta não é afilada, reflete a amabilidade interessada, que "*aime être payée de retour*" (Beauchataud).

Os finais de traço regressivo, lançado para baixo e para trás (fig. 184) expressam o egoísmo material, interessado do indivíduo que mendiga, importunando seus semelhantes. Instintos de posse.

Os finais em espiral (fig. 186) indicam vaidade fátua, egoísmo e avidez nos contatos do indivíduo com seu meio circundante.

Desenvolvimento de tendências possessivas (desamor, inveja, cobiça). Narcisismo.

Traços finais com arpão para cima (figs. 146 e 153b): Indicam tenacidade seguida de emudecimento imprevisto ou de atitudes obstinadas.

Se o arpão é para baixo (fig. 57) reflete "ocultação repentina" (Marchesan). É possível que o indivíduo dissimule sua altivez, sua vaidade e melhore sua forma de apresentação com sinais de vaidade que ele encobre em forma de decoro. Sem dúvida, é aconselhável certa prudência nessas interpretações.

Traços iniciais: De acordo com o simbolismo do espaço gráfico, o traço inicial, nas letras, pode ter uma procedência instintiva, afetiva ou idealista. Ele depende da esfera onde se inicie com relação ao plano da letra.

O impulso parte da esfera instintiva e se inspira em necessidades materiais, de raízes mais ou menos inconscientes e biológicas, quando o gesto inicial das letras parte da zona inferior (fig. 12).

Esse impulso é afetivo, nasce do sentimento, quando o ponto de partida origina-se na zona média (figs. 108b).

Nasce na esfera dos ideais, está desprovido de contato com a realidade material, quando a tendência dos movimentos iniciais começa na zona superior (figs. 145 e 181).

A curva comunica aos traços iniciais um sentido de adaptação, de afetuosidade, de animação, de alegria, de suavidade (fig. 181).

Os desejos e intenções têm um sentido categórico, vão direto a seu objetivo, se impõem sem flexibilidade e sem adaptação às condições ou situações exteriores, se os traços iniciais são retos e terminam em ângulo (fig. 182), especialmente se o ponto de partida é a zona média ou inferior.

O traço inicial em diagonal (fig. 12) indica uma atitude prévia de combate, de ataque, a tudo quanto possa parecer uma simples sombra de oposição aos desejos do indivíduo. O instinto *va a la suya* não deseja raciocinar, aspira ao seu fim e espera dos outros uma rendição sem condições. Se o mundo ou as pessoas lhe sugiram uma contrariedade, ou ameacem frustrar seus desejos, o indivíduo fica cego de ira, na discussão, na ofensa, no ataque. É um dos sinais de desadaptação social.

Quando os traços iniciais são em espiral ou com ornamentos (fig. 183), os desejos tomam o caminho do egocentrismo, em seu ponto de partida. O indivíduo crê que o mundo e as coisas não possam ser mais como ele as vê e as deseja, de onde uma amabilidade convencional, um desejo interessado de se fazer agradável, ganhar por meios hábeis, sem combater, satisfazer seus interesses ou sua vaidade narcisista.

Os traços iniciais com arpão (fig. 170) indicam a tenacidade inicial que caracteriza os desejos. Muitas vezes refletem também o comportamento da neurose compulsiva.

Se esses traços sobem retos, em diagonal com a letra, refletem o instinto de oposição, de discussão, de objeção sistemática. O indivíduo, com intenção de manter seus "pré-julgamentos", suas atitudes prévias, se vê obrigado, às vezes, a recorrer a afirmações falsas, a mentiras.

Os traços iniciais em arco (figs. 32, 68, 81 e 153b e 157) denotam o desejo de elaborar as atitudes, de preparar as aparências, de se apresentar exteriormente tal como deseja ser visto pelos demais. Klages fala de "maneiras escolhidas" e "modos distintos". Expressa, em geral, o desejo de demonstrar certa superioridade (amor próprio, orgulho).

Quando os traços iniciais precedem à primeira letra, formando nesta uma espécie de marco ou pedestal (fig. 68), indica a satisfação narcisista que o indivíduo produz em si mesmo e o desejo de que seu ego seja colocado sobre um pedestal pelos demais. Para conquistar o interesse e apreço alheios, o indivíduo se esmera em seus modos, sua amabilidade, sua coqueteria, sua sedução; aspira à homenagem de seus semelhantes, afina e elabora seu comportamento para conseguir, mas... onde está a sinceridade? Pode-se esperar algo da generosidade dessas pessoas? Evidentemente, o narcisista, pensa pouco nos outros.

Traço inicial curto (figs. 145 e 180): A brevidade nos traços iniciais expressa a liberação do complexo narcisista, infantil, feminino. O indivíduo busca, fora de si mesmo, na profissão, nos objetos, nas ideias, nas outras pessoas, a razão de sua existência, ocupa-se pouco de seu próprio ego, forma seus sentimentos e ideais de modo alocêntrico, principalmente se os traços finais são mais largos.

Traço inicial reto (figs. 145 e 181): Esse sinal corresponde à escrita simplificada e indica a necessidade de se dirigir diretamente ao essencial, ao centro dos problemas e das coisas, sem se ocupar com trivialidades. Indica também prontidão de espírito, decisão, concisão, simplificação. Capacidade para a teoria e para a síntese.

Se todos os traços começam na zona superior (fig. 181), o indivíduo parte de ideias, conceitos, teorias ou posições ideais. Quanto mais reto e firme, mais pressão ou profundidade tem o movimento vertical que inicia ou traça a letra; o indivíduo é mais firme, profundo e seguro em seus ideais.

O indivíduo se inspira em conceitos, ideais, teorias ou ideias pouco sólidas ou pouco firmes, vacila sobre si mesmo, teme ou não domina plenamente a realidade exterior, se os movimentos de descida são débeis, se curvam demasiado ou se torcem em sua trajetória de cima para baixo (fig. 123).

Traços rombudos (sem ponta): Os traços não são, em sua terminação, nem maciços nem acerados, mas rombudos (fig. 75).

Interpretação: Tendência para ceder às influências exteriores sem descarregar as reações como uma força agressiva nem tomar uma atitude enérgica e firme (própria do temperamento nervoso). Esse sinal é oposto ao traço acerado e à maça.

Traços superficiais ou com pouca pressão: Veja verbetes, Ligeira, Tênue, Desigual de profundidade, Branda, Frouxa etc.

Tremida: Aparecimento de pequenos ângulos nos traços os quais, por efeito de pequenas sacudidas, não podem ser realizados num só impulso (fig. 179).

Interpretação: Transtornos da motricidade por velhice, senilidade, intoxicação (café, chá, álcool, tabaco ou drogas), lesões cerebrais, no braço, na mão ou no ombro.

Como causas acidentais do tremor, podem-se indicar o frio, a fadiga, o sobressalto repentino, a ameaça iminente de morte ou temores súbitos, que produzem transtornos emocionais.

Tremor: A onda gráfica aparece agitada por pequenas sacudidas (fig. 170).

Interpretação: Segundo o doutor Resten, os tremores estão relacionados com as perturbações nervosas, as intoxicações e as neuroses.

Esse autor distingue três espécies de tremores:

a) Tremor estático ou de repouso, que pode ser diminuído ou abolido com a força de vontade. Seu exemplo clássico é o tremor produzido pela doença de Parkinson.

TRIANGULAR

b) A perturbação dinâmica ou intencional, que produz o movimento tremido, é voluntária e cessa no repouso. É encontrada na síndrome cerebral, na esclerose em placas ou nos começos da doença de Wilson.

c) O tremor permanente (escrita irregular e sacudida com descargas espasmódicas), que é produzido pelas intoxicações alcoólicas, pela paralisia geral progressiva, pela doença de Basedow, por certas neuropatias, pela senilidade e por velhice. As últimas causas são as mais frequentes.

Triangular: Letras ou partes de letra em forma de triângulos (figs. 108a e b, 109, 115a, 127 e 175n).

Interpretação: Desejo de mandar, de reger, de exercer autoridade.

Necessidade de impor, por decreto, as próprias ideias, sentimentos e decisões. Se os traços finais do triângulo se dirigem para cima, o desejo de mandar e reger vem, seguido de uma oposição agressiva e da inclinação às reclamações e protestos. Os grafólogos clássicos viam nas pernas triangulares o "despotismo doméstico".

Truncada: Escrita de traços incompletos, os quais não chegam a terminar a forma total das letras (figs. 70 e 173).

Interpretação: Veja verbetes Inibida, Suspensa e Vacilante.

U

Uniforme: Igualdade e monotonia nas dimensões das letras e na distribuição de letras, palavras e linhas (figs. 42 e 15).

Interpretação: Afetividade estável, adaptação ao meio e às tarefas, sem luta nem complicações. Passividade, ordem, reflexão. Constância e perseverança na atividade. Sentimento sem paixão. Igualdade de ânimo. Fidelidade na amizade e nas obrigações (estabilidade na conduta).

Com escrita lenta e monótona: lentidão de ideias e de compreensão. Limitação intelectual, incapacidade para apreciar, à primeira vista, as vantagens do novo (rotina, convencionalismo, sequidão e passividade linfática). O indivíduo repete a si mesmo, em seus hábitos, costumes e ideias de cada dia.

Com escrita descendente, indica preguiça, falta de entusiasmo e de vigor na atividade (o indivíduo precisa ter medo do chefe para realizar as tarefas).

V

Vacilante: Escrita de movimentos inseguros, de traçado brando ou insuficientemente firme, seguido de mudanças de velocidade, de inclinação, de direção, de forma e de coesão (figs. 70, 123 e 173).

Interpretação: Indeterminação entre o sentimento e a razão. Se os sinais gerais são de introversão: tendência para duvidar de si mesmo e dos próprios valores morais e materiais. Nesse caso, indicam também complexo de impotência e de insegurança. Se os sinais são de extroversão, indicam uma luta ou vacilação entre o que atrai para o sentimento (pessoas ou coisas) e a atitude interna que está em oposição.

Tendência para se sentir dominado por situações de angústia e de indecisão (ambivalência afetiva). Com escrita sacudida, propensão para sobressaltos, mudanças repentinas, instabilidade, sufocação e rubor. Timidez e sensibilidade exageradas, com escrita ligeira e pequena. Temperamento nervoso.

Variada: Veja Rítmica.

Variável: Formas e movimentos que variam de um documento para outro e, às vezes, no mesmo texto (figura 49).

*Interpretaç*ão: Tendência para variar de iniciativas, desejos, método e opinião, em virtude das circunstâncias e dos fatos exteriores. Inconstância nos objetivos perseguidos (mais iniciativas que objetivos alcançados). Dromomania (mania de mudança – impulsão para a fuga).

Vertical: Escrita de letras em ângulo reto com a linha (figs. 109, 173, 204 e 215).

Interpretação: Tendência para dominar os próprios impulsos e para subordiná-los a uma atitude interior. O indivíduo não precisa da presença de outros para viver, nem se deixa influir pela pressão do sentimento, o que não quer dizer que o indivíduo não tenha sensibilidade, mas que suas demonstrações afetivas estão submetidas ao controle da razão ou de sua atitude consciente. O indivíduo dá preferência à sua necessidade de "pensar" antes da necessidade de "sentir" (sentimento introvertido).

Em sentido negativo, indica frieza, orgulho, desconfiança. Ausência de calor e de simpatia. Caráter pouco alegre e conciliador. Com linhas rígidas e escrita angulosa, reflete secura, dureza, intransigência e com letras soerguidas, altivez, sentimento exagerado do próprio eu.

Vírgulas: São os sinais gramaticais que servem para indicar a divisão nas frases mais curtas. São estudadas do aspecto da ordem dentro do capítulo da pontuação.

Interpretação: Com dimensões normais e colocadas com precisão, refletem a ponderação, a ordem e respeito à exatidão. O indivíduo é regido por ideias claras e bem ordenadas (fig. 173). Com dimensões irregulares e pouca precisão em sua colocação reflete o indivíduo dominado mais pelos impulsos que pela razão. O pensamento segue mais a imaginação que o juízo (falta de ordem, de medida e de ponderação) (fig. 73).

O ambiente gráfico geral determinará o significado, juntamente com o resto dos sinais acessórios: pontos, acentos e barras dos "tt".

Vulgar: Escrita de formas toscas e sem harmonia, com adornos primários, próprios da falta de cultura gráfica e de cultivo da estética (figs. 8, 69, 75, 106b, 122b, 131).

Interpretação: Indivíduo pouco refinado e com gostos vulgares, devido à sua cultura inferior e à falta de polimento seletivo. Simplicidade, trivialidade, insignificância. Esse sinal tem um valor psicológico relativo.

Z

Zonas: Área de percurso dos movimentos que formam as letras no espaço gráfico. As zonas e seu simbolismo são especialmente importantes.

Zona superior: Esfera das ideias, da razão, do intelecto. Área das inspirações espirituais e ideais, dos interesses intelectuais e projetos utópicos.

Zona média: Esfera emotivo-sentimental, esfera da vida consciente atual e dos interesses cotidianos. É a zona em que se reflete a adaptação às realidades do presente. Reflete o modo de comportamento social e sentimental do indivíduo.

Zona inferior: Esfera física, motriz, instintiva e inconsciente. Necessidades corporais, interesses materiais e práticos. Abriga também o comportamento das necessidades sexuais do indivíduo. Interesses patrimoniais e de família.

Zona inicial: Esfera reflexiva passiva, íntima, pertencente ao mundo das necessidades, aspirações e desejos latentes no indivíduo.

É também a esfera do passado, das recordações e das questões relacionadas com a origem das tendências e necessidades afetivas e ideais. Para essa zona se dirigem os movimentos de recuo, de repressão, de egoísmo, narcisismo e egocentrismo. Os movimentos nessa direção mostram o autocontato, a sensibilidade do superego.

Zona final: Reflete a expansão do indivíduo no mundo exterior, a forma de ter contato com a vida, com o ambiente, com os outros seres e com as coisas.

É, teoricamente, a esfera do futuro e das ambições realizadoras, das iniciativas e do domínio da realidade externa. Indica também, nos movimentos dirigidos para a frente, as atitudes alocêntricas (o altruísmo, a generosidade, a sociabilidade, a necessidade de convivência, o interesse pela humanidade e pelas coisas exteriores).

Glossário

Publicado pelo n. 267, de Julho 2007.

A sociedade Francesa de Grafologia decidiu elaborar um glossário das espécies grafológicas.

Este glossário é o resultado de um trabalho de equipe, que reuniu os professores encarregados dos cursos na SDFG e os membros do Conselho de Administração segundo metodologia previamente definida: reflexão em equipes, troca de informação com um grupo de referência, harmonização entre as equipes e aval do Conselho de Administração.

As mesmas obras de referência serviram de base do trabalho para todas as equipes

Cada espécie está apresentada segundo o gênero jaminiano ao qual pertence, por ordem alfabética, acompanhado de uma definição precisa e concisa do conteúdo.

Todas as espécies figuram igualmente em uma lista apresentada por ordem alfabética. O gênero está anotado entre parêntesis.

Algumas espécies do repertório do ABC de Crépieux-Jamin ou citadas por diversos autores estão ausentes.

Estas escolhas são voluntárias e refletidas, Os autores do glossário estimaram sua presença inadequada por diferentes razões:

- redução da presença da espécie nas escritas contemporâneas;
- dificuldade para definir uma espécie sem apelar para apreciações subjetivas ou metafóricas;
- dificuldade na identificação de algumas espécies, notadamente algumas que qualificam os traços, em razão dos novos instrumentos utilizados para escrever que não mais permitem a identificação clara.

A Direção do traço e o Movimento são tratados com menor concisão. Cada tipo de direção e cada movimento são objetos de uma descrição precisa e detalhada.

De fato, um tipo de direção ou um movimento realçam a síntese de várias observações referidas ao gesto gráfico.

O capítulo intitulado "Desigualdades" agrupa, a fim de mostrar a gradação quantitativa e qualitativa, as espécies 'Variada', 'Desigual', 'Irregular', 'Discordante' e 'Homogênea'.

As espécies pertencentes ao Gênero Rapidez não figuram no presente glossário em função da dificuldade para avaliar com precisão a velocidade de uma escrita a partir da sua produção.

Entretanto os autores do glossário incluíram "ocorrências hipotéticas de velocidade" que se encontram, assim como várias observações referidas a esse gênero que encontramos, assim como algumas observações referidas a este gênero, no fim do glossário.

Crépieux-Jamin dotou a grafologia de um vocabulário (as espécies) que permitem descrever uma escrita e é iniciador de um método.

Como é o caso de todas as disciplinas *(científicas)* as pesquisas e a experiência dos grafólogos fizeram evoluir o método e devem, periodicamente, atualizar a linguagem técnica.

Muitos autores se aplicaram, alguns criaram novas espécies, e outros não fazem referência a algumas delas.

Em cada época, os aspectos das escritas se diferem. Nem todas as espécies identificadas por Crépieux-Jamin não são mais observadas nas escritas das gerações posteriores.

E não é por qualquer outra razão, parece-nos, que devem ser consideradas definitivamente como obsoletas e *ipso facto* desaparecidas.

Elas permanecem no corpo da grafologia e se revestem de interesse histórico, sociológico, grafológico.

Um livro é sempre testemunho de um pensamento, de uma época e, sob tal aspecto, conduz à reflexão. Recorrer a estas fontes é muitas vezes útil para colocar em perspectiva as contribuições de uma geração de autores.

Por tanto, é difícil predizer os aspectos das escritas no futuro, pode ser imaginado que algumas espécies não relatadas tenham uma nova representação nas escritas do futuro e provavelmente novas espécies podem surgir.

O Glossário apareceu em julho 2007-09-05 Virá um dia em que será necessário completa-lo e modifica-lo.

"Seremos obrigados, disse Crépieux-Jamin, em cada 20 ou 30 anos a revisar alguns sinais grafológicos...".

O que não foi feito por diversos autores depois de alguns anos, os autores do presente glossário se propuseram a tarefa.

Desejamos que seja útil aos estudantes de grafologia e aos grafólogos, favorecendo uma observação mais ampla e mais precisa. Dispor de referências comuns facilita o trabalho da equipe e contribui para tornar as observações dos grafólogos mais homogêneas.

Esperamos assim que possibilitará a troca e o trabalho com maior rigor grafológico acrescido com nossos amigos grafólogos europeus e que fazem referencia à grafologia francesa e seu método.

Participaram da elaboração do glossário por ordem alfabética, os colaboradores; etc.etc.

Obra de referência: ABC da Grafologia – PUF Paris, 1ª edição, 1930.

Tradução:
José Carlos de Almeida Cunha,
Presidente IMG –
5 de setembro de 2007

CONTINUIDADE 23 TIPOS

Termos adotados pela Sociedade Francesa de Grafologia

Agrupada	Letras ligadas entre si, em uma palavra, por grupos de duas, três ou quatro.
Cadenciada	Avanço ritmado e regular.
Combinada	Encadeamento original de uma letra ou de um sinal livre à letra seguinte.
Contraída	Progressão contida do traçado: estreitamento, apertado, rupturas de continuidade ou ligação apoiada, alguns enrijecimentos.
Desligada	Encadeamento de letras que não se tocam.
Encostada	Algumas letras apoiadas sobre a letra precedente.
Escorada	Ver a descrição (1) abaixo.
Fragmentada	Letra dividida (desmembrada).
Hiperligada	Algumas palavras ligadas á seguinte.
Inibida	Retração, redução ou parada no avanço do traço.
Justaposta – 'desligada'	Letras separadas umas das outras em uma palavra. No Manuel de Graphologie – Peugeot/Lombard/Noblens, página 161 – Escrita cujas letras são separadas no interior das palavras. Vels, Xandró e Simon Javier preferem o termo *Desligada* – para o mesmo fenômeno.
Ligação secundária	A ligação entre duas letras é alongada.
Ligada	Mínimo de cinco letras ligadas entre si, em uma palavra, sem levantar a caneta.
Monótona	Uniformidade do traço na maioria dos gêneros.
Repetida	Interrupção seguida de uma ligação entre duas letras que avançam no mesmo sentido.
Retocada	Correções sobre a letra ou rasura.
Ritmada	Retrocesso periódico no curso do traçado de traços semelhantes, mas não idênticos.
Sacudida	Letras religadas com traço reto (tenso) mal controlado em sentido inverso (Peugeot).
Saltitante	Traçado desigual e rápido cujas letras tocam a linha de base de modo intermitente.
Separada	Intervalos mal controlados ou irregulares entre as letras.
Suspensa	Letras inacabadas no interior ou no fim de uma palavra, ou traçadas abaixo da linha de base.
Telescopada	Letras que se tocam em um traçado sacudido (Não encontrei outras menções nos demais autores que consultei).
Traço de recobrimento	Traço em sentido inverso sobre um mesmo traço vertical.

DIMENSÃO 17 TIPOS

Baixa	Hastes e pernas muito reduzidas ou quase ausentes.
Dilatada	Expansão das dimensões das formas e dos ovais das letras.
Discordante	Irregularidades excessivas em ou mais gêneros inclusive a dimensão.
Desproporcionada	Divergência notável em relação às proporções normais.
Extensa	Alargamento da letra: extensão primária. Alargamento das ligações interiores: extensão secundária.
Estreitamento	Aperto das letras e/ou das ligações entre as letras.
Gladiolada	Dimensão decrescente no fim das palavras.
Grande	As letras da zona média medem mais que 3 milímetros de altura; muito grande se a altura for superior a 4mm.
Grandes movimentos extensos	Grafismo que aumenta as dimensões e os gestos em todas as direções.
Crescente	Aumento da dimensão dos finais ou das palavras.
Pequena	As letras da zona média medem menos que 2 milímetros de altura.
Prolongamento das pernas	Alongamento das pernas além de uma altura e meia da respectiva zona média.
Prolongamento das hastes	Alongamento das hastes além de uma altura e meia da respectiva zona média.
Prolongamento das hastes e das pernas	Alongamento das hastes e das pernas além de uma altura e meia da respectiva zona média.
Proporcionada	Respeito das proporções ditadas pelas normas caligráficas em relação à altura e à largura.
Sóbria	Traçado cujos movimentos são contidos em suas dimensões moderadas.
Sobrelevada	Extensão em altura de uma parte da letra e/ou de uma maiúscula, além da zona definida pela caligrafia.

DIREÇÃO 23 TIPOS

Observar que, neste glossário, a inclinação das letras e a direção da linha base não estão separadas

Alteração da linha base	Escrita que dá a impressão de ter sido escrita por autores diferentes em razão de evidentes irregularidades (por grupos de palavras ou mesmo frases inteiras) afetando a direção mais que outros gêneros.
Ascendente	Trajetória ascendente com ângulo maior que 5°.
Côncava.	Linha encurvada para baixo, no centro.

GLOSSÁRIO DA SOCIEDADE FRANCESA DE GRAFOLOGIA

Convexa	Linha encurvada para cima, no centro.
Descendente	Trajetória descendente acentuada, traçando a linha base com um ângulo superior a 5° para baixo. Considerando-se não *"acentuada"* a direção com ângulo menor em relação à linha do horizonte.
Delgada	Algumas letras (d,v,t) ou partes de letras se prolongam exageradamente para cima Faideau).
Destrógira	Tendência para diminuir ou reduzir os traços dirigidos para a esquerda em proveito dos traços simplificados, dirigidos e/ou amplificados para a direita.
Embricamentos ascendentes ou descendentes.	Algumas palavras sobem ou descem em escada em relação à linha base.
Horizontal	Trajetória horizontal da linha base.
Inclinadas	Letras inclinadas para a direita formando com a linha base um ângulo menor que 90°; Moderadamente inclinada – o ângulo está entre 85° e 75°; Muito inclinada: ângulo entre 60° e 45°; Deitada – ângulo menor que 45°.
Linha de base rígida	Rigidez da linha base.
Mergulhada	Queda de direção em alguns finais de palavras ou de linhas inteiras.
Retilínea	Linha base constante e natural.
Reversa	Inclinação de letras no sentido anti-horário.
Revertida	: Em uma letra vertical ou inclinada, a alteração da inclinação, para a esquerda. *de uma ou algumas letras*.
Sacudida	Mudanças muito acentuadas da inclinação em uma mesma palavra.
Sinistrogira	Tendência para formar, desenvolver ou acentuar os traços que vão da direita para a esquerda.
Sinuosa	Traçado ondulante, variando em cada palavra.
Torcida	Torções no traçado da letra: as partes de letras que deveriam ser retas são sinuosas ou têm curvaturas exageradas.
Vertical	Eixos das letras perpendiculares à linha base.

FORMA 35 TIPOS

Observação: Neste glossário, a Forma engloba o Gesto Tipo

Abertas	Abertura nos vértices das letras redondas.
Ampliada	Exagero de volume em letras redondas ou em letras com anéis.
Angulosa	Substituição de curvas por ângulos.
Anilhada	Perfis e plenos das letras ligados por um anel.

183

Arcos	Forma caligráfica dos 'm' e dos 'n'.
Arqueada	Traços em arcos acentuados e regressivos, e/ou curvaturas nos traços retos.
Arredondada	Preferência do elemento curvo da caligrafia.
Bizarra	Forma(s) insólitas em um dado contexto gráfico Insólita: anormal ou incomum, com formas referidas a construções esdrúxulas ou estranhas à caligrafia usual – ex, com aspecto de estiletes, como na escrita chinesa, etc.
Caligráfica	Reprodução do modelo aprendido (na origem escolar).
Clara	Legível – contornos limpos e precisos das letras e das palavras – espaço ordenado.
Complicada	Numerosos traços inúteis na formação das letras e/ou nas ligações (encadeamentos) das letras.
Confusa	Ilegível, desordenada, contornos imprecisos das letras e/ou das palavras.
Convencional	Reprodução de um modelo qualquer, não caligráfico usual. (Monótona).
Curva dupla (repassada)	Indiferenciação do arco e da guirlanda que se traduz por uma forma curva no vértice e na base das letras.
Estilizadas	Forma simplificada, orientadas de modo personalizado e rebuscado. A legibilidade permanece respeitada.
Filiforme	Redução do aspecto como um fio em várias letras da Zona média.
Fletida (do francês:: cabossée)	Letras com flexões no corpo dos traços plenos ou de perfis.
Fusiforme	Aspecto em forma de fusos de letras redondas.
Gesto tipo	Traço que se repete de maneira sistemática em uma ou muitas letras.
Guirlanda	Forma de arco invertido dos 'm' e dos 'n'.
Imprecisa	Legibilidade alterada por formas inacabadas, omissões, deformações, interferências nas letras e/ou zonas.
Jointoyée – Rejuntamento (Anihado)	Fechamento acentuado (repetido) nas letras redondas na zona média e enrolamentos.
Maça	Hastes e pernas traçados como maças (bastões – engrossados).
Ornada	Presença de enfeites.
Ovalisada	Ovais das letras (como elipses) com eixos horizontais.
Polimorfica	Diversificação das formas.
Precisa	Formas estritamente respeitada, na acentuação e na pontuação.
Proteiformes	Formas diferentes para uma letra podendo causar confusões (na identificação da letra).
Pueril	Escrita semelhante à letra de uma criança, traçada por um adulto.

GLOSSÁRIO DA SOCIEDADE FRANCESA DE GRAFOLOGIA

Quadrada	Letras e ligações traçadas em ângulos retos.
Redonda	Letras redondas da zona média em forma de círculo.
Script	(imitação de letras de forma de caixa baixa) Letras parecidas com letras de imprensa.
Simples	Ausência de traços inúteis, complicados ou exageros simplificados.
simplificada	Supressão de anéis, de traços iniciais, dos elementos não indispensáveis para a legibilidade do conjunto.
Sistemática	A maioria dos gestos se refere a um gesto tipo único que se repete de modo automático.

ORDEM 39 TIPOS

Arejada	Distribuição equilibrada dos intervalos e dos traços impressos favorecendo a clareza e as proporções do conjunto.
Compacta	Espaços entre as palavras inferiores entre duas larguras de minúsculas e espaços entre linhas inferiores a quatro alturas de minúsculas.
Desordenada	Desordem na distribuição e/ou na divisão das massas gráficas.
Confusa	As palavras interferem de uma linha em outra seja pelo prolongamento das hastes e/ou pernas, seja por que são entrelinhas muito pequenas.
Espaçada	Espaços entre as palavras superiores a duas larguras de minúsculas e/ou espaços entrelinhas superiores a 4 alturas de minúsculas.
Espaçada entre as linhas	Espaços entrelinhas são superiores a 4 alturas de minúsculas, sem hastes ou pernas.
Espaçada entre palavras	Espaços entre as palavras superiores a 2 larguras de minúsculas.
Espaços desiguais entre palavras	Espaços entre as palavras com dimensões desiguais.
Ordenada	Ordem na distribuição sobre a página e na repartição das massas gráficas.
Entrelinhas desiguais	Espaços entrelinhas de dimensões desiguais.
Entrelinhas compactas	Espaços entrelinhas inferiores a 4 alturas de minúsculas sem hastes e sem pernas.
Compacta entre palavras	Espaços entre palavras inferiores a 2 larguras de minúsculas.
Distribuição na página	
Ilhada	Texto situado no centro da página cercado de margens muito grandes.
Tipográfica	Margens regulares ao redor do texto e entre linhas regulares como em um texto de livro impresso.
Sem margens	Margens ausentes ou inferiores a 1 centímetro nos quatro lados.

Margem superior	
Grande	Claramente maior que 1/5 da altura da página.
Pequena	Claramente menor que 1/5 da altura da página.
Margem inferior	
Ausente	Inferior a 1 centímetro.
Grande	Superior a 4 centímetros quando a página continua no verso (quando o texto não fica encerrado ou terminado na primeira página, devendo ser continuado em outra página, verso ou outra folha).
Margem esquerda	
Ausente –.	Inferior a 1 centímetro.
Grande	Claramente maior que 1/5 largura da página.
Irregular	As linhas começam em distâncias diferentes da borda esquerda do papel.
Pequena	Claramente menor que 1/5 da largura da página.
Progressiva	Que se alarga.
Retilínea	De regularidade extrema.
Regressiva	Que diminui.
Regular	Os inícios de linha guardam a mesma distância do bordo esquerdo da página (exceto nos começos de parágrafos se houver uma alínea para recuar).
Margem direita	
Ausente	Muitas linhas chegam até o bordo da página.
Grande	Superior a 2 centímetros.
Irregular	Em algumas linhas fica espaço suficiente para colocar a primeira palavra da linha seguinte.
Pequena	Inferior a um centímetro.
Alíneas e parágrafos	
Grandes	Recuo superior a 3 centímetros ou separação entre os parágrafos superior a uma entrelinha dupla.
Desiguais	Recuos ou entrelinhas de dimensões desiguais segundo os parágrafos.
Recuos à esquerda	Recuo para a esquerda na primeira linha de cada parágrafo.
Posição da assinatura	
à direita	Próxima da borda direita da página ou do texto.
À esquerda	Na metade esquerda da página.

GLOSSÁRIO DA SOCIEDADE FRANCESA DE GRAFOLOGIA

central	Equidistante dos dois bordos da página.
Afastada do texto	Distância maior que uma entrelinha e meia do texto.
Próxima do texto	Em distância menor que uma entrelinha e meia.

Observação – Neste glossário não há menção da assinatura que invade o texto

TRAÇO 22 TIPOS

Acerado	Com ponta aguda na final, nas barras dos "tt" ou nos sinais livres.
Apoiado	Apoio forte.
Cor Variada	Pontos ou pequenos sinais de coloração diferente.
Cuneiforme	Em forma de cunha, nos traços dirigidos para baixo.
Desigual	Com irregularidade na pressão.
Deslocado	Apoio no sentido horizontal.
Espasmódico	Reforços irregulares bruscos de apoio.
Espesso	Traço largo com obstruções.
Fino	Largura dos traços menos que 0,3 mm.
Frouxo	Pastosidade acentuada.
Fuselado Fusiforme	Reinflamentos no meio dos plenos, e as pontas com espessura menor.
Invertido	Plenos com apoio mais leve que nos perfis.
Largo	Largura do traço maior que 0,6 mm.
Leve	Apoio leve.
Limpo	Traço apertado podendo ser associado a contornos precisos.
Maça	Espessamento da extremidade de uma letra, como nas barras dos "tt", e em traços livres.
Mal traçado	
Obstruído – com borrões de tinta	Espessamento ocasional ao longo do traço, podendo ocorrer borrões de tinta.
Pastoso	Trama pouco fechada podendo estar associado a contornos imprecisos.
Pesado	Grau médio de textura, apoio e largura do traço.
Relevo	Apoio sobre os plenos maior que nos perfis.
Sem Relevo	Sem diferença de apoio nos traços plenos e de perfil.
Sulco	Traços com apoio forte e que se aprofunda no papel.

187

PROCEDIMENTO DA ESCRITA – (CONDUITE DU TRACÉ)

O Procedimento da escrita é observado na escrita cursiva, no modelo caligráfico a escrita se desenvolve com a associação e uma alternância de:
- traços que são executados em flexão - plenos - como gesto de tensão;
e
- traços que são executados em extensão – perfil – como gesto de alívio da tensão.
Cada tipo de procedimento é descrito por sinais grafológicos específicos.
É a presença da maioria destes sinais que permite identificar um tipo de procedimento.
Entretanto, uma escrita normal raramente conterá somente um só tipo de Procedimento.

Hipotenso
Gestos de alívio predominam claramente sobre os de tensão, dando à escrita um andamento geral incerto e negligente, caracterizado por:
- irregularidades numerosas, falta de proporção;
- formas imprecisas, inchadas, aberta, extensa, filiforme, relaxada;
- traçado desigual e leve;
- movimentos inseguros e inconstantes;
- texto desordenado, linhas sinuosas, distribuição desigual da massa gráfica;
- continuidade desigual.

Flexível
Gestos de alívio predominam sobre os gestos de tensão, dando à escrita um andamento geral claro, leve e fluido, caracterizado principalmente por:
- forma simples, curvilínea, em guirlanda e frequentemente proporcionada;
- dimensão de mediana a grande, extensa, e ligeiramente dilatada;
- uma continuidade mais ligada que desligada, linhas sem rigidez, tênue e movimentos repetidos;
- traço leve ou nutrido, sem grande desigualdade;
- inclinação homogênea;
- distribuição suficientemente ordenada.

Firme
Os gestos de tensão se equilibram com os gestos de alívio, dando à escrita um andamento geral resoluto e medido, principalmente caracterizado por:
- formas claras em geral, precisas e proporcionadas;
- desigualdades ligeiras (suaves) e dimensões sem excessos;
- inclinação e direção das linhas firmes sem rigidez;
- traço mais ou menos apoiado, com algum relevo;

- continuidade favorecendo a progressão;
- movimentos controlados;
- distribuição ordenada do texto.

Tensa

Os gestos de tensão predominam sobre os gestos de alívio, dando à escrita um andamento geral de esforço controlado, caracterizado principalmente por:
- desenvolvimento primário e ou secundário de pressão deslocada provocando acentuação do eixo horizontal;
- estreitamento, ângulos, uma pressão aumentada nos plenos e/ou sobre os perfis, provocando acentuação do eixo vertical;
- acentuação da forma;
- decorrência de formas estilizadas;
- traço frequentemente limpo, apoiado ou leve;
- movimento de pressão, tencionado ou dinâmico;
- inclinação e direção frequentemente regular, algumas vezes agitada com direção da linha tensa.

Hipertenso

Os gestos de tensão predominam muito claramente sobre os gestos de alívio, dando à escrita um andamento geral de contração estereotipada principalmente caracterizada por:
- um traçado apresentado excessos;
- apoio forte ou muito leve;
- irregularidade na textura ou no seu apoio superficial ou profundo.
Associado:
- seja à presença de espasmos, sacudidelas, distanciamento das letras, suspensões, interrupções, falhas;
- inclinação irregular das letras e das linhas.
Seja por:
- dilatação ou estreitamento acentuado dos intervalos;
- sistematização do gesto ou ordenação estreita;
- inclinação das letras ou direção das linhas base, fixas
Só um tipo dominante se destaca alguns grafismos, os tipos de comportamento variado estão presentes no mesmo grafismo.

Além dos sinais gráficos contrastando com a aparência geral da escrita ou o tipo de comportamento dominante, podem aparecer por intermitência na escrita (ângulos, estreitamentos, retrações, sacudidelas, distanciamentos, suspensões, espasmos, pontos ou traços.

Estes sinais, chamados de crispações ou contrações modificam o comportamento geral da escrita.

MOVIMENTO

Toda a escrita, resultado de execução de formas (inscrições) se dirige para a direita (progresso).

As desigualdades nos diversos gêneros criam uma animação. A partir daí o movimento se define como deslocamento da pena sobre o papel produzindo uma inscrição, a progressão e/ou animação da escrita.

Ausência de movimento aparente:
- prioridade dada para a produção de formas.

Controlado
- A progressão é controlada: o procedimento de escrita firme é tenso, a animação e as desigualdades são contidas, precisão das formas, dimensão moderada e distribuição homogênea dos brancos e dos escuros.

Dinâmico
- Progressão acentuada da escrita para a direita: procedimento da escrita de firme a tensa, a direção muitas vezes inclinada, linha tensa, ligação mantida, desigualdades, dilatação.

Efervescente
- Progressão e procedimentos da escrita pouco homogêneos, a animação se transforma em agitação: irregularidades na dimensão, na inclinação e na continuidade.

Excitada
- Progressão contrariada por gestos sinistrogiros, um apoio forte, frequentemente deslocado, procedimento da escrita de tenso a hipertenso.

Fluente
- Progressão contínua e natural: amadurecimento natural de forma com domínio de curvas, linha de base constante.

Inconstante
- Progressão indecisa: direção flutuante, formas desigualmente estruturadas, traço leve, procedimento hipotenso.

Projetado
Progressão se torna exaltado: irregularidades e lançamentos, inclinação acentuada. As formas perdem precisão, a sustentação da linha e ascendente, o procedimento da escrita tende para a hipertensão.

Trancado
A progressão é dificultada.
- seja por estreitamento, suspensão, maças, ruptura, enrijecimento;
- seja por formas lineares, angulosidade, gestos verticais marcantes e apoiados, prolongamentos e inclinações regulares, procedimento de tenso a muito tenso.

Vibrante
Progressão aos saltos, animação gradual: pequenas desigualdades, formas pequenas e simplificadas, leves oscilações.

DESIGUALDADES

Discordante
Irregularidades excessivas em um ou mais gêneros.

Homogênea
Caracteres semelhantes, mas não idênticos do gesto gráfico, ao longo de um mesmo texto, na dimensão, formas e direção, no traço, proporções e/ou desigualdades referidas a uma unidade escrita.
Texto e assinatura mostram a mesma dinâmica do gesto.

Gradual
Desigualdades leves e discretas em todos os gêneros.

DESIGUAL

- Desigual na dimensão
Variação da dimensão e altura.
- *Desigual em inclinação*
Alternância da inclinação – letras verticais, inclinadas e invertidas.
- *Traço desigual*
Desigualdade na pressão e/ou na textura de sua largura.
- *continuidade desigual*
Variações moderadas no grau e no modo de continuidade.
Irregular
- Irregularidade na Dimensão
Variações notáveis na dimensão, largura ou altura.
- Irregularidade na direção
Variações notáveis na direção das linhas e na inclinação.
- Irregularidades na continuidade
Variações notáveis no grau e no modo da continuidade.
- Irregularidade na pressão
Variações importantes no apoio.

DESIGUALDADES

- Variada
Irregularidades leves e discretas em todos os gêneros.

Desigual
- Desigual na dimensão
Variações das dimensões na altura e/ou largura.
- Desigualdade na direção
Alternância da inclinação: as letras às vezes são verticais, inclinadas ou invertidas.
- Traço desigual
Desigualdades na pressão e/ou textura e/ou na largura.
- Desigualdade na continuidade.
Variações moderadas no grau e no modo de continuidade
Irregularidade
- Irregularidade na dimensão
Variações importantes de dimensão na altura e/ou largura.
- Irregularidade na direção
Variações importantes na direção das letras.
- Irregularidade na continuidade
Variações importantes no grau e no modo de continuidade.
- Irregularidades na pressão
Variações importantes no apoio.
- Irregularidades excessivas em um ou mais gêneros
Homogênea.

Caráter de semelhança, mas não identidade, do gesto gráfico ao longo de todo o texto, nas dimensões, nas formas, na direção, no traço, nas proporções e/ou suas desigualdades referidas ao aspecto de uma unidade.

O texto e a assinatura revelam a mesma dinâmica do gesto.

A PROPÓSITO DA RAPIDEZ

Observação fundamental
No ensino da escrita, sabemos que os fatores inerentes à aquisição de uma escrita suficientemente rápida são os ligados à habilidade gráfica além dos múltiplos fatores como o nível intelectual, a afetividade, etc.

Na avaliação precisa da velocidade de um adulto, que o grafólogo reconhece ser difícil, parece que temos tendência para negligenciar o fator habilidade gráfica.

Ou um escritor pode ser motivado para escrever rapidamente e utilizar para este fim as espécies clássicas conhecidas (simplificação, combinação, letra filiforme, etc.), mas ser obstruído pelo retardamento devido a uma habilidade gráfica medíocre que o grafólogo não detecta facilmente ("ponta mole" de Crépieux-Jamin permite observar rapidamente observar estes retardamentos). Aliás, escritas não simplificadas podem ser rápidas em função da habilidade no gesto.

Há uma dialética entre a habilidade gráfica e o desejo de rapidez (ou de relativa lentidão) que prejudica um pouco o jogo da interpretação das espécies clássicas.

Não é mais ou menos verdade que o desejo de rapidez, por exemplo, mesmo se não for correspondente à altura do resultado esperado pelo escritor, fica interpretável grafologicamente.

Parece-me, pois, aceitável continuar a interpretar as espécies clássicas da velocidade, e principalmente da rapidez, mas com cuidado.

Jacqueline Peugeot.

Falamos, aqui, da rapidez na escrita em sua globalidade e não como a observa, por exemplo, Hegar, da rapidez do traço que ele distingue da velocidade do traçado. A maioria das espécies identificadas por Cérpieux-Jamin estão, hoje classificadas no gênero Traço onde fazem parte da observação do Aspecto do traço e do movimento.

Ao longo do século vinte os pesquisadores projetaram testes com o fim de medi-la com precisão, mas se tornou necessário um escrito que a reproduzisse "sempre" em uma frase-tipo. O problema é completamente outro e é necessário observar um resultado "ao vivo".

Isto não parece ser possível, no momento atual, e como se demonstrou em algumas pesquisas para avaliar com exatidão a rapidez da escrita. De algum modo, pode-se antecipar "pontos hipotéticos de rapidez" que são, em realidade, agrupamentos sintéticos de espécies, cada uma delas não sendo, isoladamente, capaz de representar a rapidez ou a lentidão de uma escrita.

Características hipotéticas da rapidez:
Traço: limpo
Forma: filiforme, simples, simplificada, imprecisa
Dimensão: pequena, desigualdades, extensa
Movimento: Fluente, dinamizado
Continuidade: combinado
Direção: destrógira
Ordem: Margem esquerda progressiva (crescente)
Pontos hipotéticos de lentidão
Traço: muito apoiado ou muito leve, pastoso, pressão deslocada
Forma: complicada (anéis, apoios, rejuntamentos) enfeites, em arcadas
Dimensão: Estreitada, muito regular ou muito irregular
Movimento: imobilidade/estático
Continuidade: retoques, letras encostadas, sem ligação continua *(telescopadas)*
Direção: sinistrogira
Espaço: compacto

ROSA DOS VENTOS

Área do pensamento puro,
do idealismo, da sublimação,
(veneração, misticismo, imaginação abstrata,
fantasia, realização imaginária dos desejos etc.)
Ambição, poder, superioridade.

ANGÚSTIA-REPRESSÃO-SOLIDÃO
TRANSTORNOS REACIONAIS
NOSTALGIA DO PASSADO

ORGULHO – INDEPENDÊNCIA – INSUBMISSÃO
REBELDIA – INDISCIPLINA – REIVINDICAÇÃO
DISCUSSÃO – OPOSICIONISMO – CONTRADIÇÃO

Área da intenção
(desejo-gana, ilusão de
posse, avidez, cobiça);
da introversão
(silêncio, reflexão,
meditação); da percepção
(formas, harmonia,
contrastes luz e
sombra, perspectiva,
proporção); do passado
(recordação,
nostalgia, saudade);
da defesa do ego
(egoísmo, egocentrismo,
restrição, negação,
repressão); do lado
passivo (lado feminino,
figura da mãe);
da inibição e do temor
(desconfiança, reserva,
pessimismo, escrúpulos
insegurança, angústia
inquietação)

Área de contato,
da extroversão
(ação, decisão, expansão,
iniciativa); da dinâmica
(sentido do movimento,
da cor e da expressão);
do afã de poder e
dominação (impulso de
conquista e de utilização);
do instinto de luta
(agressividade,
combatividade,
destrutividade);
do futuro (confiança, fé,
segurança, otimismo em
relação ao porvir);
do lado ativo
(lado masculino, figura
do pai); da integração
(alocentrismo, altruísmo,
confraternização,
desinteresse).

PARA O ALTO

PARA A ESQUERDA

PARA A DIREITA

PARA BAIXO

POSIÇÃO DEFENSIVA
PASSIVIDADE INSTINTIVA
POSIÇÕES EGOÍSTAS

OBSTINAÇÃO – TEIMOSIA
DESENCORAJAMENTO – PERDA DE ENERGIA
INTERESSES MATERIAIS

Área do corporal biológico
instintivo – inconsciente
(sexualidade, nutrição, gozos físicos,
e materiais, dinheiro, apego ao
terreno, à família, ao clã, ao idioma etc.)
é, também, a área do movimento físico
(trabalho, esportes, viagens etc.).

195

Texto explicativo do desenho "Rosa dos ventos"

De acordo com as tendências, instintos e necessidades, o impulso gráfico pode se dirigir, preferencialmente, para uma ou outra das áreas ou esferas do espaço gráfico assinaladas na gravura.

Esse simbolismo do espaço é tão antigo quanto a humanidade. O alto sempre simbolizou o cenário da superioridade, sempre foi o espaço da divindade, do ideal, do poder, do êxito, do pai, do mestre, "do hierarca", da veneração, do mistério espiritual (misticismo) etc. E também o terreno da fantasia, do sonho com os olhos abertos, do desejo de poder e de êxito, do orgulho e do endeusamento pessoal (subir, estar alto, escalar postos, dirigir, dominar etc.).

Assim como "o alto" é a esfera do espírito e do ideal, da superioridade e do êxito, "o baixo" representou sempre o material, o corporal, a inferioridade e o fracasso. Portanto, em sentido positivo, "o baixo" ou "para baixo" representa o mundo dos instintos, o mundo das necessidades biológicas (a sede, a fome, a sexualidade, a necessidade de se mover ou descansar etc.). E também a zona do inconsciente. Em sentido negativo, a direção dos movimentos "para baixo" mostra a descida, a caída moral, estar em inferioridade, sentir-se impotente ou sem forças para a luta; predispõe, portanto, à claudicação, à submissão, ao acatamento, ao servilismo, à humilhação, à derrota. Em outros aspectos, os movimentos "para baixo" podem mostrar também a cobiça de bens materiais, o dinheiro, o exibicionismo do corpo ou das riquezas, a falta de pudor, o se fazer sem escrúpulos etc.

A escolha do "caminho da direita" está em concordância com o impulso para o mundo exterior, para os outros, para a vida e para os interesses comunitários ou de grupo. É o caminho "para fora" do ego e denota as necessidades de expansão e de convivência (generosidade, altruísmo, confraternização, desinteresse, entrega). No entanto, em sentido negativo, essas tendências expansivas podem levar também ao "selo" (carimbo, marca) do instinto de luta, de poder e de domínio e, nesse caso, o indivíduo tenta submeter a seus desígnios o mundo que o rodeia, o que quer conquistar, avassalar ou destruir. Assim como a esquerda representa inconscientemente o passado, a direita é o porvir, o futuro, o que se ambiciona conseguir.

O "regresso", prolongamento ou retrocesso dos movimentos "para a esquerda" do espaço gráfico expressa, inconscientemente, o interesse que o indivíduo sente por seu ego, seus desejos, suas intenções, seu passado, sua interioridade, seu mundo de ilusões interiores, sua cobiça secreta ou desejo inconfesso de posse. Essa parte do espaço gráfico mostra as tendências que o indivíduo guarda na arca secreta de sua vida íntima. Correspondem também a essa zona a reflexão, o silêncio, a meditação antes da ação ou para a ação, o cálculo, o projeto, a previsão, a administração e conservação no sentido mais amplo da palavra (a zona da direita expressa o gasto, a esquerda representa a economia, que correspondem, respectivamente, às tendências orais e anais, descritas por Freud).

É também o lado passivo e feminino do ser, representativo da *imagem* da mãe e do passado infantil. E, em sentido negativo, podemos reconhecer no desvio evidente dos movimentos para essa zona, os interesses egoístas (a avareza, os ciúmes, a misantropia etc.). Também, em sentido negativo, podemos descobrir o nível em que se podem produzir no indivíduo todas as emoções derivadas do pânico (medo, temor, angústia, ansiedade, timidez, escrúpulo, desconfiança, insegurança, receio, apreensão, dúvida, indecisão etc.). Na altura dos movimentos iniciais e das maiúsculas, podemos descobrir, igualmente, na zona da esquerda, a importância que o indivíduo concede a si mesmo (endeusamento, orgulho, egolatria, ou modéstia, humildade, autoestima etc.). Resta-nos aclarar, com respeito às aptidões intelectuais, que a zona da esquerda está em correlação com o desenvolvimento da percepção do sentido da forma, do contraste (luz-sombra), da perspectiva e da origem das coisas, observadas em seu estado estático ou representadas graficamente. Em contrário, a zona da direita nos expressa o campo de aptidões do indivíduo quanto à sua capacidade para observar as coisas em movimento, descobrindo-se também a aptidão para a observação da cor, da expressão, do significado social e prático e sua projeção no futuro.

BIBLIOGRAFIA SOBRE GRAFOLOGIA

OBRAS DE AUTORES ESPANHÓIS OU EM ESPANHOL

Ajuriaguerra, Auzias, Coumes e outros autores, *La escritura dei nino,* 2 vols., Laia, Barcelona, 1981.

Alcázar Anguita, E., *La escritura del niño,* Guadalajara, 1948.

_____, *Técnica y peritación caligráficas,* Guadalajara, 1952.

Almela, M., *Grafologia pedagógica,* Herder, Barcelona, 1953.

Azorey, Pampin, *El caráctera a través de la escritura,* Bruguera, Barcelona.

Bell, E. John, *Técnicas proyectivas,* Paidós, Buenos Aires, 1951.

Binet, A., *Grafologia y Ciencia,* Paidós, Buenos Aires, 1954.

Bobin Ciriquian, A., *Curación por la escritura,* Sintes, Barcelona.

Bramks, Dr., *Manual de grafologia* (prólogo de Matilde Ras).

Crépieux-Jamin, *A B C de la grafologia,* Ariel, Barcelona, 1957.

_____, *La escritura y el carácter,* Daniel Jorro, Madri, 1933.

Deane, R. S., *La escritura, espejo del carácter,* Mofino, Barcelona, 1952.

Ferrán Sardá, Miguel Ángel, *Test del simbolismo del espacio,* Rev. "La Graphologie", n° 90 e 96, Paris.

Garaña, J. P., *Escritura y vida, Manual de grafologia práctica,* Editorial Kier, S.R.L., 1956.

Grafos, P., *Manual de grafología,* Rialto, Madri, 1943.

_____, *Grafología* (obra inspirada na escola de Rochetal).

Hertz, Herbert, *La Grafología,* Salvat, Barcelona, 1954.

Honrot, C. A., *Grafología emocional,* Troquel, Buenos Aires, 1959.

Honroth-Ribera, *Grafología,* Troquel, 1957.

_____, *La escritura infantil,* Kapelusz, Buenos Aires.

Huerta, J. F., *Escritura, didáctica y escala gráfica,* Consej. Super. Invest. Científicas, Inst. San José de Calasanz de Pedagogia, Madri, 1950.

Klages, L., *Los fundamentos de la caracterologia,* Paidós, Buenos Aires, 1953.

_____, *Escritura* y carácter (manual de técnica grafológica), Buenos Aires, 1949.

Locard, Endmon, *Manual de técnica policiaca,* José Montesó, Barcelona.

Loraine, Fanny, *Elementos científicos de psicoanaligrafia,* Helios, Barcelona, 1932.

Marchesan, Marco, *Tratado de grafopsicología,* Editorial Libreria General, Victoriano Suárez, Madri, 1950.

Moretti, Jerónimo, *Los santos a través de la escritura* (revisão e prólogo de Mauricio Xandró), Studium.

Muñoz-Rivero, Dr., *La grafologia como técnica proyectiva y auxiliar de la rehabiltación,* "Rehabilitación", 2 (1968) fascículo 2º.

Muñoz Espinalt, C., *Grafología dela firma,* Toray, S.A., Barcelona, 1956.

_____, *La interpretación grafológica,* Hymsa, Barcelona, 1954.

Nanot Viayna, Adolfo, *Enciclopedia de la grafologia,* Gassó Hermanos, Barcelona, 1962.

Panadés, Mª Rosa, *Prontuario de grafología.*

Pertejo Seseña, J., *La escala métrica de Oseretzky para el examen de la motórica.*

Pulver, Max, *El simbolismo de la escritura,* Victoriano Suárez, Madri, 1953.

_____, *El impulso y el crimen en la escritura,* Victoriano Suárez, Madrid, 1952.

Ras, Matilde, *Grafologia*, Edit. Estudio, 1917.

_____, *Historia de la escritura grafología*, Plus Ultra, Madri, 1951.

_____, *La inteligencia y la cultura en el grafismo*, Labor, Barcelona, 1945.

_____, *Grafopatología*, G. del Toro, Madri, 1968.

_____, *El retrato grafológico*, Editorial Goñi, 1947.

_____, *Los artistas escriben.* Alhambra, Madri, 1954.

Ras, Silvia y Ladrón de Guevara, Angelina, *El perito grafólogo ante los tribunales de justicia*, "Boletines de Información del Ministerio de Justicia", nº 873 y 874 de 1971.

_____, *Testamentos ológrafos*, Rev. "Pretor", outubro 1970, Madri.

Relaño, Emilio y Alfredo, *Historia gráfica de la escritura*, Colección Cauce, Madri, 1949.

Rocamora Batllé, *Peritaciones caligráficas: Tribunales de justicia y estudios grafológicos y grafotécnicos*, Badia, Barcelona, 1935.

Val Latierro, Félix del, *Grafocrítica*, Tecnos, Madri, 1956.

Velázquez Posada, L.G., El dictamen grafotécnico, Librería del Profesional, Bogotá, 1979 (uno de los mejores libros sobre peritación grafológica judicial).

Vels, Augusto, *Escritura y personalidad*, Herder, Barcelona, 1982 (obra trad. al francês em Suiza, 1966).

_____, *El Jenguaje de la escritura*, Miracle, Barcelona, 1949.

_____, *La selección de personal y el problema humano en las empresas*, Herder, Barcelona, 1982 (rad. al francés en Suiza, 1972).

_____, *El test del horizonte del mar* (T.H.M.), Ponencia presentada en el Primer Congreso Intgernacional de Grafologia de Argentina, 1971.

_____, *El equilibrio y desequilibrio en la onda gráfica*, Ponencia presentada en las III Jornadas de Grafologia.

_____, *El test palográfico del Prof. Escala*, "Laye", nº 14, 1951.

_____, *El test del árbol*, "Menaje", outubro e novembro, 1951.

_____, *El test de la perspectiva invertida*, "Menaje", julho, 1951.

_____, *El test de la pulsión ética en la mujer*, "Menaje", agosto, 1951.

_____, *La grafoterapia*, "Vivier", fasc. VI, Barcelona, 1954.

_____, *Las distonías neurovegetativas y su curación por la grafoterapia*, "Vivir", Barcelona.

_____, *Los complejos de inferioridad*, "Vivir", Barcelona.

_____, *La angustia y su curación mediante la psicoterapia gráfica*, "Vivir", Barcelona.

_____, *Rostro y personalidad.*

_____, Los tests proyjectivos gráficos.

_____, El test de los colores de Lüscher

_____, El test de atención-concentración, *de Bernard-Leopod.*

_____, *El test desiderativo profesional, de Thurstone.*

Weise, O., *La escritura y el libro*, Labor, Barcelona, 1935.

Xandró, *M., Grafología elemental*, Herder, Barcelona, 1982.

_____, *Grafologia superior*, Herder, Barcelona, 1979.

_____, *Los complejos de inferioridad.*

_____, *La interpretación de los sueños.*

_____, *Estudio de las firmas.*

_____, *Grafopatología y grafoterapia,* Esc. Med. Legal, Madri, 1975.

_____, *Temas varios* (test del árbol, test de la familia, test de Machover etc.)

Xandró, Ras y Ladrón de Guevara, Angelina, *Primer curso de grafología.* Texto en la Escuela de Medicina Legal, Madri.

Ytam-Vels, *Tratado de Grafología,* Vives, Barcelona, 1945.

OBRAS EM LÍNGUA ALEMÁ

Arnheim, R., *Experimentell-psychologische Untersuchungen zum Ausdrucksprolem,* "Psychol. Forsch" 11 (1928) 1-132.

Ave-Lallemant, U., *Graphologie des Jugendlichen,* Ernst Reinhardt, Munique, 1970.

Bauermann, *Die Graphologie der Schülerhandschrift,* Leipzig, 1933.

Becker, Minna, *Graphologie der Kinderhandschrift,* Hamburgo, 1949.

Breil, *Leistungstähigkeit,* S. Hirzel, Zurique.

Brooks, C.T, *Praktisches Lehrbuch der Graphologie.*

Brotz, Robert H., *Grosses Lehrbuch der Graphologie.*

_____, *Die Graphologie als Hilfsmittel zur Krankheitsbeurteilung.*

Cossel, B. von, *Graphologisches Studienbuch,* Dipa-Verlag, Frankfurt, 1966.

_____, *Graphologisches Spektrum 68,* Dipa, Frankfurt.

Drope, D., *Kritische Gedanken ueber Rorschachs Versuch and Handschriftkunde,* "Arch. f. Psychol". 104 (1939) 363-379.

Erlenmeyer, *Phisiologie and Pathologie, Handschrift durch.*

Foerster, J. F, *Von Verfahren and Möglichkeiten der Schriftbeurteilung,* "Indust. Psyahotech", 4 (1927) 129-47.

Frauchigerre, *Die Bedeutung der Seelenkunde von Klages für Biologie and Medizin,* Hans Huber, Berna, 1947.

Gernat, Alfred, *Graphologische Praxis,* Moritz Stadler, Villach (Austria) 1948. Gerstener, Herbert, *Schule der Graphologie.*

Grob, H., *Vitalität und Handschrift.*

Halvorsen, H. *Eine Korrelation zwischen Rorschach Test and Graphologie,* "Z. f. angew, psychol" 40 (1931) 34-39.

Hartoch, A., y Schachtel, *Über einige Beziehungen zwischen Graphologie und Rorschach Psychodiagnostik,* "Psyche", 3, núm. 45 (1936).

Heiss, R., *Die Deutung der Handschrift,* Claassen, Hamburgo, 1966.

Jacoby, Hans, Sexualität *und Handschrift.*

Junge, Otto, *Rationale Graphologie, Ihre Theorie und Praxis,* Baumgartner, Luneburgo, 1950.

Kellner, Otto, *Vom Ausdrucksgehalt der Handschrift,* 1925.

Klages, Ludwig, *Die Grundlagen der Charakterkunde,* Hirzel, Zurique, 1948. _____, *Handschrift and Charakter; A.* Barth, Leipzig, 1936.

_____, *Graphologisches Lesebuch, A.* Barth, Leipzig, 1943.

_____, *Was die Graphologie nicht kann.* Speer, Zurique, 1949.

_____, *Einführung in die Psychoogie der Handschrift.*

_____, *Prinzipien der Graphologie.*

_____, *Die Probleme der Graphologie.*

Knobloch, H., *Graphologisches Archiv,* Baumüller, Viena-Stuttgart, 1958.

_____, *Die Lebensgestalt der handschrift* (esta interessante obra figura entre as melhores sobre grafologia).

Korff, E., *Handschriftkunde und Charakterekenntnis, Lehrgang der praktischen Graphologie,* Siemens-Verlag, Bad Homburg, 1936.

Kügelgen, G. Von, *Graphologie and Berufseignung,* "Indus. Psychotech", 5 (1928) 311.

Langerbruch, W., *Praktische Menschenkenntnis auf Grund der Handschrift, kameradschaft,* Verlagsgesellschaft, Berlim, 1929.

Lecerf, A., y Gille, J-C., *Die sexuellen Regelwidrigkeiten (Anomalien) in der Schrift,* "Graphologisches Spektrum", 1970,11-23.

Lombroso, Cesar, *Handbuch der Graphologie.*

Mayer-Benz, L., *Schriftdeutung jugendlicher Psychopathen,* "Z. Kinderfosch." 35 (1929), 637-49.

Mendelssohn, A. y G., *Der Mensch in der Handschrift.*

Meyer, Georg, *Die wissenchaftlichen Grundlagen der Graphologie (los* fundamentos cientificos de la grafologia), Jena 1925.

Muckenschnabel, W. R., *Charakter und Handschrift,* Hippolyt. Bibliothek, Viena 1960.

Müller, A.-E., *Weltgeschichte im Spiegel der Handschrift,* 1979.

Müller, W. y Enskat, A., *Graphologische Diagnostik; ihre Grundlagen, Möglichkeiten und Grenzen,* Huber, Berna-Stuttgart 1961, 304 p.

_____, *Theorie und Praxis der Graphologie* (um dos compêndios mais completos da grafologia alemã).

Osborn, Albert S., *Der Technische Nachweis von Schriftfalschungen.*

Pfanne, H., *Lehrbuch der Graphologie, Psychodiagnostik auf Grund graphischer Komplexe,* de Gruyter, Berlin 1961, 516 p.

Pokorny, R., *Psychologie der Handschrift,* Ernst Reinhardt, Munique – Basiléia. Pophal, Rudolf, *Bewegungsphysiologische Graphologie.*

_____, *Die Handschrift als Gehrirnschrift*: *die Graphologie im Lichte des Schichtgedankens,* Greifenverlag, Rudoisdat 1949, 295 p.

_____, *Das Strichbild. Zum Form-und Stoffproblem in der Psychologie der Handschrift,* Georg Thieme, Stuttgart 1950, 60 p.

Preyer, *Psychologie des Schreibens,* L. *Voss,* Hamburgo.

Pulver, Johannes, *Die charakterologische Bedeutung der Schriftfarbe,* Hans Huber, Berna, 1944.

Pulver, Max, *Symbolik der Handschrift,* Orell Füssli, *Zurique,* 1931.

_____, *Trieb und Verbrechen in der Handschrift,* Orell Füssli, *Zurique,* 1948.

_____, *Intelligenz im Schriftausdruck,* Orell Füssli, *Zurique,* 1949.

Roda Wieser, Con, *Der Grundrhythmus in der Verbrecherhandschrift, Viena.*

_____, *Die Verbrecherhandschrift,* J. A. Barth, Leipzig.

_____, *Mensch und Leistung in der Handschrift. Aus der Praxis der Betriebsgraphologie,* Reinhard, Munique-Basilea, 1960, 373 p.

_____, *Grundriss der Graphologie, Ernst* Reinhardt, Basilea.

Schermann, R., *Das Gehemnis der Schrift,* Wiener, Viena, 1923.

_____, *Die Schriftlugtnicht,* Bracken, Berlin, 1929.

Schneicker, Hans, *Arquiv für gerichtliche Schriftuntersuchungen.*

Schneidemühl, Georg, *Handschrift und Charakter,* Th. Griebens, Leipzig.

Schneick, Hans, *Moderne Geheimschriften.*

Scholtz, Hedwig, *Untersuchungen über Veränderungen in Kinderhandschriften, "Zentralblatt für Graphologie", Niel Kampman,* Heidelberg, 1930.

Schorn, M., *Untersuchungen zur Kritik der graphologischen Gutachten, "Indust.* Psychotech." 4 (1929) 359-68.

Schutze, Nauburg, *Handschrift und Ehe.*

Schwieland, Eugen, *Die Graphologie, Geschichte, Theorie und Begrüdung der Handschriftendeutung.*

Seseman, K., *Bewährungkontrolle graphologischer Gutachten,* 'Indust. Psychotech." 6 (1929) 104-8.

Streicher, H., *Die Kriminologische Verwendung der Maschinenschrift.*

Strelisker, George, *Das Erlebnis der Handschrift Steyermuehl,* Leipzig.

Teillard, A., *Handschriftendeutung auf tiefenpsychologischer Grundlage, Francke,* BernaMinich 1963, 329 p.

Thea Stein Lewinson, *Die dynamische Kurve und der Leistungsquotient, "Graphologische* Schriftenreihe", vol. 6, caderno 6, 1964.

_____, *Schriftlage und Lageschwankung,* "Graphologische Schriftenreihe", vol. 7, caderno 2, 1965.

Theiss, H., *Experimentelle Untersuchungen über die Erfassung des handschriftlichen Ausdrucks durch Laien,* "Psychol, Forsch", 15 (1931) 276-358.

Trey, Marcel de, *Der Wille in der Jandschrift Franke,* AG, Berna 1946.

Wentzel, K., *Der Schriftindizienbeweis,* Berlin, 1927.

Wittlich, B., *Angewandtle Graphologie,* De Gruyter, Berlin 1951, 313 p.

Wittlich, Fiebrand, Wessely-Bogner, *Neurosestrukturen und Handchrift,* Dipa, Frankfurt.

ARGENTINA

Ballandras, Amado J., *Teoría de la personalidad integral,* Buenos Aires, 1969.

_____, *"Revista de Grafologia".*

_____, *Textos para las clases de grafología y grafoterapia en el Instituto Superior de Humanidades y en el Instituto de Antropologia Médica.*

_____, *Aplicaciones prácticas del "grafologómetro",* Buenos Aires, 1969.

Biedma e Pedro G. D'Alfonso, *El lenguaje del dibujo,* J. Kapelusz, Buenos Aires.

Coronel, C., *Diagnóstico miokinético. Su teoria y práctica,* El Ateneo.

Honrot, Curt A., *Grafología emocional,* Troquel, Buenos Aires, 1959.

Honrot-Ribera, *La escritura infantil,* Kapelusz, Buenos Aires, 1958.

_____, *Grafologia: Teoría y práctica,* Troquel, Buenos Aires, 1959.

Karothy, José, *La función del perito caligrafo en la investigación gráfica,* L. J. Rosso, Buenos Aires, 1939.

Klages, Dr. Ludwig. *Escritura y carácter,* Paidós, Buenos Aires, 1954.
Székely, Bela, *Los tests,* Kapelusz, Buenos Aires, 1965.

OBRAS DE AUTORES AUSTRÍACOS

Wieser, Roda, L'Écriture des escrocs voleurs et cambrioleurs, Viena, 1930.
_____, *L'Écriture des crimineis sexuelles,* Viena, 1933.
_____, *Rythme dans l'écriture des criminels,* Leipzig, 1938.
_____, *Le criminel et son scripture,* Stuttgart, 1952.
_____, *La personality et l'écriture,* Munich, 1956.

PRINCIPAIS OBRAS PUBLICADAS NA BÉLGICA

Berge, M., *Graphologie, sens esthétique,* Mémoire visuelle, "Contac", julio, 1947.
Boons, P., *Le psychologue devant l'écriture, Electra, Bruselas,* 1949.
Cobbaert, A. M., *La graphologie et l écriture des enfants et des adolescents, Marabout, Bruxelas.*
_____, *Les secrets de la graphologie,* Elsevier, 1975.
_____, *Propos sur graphologie,* Sand, Bruxelas, 1971.
_____, *La graphologie,* Marabout, Bruxelas, 1963.
De Backere, J., *Introduction à la graphologie,* Parthénon, Bruxelas, 1959.
Dubouchet, J., *L'analogie des phénomènes physiques et psychiques et l'écriture,* Parthènon, Bruxelas, 1960.
Dulait, *Inventaire raisonné des autographes de Molière,* Droz, Genebra.
Guyot, M., *Tableau gaphologique de mile tendances du caractère,* Parthénon, Bruxelas, 1955.

OBRAS DE AUTORES CANADENSES

Gille, Jean Charles, *Psychologie de l'écriture,* Payot, Paris, 1969 (obra muito recomendável como complemento ao *ABC de la grafología* de Crépieux-Jamin).
_____, *Application du test de Warteg à des schizophrènes.*
_____, Artículos de gran interés publicados en la revista "La Graphologie", entre los que cabe destacar: Discussions sur le symbolisme spatial dans la litterature allemande, 1969, boletín nº 113; La graphologie russe, boletines 104, 106, 108 y 122; Une étude graphologique moderne à propos de l'écriture de Lord Byron (aplicación psiquiátrica de la grafologia).

PRINCIPAIS PUBLICAÇÓES NOS ESTADOS UNIDOS

Allport, Gordon W. – Philip E. Vernon, *Studies in Expressive Movement*, The Mac-Millan Company, *Nova* York, 1933.

Anthony, Daniel S., *Graphology*, Atherton Press, Nova York, 1963 (espec. cap. 7: *Taboo Topics, p.* 64-80).

Bell, John Elderkin, *Projective Techniques, Longmans, Green & Co., Nova* York – Londres – Toronto (esp. el *cap.* sobre *The Analysis of Handwriting, p.* 291-327).

Bernard, Marie, *The psychetypes: Experimental Typology*.

Booth, Gotthard, *C., Objective Techniques in Personality Testing, "Archives of Neurology and Psychiatry"* 42 (1930) 514-530.

_____, *The Use of Graphology in Medicine,* "Journal of Nervous and Mental Disease" 86 (1937) n° 6.

Chao, W. H., *Handwriting of Chinese Mental Patients,* en Lyman, R. S.; Maiker, V. y Liang, P. (dirs.), *Social and Psychological Studies in Neuropsychiatry in China,* Stechert, Nova York 1939, p. 279-314.

Diethelm, O., *The Personality Concepty in Relation to Graphology and the Rorschach Test.* "Proc. Ass. Res. Nerv. Ment. Dis." 14 (1934) 278-86.

Downey, June E., *Graphology and the Psychology of Handwriting,* Warwick & York, Baltimore, 1919.

Epstein, Lawrence – Huntington Hartford, *Some Relationships of Beginning Strokes in Handwriting to the Human Figure Drawing Test,* "Perceptual and Motor Skills" 1 marzo 1959.

Freeman, F. N., *The Handwriting Movement,* Univ. of Chicago Press, Chicago 1918.

Goldzieher Roman, Klara, *Tension and Release: Studies of Handwriting with the Use of the Graphodyne,* "Personality" 2, 1950.

Handwriting and Related Factors, 1890-1960, Handwriting Foundation, Univ. of Wisconsin, Department of Education, Washington, D.C.

Hearns, Rudolf S., *The Use of Graphology in Criminology,* "Journal for Criminal Psychopathology" (1942) p. 462-464.

_____, *Open Letter to American Psychologists Concerning Development of Modern Graphology,* "Journal of Applied Psychology" 5 (1941) junho.

_____, *The Use of Graphology in Criminology,* "Journal of Criminal Psychopathology" 3 (1942) junho.

_____, *Dislexia and Handwriting,* "Journal of Learning Disabilities" 2 (1969) janeiro.

_____, *Handwriting. An Analysis Through its Symbolism,* Vantage Press, Nova York, 1966, 171 p.

_____, *Heredity of psychological types. A study of handwritings of the Roosevelt families,* "World Analyst" 1 (1959-1960) 3-9.

_____, *Handwriting Analysis, its Basic Aspects and Applications, C.* Cole, Campbell. Cal. 1955.

_____, Colaboraciones periódicas en el "Bulletin of the American Graphological Society" de los años 1952-1962.

_____, *Ueber das systematische Aufbewahren von Handschiften,* "Graphologische Schriftenreihe" (Frankfurt), 5 octubre 1962.

_____, *Ueber Aehnlichkeiten in Handschriften von Ehepaaren,* "Graph. Schriftenreihe", 2 abril 1962.

_____, *Identifizierung in der Handschrift,* "Graph. Schriftenreihe", 6 diciembre 1962.

_____, *Alfred Nobel and Six Nobel Prize Winners,* "Graph. Schriftenreihe", 5 outubro 1963.

_____, *Neuroses and Their Graphic Expressions,* "Graph. Schriftenreihe", 3 julho 1964.

_____, *Linkshändigkeit bei Zwilligen,* "Graph. Schriftenreihe", 1 fevereiro 1966.

_____, *Les névroses et leurs expressions graphiques,* "La graphologie" (Paris) 99 (1965).

_____, *Identification and Ambivalence in Handwriring,* E.C.F. Cole, Santa Clara (Calif.).

_____, *Graphologisches Studienbuch*: Martin Buber, Dipa Verlag, Frankfurt 1966, p. 130 – 132.

_____, *Musicians and Their Handwritings,* "Bulletin of American Association of Handwriting Analysts", agosto 1967.

_____, *Profile*: Hans Jacoby, "Graphic Horizons" 1, 4 outubro 1967.

_____, *Profile*: Dr Richard R. Pokorny, "Graphic Horizons" 1, 5 dezembro 1967.

_____, *A Handwriting Classification and Evaluation System,* "Annals of American Association of Handwriting Analysis", agosto 1969, p. 38-46.

_____, *Ein Fall verlorener Identität und sein Ausdruk in der Handschrift,* "Graphologische Rundschau" (Stuttgart) 4, 1969.

_____, *A case of Lost Identity and its Expressions in Handwriting,* C. Cole, 1970.

_____, *Die Psychologie der Berufseignung und ihr Ausdruck in der Handschrift,* "Graphologische Rundschau" (dezembro 1970).

_____, R. Naef, *Franklin D. Roosevelt. A Graphobiography,* Kent Associates, Nova York, 1955.

Land, A. H., *Graphology. A Psychological Analysis,* "Uni. of Buffalo Stud." 3 (1924) 81-114.

Lewinson, T. S., *Die Handschrift der chronischen Arthritis,* "Die Schrift".

_____, *Dynamic Disturbances in the handwriting of Psychotics, with Reference to Schizophrenic, Paranoid and Manie-depressive Psychoses,* "Amer, J. Psychiat." 97 (1940) 102-135.

_____, *The Use of Handwriting Analysis as a Psychodiagnostic Technique,* "Journal of Projective Techniques", 25, nº 3, 1961.

_____, *The Rorschach Method and Scientifc Graphology,* "Rorschach Research Exchange", 1 (1936-37).

_____, *La graphologie scientifique et la méthode de Rorschach.*

_____, *An Introduction to the Graphology of Ludwig Klages,* "Character and Personality", 6 (1938) nº 3.

_____, *Handwriting of the Quadruplets during Premorbid and Morbid Conditions,* en D. Rosenthal (dir.), The Genain Quadruplets, Basic Books Inc. Publishers, Nova

York, Londres 1963, cap. 14.

_____, *The Case for Graphology,* "Journal of Forensic Sciences".

_____, Booth, Klopfer, *A Comparative Case of a Chronic Arthritis Personality,* "Rorschach Research Exch." 1(1936-37).

_____, Ruth Monroe; Trude Schmidl Wachner, *A Comparisson of Three Projective Methods,* "Character and Personality" (Sara Lawrence College), 13 (1944) nº 1.

_____, Joseph Zubin, *Handwriting, Analysis,* King's Crown Press, Nova York 1942, 1944. Reeditado por University Microfilms, Inc., Ann Arbor (Michigan) 1963.

Melcher, W. A., *Dual Personality in Handwriting,* "Journal of Criminal Law and Criminology" 11 (1920) 209-16.

Pascal, Gerald R., *The Analysis of Handwriting" A Test of Significance. A Study from Harvard University,* "Character and Personality", (1943) 123-144.

_____, *Handwriting Pressure: Its Measurement and Significance. A Study from Harvard University,* "Character and Personality", (1943) 235-254.

Perl, William R., Capt., M.S.C., *On the Psychodiagnostic Values of Handwriting Analysis,* "American Journal of Psychiatry" 3 (1955) fevereiro.

Rabin, A. – Blair, H., *The Effects of Alcohol on Handwriting,* "Journal of Clin. Psychology" 9 (1953) 284-287.

Roman, Klara G., *Encyclopedia of the Written Word,* Frederick Ungar, Nova York, 1968.

_____, *Handwriting and Speech: A Study of the Diagnostic Value of Graphic Indices for the Exploration of Speech Disorders,* "Logos" 2 (1959) 29-39.

_____, *Studies of the Variability of Handwriting. The Development of Writing Speed and Point Pressure in School Children,* "Journal of Genetic Psychology" 49 (1936) 139.

Sainte Colombe, Paul de, *Graphoterapeutics, laurida* Books, Hollywood 1964.

Saudek, Robert, *Experiments with Handwriting,* George Allen & Unwin Ltd., Londres, 1928.

_____, *The Psychology of Handwriting,* George Allen & Unwin Ltd., Londres, 1954.

Tripp, Clarence A.; Fritz A. Fluckiger; George H. Weinberg, *Effects of Alcohol on the Graphomotor Performances of Normals and Chronic Alcoholics,* "Perceptual and Motor Skills", (Southern Universities Press) 9 (1959) 227-238.

Wolfson, Rose, *A Study in Handwriting Analysis,* Edwards Brothers Inc., Ann Arbor (Michigan) 1949.

_____, *Graphology,* en H. H. Anderson – G. L. Anderson (dirs.), *An Introduction to Projective Techniques,* Prentice Hall Inc., Englewood Cliffs (Nova York) 1951, p. 416-456.

HOLANDA

"Acta Graphologica", rev. trimestral, órgão da Unión Holandesa para la Promoción de la Grafologia Cientifica, Sweets et Zeitlinger, Amsterdan.

OBRAS PUBLICADAS NA INGLATERRA OU EM INGLÊS

Allport, G. W. y Vernon, P. E., *Studies in expressive movement,* Macmillan, Nova York, 1933.
Bobertag, O., *Bemerkungen zur Praxis and Theorie der Graphologie,* "Z. Menschenk" 6 (1930) 300-17.
Broom, B. H. y Basinger, M., *On the Determination of the Intelligence of Adults from Samples of their Penmanship,* "J. appl. Psychol." 16 (1932) 515-19.
Broom, M. E.; Thopson, B. y Bouton, M.T., *Sex Differences in Handwriting,* "J. appl. Psychol." 13 (1929) 159-66.
Bunker, M. N., *Grapho*-Analysis *Dictionary,* 1945.
_____, *What Handwriting Tells You,* 1939.
_____, *You Wrote It Yourself.*
_____, *Sex and Love.*
_____, *Valoration.*
Cantril, H.; Rand, -H. A. y Allport, G.W., *Determination of Personal Interesis by Psychological and Graphological Methods,* "Char. and personality" 2 (1933) 134-43.
Cantril, H. y Rand, H. A., *An Additional Study of the Determination of Personal Interests by Psychological and Graphological Methods,* "Char. and Personality" 3 (1934) 72-78.
Couve, R., *Graphologische Berufseigmungsuntersuchungen,* "Indust. Psychotech." 8 (1926) 1114-17.
Crépieux-Jamin, J., *The Psychology of the Movements of Handwriting,* Routledge, Londres, 1926.
Crider, B., *The Reliability and Validity of Two Graphologists,* "J. appl. Psychol." (1941) 323-25.
De Witt B. Lucas, *Graphology.*
_____, Handwriting and Character
Diethelm, O., *The Personality Concept in Relation to Graphology and Rorschach Test.*
Downey, J. E., *Judgments on the Sex of Handwriting,* "Psychol. Rev." 17 (1910) 205-16.
_____, *Graphology and the Psychology of Handwriting,* Warwich & York, Baltimore 1919.
Eliasberg, W., *Methods in Graphology,* "J. Psychol." 18 (1944) 125-30.
Eng, Helga, *The Psychology of Children's Drawings,* Londres 1954, 219 p.
Eysenck, H. J., *Graphology and Psychiatry.* An Experimental Analysis, "Brit. J. Psychol." 35 (1945) 70-81.
Franck, Victor, *Handwriting. A Personality Projection,* Thomas, Springfield (Illinois) 1952.
Freemann, Frank N., *The Teaching of Handwriting.*
Given Wilson, L. K., *The Psychology of Handwriting from the Works of Crépieux-Jamin.*
Goodenough, F. L., *Sex Differences iun Judging the Sex of Handwriting,* "J. soc. Psychol." 22 (1945) 61-68.
Holder, R., *You can Analyze Handwriting,* Wilshire, Hollywood, 1966.
Hull, C. L. y Montgomery, R. P., *Experimental Investigation of Certain Alleged Relations*

between Character and Handwriting, "Psychol. Rev." 26 (1919) 63-74.
Jacoby, Hans, *Analysis of Handwriting; Self Knowledge through Handwriting,* Allen ET Unwin, Londres, 1933.
Kinder, J. S., *A New Investigation of Jugdments on the Sex of Handwritng,* "J. educ. Psychol." 17 (1926) 341-44.
Meloun, J., *Experimentelle Graphologie,* "Z. Angew. Psychol." 32 (1929) 518.
_____, *The Study of Values-test and Graphology,* "Char. and Person." 2 (1933) 144-51.
_____, Does Drawing Skill show in Handwriting?, "Char. and Person." 3 (1935) 192-213.
Middleton, W. C., *The Ability of Untrained Subjects to Judge Inteligente and Age from Handwriting Samples,* "J. appl. Psychol." 25 (1941) 331-40.
_____, *The Ability of Untrained subjects to Judge Neuroticism, Selfconfdence and Sociability from Handwriting Samples,* "Char. and Person." 9 (1941) 227-34.
Munroe, R. L., *Sex Diagnostic Methods Applied to Sally,* "J. Abnorm. Soc. Psychol." 215-27.
Newhall, S. -M., *Sex Differences in Handwriting,* "J. appl. Psychol." 19 (1926)151-61.
Omwake, K. T., *The Value of Photographs and Handwriting in Estimating Intelligence,* "Publ. Personnel Stud." 3 (1925) 2-15.
Pascal, G. R., *The Analysis of Handwriting: A Test of Significance,* "Char, and Person." 12 (1943) 123-44.
Powers, E., *Graphic Factors in Relation to Personality and Experimental Study,* Dartmouth College Library, hanover (N. H.) 1930.
_____, *Matching Sketches of Personality with Script,* en G. W. Allport y P. E. Vernon (dirs.), Studies in Expressive Movement, Macmillan, Nova York, 1933.
Rice, Louise, *Practical Graphology,* The Library Shelf.
_____, *Individual Types.*
Roman, K., *Handwriting, a Key to Personality,* Routledge – Kegan paul, Londres 1961, 516 p.
Roman-Goldzieher K., *Studies in the Variability of Handwriting,* "J. Genet. Psychol." 49 (1936) 139-60.
Saudek, Robert, *The Psychology of Handwriting,* Allen, Londres, 1929.
_____, *Experiments with Handwriting,* Allen, Londres, 1931.
_____, *What your Handwriting Shows,* T. Werner Laurie, Londres 1932.
Singer, Eric, *Handwriting and Marriage,* Hutchinson, Londres, 1953.
Smith, Albert J., *Amplied Graphology,* Gregg Publishing Co.
Sonnemann, U., *Handwriting Analysis as a Psychodiagnostic* Tool, Grune and Stratton, Nova York 1953, 276 p.
Stackman, H. A. (H), *Handwriting and Extracurricular Activity,* "J. app. Psychol." 18 (1934) 819-25.
Storey, Arthur, *A Manual of Graphology.*
Wells, F. L., *Personal History, Handwriting, and Specific Behavior,* "J. Person." 14 (1946) 285-314.

OBRAS PUBLICADAS NA ITÁLIA OU EM ITALIANO

Aliprandi, *G., Studi sulla grafia,* Biblioteca di Studi Grafici, Pádua 1943.

Astillero, R., *Grafologia scientifica,* U. Hoepli, Milan 1926.

Bornoroni, C., *Interpretazione neurofisiologica del gesto grafico,* "Scritura", nº 40, outubro 1981.

Csanyi, A., *Manuale di grafologia,* Tip. Veneta, Veneza.

Del Torre, Oscar, *Manuale di perizia grafica,* Mediterráneo, Roma, 1962.

Dominici, R., *Il carattere rivelato della scritura,* Perusa 1925.

Jastrow, J., *La storia dell'errore umano,* Milão.

Klages, L., *Valore e limiti delta grafopsicologia,* Mursia, Milão, 1964.

Koch, U., *Trattato scientifico di grafologia.*

Leibl, Marianna, *Caratterologia grafologica.* Fratelli Bocca, Milão, 1942.

_____, *Grafologia psicologica,* U. Hoepli, Milão, 1935.

Lewinson, T. S., *L'analist della scrittura delle gemelle Genain. L'único caso noto di un gruppo di quattro gemelli schizofrenici (II),* "Rivista di Psicologia della Scritura" 13 (1966) número de janeiro-abril.

Luissetto, G., *È scienza la grafologia? Actas del* 1° Congreso Nacional de Grafologia, Ancona, 1963.

Marchesan, M., *Fondament e leggi dellta psicologia della scrittura,* Milão, 1955.

_____, *Della Grafologia Allá grafopsicologia,* Milão, 1947.

Moretti, Girolamo, *Psicologia della scritttura, segni e tendenza,* Ist. Indagine Psicologiche, 1954.

_____, *Il corpo umano dalla scritura,* Studio Grafológico, Ancona, 1960.

_____, *Trattato di grafologia,* M. S. A., Pádua, 1955

_____, *Scompensi, anomalie della psiche e grafologia,* Ancona, 1962.

_____, *Lussuria, Gola-Accidia, Menzogna, Ira-Ividia,* 1950.

_____, *Grafologia somática,* Verona, 1945.

_____, *Virtú e difetti rivelatti dalla grafologia.*

Palaferri, N., *Dizzionario grafológico,* 1980.

Rossi, T., *Le basi scientifiche della comprazione di scritti contestati,* Scuola Tipog. Mariz, 1954.

Sementvsky-Kurillo, *I saegreti della scritura,* Vallecchi, Florença, 1951.

Sivieri, O., *La Indagine Grafica,* Pádua, 1960.

Spotti, Luigi, *Fisiologia della scritura, en* "I diritti della scuola" (Roma) núms. 35, 36 e 37 de 1939.

_____, *Le malattie nella scritura,* em "Sapere", num. 30, 1941.

_____, *Importanza delle inlevazioni grafologiche nello studio del giudizio e condotta morale* em "Arch. Generale d. Neurologia e Psichiatria", volumen XIV, 1933.

Torbidoni, L., Grafologia. *Testo teorico-pratico,* La Sevola, Brescia 1978.

_____, *L'equilibrio psichico dalla scrittura,* Bulzoni, Roma 1978.

_____, *Problemi della grafologia aplicata all'orientamento professionale,* 1980.

Vian, Giovanni, *La scritura rivela il carattere.*

_____, Varios artículos en la revista "Grazia", de Milão.

Zannetti y Rollandini, *Grafologia,* Minerva Medica, Turim, 1949.

Zavalloni, R., *Contributo dell'analisi grafometrica nell' e tà evolutiva,* Prolemi di Pedagogia, 1966.

OBRAS MAIS IMPORTANTES PUBLICADAS NA SUÍÇA

Brechet, Robert, *Les Graphologies dans les sciences psychologiques,* L'Ére Nouvelle, Lausanne, 1969.

Delachaux, Suzanne, Ècritures d'enfants. *Tempéraments et problèmes affectifs.* Delachaux et Niestlé, 1955.

_____, L. Bousquet, *La graphologie et l'adaptation au travail,* Delachaux et Niestlé, 1946.

_____, *Ècriture et psychologie des tempéraments.* Delachaux, 1946.

Loeffer-Delachaux, M., *La préhistoire de la graphologie,* Payot, Paris 1966.

Magnat, G. E., Poésie del'Écriture, Sack, 1944.

_____, *La graphologie au service de la science criminelle,* 11º Congrès Internat. de Criminologie, 1950.

_____, *Une suite à Poésie del'Écriture,* Sack, 1963 (obra póstuma).

_____, *Portraits de quelques musiciens,* Foetisch Lausanne, 1948.

Magnat, Dominique, *Graphologie intégrale,* Scorpions, París 1965.

Meyer, Marcel, *Cours de graphopsychologie,* 1956, Genebra.

_____, Colaboraciones em "l'Évolution Graphologique de L. Bousquet".

Muhlemann, H, *Privatrecht und Graphologique,* Zurique, 1945.

Müller-Enskat, *Graphologische Diagnostik,* Hans Huber, Berna.

_____, Prédispositions aux conflicts néurotiques, "La graphologie", nº 94, año 1964.

Pulver, Max, *Le symbolisme de l'écriture,* Stock, Paris 1953.

_____, *Trieb und Verbrechenb in der Handschrift,* 1934.

_____, *Intelligenz im Hanadschriftausdruck,* Orel Fussli, 1949.

Rausch, S., *Die Konstitution und ihr Ausdruck in der Handschrift,* 1945.

Rossier, A., *Coordination graphologique,* Lausanne, 1967.

Schlumpp, A., *Versuch einer Studie über den Ausdruck der Konstitutionstypen von Kretschmer.*

_____, *Essai d'une recherche expérimentale des types constitutionnels de Kretschmer dnas les écritures des circulaires et schizophrènes,* Berna 1934.

Vels, Augusto, *L'écriture reflet de la personnalite, Mont-Blanc,* Genebra 1966.

_____, *Sélection du personnel,* Mont-Blanc, Genebra 1972.

OBRAS PUBLICADAS NA FRANÇA OU EM LÍNGUA FRANCESA

Ajuriaguerra, Auzias, Coumes y otros, *L'écriture de l'enfant,* Delachaux et Niestlé, Neuchatel.

Anastase, Claude, *Étude sur des écritures d'élèves de philosophie,* "La graphologie", nº 99, 1965.

213

Arüs, Arsène, *La graphologie simplifiée.*
Barbe, Paul, *Telle écriture, tel caractère.*
Barillot, Raymond, *Le test graphanalytique des deux tours de piste,* "La graphologie", nº 44, 1951.
_____, La graphanalyse expérimentale, "Connaissance de l'Homme" (Paris), julho 1954. Beauchataud, Gabrielle, *Apprenez la graphologie,* J. Oliven, Paris 1954.
Binet, Alfred de, *Les révélations de l'écriture d'après um control scientifique,* Alcan, Paris 1906.
_____, *L'écriture histerique.*
Boileau, M., *Le test de l'arbre,* Institut de Culture Humaine, Paris-Lille.
Brabant, G.P., *Le test de la situation dans l'espace graphique,* "La graphologie", nº 93, 1964.
_____, *L' écriture considerée comme um secteur du comportement,* Centre d' études L'Évolution Graphologique, Saint Mande, Seine 1960.
_____, Importance et limites du symbolisme em graphologie, "La graphologie", nº 85, 1962.
Brach, J., *Les 12 facteurs du cractère. Leur influence sur la physionomie et sur l'écriture.* "Annales médico-psychologiques", ano 12, tomo I, 1954, Masson & Cie., Paris.
Brechet, Robert, *Les graphologies dans les sciences psychologiques,* Inst. Psychosom., (Suíça), 1968.
Bresard, Suzanne, "Empreintes", Delachaus & Niestlé, Neuchatel (Suíça) 1968.
_____, *La signification psychologique du movement,* "La graphologie", números 104, 106 e 108, 1967.
Brosson, Paul, *Test de 3 colonnes de chiffres.* A Legrand, Paris, 1953.
_____, *Diagnostic grapho-médical,* "Connais. Médicales", nº 195, março de 1952.
_____, *L'écriture des asthmatiques,* "Connais. Médicales", nº 198, junho 1952.
_____, *L' écriture-type des modes morphologiques. Action du temperament individuel,* em junho "comunication nº 30", do Centre d'étude L'Évolution Graphologique.
Buffard, L., *Introduction pratique au test de Warteg,* Institut de Culture Humaine.
Caille, Émile, *L'écriture des enfants et des adolescents,* Inst. de Culture Humaine.
_____, Correspondances graphologiques de la cractérologie néerlando-française, "La graphologie", nºs 42, 43 e 44 do ano de 1951.
Callewaert, H., *Graphologie et physiologie de l'écriture.* A. Nauwelaerts, Lovaine.
_____, *Dictionnaire de graphologie.*
_____, *Diagnostic et conduite des tempéraments.*
Cayeux, Philippe, *La graphologie pratique. Symbolisme de l'espace et des formes,* Niclaus Paris 1949.
Cesari, R., *L'écriture chez les enfants,* "Journal des Instituteurs et des Institutrices", ano 10, 1954, 433p.
C.E.G.O.S., *Hommes et entreprises* (Cahiers de la section IV), Journées d'Études, Graphologie et Industrie, Paris, outubro 1959.
Crépieux-Jamin, *L'écriture et le caractère.*
_____, *Traité pratique de graphologie,* Flammarion, Paris 1950.
_____, *A B C de la graphologie,* Presses Universitaires, Pris 1960.

_____, *Les bases de la graphologie,* Paris 1934.

_____, *Les éléments de l'écriture des canailles,* Flammarion, Paris 1923.

_____, *La graphologie en exemples.*

_____, *L'expertise en écriture et l'affaire Dreyfus.*

_____, *L'âge et le sexe dans l'écriture.*

_____, *Les bases fondamentales de la grapohologie et l'expertise en écritures.*

Crepy, Roseline, *L'interprétation des lettres de l'alphabet dans l'écriture,* Delachaux et Niestlé, neuchatel 1968.

_____, *L'interprétation des lettres de l'alphabet dans l'écriture,* II: *Les majuscules.*

_____, *La signature,* Delachaux et Niestlé, Neuchatel 1983.

Chazal, Jean, *La délinquance Juvénile.* "La graphologie", n.° 82, 1961.

Delachaux, Susanne, *Écriture et psychologie des tempéraments,* Delachaux & Niestlé, Neuchatel 1952.

_____, *Écriture d'enfants,* Delachaux & Niestlé, Neuchatel 1955.

_____, *La graphologie et l'adaptation au travail. orientation et sélection professionnelles,* Delachaux & Niestlé, Neuchatel 1960.

Delamain, Maurice, *La sagesse des mots et des lignes,* "La graphologie", n.° 80, 1960.

_____, *L'écriture des flegmatiques,* "La graphologie", n.° 32, octubre 1948.

_____, *Typologies et graphologie,* "La graphologie", n.° 45.

_____, *Marcel Proust et le complexe d'OEdipe,* idem, n.° 45.

_____, *La définition graphologigue;* idem, n.° 52 de 1953.

Delpech de Frayssinet, Comte, *Mémento de graphologie.*

Dietrich, Charles, La graphologie, *science du comportement,* Conquistador, Paris 1953.

Dubouchet, J., *L'écriture des adolescents,* editorial Le François, 1967.

Duparchy-Jeannez, M., *Essai de graphologie scientifique,* Paris 1931.

_____, *Les maladies d'après l'écriture,* Albin-Michel, Paris.

Faideu, Pierre, *La juxtaposition,* "La graphologie", n.° 108, año 1965.

Feuillet y Battachon, J., *La lobotomie et la personnalité restante y Étude des écritures de lobotomisés,* rev. n.° 46.

Foix, Pierre, *L'Orientation professionnelle et la graphologie.*

Gaussin, Jean, *La graphologie ou service de l'armée. Graphologie et sélection des pilotes,* "La graphologie", n.° 90, 1963.

Gille, Jean Charles, Graphologie et musique, números 99 y 100 de "La graphologie", 1965.

_____, *Types de Jung et tempéraments psychobiogiques,* Maloine, Paris 1978.

_____, *Introduction à la psychologie du moi,* Mont-Blanc, Genebra 1976 (em colaboração com Mme. Lefebure).

_____, *Écritures de poètes, de Byron à Baudelaire,* Dervy-livres, 1977.

_____, *L'écriture à rebours,* "La graphologie", 110 (1968) 4-18.

_____, *À propos de l'écriture de Wagner,* "La graphologie", 113 (1969) 24-30.

_____, *Deux autographes de Frédéric Chopin,* "La graphologie", 114 (1969) 6-14.

_____, *L'écriture tourmentée,* "La graphologie", 115 (1969) 28-31.

Gobineau, H. de y Perron, R., *Génetique de l'écriture et étude de la personnalité. Essai de graphométrie.*

Gommes, *Principes de Graphopatologie,* Maloine, Paris.

Hearns, Rudolf, *Les nérvroses et leurs expressions graphiques*, "La graphologie", nº 99, 1965.
Hegar, W., *Graphologie par le trait. Introduction à l'analyses des éléments de l'écriture*, Vigot, 1938, 160 p.
Hertz, Herbert, *La graphologie*, P.U.F., Paris 1956.
Humbert, Pierre, *Les expertises en écriture.*
James, G. Fevrier, *Histoire de l'écriture*, Payot, Paris 1948.
Joire, P., *Traité de graphologie.*
Klages, Ludwig, *Expression du caractère dans l'écriture*, Delachaux & Niestlé, Neuchatel 1953.
_____, *Les principes de la caractérologie*, Delachaux & Niestlé, Paris 1950.
_____, Graphologie, Paris 1949.
Lauzit, C., *Aperçu général sur les écrits des alienés.*
Lecert y Mialaret, *L'écriture et la connaissance des enfants*, Bourrelier, Paris 1950.
Lecerf, A., *Cours pratique de graphologie, lettres à Graphita*, Dangles, Paris 1968, 210 p.
_____, *Cours supérieur de graphologie*, Dangles, 1947, 254 p.
Loefler-Delachaux, *La graphologie au service de l'homme d'action*, J. Oliven, Paris.
_____, *Prehistoire de l'écriture*, Payot, Paris 1966.
Malespine, Émile, *De la vitesse de l'écriture*, rev. nº 40, 1950.
Menard, Paul. *L'écriture et le subconscient. Psychanalise et graphologie*, Aubanel, avinhón, 1952.
Meurisse, Robert, *L'appréciation de la valeur morale em graphologie*, "La graphologie", nº 55.
Michelet, Alix, *Précis de graphometrie, Institut de Culture Humaine*, Paris-Lille.
_____, *Ce que le psychologue et le gbraphologue doivent savoir des groupes sanguins*, Institut de Culture Humaine, Foch, 62, Lille.
Michon, J. Hipolite, *Les Mystères de l'écriture.*
_____, *Méthode de grapohologie*, Payot, Paris 1949.
_____, *Système de graphologie*, Payot, Paris 1944.
_____, *Dictionnaire des notabilités de la France, jugées d'après leur écriture.*
_____, *Mémorie sur la méthode vicieuse des expertises en écriture.*
_____, *Histoire de Napoléon l d'après son écriture.*
_____, *Histoire de l'écriture.*
Monnot, J., L'inconscient familial de Szondi, "La graphologie", nº 82, 1961.
Muenier, Jean Alexis, *Graphologie sportive, núms.* 51 y 52 de "La graphologie".
Olivaux, Robert, *De l'observation de l'écriture à la compréhension de la personnalité*, 1969.
_____, *L'éducation et la rééducation graphiques*, Presses Universitaires de France, Paris 1960.
Periot y Brosson, *Morphopsychologie de l'écriture*, Payot, Paris.
Peugeot, Jacqueline, *L'Examen du graphisme infantile dans um diagnostic de grope*, "La graphologie", nº 109, 1968.
_____, *La dyslexie et l'écriture des enfants dyslexiques*, número 105 de "La graphologie".

_____, *La connaissance de l'enfant par l'écriture: L'approche graphologique de l'enfance et de ses difficultés*, 1979, 230 p.

Resten, René, *Méthode de graphologie, Gallimard*, Paris 1962.

_____, *Le diagnostic du caractère*, L'Arche, Paris.

_____, *Écriture et malades*, Paris 1947.

_____, *Les écritures pathologiques*, Paris 1949.

_____, *Petit précis de psychologie pratique*, Maloine, Paris.

_____, *Sur l'écriture ponctuée*, "La graphologie", nº 42, 1951.

Riols, J., *La graphologie*.

Rivére, Jean, *Du retentissement des représentations dans l'écriture et la peinture*, "La graphologie", nº 100, 1965.

_____, *Le monde de l'écriture, Gonon*, 1958, 294 p.

Rochetal, Albert de, *La graphologie mise à la portée de tous*.

Rogues de Foursac, *Les écritures et les dessins dans les maladies nerveuses et mentales*, Mason, Paris.

Rougemont, Édouard, *L'écriture des aliénés et des psychopathes*, Vigot, Paris 1950.

_____, *La graphologie*.

_____, *Commentaires graphologiques sur Charles Baudelaire*.

Ruys, Graphologie.

Saint-Morant, H., *Les bases de l'analyse de l'écriture*, Vigot, Paris 1950.

_____, *L'équilibre et le deséquilibre dons l'écriture*, Vigot, Paris 1943.

Salberg, Renè, *Manuel de Grapohologie usuelle*, Hachette, Paris.

Salce, J., *Graphologie psychométrique*, "La graphologie", nº 84, 1961.

_____, *Psychologie de la perversité sur des bases graphologiques*, "La graphologie", nº 86 y 87.

Scrive-Loyer, *Le visage et la lettre*, "graphologie", nº 81, março 1961.

Solange Pellat, *L'éducation aidée par la graphologie*.

_____, *Les lois de l'écriture*.

Stora, Renée, *La personalité à travers le test de l'arbre*, Université de Paris, 1965.

Streletski, Camille, *Précis de graphologie pratique, Vigot Frères*, Paris 1950.

_____, *Graphologie du practicien*, G. Doin, Paris.

_____, *Endocrino-graphologie, em Les tempéraments et ses troubles*, J. Oliven, Paris.

_____, *Le graphisme des asthéniques*. "La Vie Médicale", 25 marzo 1931, número 2, t. II.

_____, *Les tempéraments et le graphisme. De l'utilité de la graphologie*, Vigot Frères, Paris.

_____, *Neuro-endocrino-graphologie. Graphothérapie, en Nervosisme et glandes endocrines*, Paris.

_____, La constitution émotive, "La graphologie scientifique", fevereiro 1951.

Syndicat des Graphologues Professionnels, *Recherche de l'intelligence dans l'écriture* dirigido por Guy Delege). Veja "Communication", nº 28, do Centre l'Évolution Graphologique, Paris 1960.

Surany, M. de, *Nouveau guide de graphologie*, Debresse, Paris 1958.
_____, *Essai de graphologie médicale*, Paris 1963.
Tajan, Alfred, *La graphomotricité*, PUF, Paris 1982.
_____, G. Delage, *L'analyse des écritures*, Sevil, Paris 1972.
_____, G. Delage, *Écriture et structure*, Payot, Paris 1981.
Tavernier, M. y P. O'Reilly, *L'écriture de Gauguin*, Société des Oceanistes, Paris 1968.
Teillard, Annita, *Tendences essentielles de l'home*, "La graphologie", nº 89, 1963.
_____, *Graphologie et complexes*, "La graphologie", nº 85, 1962.
_____, *L'âme et l'écriture*, Stock, Paris 1948.
Thea Lewinson, *Analyse factorielle de l'écriture*, número 112 de "La graphologie", 1968.
Trillat, Raymond, *Graphologie pratique*, Vigot Frères, Paris 1953.
_____, *La graphologie et l'éducation*, "L'Éducation Nationale", nº 19, 31 p. 1951.
_____, *Expérience de graphothérapie et psychopédagogie*, Vigot Frères, Paris 1957.
_____, *La graphologie au service de l'entreprise*, Dunod, Paris 1970.
Vauzanges, Luis, *L'écriture des musiciens célèbres*, Alcan, Paris.
_____, *L'écriture des createus intellectuels*.
Vars, Émile, *L'histoire de la graphologie*.
Vels, Augusto, L'écriture, reflet de la personnalité, Mont-Blanc, Genebra 1966.
_____, *La sélection du personnel*, Mont-Blanc, Genebra 1973.
Victor, F., *L'écriture, projection de la personnalité*, Payot, Paris 1956 (trad. do inglês).

DICIONÁRIO DE TERMOS PSICOLÓGICOS UTILIZADOS NA GRAFOLOGIA

Com a intenção de completar a formação psicológica de alguns leitores e também de nossos futuros alunos, apresentamos, em seguida, alguns termos psicológicos, relacionados com os aspectos gráficos, ou seja, com a grafologia[23].

As definições são modestas e não pretendem mais do que esclarecer, um pouco, os conceitos para as pessoas não especializadas em psicologia ou em caracterologia.

As correspondências grafológicas, aplicadas a cada termo psicológico, não podem ser exaustivamente, nem totalmente, aplicáveis em todos os casos. Sempre é o "ambiente gráfico" que orienta a interpretação.

---

[23] Alguns desses termos foram publicados em nossa obra *El lenguaje de la escritura*, Miracle, Barcelona 1949.

A

Ab-reação: Expansão ou exteriorização de conteúdos emocionais pelo gesto, palavra, pranto ou riso. O indivíduo se liberta, com a ab-reação, de suas várias reações emotivas. Quando as reações emotivas ficam bloqueadas no inconsciente, a ab-reação pode ser provocada mediante a psicoterapia, a psicanálise, a narcoanálise e o álcool.

Escrita aberta, arredondada, progressiva, ligada, crescente, alongamento das barras dos "tt", ascendente, finais largos e pernas plenas (fig. 70).

Abstração: É a absorção, em um pensamento ou ideia, de elementos isolados de um problema, fato ou coisa, sem considerar certos aspectos objetivos que formam seu conjunto. A abstração é uma operação de análise na qual se buscam as características gerais ou comuns que as coisas podem ter, independente de sua realidade exterior (veja o verbete Pensamento abstrato).

Escrita clara, bem espaçada, ligada, vertical, pequena, contida, sóbria, cadenciada (fig. 145).

Abulia: Diminuição ou ausência de vontade que conduz à apatia ou à indecisão extremas. O indivíduo é capaz de pensar na ação a realizar ou na tarefa a empreender e, não estando afetado por nenhuma incapacidade orgânica, mas, devido a uma total ausência de vontade, não chega a passar da intenção ao ato.

A abulia é resultado de alguns estados doentios, como o podem ser a depressão e a "psicastenia". Pode ser devida à ausência de afetos, como no caso da melancolia, ou à ambivalência que caracteriza os conflitos interiores e as inibições em certas neuroses obsessivas.

Escrita branda, descendente, com sinais acessórios (barras de "tt" e pontuação) ausentes.

Adaptação: A adaptação é um dos pilares mais essenciais da vida e um dos problemas mais cuidadosamente estudados pelo psicólogo moderno.

Alfred Adler, discípulo dissidente de Freud, foi o primeiro a destacar que o estilo de vida e a adaptação do indivíduo à realidade formam a base essencial de seu equilíbrio psíquico.

O homem normalmente adaptado, tanto ao mundo exterior como a seu mundo interior, dispõe, por assim dizer, de uma "barreira indispensável, mas elástica, que lhe assegura uma forma de relação quase natural, regular e fácil" com o ambiente exterior. O homem adaptado tem poucos problemas insolúveis e goza de um bom equilíbrio fisiológico e psíquico.

Ao contrário, onde surge a inadaptação aparecem também certos complexos psicoafetivos, que giram em torno de sentimentos de menor valia. Esses sentimentos de menos-valia ou de inferioridade

ADAPTAÇÃO

privam o indivíduo da sensação íntima de capacidade para resolver, de frente, certos problemas vitais, que podem ser indispensáveis para sua evolução.

Do mesmo modo que existe a "atitude vital" introvertida e extrovertida (veja Introversão e Extroversão e Inclinação), existe também a possibilidade da adaptação ou inadaptação parcial.

No indivíduo introvertido, cuja conduta está determinada por fatores subjetivos, apresenta-se, com preferência a adaptação ao mundo interior; tanto que se produz a inadaptação ao mundo exterior. Ao contrário, o extrovertido **"se** inclina, de preferência, em seu modo de adaptação e em sua forma de reação, às normas externas de validade coletiva", entrosando-se, perfeitamente, com a maneira de pensar e sentir dos demais e com o espírito de sua época; organiza-se e se dirige "para fora".

Assim, também, quanto à adaptação, é necessário ter em conta que, quando a consciência tem tendência para a extroversão, o inconsciente é, então, introvertido e vice-versa, mesmo que normalmente se estabeleça, entre a tendência introvertida e extrovertida, uma corrente de compensação.

Quando se passa, bruscamente, de uma atitude introvertida à atitude inconsciente contrária, produz-se, automaticamente, a inadaptação, sentimento de inferioridade e vice-versa, podendo-se dizer, com Jung, que "se encontram sempre afetos onde há adaptações fracassadas".

Quanto aos complexos de menor valia ou as causas determinantes dessas "adaptações fracassadas", aqueles ou essas podem afetar três grandes setores:

1. As relações do eu com o tu (problema de amizade e sociabilidade do indivíduo);
2. As relações do eu com o tempo (problema escolar ou profissional);
3. As relações do eu com o outro sexo (problema do amor ou do matrimônio).

O sentimento de menor valia pode ter origem em:

a) Sentimentos de inferioridade reais ou objetivos (defeitos ou deficiências corporais: ser coxo, ter um rosto feio, deformado ou malformado; ser negro, pequeno, muito gordo ou fraco etc.);
b) Sentimentos de inferioridade subjetivos – chamados, propriamente, complexos de inferioridade" – (o indivíduo sente-se inseguro, menos dotado, mais desajeitado ou inferior em qualquer dos três setores anteriores, o que motiva sua atitude de inadaptação).

A sensação de insuficiência ou de menosvalia, em qualquer desses três setores, desperta no indivíduo uma necessidade de compensação, o que se caracteriza pela alternância de tendências em direção a um "objetivo de superioridade" real ou fictício, normal ou patológico.

Essa virada para uma atitude ou atividade compensadora pode ser empreendida através de rotas diferentes: arte, ciência, neurose, criminalidade, suicídio etc. (veja o desenvolvimento dessas teorias nas obras de Alfred Adler e de seus discípulos).

De uma maneira geral, toda pessoa que se sente afetada por um sentimento de inferioridade tende, geralmente, a escolher um entre dois caminhos: um ativo, viril, combativo, que leva para o afã de compensação em forma de superioridade (afã de poder e de dominação, afã de valorização); outro é o de se aproveitar da própria debilidade e explorá-la a ponto de comover a vontade dos demais e obrigá-los a executar seus próprios desejos.

A história proporciona notáveis exemplos do primeiro caso, ou seja, dos que escolheram o caminho ativo e batalhador: Demóstenes, Beethoven, Napoleão, Freud, Churchill, Marie Curie, João XXIII, Nixon etc., para citar somente alguns exemplos.

Quanto mais apontam as tendências *para cima,* no sentido de subida, poder, valorização, superioridade, mais positivamente indicam que o indivíduo, interiormente, se sente *para baixo,* ou seja, mostra, com maior intensidade, seu sentimento íntimo de inferioridade.

Há uma lei em psicologia, descoberta por Jung; ela indica que, quando a consciência tende, exageradamente, para um ponto, o inconsciente tende para o oposto.

Os indivíduos que escolhem o caminho passivo da compensação, os fracos de caráter, os brandos, os sem vontade, os sinuosos, os deprimidos etc. esperam que os demais se preocupem com eles mobilizando-se para ajudá-los, compreendê-los, apoiá-los etc. Desse modo, fazem de sua fraqueza um estilo de vida e um instrumento hábil de domínio.

Os defeitos de caráter do grupo dos *fortes,* dos ativos são: o orgulho, o exagerado afã de valor, de prerrogativas, de projeção social e de importância pessoal, que leva também, como corolário, à presunção, ao receio, à soberba, à inveja, aos ciúmes etc. O orgulhoso e presunçoso receia e teme os demais pelo mesmo mecanismo com que se vangloria e fabrica triunfos imaginários.

Da veracidade desse mecanismo de insegurança do presunçoso, do soberbo, do tirano, há amplos exemplos históricos. O medo de que alguém lhes faça sombra, ou os desqualifique, já levou muitos grandes homens a criar uma *rede* de espionagem, de vigilância, de informantes etc. Basta pensar em Ivan, o Terrível, em Stalin e Hitler, Richelieu, Felipe III, Robespierre etc., rodeados de espiões, de crimes e de tradição negra. O valioso solta o inimigo, o covarde o mata ou o anula.

Quando o indivíduo utiliza o caminho passivo, o caminho do fraco, do astuto e procura se aproveitar da impossibilidade, mais ou menos aparente, de valer por si mesmo, os defeitos de caráter mais frequentes são: a adulação, a intriga, a hipocrisia, a dissimulação, a mentira, o engano e a simulação.

Esses dois estilos de vida, tão extremos como contrapostos, dão, nesse último caso, a neurose de angústia, a ansiedade, a depressão etc., que vão acompanhadas de uma necessidade de carinho demasiado grande para poder ser satisfeita. O indivíduo que tem essa neurose de angústia busca, com afã e de forma exagerada, aquelas pessoas ou objetos que perdeu ou que teme perder. Vive sobressaltado ante a ideia de perder pessoas ou objetos.

Os indivíduos de personalidade aparentemente forte podem cair em um estado excessivo de valorização do ego, sempre insatisfeito, que caminha para a megalomania, o afã desmedido de poder, de hierarquia, de grandeza e superioridade, de endeusamento, com crises furiosas, agressivas, destrutivas, que podem levar o indivíduo a cometer injustiças e crimes mais horrendos quando alcança as camadas mais altas do poder.

A solução para os sentimentos de inferioridade é a reeducação do caráter, encaminhada para fazê-los desaparecer mediante o reconhecimento consciente de sua origem, e o treinamento para uma conduta mais adaptada à realidade.

Os sentimentos de inferioridade ou a inadaptação revelam-se, sempre, nas ações que, na conduta do indivíduo, não estejam em proporção com a causa que as motiva. Portanto, as reações inadequadas ou inadaptadas podem ser observadas no comportamento exterior, na maneira de falar, de andar, de gesticular, de se vestir e... de escrever.

São sinais de sentimentos de inferioridade e de inadaptação os movimentos indecisos, vacilantes, imprecisos e desajeitados; a atitude de fuga ante um conflito; a diminuição ou redução da importância do eu nas conversas e nos gestos e vice-versa, o excessivo engrandecimento do ego; o ressentimento, a insegurança, a inveja, a desconfiança exagerada, a instabilidade, o medo, o espírito de contradição, a irritabilidade por pequenas coisas; o não se sentir com forças para resolver, na frente de outros, problemas ou acontecimentos que resolveria bem, estando sozinho; o olhar, com insistência, as pessoas de sexo oposto, previamente escolhidas; o desviar o olhar nas interpelações frente a frente, especialmente se são imprevistas; o sentir desfalecer a energia nos momentos em que se deve estar mais provido dela; a timidez; a posição embrionária ou o encolhimento durante o sonho; o sonhar que voa ou cai, que perde o trem, o ônibus ou bonde; os sonhos angustiosos ou pesadelo etc.

Os indivíduos de indumentária descuidada, de conversação enganadora, cheia de interrupções do interlocutor e de mudanças de assunto, a desordem no emprego do tempo e da atividade, o desperdício de dinheiro, o gasto inútil de energia etc. revelam a falta de hábitos adequados para se ajustar ao meio ambiente.

Ao contrário, uma indumentária simples, limpa, correta, uma forma de falar clara, na qual as ideias são expostas com certo sentido de ordem e cortesia etc., revelam o indivíduo equilibrado e adaptado e indicam a educação, o sentimento de comunidade e o equilíbrio do ego.

Afeminado: Diz-se do indivíduo masculino, cujas atitudes e características externas lembram a mulher. Muitas vezes, é produto da educação. A mãe absorvente e dominadora, castradora da vontade e da independência do filho, dá, como resultado, indivíduos fracos de caráter, delicadamente mimados, frágeis de vontade e excessivamente sensíveis a qualquer dificuldade ou obstáculos, que, geralmente, não enfrentam (rodeiam-nos e os evitam).

Escrita muito inclinada, ornada, pernas em forma de "oito", rápida, descendente, em guirlanda, recheada ou com laços frequentes, pernas sinistrogiras etc. (veja o verbete Alma, nesse mesmo dicionário).

Afetividade: Chamamos afetividade toda a série de experiências ou conteúdos emocionais que são a base da nossa vida psíquica.

Compreende toda a gama de emoções e sentimentos de prazer e desprazer, de alegria e de dor. A afetividade é nosso modo de reagir, mais profundo e biológico, aos acontecimentos externos e internos, independentemente da vontade e da razão. A "cor" da alma é a emoção e o sentimento. A "forma" estaria mais em concordância com as funções intelectuais. A afetividade é o que dá expressão, calor, sabor e vida a nossos atos e a nossos pensamentos. É o impulso que nos inclina à amizade, ao amor, à confraternização, a formar equipes com os outros ou a tomar posições alocêntricas ou egocêntricas. De seu poder energético depende o poder dinâmico das necessidades, desejos, tensões, interesses e paixões.

Por isso, é tão importante conhecer, através do grafismo – ou por outros meios –, o papel que a afetividade representa em cada indivíduo, seu nível de harmonia com as funções intelectuais, seu controle ou descontrole, seu modo de reação, intensidade etc.

Afeto: É a tonalidade do ânimo prazeroso ou doloroso que nos aproxima ou nos distancia de um estímulo e que, geralmente, acompanha nossas ideias ou representações mentais.

Mediante a observação do comportamento, podem distinguir-se – segundo Piéron – três tipos de afeto:

1. Afeto de expansão, de busca, de contato ante um estímulo agradável.

2. Afeto de retirada, de fuga, de rechaço ante uma situação penosa ou ameaçadora.
3. Afeto de curiosidade e interesse, que mobiliza a atenção e o desejo de conhecimento ou exploração, a espera e a ansiedade.

Os afetos são muito mais intensos que os sentimentos e abrangem todo o conjunto anímico; são energias instintivas com carga emocional, ou seja, desprovidas de controle intencional.

Afinidade: Diz-se de pessoas ou grupos atraídos por traços de caráter parecidos ou por gostos e afeições da mesma identidade ou natureza. Há afinidades de tipo artístico, profissional, social, político, econômico, amoroso etc. Esses fatores de identidade respondem, geralmente, a uma necessidade de segurança, de complementação ou de autorrealização. "Combinam-se – segundo Bastin – com o ideal pessoal, tanto no âmbito do imaginário como no terreno da vivência".

O grafismo próprio da afinidade é aquele que apresenta traços parecidos com os de familiares, amigos, professores ou líderes do grupo.

Afirmação: Afirmar é asseverar, sustentar, com certeza e decisão, um critério, uma causa, uma ação, um feito etc. Na afirmação, a personalidade se consolida sobre os demais (fig. 90).

Agressividade: De *aggredire* = acertar, golpear, atacar, surpreender, perseguir. Impulso de provocação ou ataque, próprio do indivíduo, exageradamente, ávido ou ativo. A agressividade é também ardor, atividade, iniciativa, combatividade, luta pela vida, espírito empreendedor etc.

O impulso agressivo, quando é contido pela cultura e pela educação, torna-se ironia, sentido crítico, sagacidade, agudeza e penetração. Quando está dissimulado pelo sentimento de impotência frente aos outros, torna-se malícia, tendência a criticar e irritabilidade. A dissimulação do impulso agressivo por um sentimento de impotência produz também, em sentido negativo, a murmuração, a susceptibilidade e a cólera de despeito, às escondidas da pessoa que provoca a ferida.

A vingança e a traição procedem sempre de sentimentos agressivos, contidos em pessoas covardes e fracas.

A agressividade, em sentido são ou normal, é a característica viril que possui o macho para enfrentar, com coragem, os perigos, as dificuldades, os obstáculos e as competições. A agressividade se traduz então em iniciativa, esforço, atividade tenaz, audácia, espírito empreendedor, gosto pela competição e perseverança nos esforços para alcançar triunfos sociais, profissionais, desportivos, amorosos etc. (figs. 72, 76, 102, 149).

Em sentido psicanalítico, a agressividade é um instinto destrutivo, mesclado com o erotismo (instinto de morte, em situações ansiosas ou por excesso ou falta de controle), que, dirigido para os demais ou ao mundo circundante, conduz ao sadismo (fig. 135) e dirigido para dentro, para o ego, leva ao masoquismo, à autodestruição (fig. 163).

"A agressividade, quando é fortemente reprimida, pode provocar neuroses de fracasso, inapetências (perda do apetite), depressões e perturbações psicossomáticas." (Bastin).

Altruísmo: Comportamento espontâneo ou reflexivo, que leva a uma atitude oblativa ou de desprendimento em benefício dos demais e não em proveito próprio.

É um "sentimento consciente que impulsiona para a solidariedade com os outros" (Székely). Onde se encontra um fracasso ou uma diminuição importante do interesse pelos outros pode haver uma imaturidade de caráter e dificuldades na vida sexual, apesar dos fenômenos compensatórios e do desmascaramento que esse aspecto lhe queira dar.

Portanto, os sentimentos altruístas ou de solidariedade para com os demais, quando são harmônicos (não deficientes, nem muito excessivos), mostram uma boa maturidade psicológica e um comportamento sexual normal. O altruísmo pode ser assimilado ou equiparado ao termo "alocentrismo" (de "alo", fora ou "separado de", e "centrismo", que se refere a tomar a si mesmo como centro de todo interesse). É contrário a "egoísmo" e "egocentrismo" (veja esses verbetes).

Os sinais gráficos de altruísmo são: Escrita limpa, nutrida, progressiva, aberta, inclinada, rápida, em relevo, rítmica, com predomínio da onda em curva, firme e sem desigualdades que alterem o ambiente gráfico positivo (fig. 181).

Ambição: Aspiração, mais ou menos apaixonada ou obsessiva, para alcançar postos, estados ou metas superiores. Esse desejo, carregado de orgulho ou de vaidade, provoca no indivíduo uma excitação, um ardor veemente que o dirige para a busca presunçosa ou imoderada de riquezas, honrarias, cargos importantes ou glória (fig. 68). O excesso de ambição produz os estados de insatisfação, frustração e inadaptação. Uma ambição sadia é sempre um estímulo louvável para a superação e o desenvolvimento dos potenciais humanos (fig. 181).

Escrita ascendente, alta, sobrealçada, barras dos "tt" por cima da haste ou elevadas, hastes e pernas longas, traços em diagonal.

Ambitendência: estado psíquico do indivíduo que se encontra entre os extremos de duas atitudes. Por exemplo, entre a introversão e a extroversão, a decisão e a fuga, o Eros e o Tanatos. Supõe um equilíbrio de forças e também uma possibilidade de juntar extremos para dar saída a uma conduta destemperada ou adaptativa.

Ambivalência: Sentimentos contraditórios motivados por uma única representação ou desejo. O indivíduo se encontra em situação conflitiva entre os estímulos que o movem ao desejo, à atração, ao amor ou à entrega e os impulsos que, por estarem carregados de medo, repugnância ou ódio, impelem-no a fugir da decisão (fig. 44). Trata-se de uma luta que o indivíduo sustenta consigo mesmo e que pode produzir um comportamento neurótico.

Escrita de inclinação desigual, progressivo-regressiva, fechada-aberta, ascendente-descendente e com sinais de tensão vacilantes (fig. 70).

Amor-próprio: Sentimento, mais ou menos forte, da dignidade pessoal, do valor íntimo e da própria posição, associado ao desejo de fazer as coisas bem e a uma susceptibilidade, mais ou menos irritável ou inquieta, com relação à apreciação e ao valor que os demais concedem ao indivíduo (Streletski).

Escrita grande, firme, ascendente ou retilínea, maiúsculas altas e barras dos "tt" elevadas (fig. 48).

Anal, estado: Em linguagem psicanalítica, é a etapa que sucede a fase oral, onde a atividade bucal (sugar, mordiscar, pegar com a boca etc.) passa para um segundo plano, e a criança desloca sua afetividade para a zona anal ou às suas funções defecatórias.

As exigências da limpeza, impostas externamente, mostram à criança o incômodo e a perturbação da educação, mas também o modo de se opor a essas exigências. A criança pode reter seus excrementos e utilizá-los como uma arma para se fazer valer, independente do poder erógeno dessa zona, na criança e no adulto.

Por isso, a fixação nesse estado produz no adulto um caráter insolente, dominante e agressivo (impulso sadoanal). Também pode produzir, nesse estado, a fixação de uma atitude sadomasoquista (o prazer de causar dano, de agredir, de destruir, de manchar, de aniquilar, que se dirige, alternadamente, para fora e em direção aos outros e ao próprio ego do sujeito. Bipolaridade dos afetos e dos impulsos).

Os traços de caráter correspondentes ao oposicionismo, à resistência passiva, à avareza (prazer de possuir e reter), à tenacidade, à preocupação excessiva pela limpeza e pela higiene, escrúpulos exagerados e ordem etc. e seus opostos: sujeira, desordem, desleixo, falta de higiene etc. são características derivadas do complexo sadoanal.

Escrita pequena, apertada, condensada ou compacta, regressiva, angulosa, com arpões ou ganchos frequentes.

Analidade: Assim como a oralidade (veja esse termo) busca e se nutre de satisfações orais, tais como: comer, beber, beijar, fumar, falar, receber carícias (luxúria), honrarias, de importância social e profissional, de dinheiro e de bens materiais (dos quais o indivíduo gosta de fazer ostentação), a analidade representa um deslocamento para o próprio indivíduo, introjeção, "retenção", conservação, acumulação de desejos "libidinosos", como consequência da privação ou da frustração (fig. 50).

O indivíduo de caráter anal se caracteriza pela tenacidade, apego, mesquinharia, retenção das coisas que recebe, desconfiança, atitude insociável, silenciosa, obstinação, ordem e pontualidade. A frugalidade, parcimônia, apego, mesquinharia, timidez e obstinação próprias desse caráter são, sob o ponto de vista psicanalítico, uma continuação do hábito da "retenção" anal, ligado, inconscientemente, ao medo de perder algo valioso, às vezes, por prazer fisiológico (fig. 41).

Escrita apertada, estreita, ligeira, inibida, fechada, condensada na página, margem esquerda e superior estreitas, sóbria, ordenada e semiangulosa, regular etc. (fig. 30).

Angústia: Sensação penosa de mal-estar profundo (inquietação extrema, medo irracional) que oprime o ânimo e determina a impressão difusa "de um perigo vago, iminente, contra o qual se sente o indivíduo desarmado e impotente" (N. Sillamy). As causas da angústia podem ser várias: conflitos interiores, repressões ou insatisfações sexuais, frustrações, perdas de emprego ou de pessoas amadas etc. (figs. 26, 67, 181). Considera-se que existe caráter neurótico quando a reação está em desproporção com o estímulo ou com a causa determinante.

Escrita pequena, inibida, suspensa, espaçada, margem direita reduzida, margem esquerda se estreitando, maiúsculas separadas. Assinatura distanciada do texto e à esquerda, barras dos "tt" atrás da haste, pontos caídos etc.

Angústia de castração: Veja Complexo de castração.

Anima: Protótipo da imagem da mãe, da mulher em geral, radicado no inconsciente do homem. O mesmo que *animus* (na mulher), esse arquétipo pode ser claro e unívoco, ou seja, pode se canalizar na mesma direção que a consciência ou em direção contrária a essa. Quando a anima é homogênea, o indivíduo se desenvolve sem contrastes nem problemas. Ao contrário, quando essa parte sexual contrária é uma representação polifacética, obscura e turva da *imago* feminina em nossa alma (fig. 135), o mesmo pode se manifestar como "doce donzela, deusa, fada ou musa, demônio, mendiga, bruxa ou prostituta" (Jung).

Isso explica, por exemplo, que certos intelectuais ou homens muito cultos se enamorem, perdidamente, por prostitutas ou mulheres de baixa categoria. A *anima,* no homem, é a causa de certas rudezas afetivas e incontroladas que aparecem mais ou menos frequentemente, em sua conduta.

Escrita com formas e ornamentos próprios dos grafismos femininos (figs. 68 e 112).

Animus: Protótipo da imagem do outro sexo no inconsciente da mulher. O mesmo que *anima* no inconsciente do homem, esse arquétipo sexual masculino na alma da mulher pode ser claro e unívoco algumas vezes e obscuro, sombrio, polifacético e ingovernável, à medida que se vai formando, dia-a-dia, desde a infância, com base em imagens de amor ou ódio, de doçura ou choques, de ilusões ou frustrações etc. Portanto, pode estar influenciado pela *imago* do pai, do irmão ou de qualquer outro ser do sexo oposto, tomando a forma simbólica de um anjo ou de um demônio, de um herói ou de um tirano, de um amante ideal ou do contra ideal furioso e repugnante (fig. 152). O *animus* pressupõe, para a mulher, um modo de pensar, inconsciente, onde as avaliações, os juízos, as conclusões são captadas de forma irracional, sem base lógica consciente. Isto faz com que resistamos – muitas vezes, injustamente – levar a sério os julgamentos da mulher, por nos parecerem muito *a priori*.

Predomínio de formas masculinas na escrita da mulher (fig. 152).

Ansiedade: É uma forma atenuada da angústia, caracterizada por um sentimento de inquietação, agitação, incerteza, ou estado de alerta, que cai sobre o ânimo, frente à impressão subjetiva de um risco, perigo ou ameaça para o ego. Quando a ansiedade é excessiva em relação ao objeto ou à causa que a provoca, trata-se então de uma "fobia" (medo do escuro, das alturas, das tempestades, de ratos etc.).

Tanto a ansiedade, como a angústia e as fobias parecem ter sua "origem em acontecimentos de infância mal resolvidos" (Bastin) e são, originariamente, vinculados tanto ao mundo dos fantasmas, como a situações realmente vividas, como podem ser os traumas edípicos ou pré-edípicos de abandono, de perda do objeto amado, cenas de agressividade culpabilizante ou de agressividade padecida, medo de castração etc.

A ansiedade pode ser estimulante ou paralisante, pode modificar nossas defesas ativas ou, ao contrário, "mostrar a nossa consciência o nascimento de uma desordem profunda" (Becker).

Sob o ponto de vista psicanalítico, a ansiedade é uma frustração "do ego" em qualquer necessidade vital; ou um remorso ou complexo de culpa imposto pelo superego depois de se haver infringido uma proibição moral.

A ansiedade pode reduzir a eficácia no trabalho, desequilibrar a conduta social e tornar inadequado o comportamento sexual (impotência no homem, frigidez na mulher).

Escrita descendente, inibida, de coesão desigual, inclinada ou invertida, congestionada, vacilante, com frequentes mudanças de inclinação (inclinação desigual).

Apatia: Tendência, mais ou menos inconsciente, aos estados de insensibilidade, à pena ou ao prazer, ou seja, aos estímulos afetivos e motores. Essa indiferença sensitivo-motora produz a indolência, a negligência, a preguiça, o abandono, o desleixo e a despreocupação do indivíduo em seu trabalho e obrigações sociais e familiares.

Escrita frouxa, branda, descendente, ausência de pontos e barras dos "tt" etc.

Ardor: Calor vivo, às vezes excessivo, do impulso, dos desejos e inclinações,

ASSIMILAÇÃO

ordinariamente acompanhado de "uma atividade radiante, impetuosa e otimista".

O ardor é próprio da juventude e está engendrado, muitas vezes, pela paixão, pelo entusiasmo e veemência que inspira um desejo, uma ideia ou um plano (fig. 72).

Assimilação: Processo de percepção, mediante o qual o indivíduo integra valores externos ou se integra em valores ou hábitos peculiares a um grupo de pessoas de um ambiente que não é, normalmente, o seu. Essa assimilação pode ser de conteúdos ideais, intelectuais, afetivos, morais, políticos, profissionais etc.

A assimilação pode incidir também em uma conduta ativa mediante a qual, apreendendo um sistema ou conhecendo alguns valores, o indivíduo pretende, intencionalmente, transformar o meio em vez de se acomodar a ele.

Escrita agrupada, progressiva, aberta, espontânea, com predomínio do elemento curvo e respeito à relação espaço-texto (texto bem enquadrado e adaptado à página).

O grafismo da fig. 16 apresenta um caso de assimilação, predominantemente, estético-intelectual. A fig. 57, ao contrário, denota um tipo de assimilação social, de ordem mundana, preocupada, essencialmente, com as aparências. A fig. 98 demonstra prevalência pela assimilação de temas práticos e utilitários. A fig. 70, uma desordem caótica nos temas antes de serem integrados à consciência.

Associal: Veja Psicopatia. Diz-se do indivíduo que pensa e atua sem considerar os costumes ou normas sociais. O homem são, maduro, equilibrado e integrado satisfaz suas necessidades buscando um ajuste entre seus desejos e a realidade exterior. O indivíduo antissocial tende a satisfazer seus desejos e necessidades sem ter em conta o mundo dos demais nem os demais.

Astenia: Lassidão física, causada por enfraquecimento das forças vitais, que produz a fadiga física e mental prematura. Esse estado de fraqueza pode ser causado por enfermidade, excesso de trabalho, repressões ou frustrações afetivas repetidas (fig. 104).

Escrita frouxa, descendente, empastada, pequena, inibida, barras dos "tt" frouxas, pontuação pouco precisa etc.

Astúcia: Habilidade para enganar, confundir ou sugerir maliciosamente (astúcia). Intuição prevenida, que evita deixar-se enganar. É o contrário de ingenuidade, nobreza e candura. Mas também é o contrário de imprevisão, de falta de cautela e imprudência.

Escrita rápida, regressiva, *jointoyée*, gladiolada, espaçada e pequena. Maiúsculas separadas, finais curtos e pontudos (fig. 135).

Atenção: A atenção é a operação. mental, consciente, espontânea e, voluntariamente, seletiva, mediante a qual nosso consciente se dirige e se concentra sobre um objeto único, simples ou complexo, contribuindo, desse modo, para esclarecer, fixar e precisar esse objeto segundo seus matizes mais diversos (figs. 16, 41, 102 e 145).

A potência da atenção – diz Streletski – está subordinada à constituição do indivíduo (instabilidade, hiperemotividade, excitação, depressão, psicastenia etc.), a seu estado de saúde (fadiga, *surmenage*, perturbações digestivas e sensoriais, intoxicações, insuficiências glandulares etc.), dependendo também das influências do meio (ruído, agitação, ambiente inadequado) e das circunstâncias (monotonia, enfado, aborrecimento).

A atenção, diz o mesmo autor, "é o buril da memória e uma das funções primordiais da receptividade". É despertada pelo interesse que temos pelas coisas, estimulados por nosso desejo de saber ou de aparentar que sabemos, desejo de agradar, de cumprir nosso dever ou de nos servirmos de uma ideia. A atenção torna-se mais aguda mediante a curiosidade, que é condição necessária para a aquisição de nossos conhecimentos. A duração da atenção depende da intensidade e persistência de nossos afetos e de nosso interesse.

Na criança e no velho, a faculdade da atenção é fraca e é nula no alienado e no alcoólatra.

A atenção diminui à medida que o excessivo gasto de atividade intelectual consome e cansa as funções psíquicas.

Essa faculdade, como todas as outras, é susceptível de cultivo. Os espíritos volúveis, aturdidos, preguiçosos e distraídos podem habituar-se pouco a pouco, mediante o exercício, a prestar mais atenção neles mesmos, e nas coisas que os rodeiam.

Um dos melhores métodos para desenvolver a atenção é a grafoterapia (veja esse termo).

Atitude: A atitude é uma disposição psicológica que condiciona nossos esquemas de conduta. Refere-se, geralmente, a posturas ou às posições do corpo que se prepara, por exemplo, para uma ação de ataque, de afirmação ou de defesa.

Todos conhecemos, amplamente, a atitude do orgulhoso, do tímido, do extrovertido, do desconfiado, do homem violento, da mulher amável, da mulher vaidosa e insinuante etc.

Há atitudes de aproximação, de distanciamento, afáveis, amorosas, rancorosas, ameaçadoras, conciliadoras, lisonjeiras, simuladoras etc.

As atitudes podem ser esporádicas ou circunstanciais, constantes ou habituais. Essas últimas refletem nossa maneira de ser, ou seja, caracterizam-nos.

Cada grafismo demonstra as atitudes pelas quais se podem reconhecer a personalidade e os hábitos do autor.

Atitude de retirada ou de fuga: Essas atitudes são formas de recuo, motivadas pela timidez, covardia ou sentimentos de inferioridade (veja esses verbetes).

Há outras formas de recuo que poderíamos classificar como patológicas. São a esquizoidia, o autismo, os estados depressivos, a neurastenia, a hipocondria, a melancolia, a psicopatia etc. (veja também esses verbetes).

A atitude de recuo ou de recolhimento está quase sempre ligada a uma experiência dolorosa que obriga o indivíduo a se prevenir contra o fracasso, a frustração ou contra as situações de ridículo e humilhação em público. A análise de si mesmo e a reflexão sobre os acontecimentos vividos pelo indivíduo, em sua vida diária, absorvem uma grande parte de seu tempo (diários, anotações, confissões etc.), o que, por outro lado, não lhe dá nenhuma segurança nem possibilidade de se libertar de seu medo ou abatimento doentio, que o leva a uma vida de desejos com satisfações escassas (fig. 180).

Atividade: Tudo na vida é ação e reação, estímulo e resposta; portanto, concebemos a atividade como uma disposição inata do indivíduo para reagir ante os estímulos.

A atividade pode estar determinada por:

a) uma reação instintiva que se traduz por um impulso automático, espontâneo e de origem inconsciente (fig. 44);
b) um estímulo consciente, intencional ou voluntário. Nesse caso, o impulso obedece a uma deliberação reflexiva (finalidade consciente) (fig. 16);
c) o estímulo do hábito (modo de atividade subconsciente e automática que sucede à atividade voluntária) (fig. 15).

Em psicologia, a atividade abrange três setores:

1. A *atividade motriz,* que se refere à atividade física, à capacidade de movimento das partes motoras ou móveis do corpo: pernas, braços, cabeça etc. (fig. 102);
2. *A atividade psíquica,* que compreende as disposições afetivas, a atenção, a memória, a imaginação e a associação de ideias (fig. 28);
3. A *atividade mental,* que concerne o que se refere às operações superiores do espírito: julgamentos e raciocínios (figs. 16, 40, 126 e 145).

Como fica claro, ao falar da escrita rápida (veja esse título na seção grafológica), a atividade psicomotriz se acelera nos períodos de excitação ou nos indivíduos de constituição excitável, sendo reduzida ou inferior nos indivíduos propensos aos estados depressivos e à fadiga.

Atos falhos (erros, equívocos): Os atos falhos (retoques na escrita, repetição ou esquecimento de palavras ou de letras, todo tipo de erros ou equívocos ao escrever) podem ser devidos ao fato de o indivíduo se encontrar fatigado ou indisposto, sobre-excitado ou distraído, mas – segundo Freud – a verdadeira causa dessas falhas é a repressão ou a insinceridade. Os atos falhos, segundo a psicanálise, têm origem na oposição entre os propósitos distintos que se interferem, um consciente e outro inconsciente.

Atração: Sob o ponto de vista biológico, é o impulso irracional que empurra o indivíduo de um sexo para outro de sexo oposto. Não nos referimos aqui a esse movimento irracional de atração, mas a certos elementos estéticos-afetivos ou anímicos que atraem as pessoas entre si e que dão origem à amizade, à admiração, ao respeito, à veneração ou ao amor.

Referindo-se ao grafismo, por exemplo, há escritas que são "atraentes" por seu grau de estética e harmonia, pela forma como se juntam os aspectos espaço, forma e movimento (figs. 85, 86, 40, 28, 149). Ao contrário, pode haver outras que nos parecem repulsivas ou desagradáveis à vista (figs. 108a e 50), mesmo que tanto uma apreciação como a outra sejam, essencialmente, subjetivas e não possam ser propostas como conceito científico, mas como o que são: reações psíquicas ante um fenômeno psíquico.

Audácia: Atrevimento, ousadia ou intrepidez no pensamento, nas palavras e na ação. O indivíduo pode ser descarado e cínico em suas palavras ou ações ou, simplesmente, valente, empreendedor e ativo.

Escrita grande, rápida, extensa, progressiva, lançada, ascendente. Barras dos "tt" finais longos.

Autismo: É a tendência do indivíduo a rechaçar o mundo que o rodeia e a se abstrair em seus próprios pensamentos ou sonhos. Chama-se também "síndrome de Kanner", que o descobriu nas crianças e o aplicou a adolescentes, com os quais era muito difícil a comunicação. O termo se aplica, também, em psicologia, aos adultos a partir de Krestchmer.

O adulto autista vive integrado em seu mundo interno de desejos, angústias, sensibilidade e imaginação. Constrói sonhos, fantasias, utopias, que são para ele suas únicas realidades. "O mundo exterior – diz Porot – não é para o autista mais que uma aparência ou, pelo menos, é um mundo que carece de conexão com o próprio indivíduo".

A atitude do indivíduo autista é sempre incompreensível para a pessoa normal. Quando o autismo não é muito intenso, em determinados momentos, podem-se estabelecer contatos e chegar a certos níveis, mais ou menos, escassos de compreensão, mas o enfermo autista sofre ao não poder exteriorizar sua sensibilidade com expressões adequadas para se fazer compreender. Os indivíduos muito introvertidos têm tendência ao autismo.

Escrita: Pequena, rápida, muito espaçada entre palavras e linhas, apertada, desligada; assinatura muito separada do texto; maiúsculas isoladas das minúsculas; pernas curtas, estreitas e fechadas ou em forma de taco de golfe.

Autoafirmação: Tendência a reforçar, ante os demais, a própria posição ou a destacar os próprios valores para assegurar o reconhecimento dos mesmos.

Quando essa tendência aparece interceptada por uma educação castradora ou outras causas (pai ou educador muito autoritário, mãe excessivamente absorvente e protetora, reveses ou adversidades da vida etc.), pode gerar a atitude contrária: a inibição, a passividade, a timidez excessiva, a neurose, a impotência sexual no homem ou a frigidez na mulher, assim como muitos desvios da sexualidade (homossexualidade, sadomasoquismo, prostituição, exibicionismo), que, frequentemente, têm como raiz – segundo Bastin – "uma necessidade frustrada de autoafirmação".

Escrita firme, limpa, nutrida, rítmica, com predomínio do ângulo e da pressão nos movimentos descendentes (hastes). Maiúsculas altas e sem vacilações. Escrita rápida, vertical ou inclinada, ascendente ou retilínea, progressiva, mais fechada que aberta, em relevo etc.

A fig. 149 expressa uma autoafirmação harmônica, positiva. A fig. 31 apresenta uma autoafirmação violenta, desconsiderada, agressiva, que não calcula seus efeitos.

Autocastigo: Castigo que o indivíduo se inflige a si mesmo, seja como expiação de um pecado ou culpa, real ou imaginária, por haver cometido uma falta, haver

AUTOCONTROLE

vulnerado um mandato ou por uma auto-acusação delirante.

O superego adota uma atitude de severidade moral excessiva ao entrar em conflito com velhos complexos ou recentes sentimentos de culpa que conduzem a um comportamento neurótico.

A mortificação física ou moral que o indivíduo leva a cabo consigo mesmo supõe uma conduta de fracasso, uma castração psíquica que pode estar – e que geralmente está – ligada ao conflito edípico, ou seja, a desejos incestuosos profundos e inconscientemente reprimidos.

Quando o autocastigo alcança níveis patológicos, o indivíduo dramatiza as faltas mais leves, sente-se responsável pelos descalabros ou desgraças alheias ou de sua família, recorre ao masoquismo e pode sentir-se impulsionado tanto para o crime como para o suicídio.

É reconhecida, no grafismo, por apresentar a assinatura traços da direita para a esquerda que atravessam o nome, agredindo-o, o mesmo nas maiúsculas e nas letras de perna (fig. 163).

Autocontrole: controle emocional e motor próprio de indivíduos que dominam seus movimentos pulsionais. Uma educação rígida, que desenvolve, excessivamente, a atuação do superego suporá sempre um controle excessivo (inibição, falta de espontaneidade) dos afetos e, portanto, a personalidade fica bloqueada em suas expressões naturais, o que será sempre uma dificuldade para o seu desenvolvimento na área funcional, social e profissional. Esse autocontrole excessivo (bloqueio) pode dar lugar à impotência sexual masculina e à frigidez na mulher.

Quando esse controle é harmônico, ou seja, quando o indivíduo sabe harmonizar as necessidades afetivas e instintivas com as exigências do raciocínio, há uma boa adaptação social e profissional. Diz-se, então, que o caráter é ponderado, equilibrado, sem mudanças bruscas de comportamento.

Escrita ordenada, clara, harmônica, proporcionada, cadenciada, simples, progressiva, em relevo, com sinais de normalidade em quase todos os aspectos gráficos (figs. 16 e 145).

Autocrítica: É a atitude interna do indivíduo que reconhece, mediante reflexão, que algum aspecto de sua atuação, de sua conduta ou que "algo próprio" não está conforme as normas ou se desajusta com a realidade em algum sentido. O indivíduo pode reconhecer, friamente, desse modo, suas lacunas, debilidades, deficiências ou más atuações, assim como seus possíveis erros, no modo de pensar, sentir ou querer.

Autodomínio: Predomínio da consciência na pessoa que controla e governa suas inclinações, seus desejos, suas paixões e seus vícios. Para tanto, a maneira de reagir com arrebatamento, violência, dureza ou independência absoluta (o caráter apaixonado é imperioso e exclusivo) em relação às coisas é nula ou aparece em raríssimas ocasiões.

Autodomínio quer dizer moderação, reflexão, prudência, medida e bom sentido (figs. 40, 91, 126 e 145).

Autoestima: Refere-se ao conceito que o indivíduo pode ter de si mesmo e de sua força ou capacidade para enfrentar a realidade, os impedimentos ou obstáculos que podem se interpor entre ele e a exigência de suas necessidades, entre o ego e ele.

Segundo o tipo de experiências vividas durante a primeira infância, numa etapa do desenvolvimento, os hábitos de reação, adquiridos frente aos enigmas e dificuldades, aos riscos e obstáculos, podem haver determinado um forte conceito autoestimativo (segurança, confiança em si mesmo, valor, decisão, iniciativa, fé na conquista de objetivos, otimismo, disposição sadia de mudar as coisas e adaptá-las às necessidades presentes ou futuras etc.), ou, devido a uma autodesvalorização inicial (debilidade ou fragilidade autoestimativa), o indivíduo se sente desalentado ante os obstáculos, frustrado ou fracassado, deprime-se, perde a confiança em si mesmo, desvaloriza-se e torna-se passivo, deixando a iniciativa para os outros.

Podemos lembrar aqui a famosa asserção de Freud, segundo a qual, "onde há dificuldades, extravagâncias ou anomalias de caráter, aparecem também distúrbios na vida sexual". Um forte desnível autoestimativo pode causar impotência sexual no homem e frigidez na mulher. É certo que algumas pessoas tentam supercompensar essa inferioridade se entregando a conquistas sexuais que lhes infundam a segurança que lhes falta.

Escrita de autoestima positiva: Grande, extensa, ascendente, progressiva, aberta, rápida, rítmica e sem inibições (figs. 149 e 181).

Escrita da autoestima negativa: Assinatura menor que o texto, deslocada para a esquerda e abaixo; maiúsculas baixas e pouco firmes, desligadas; pernas curtas e amputadas, estreitadas; escrita descendente, ligeira, regressiva etc. (fig. 180).

Autoimagem[24]**:** É o conceito que temos de nós mesmos. Forma-se com base nos dados que oferecemos ao nosso cérebro, ou seja, dessas impressões, dessas vivências, que estão ligadas, às vezes, a êxitos ou fracassos, a alegrias ou humilhações, a elogios ou castigos: também estão ligadas à forma como os demais nos acolhem, como reagem com respeito a nós. Especial importância tem a forma com que reagiram frente a nós os nossos pais, irmãos e outras pessoas do entorno no período da primeira infância. Com essa carga de impressões, de experiências, de vivências, formamos, mentalmente, um ser, ou, o que é o mesmo, "um quadro representativo" de um "ser". Esse "ser" é o que chamamos "autoimagem", é o que nós cremos que somos. A autoimagem, nada mais é do que aquilo que nós cremos, interiormente, que somos. Essa autoimagem condiciona nossos atos, nossos sentimentos e nossa conduta, inclusive a crença que temos em nossas próprias atitudes e capacidades de toda ordem. Em outras palavras: nossa vida está condicionada de acordo com a classe de pessoas que nós cremos ser. Por exemplo: a pessoa que conceitua a si mesma como um tipo de personalidade de fracasso achará, de algum modo, uma forma de fracassar, apesar de sua força de vontade e de suas boas intenções e apesar de que as oportunidades lhe cheguem de maneira fácil, às

---

[24] O texto deste artigo foi inspirado na interessante obra de Maxwell Maltx, *Psicobernética, nuevo metodo para la conquista de una vida más fecunda y 'ditosa'*, Herrero Hinos, Sucessores, México.

mãos. "A pessoa que tem a si mesma por vítima da injustiça, por um indivíduo que deve sofrer, achará, de uma forma ou de outra, as circunstâncias, mais ou menos, oportunas ou especiais que conduzam-no a essas condições". Todos conhecemos casos de pessoas com "autoimagem negativa" ou de fracasso que, ante qualquer experiência ou iniciativa, ou trabalho que lhes saia mal, em vez de reconhecer, claramente, que fracassaram, preferem afrontar o acontecido, com expressões tais como essas: "Já sabia que me sairia mal", "Sou um fracassado", "Nunca vou ter nada", "Antes de começar, já sabia que isto não daria certo"... e outras frases parecidas, que são próprias de indivíduos que têm uma autoimagem negativa. Para muitas dessas pessoas, constitui uma demanda categórica de seu plano de vida a ideia de que devem fracassar através da culpa de outros, mesmo que não o digam, e assim ficam livres, ante si mesmas, de toda responsabilidade, pois "todas as formas de inadaptação são, de fato, tentativas de evitar a responsabilidade" (Adler).

É evidente que as pessoas que têm uma mentalidade negativa ou de fracasso, uma autoimagem negativa, alimentaram seu cérebro com vivências negativas e maltrataram a confiança em si mesmas, de tal modo que, apesar de sua boa vontade, vão de fracasso em fracasso ou não se atrevem a sair de suas condições de vida, às vezes precárias, por falta de confiança em si mesmas, em seu próprio valor ou em suas próprias atitudes para progredir mais ou menos em sua vida, em seu trabalho, em suas relações familiares ou sociais e em seu próprio destino.

Outro problema é: pode-se mudar uma autoimagem negativa? A resposta é que sim, como Maxwell Maltx explica muito bem na obra citada. A grafologia pode fazer muito nesse sentido. Veja o que se disse com respeito ao Conceito autoestimativo.

Automatismo: Resposta mecânica, maquinal, do organismo ou do psiquismo, sem nenhum esforço especial nem dedicação da atenção. Exemplo, o manejo do teclado do piano, da máquina de escrever, dos pedais de um automóvel pelos experientes.

Qualquer ação que se repita um número de vezes suficiente chega a se automatizar. Portanto, o automatismo psíquico é uma ação realizada sem controle consciente. E quando uma determinada atividade se converte em automatismo, geralmente *se desenvolve de modo uniforme,* sem intervenção expressa da reflexão, da vontade ou da afetividade, ou seja, desenvolve-se de acordo com alguns esquemas fixos.

Daí os significados que se atribuem às escritas automáticas, uniformes, monótonas e estereotipadas: apatia, indolência, desânimo, aborrecimento etc. e também o *déficit* nos níveis da inteligência. Por outro lado, "tendem ao automatismo todas as escritas convencionais" (Crépieux-Jamin) (Figuras 15, 41, 42, 43 e 144).

Autoritarismo: Exaltação apaixonada do orgulhoso que o induz a impor, sem consideração nem tolerância, os próprios desejos e ideias aos demais. O autoritarismo é um abuso de poder em proveito do próprio egoísmo (afã imoderado de posses), produzido por um sentimento inconsciente de inferioridade.

Escrita firme, retilínea, angulosa, rígida, sobre alçada, regular ou com barras dos "tt" firmes, triangulares ou sobrealçadas (fig. 33).

Avareza: Afã de poder e de acumular bens, dinheiro, objetos ou influências pessoais (cobiça, mesquinharia, ganância, avidez). A avareza produz as ideias estreitas e preocupações mesquinhas.

Escrita pequena, apertada, contida, condensada na página, ausência de margens, regressiva, finais curtos e maiúsculas separadas (figs. 15, 30, 71 e 106b).

Aversão: A aversão é um sentimento desagradável, contrário à atração, ou seja, gerador de impulsos mais ou menos irracionais que incitam o indivíduo a se distanciar ou rechaçar pessoas do sexo oposto ou do mesmo sexo, devido a um conjunto inexplicável de elementos conscientes e inconscientes.

Pode ser a expressão de um autoritarismo infantil, de uma homossexualidade latente ou de uma repressão sexual patológica inconsciente. Uma aversão permanente ou persistente é, em geral, sintomática da personalidade neurótica.

As meninas violentadas, podem em sua idade adulta, apresentar uma fobia ou repugnância ao ato sexual, inclusive ao beijo e às carícias de seu *partenaire* masculino. E o mesmo pode ocorrer com meninos que foram "forçados" por adultos. O complexo de Édipo não resolvido pode gerar também sentimentos profundos de culpa e aversão.

No grafismo, fica refletida pelas regressões anormais nas pernas (bucles desviados no sentido oposto à sua direção normal).

Avidez: Tendência derivada do estado anal, consiste no desejo absorvente de possuir e reter (avareza) "não somente o que é útil e necessário, mas também o que é vantajoso e favorável" (Streletski). Figuras 34, 50, 73, 124, 134 e 167. Os indivíduos com "componentes histeroides", que são, em geral, muito sensíveis a toda ameaça de abandono, ou seja, à perda real ou imaginária da pessoa amada, intensificam sua avidez de afeto. Por isso, nesses indivíduos as frustrações afetivas produzem reações desproporcionais em relação às causas motivantes (crises de lágrimas, dramatismos, ameaças de suicídio etc.), e que é também uma demonstração psicológica da profunda imaturidade afetiva de tais indivíduos. A avidez desenvolve a astúcia, a mentira, a intriga, os ciúmes e o egoísmo, entre outras qualidades negativas do caráter. Escrita regressiva, apertada, condensada, em laços, *jointoyée,* com arpões nos finais e nas barras dos "tt", desnutrida, descendente. Maiúsculas altas, estreitas e de finais e iniciais muito regressivos.

B

Bilioso: Esse termo refere-se a um dos quatro tipos de temperamento, descritos amplamente no nosso livro *La selección del personal y el problema humano en las empresas*. O bilioso se caracteriza por seus movimentos sóbrios, firmes, medidos e ordenados (força e rapidez equilibradas pela constância de seu treinamento). O caráter do bilioso é tenaz, preciso, firme e perseverante. Organiza, inteiramente, o trabalho que realiza. A vontade exerce um controle efetivo sobre as reações nervosas e emotivas. Interessa-se mais pelas ideias e pelas coisas que pelas pessoas, mas é respeitoso com os direitos e com a personalidade alheia. Vejam-se as escritas correspondentes no verbete Temperamento (figs. 76, 126 e 161).

Biótipos de Kretschmer: As classificações modernas do temperamento mais em voga se devem a Kretschmer, Pende, Sheldon, Martiny e Periot.

Kretschmer divide os temperamentos em dois grandes grupos, de acordo com a morfologia corporal, quer dizer, baseando-se na forma do corpo. Aos indivíduos de figura redonda e gorda chama de pícnicos e aos de figura magra e longa, leptossômicos. O tipo médio entre ambos é o atlético[25].

A descrição que o célebre analista dá sobre o tipo pícnico é essa: estatura mediana, pescoço curto, que dá a impressão de que a cabeça se funde com os ombros; o rosto é suave: redondo e carnudo; os membros mostram poucos relevos musculares. As mãos são macias, quase sempre curtas e largas. O peito e o ventre são mais proeminentes e particularmente com grande perímetro (forma de um barril), devido à acumulação de gordura excessiva. O pícnico tem tendência para a calvície.

Os pícnicos têm o tipo de temperamento que Kretschmer divide em três subgrupos: hipomaníacos, sintônicos e depressivos.

Em geral, os pícnicos são indivíduos sociáveis, realistas, práticos, dinâmicos, realizadores, confiados e alegres. Eles desenvolvem, de preferência, as faculdades ativas, o sentido prático e realizador, a análise objetiva e a sociabilidade.

No pícnico, diz Marañón, os estados de excitação otimista, de rapidez na ideologia, de segurança e confiança em si mesmo se alternam com os estados de depressão moral e intelectiva, com a falta de confiança em si mesmo e a tendência para a pusilanimidade. Enquanto o magro oscila entre sensível e frio, o gordo oscila entre alegre e triste.

Quando se trata de artistas ou literatos, os pícnicos, em suas criações, são exuberantes, realistas e humoristas. (Balzac, Chesterton). Compare-se a sensualidade e o realismo de Rubens com a elevação dramática e mística de El Greco.

---

[25] O quarto tipo é o displásico, que responde a deformações de origem glandular.

Quando se trata de homens de ciência ou de filósofos, nos pícnicos se desenvolve, de preferência, a atração pelas ciências naturais, sendo, em suas exposições, homens descritivos, empíricos, e de certo modo intuitivos (Darwin, Pasteur, Humboldt etc.).

Se forem condutores de multidões, aparecem como indivíduos que vão direto ao objetivo, como bons organizadores e como mediadores sensatos (Churchill, Mussolini, Erhardt, Krutchev etc.).

O leptossômico de Kretschmer é alongado, delgado, de rosto e tronco longos; o tronco e os membros são esbeltos e delgados, os ombros caídos, as extremidades frágeis e sem relevos musculares; as mãos finas e ossudas, o peito alongado e plano. O rosto é comprido, estreito, enxuto, de maxilar inferior retraído. Não tem propensão para a calvície, e seu cabelo é fino.

Kretschmer divide o *esquizoide ou leptossômico* em três grupos: o hiperestésico, o esquizoide intermediário e o anestésico.

O indivíduo hiperestésico é irritável, nervoso, idealista; caracteriza-se por sua grande vida interior e se reflete, em sua atitude, sua delicadeza de gosto e de sentimentos. O esquizoide intermediário, por sua vez, é enérgico e moderado, sistemático, consequente, sereno de espírito e tem ares aristocráticos. O anestésico é frio, indolente, preguiçoso, extravagante e tortuoso em sua maneira de ser, friamente nervoso e pouco dado às paixões.

Tanto na aparência corporal como em sua psicologia, os esquizoides são o oposto ou o inverso dos cicloides ou pícnicos. No leptosômico se desenvolve, de preferência, a faculdade de conceber e criar, a teoria, a síntese, o dogma, o paradoxo e a utopia. Em sua estrutura psíquica, cabe mais o sistemático e o teórico que o analítico e o prático.

Quando se trata de artistas, os indivíduos de temperamento esquizoide são patéticos, místicos, dramáticos, românticos, artista da forma (Dante, Béquer, El Greco, Fray Angélico etc.).

São filósofos ou pesquisadores científicos, são lógicos, sistemáticos, metafísicos (Descartes, Kant, Pascal, etc.).

Finalmente, se se trata de sociólogos ou condutores de multidões, são idealistas e moralistas puros (Rousseau, Karl Marx, José Antônio); déspotas ou fanáticos (Hitler, Calvin, Savonarola, Robespierre) ou calculadores frios, como Frederico, o Grande.

Tanto em seu íntimo como na superfície, o esquizoide ou leptossômico é de difícil compreensão, pois entre ele e os demais estabelece-se uma barreira intransponível que impede o conhecimento de sua alma.

Em regra geral, o indivíduo de natureza leptossômica oscila entre o brusco, a irritabilidade, a sensibilidade (a irritabilidade desloca-se para o polo anestésico [frieza] ou para o hiperestésico [sensibilidade]). O mesmo termo "esquizoide", que Kretschmer emprega, quer dizer contraste, discordância, desacordo.

Quanto ao tipo *atlético,* de Kretschmer, esse é, em seu sentido longitudinal, alto ou de estatura mediana, de cabeça altiva e erguida, de queixo potente e crânio de

BIPOLARIDADE

formato estreito; o nariz é, frequentemente, pequeno e de ponta redonda, os ombros largos, o peito de grande perímetro e o tronco mais estreito na cintura. Os relevos musculares no tipo atlético são salientes (grandes bíceps); os ossos e as mãos são grandes e a pele, espessa. Os cabelos são como no leptossômico.

O tipo atlético é dotado de grande dinamismo e movimento físico, é realista, positivo e prático; partidário do esporte, pois desenvolve, de preferência, a sensibilidade muscular (estética motriz); e, daí, sua necessidade de diversão e jogos, preferindo o futebol, a caça, o circo ou as touradas a uma conferência literária ou um concerto musical.

A psicomotricidade do cicloide se caracteriza por uma gesticulação adequada ao estímulo, franca, suave, natural e aberta. Na escrita, revela-se por uma letra ampla, aberta, progressiva, arredondada e ligada, com predomínio das zonas média e inferior.

A psicomotricidade do esquizoide é quase sempre inadequada ao estímulo; reprimida, em alguns casos, enfraquecida, em outros, interrompida, inflexível ou malformada. A escrita, como seu caráter, é desigual, discordante, mistura de ângulos e curvas, de traços pontiagudos e regressivos, de pressão débil, apertada e de inclinação frequentemente desigual.

Em sua reação psicomotriz, o atlético caracteriza-se por seus movimentos seguros e firmes, por sua agilidade física e destreza, em razão de seus gestos serem sempre desembaraçados e exatos. A escrita do tipo atlético é grande, movimentada, com forte predomínio da zona

inferior, firme ou de pressão forte, inclinada e dextrogira.

Bipolaridade: Refere-se aos traços de personalidade, cujas características são opostas (extroversão-introversão, alocentrismo-egocentrismo, domínio-submissão; atração-repulsão etc.). O ponto zero não se encontra nos dois extremos, mas entre ambas as tendências. Esse ponto zero seria, teoricamente, o ponto de equilíbrio. Quando essas tendências agem, com intensidade e alternadamente, o indivíduo sustenta uma luta entre impulsos conscientes e inconscientes (fig. 26). E se pressionam de uma vez, simultaneamente, esses dois valores contraditórios impossibilitam a unidade do Ego, a capacidade para conciliar contrastes, o que explica a conduta dos sujeitos indecisos, vacilantes e com características esquizoides.

Encontra-se a ambivalência (veja esse verbete) em indivíduos sensíveis com desejos contrariados ou com necessidades de afeto não correspondidas.

Escrita de inclinação e direção variáveis, vacilante, indecisa (barras dos "tt" e sinais de pontuação atrasados, assinatura colocada na esquerda, maiúsculas distanciadas das minúsculas etc.). Lapsos de coesão abundantes. Descendente; traçado pouco firme.

Bloqueio afetivo: Impedimento ou obstrução de um afeto ou comunicação com outra pessoa. O impulso de se expressar permanece cortado e substituído por palavras, frases ou ideias, ou por atos, que não têm relação com a resposta que o sujeito deveria dar. Dorsch disse que esse fenômeno se observa quando existem razões ligadas a um complexo com grande carga afetiva. Geralmente, trata-se de experiências infantis dolorosas que são despertadas pela situação. É um mecanismo de defesa contra alguma ferida psíquica (figs. 134 e 180). Lapsos de coesão. Escrita muito invertida, regressiva, descendente. Maiúsculas muito separadas. Pernas sinistrogiras e de volutas viradas para a esquerda. Letras "dd" e "gg" fragmentadas etc.

Bom senso: Capacidade para separar coisas que têm uma aparência real, absurdas, daquelas outras que têm uma evidência lógica. Diz-se também do pensamento ponderado, reflexivo, que julga com prudência e com nível suficiente de desconfiança para não cair em credulidade, para não desanimar quem quer defender a verdade.

Escrita progressiva, ligada, suficientemente grande e extensa, mas sem desproporções, quer dizer, correta quanto aos espaços entre palavras e linhas; segura, sem vacilações, de traço firme, rapidez média e inclinação e direção próximas do módulo (fig. 149).

Bondade: Sentimento de simpatia e de boa vontade em relação ao próximo. Não pode haver bondade positiva onde não houver firmeza e adesão a "um ideal pessoal de ordem, de verdade e de beleza" (M. Fay).

Escrita firme, clara, ordenada, arredondada, progressiva, aberta e com margens à esquerda e superior amplas (fig. 37).

Brandura (suavidade, ternura): do latim *blandus* = terno, suave, mole, doce, que cede facilmente, que não é firme. Doutor Streletski diz que, no indivíduo brando, a brandura pode ser extrema, e a indulgência

excessiva (passividade), e daí o sujeito cede, sem resistência, à pressão alheia, perdendo, frequentemente, sua própria forma e personalidade (plasmatividade excessiva).

A falta de sustentação, de firmeza e de segurança no esforço faz com que o indivíduo brando seja um ser de tentativas insuficientes, de decisões e ações incompletas e de projetos abandonados (fig. 124).

Brevilíneo, longilíneo, normolíneo: Terminologia utilizada por Viola.

Brevilíneos são os sujeitos nos quais predominam as dimensões horizontais e em quem o valor dos membros é menor que o do tronco, e o diâmetro do abdômen é maior que o do tórax. Kretschmer os chamaria de "pícnicos", e Sheldon de "endomórficos". Veja-se tipo "pícnico" nos biótipos de Kretschmer.

Longilíneo, na classificação de Viola, é o indivíduo de figura alongada, com predomínio da dimensão vertical. Finalmente, normolíneo é o indivíduo equilibrado ou normal quanto à sua estrutura física.

O longilíneo se identifica com o "leptossômico" de Kretschmer, e com o "ectomórfico "de Sheldon. O normolíneo é equivalente ao "atlético" e ao "mesomórfico".

Brusquidão: Tendência para um humor áspero e desagradável que provoca uma conduta descortês e um modo de reação violento. É próprio dos indivíduos inadaptados. Escrita angulosa, desigual, maciça, pontiaguda (acerada), malproporcionada. Sinais de violência frequentes nos traços (pressão desigual) (fig. 31).

C

Cálculo: Reflexão destinada a descobrir o valor ou preço que uma coisa tem para uma pessoa ou para a coletividade. Pode ser calculado em segredo para benefício exclusivo ou ser calculado como obrigação de trabalho (compras-contabilidade). Nesse caso, a atitude moral tem alterado o seu sentido (fig. 41).

Escrita convencional, clara, ordenada, cuidada. Cifras bem estruturadas e colocadas com muita ordem. Em caso de uma atitude que seja puramente egoísta, a escrita será regressiva, pequena, apertada, condensada, *jointoyée* e sem margens ou com margens muito pequenas ou aproveitadas.

Calma: Serenidade e equanimidade, constância e reflexão nas manifestações exteriores da personalidade. O indivíduo se revela com uma conduta tranquila e ponderada (figs. 15, 41 e 43).

Escrita igual, clara, ordenada, arredondada ou redonda, progressiva ou convencional e, às vezes, monótona.

Canhoto ou esquerdo: Certas pessoas têm tendência a se valer da mão esquerda e a utilizar o lado esquerdo do corpo mais que o direito. Por exemplo, utilizam mais o olho esquerdo ou se deitam, preferentemente, sobre o lado esquerdo do corpo, de uma maneira inconsciente ou porque essa parte está mais bem desenvolvida.

Antigamente, sustentava-se o critério de que os canhotos eram menos inteligentes que os normais. Atualmente, foi demonstrado que não existe nenhuma base para sustentar essa opinião, uma vez que, quando se deixa o canhoto utilizar, livremente, a mão esquerda, ele pode ser tão inteligente ou mais, tão rápido ou mais, em seus movimentos, que um normal. Eram os castigos aos quais se submetiam os canhotos, que os faziam mais torpes, criando neles complexos de inferioridade ou de menos valia física.

Capacidade: "É a aptidão que temos para fazer alguma coisa" (Sillamy). As aptidões que dão o nível de nossa capacidade mental e emotiva são medidas com os testes e podem também ser apreciadas pela grafoanálise.

Pelos testes e pela grafoanálise, aplicados por profissional competente, pode-se fazer o aconselhamento dos adolescentes para a escolha da profissão, de acordo com suas aptidões.

Para alguns autores, a capacidade reside no domínio que um indivíduo possui de determinada atividade. Por exemplo, fala-se de um "vendedor capaz" quando ele já tenha demonstrado, com sua experiência, e desempenho, o domínio de uma profissão. E fala-se de "aptidões" quando se descobre, em um indivíduo, uma boa habilidade para compreender e assimilar novas tarefas e conhecimentos.

Nós defendemos a separação desses dois conceitos, do seguinte modo:

- as *aptidões* como faculdade para aprender, para compreender e assimilar.

- *a capacidade*: habilidade adquirida; permite que o indivíduo resolva idoneamente tarefas ou situações, ideias ou projetos, nos quais já tenha experiência prática.

Capricho: Comportamento infantil, arbitrário e irracional, seguido de atitudes espetaculares, destinadas a chamar a atenção (enfado, choro, gesticulação, expressões de sofrimento excessivo, crise de nervos etc.), que servem de chantagem contra o meio circundante ou contra outra pessoa, para que o caprichoso não se veja frustrado em seus desejos. Essa teatralidade, essa pantomima, não é mais que montagem para manipular ou dominar as pessoas que devem ceder às exigências neuróticas do caprichoso (figs. 68, 73, 72, 125, 133, 146 e 170).

O capricho tem origem, geralmente, em uma educação débil e incapaz, que pode gerar, na vida adulta, um par (matrimônio) sadomasoquista (veja-se esse verbete).

Escrita muito *jointoyée* (anelada, cheia de laços) em guirlanda, ornada, regressiva com pontos em forma de pequenos círculos, finais longos e com arpões, maiúsculas desligadas e com finais regressivos etc.

Captação: Tendência para açambarcar ou para atribuir-se a propriedade exclusiva, para conservar com exclusividade pessoas ou bens que deveriam ser independentes ou livres.

Circe conquista (açambarca) Ulisses na ilha de Ea e o retém durante um ano, quando ele se libertou.

Supõe uma evolução insuficiente do estado mais infantil. O bebê, amamentado pela mãe, experimenta, em relação a ela, um desejo de posse exclusiva. Ele a quer toda para si, não deseja partilhá-la com ninguém e o demonstra, incorporando-a, bebendo-a, mordendo-a. Esse egocentrismo afetivo – disse Bastin – vai desaparecendo ou se atenuando com o desenvolvimento das fases seguintes do crescimento. Mas, quando um homem ou uma mulher permanece fixado nessa fase de conduta possessiva, tentará dominar o que estiver em seu entorno com seus caprichos e com zelos. Há, por exemplo, mães abusivas que impedem, mais ou menos conscientemente, a liberdade, amadurecimento e independência de seus filhos sob o disfarce do "interesse materno", com um aberrante "domínio protetor". Essas mães produzem ou dão origem aos chamados "filhos de mamãezinha", que não conseguem libertar-se desse jugo nem depois de casados.

Caracterial: síndrome própria de sujeitos de inteligência normal, maltratados em sua infância e que, sem sofrer de nenhuma enfermidade, apresentam um comportamento difícil, agressivo, insuportável ou bloqueado, isto é, mostram-se inadaptados e turbulentos, oposicionistas e "desmancha prazeres" ou, ao contrário, passivos, claudicantes, sem qualquer força de vontade.

Caráter: É a modificação das tendências congênitas (temperamento), por efeito dos intercâmbios que o sujeito tem com seu ambiente vital (nutrição, clima, educação, cultura, profissão, estado civil etc.).

O temperamento é herdado. O caráter se forma com as influências do meio. A personalidade é a fusão de ambos com os objetos externos que o sujeito escolhe como utilitários, necessários em sua vida (trajes, carreiras profissionais, clubes que frequenta, automóveis, sapatos, móveis, amigos etc.).

Caráter anal: Segundo a psicanálise, é a fixação do indivíduo à fase anal de sua evolução sexual. Caracteriza-se pela dificuldade do indivíduo para acostumar-se à limpeza, à ordem e ao asseio. Freud identifica, no caráter anal, três pontos-chave de conduta: um amor à ordem, que pode chegar ao pedantismo, um sentido de parcimônia e de economia, que pode degenerar em avareza, e uma obstinação ou teimosia, que pode atingir a oposição violenta.

A necessidade imperiosa de propriedade, o apego às normas e princípios morais (a que se submete de maneira escrupulosa) e a perseverança no trabalho formam, no "estado anal", um quadro de qualidade de fácil reconhecimento (veja-se Estágio anal).

Escrita pequena, apertada, estreita, regressiva, angulosa, muito ordenada, clara e convencional. No caso negativo, é suja e desordenada.

Caráter genital: Fase em que a criança começa a tomar conhecimento de seu papel sexual. Reclama a atenção de sua mãe, e assim entra em conflito com o pai; aí se inicia a formação do complexo de Édipo. Essa fase localiza-se em torno dos cinco anos. O pênis se converte em símbolo de poder, e mesmo que o menino se apegue, amorosamente, à mãe e surja uma hostilidade ciumenta em relação ao pai esse conflito afetivo termina se resolvendo, normalmente, por volta dos seis anos ou um pouco depois, mediante a identificação com o pai. Na menina, ocorre o mesmo com respeito à mãe.

Mas, se o complexo de Édipo permanecer mal liquidado e aparecer na idade adulta, pode ser a origem de alguma neurose.

Quando o complexo de Édipo está bem resolvido no adulto, pode se falar de uma sexualidade normal.

Caráter histérico: Damos essa denominação ao indivíduo (masculino ou feminino) que tem uma extrema sugestionabilidade, um grande descontrole afetivo e emocional, unido a uma conduta teatral, vaidosa, excêntrica e exibicionista, cuja finalidade é surpreender, chamar a atenção, provocar o interesse, "fazer um espetáculo".

O histérico, além de ser sugestionável e inconstante, é um indivíduo com falta de maturidade. Seus transtornos, seus dramas, são, unicamente, a manifestação de um desejo frustrado, que o sujeito não consegue realizar, mas que, de alguma forma, encontra um meio de compensação, chamando a atenção das pessoas. Por isto se diz que a histeria é uma neurose de expressão que necessita de espectadores. Ocorre, preferencialmente, nas mulheres como consequência de frustrações sexuais inconscientes (veja-se o verbete Histérico).

O caráter, em geral, sob o ponto de vista psicanalítico, é uma defesa frente ao ambiente. Se o meio gerar uma neurose, o caráter estará cheio de traços neuróticos. O próprio medo de alteração do estilo de vida, tão frequente no neurótico, quando ele tem que se submeter a qualquer tipo de psicoterapia, não é mais do que uma defesa.

O mal resultante dessa modalidade defensiva, que o entorno não confere esse "atestado de doença" ao neurótico e espera, sempre, que ele cumpra suas responsabilidades familiares, sociais e profissionais.

Caráter laboral: A conduta normal no trabalho – diz Székely – não está determinada somente pelas disposições primárias, mensuráveis por testes, como o podem ser: ritmo, constância, exatidão e o que dependa do temperamento, mas também se sobrepõem outras condições como: a responsabilidade, o sentimento do dever, a ambição do ideal particular da perfeição etc.

Esses valores espirituais, dos quais a grafologia pode falar melhor que outros testes, exigem sempre disciplina e controles conscientes. O caráter laboral é capaz de exercer esse controle, não somente sobre as energias investidas sobre o trabalho e sobre seu dinamismo, como também sobre a posição espiritual de tais faculdades. E é precisamente o método grafológico um dos que dão meios mais efetivos para conhecer a posição intelectual e existencial das pessoas, de acordo com a nova concepção do trabalho.

Caráter neurótico: Denomina-se "neurótico" o indivíduo cujo caráter se acha afetado pela influência de leves transtornos nervosos que impedem sua adaptação normal à realidade (fig. 81).

No neurótico, as funções intelectuais estão intactas; contudo, o caráter é instável, ou seja, está frequentemente predisposto à emotividade excessiva, versátil, ansiosa, carente de maturidade afetiva.

Segundo Adler, o caráter neurótico é uma combinação de traços que são os resultados da intenção de se compensar alguma inferioridade orgânica ou o produto do afã de atingir masculinidade completa. Para Freud, as neuroses são provocadas por conflitos internos entre as forças impulsivas inconscientes e a atitude tirânica e moralista do superego, que age como consciência repressora. Como resultado desse conflito entre o id e o superego, surgem a angústia, os impulsos agressivos e certos mecanismos de defesa inadequados.

A neurose pode surgir como consequência de uma sexualidade insatisfeita, de impulsos sexuais reprimidos, de fracassos escolares, sociais, familiares, econômicos, profissionais, amorosos etc. Podem ser desencadeados também por choques emocionais bruscos e inesperados: morte de um familiar, bombardeios, perseguições de guerra, tentativas de violação etc.

Caráter obsessivo-neurótico: Caracteriza-se por "estigmas psicastênicos", diminuição da tensão psicológica pela regressão ao estado anal ou sádico-anal, por uma defesa excessiva do ego contra as paixões e um superego muito severo.

O sujeito se mostra desajeitado, vacilante, escrupuloso e com sentimentos ou ideias em desacordo consigo mesmo. O obsessivo não consegue se livrar de desejos, tendências ou pensamentos indesejáveis, ainda que sinta e veja o absurdo de tais desejos, ideias ou sentimentos. O impulso para realizar determinados atos ilógicos está ligado à angústia ou culpabilidade por sua não realização (atração seguida de temor). É por esse motivo que todo o indivíduo com um caráter obsessivo neurótico, apesar de ter, geralmente, uma inteligência superior à média, é indeciso, escrupuloso e examina as coisas em excesso; é, a uma só vez, obstinado e muito limpo ou sujo; rígido ou excessivamente influenciável; avaro ou pródigo; sente um penoso estado de ansiedade, um complexo de insatisfação e de imperfeição permanentes.

Caráter oral: Refere-se ao indivíduo que permanece preso à primeira etapa do desenvolvimento infantil (etapa oral), o que gera nele a tendência para procurar todas aquelas satisfações que se relacionam com a "sucção" ou absorção (comer, beber, fumar, usar a boca como órgão sexual, como instrumento para morder, devorar etc.).

Essas duas últimas funções do órgão digestivo externo (boca) seriam ativo-agressivas, e as anteriores, características passivas.

Um caráter ávido, agressivo, exigente e tirânico pode ter sua origem em um "complexo de desmame", isto é, num desmame malfeito pela mãe, e por isso o sujeito ficou com o inconsciente fixo nessa etapa.

Ao contrário, bons contatos da mãe com a criança durante esse período e um desmame bem realizado produzirão um desenvolvimento normal da afetividade e um caráter flexível, adaptativo e disponível, quer dizer, amável e compreensivo.

O caráter oral agressivo pode ser revelado nas escritas tipo: grande, extensa, rápida, pontiaguda (acerada) apoiada, maciça, inclinada, ascendente, regressiva, com pressão deslocada e pouco respeito aos espaços (desordenada).

O caráter normal ou adaptativo pode ser visto em uma escrita grande, extensa,

aberta, arredondada, progressiva, inclinada, rápida e com pontas normais. Ausência de traços lançados e desproporcionados (fig. 149).

Castração, complexo de: é o medo de culpas resultante do complexo de Édipo frente à autoridade do pai. Esse complexo de culpabilidade pode provir também da masturbação. O adulto que não superou o complexo edipiano ou que continua com as práticas masturbatórias padece do medo castrante, da culpabilidade frente à autoridade do chefe, do pai, ou da pessoa que represente a autoridade.

Simbolicamente, o complexo de castração pode referir-se ao medo de perder o objeto amado ou os atributos viris, como uma angústia frente ao risco de perda ou mutilação da dignidade ou prestígio pessoal etc.

Pode estar ligado ao medo da perda ou separação de alguém ou algo que pertença ao sujeito.

Escrita: encurtamento ou amputação das pernas no grafismo.

Censura: a censura é uma função de "controle" que, como um polícia de trânsito, regula o acesso e a passagem dos desejos inconscientes. Constitui, segundo Freud, uma barreira seletiva entre os impulsos ou necessidades inconscientes por um lado, e o pré-consciente-consciente de outro. Em determinados casos, essa atividade de controle atua como força repressora.

A censura é um mecanismo de defesa do ego, instalado entre o consciente e o inconsciente, e se encarrega de escolher, entre os desejos, impulsos e sentimentos íntimos, aqueles que a consciência pode admitir e que não são danosos nem estão em desacordo com as exigências sociais ou morais, com o dever e com as regras de boa conduta. Ao contrário, rechaça, de novo, para o inconsciente os desejos, tendências, inclinações ou impulsos que poderiam pôr em perigo o prestígio ou a segurança do ego.

Contudo, o reprimido ou rechaçado não perde sua força, mas ela continua latente nas profundezas obscuras, nas regiões subterrâneas do indivíduo, manifestando-se, sob disfarce, ou então em sonhos ou atos inconscientes (gestos, atitudes, reações inesperadas, atos falhos, erros, equívocos etc.) que escapam à censura.

A censura é tanto mais ativa e eficaz quanto mais predominarem, no grafismo, os sinais de clareza, ordem, regularidade e exatidão.

Choque afetivo: É um transtorno ou perturbação da afetividade, produzido pelo surgimento brutal ou inesperado de um elemento ou situação que surpreende o indivíduo e o impede de reagir, adequadamente, ao seu efeito traumatizante.

Na maioria das vezes, trata-se de uma frustração (fracasso amoroso, decepção, fracasso profissional, perda de um ente querido, contrariedade esportiva, notícias graves recebidas etc.), se bem que qualquer surpresa agradável possa ocasionar, igualmente, um choque, isto é, os mesmos transtornos.

Quanto mais sensível for a pessoa, o choque afetivo será mais violento, inclusive podendo produzir transtornos neuróticos ou psicóticos e reações somáticas de colapso.

É reconhecido, no grafismo, pela desorganização gráfica quando se compara um documento em que se registram os efeitos traumáticos do choque com outras escritas anteriores normais.

Ciclotimia: chama-se ciclotimia a oscilação de humor entre a euforia (alegria, otimismo, mania) e a melancolia (tristeza, disforia, pessimismo, depressão).

Kretschmer encontrou certa relação entre o tipo pícnico e a ciclotimia (veja Biótipos).

Ciúme: Ciúme constitui um estado emocional complexo, no qual se reveste, imaginariamente, um rival de qualidades, superiores ou não às próprias, e com intenção de usurpar do sujeito algo que ele quer, de forma exclusiva, para si mesmo.

Supõe a falta de confiança no objeto amado, ao mesmo tempo que uma falta de confiança nos próprios valores para "reter" consigo o exclusivismo desejado.

O ciumento crê que é "falsamente correspondido no amor". Obcecado pela representação imaginária de uma traição, o ciumento sofre em seu orgulho, em sua vaidade, sente seu prestígio mortalmente ferido, vê-se humilhado, enganado em seu desejo de posse e de domínio. "Percebe sua impotência, já que o ajuste da situação não depende dele, mas dos outros" (Myra y López).

Os ciúmes são justificados quando um dos membros do par assume o comportamento de realizar o que o outro teme. Em troca, quando os ciúmes são imaginários, refletem, unicamente, a fraqueza do ego do ciumento e a falta de confiança nas garantias (atrativos, promessas, satisfações etc.) que possa oferecer ao outro para não perdê-lo.

Em volta do ciúme, podem representar papéis muito fortes certos acidentes da sexualidade, tais como a masturbação, a frigidez, a impotência ou debilidade sexual, o complexo de Édipo, a angústia de castração, o sadismo etc.

Na escrita, os ciúmes se revelam segundo sejam ciúmes sexuais, afetivos ou espirituais. Deve ser procurado no bloqueio ou debilidade das zonas gráficas respectivas.

Clareza: Aptidão para compreender, discernir e explicar as coisas de maneira inequívoca (figs. 40 e 145).

Escrita clara, ordenada, espaçada, proporcionada e harmônica. Sinais de pontuação precisos. Margens respeitadas.

Combatividade: Característica viril, que se manifesta como um impulso vivo para a luta, para a ação, para a iniciativa. O homem lutador não despreza um obstáculo, não o rodeia, ataca-o de frente (fig. 76).

Escrita rápida, ascendente, impulsionada ou lançada, firme, centrífuga, pontiaguda (acerada) com pontos e barras dos "tt" adiantadas.

Compensação: Processo psicológico que consiste em contrariar uma deficiência, falta, falha, invalidez ou inferioridade real ou imaginária.

Possivelmente, foi Adler quem a descobriu, utilizando-a como base para sua teoria sobre os sentimentos de inferioridade, embora Jung logo ampliasse esse conceito. Diz Adler que há uma compensação quando alguém supre, com faculdades psíquicas ampliadas, uma inferioridade orgânica real. Por exemplo: Demóstenes, dominando a sua gagueira, converteu-se no melhor orador de seu tempo. Napoleão, para compensar sua pequena estatura, não só chegou a imperador, como também se cercou das mulheres mais belas e importantes de seu tempo. A mulher que se considere feia poderá achar, como compensação, uma atividade intelectual ou cultivar sua agressividade nas fileiras feministas ou sufragistas.

Sob o ponto de vista psicanalítico, a compensação é um mecanismo de defesa, como uma autorregulagem psíquica de equilíbrio. Esse mecanismo pode levar a um comportamento bem adaptado e a certas sublimações (a dedicação intelectual, a artística, o altruísmo, o cientificismo etc.). Entretanto, quando a compensação toma a via neurótica (necessidade de supercompensação) e atuarem no sujeito as facetas mais improdutivas, comprometendo a atividade em uma busca vã, inútil, em miragens, o terreno patológico é o resultante final.

Uma frustração sentimental pode, por exemplo, desencadear compensações neuróticas que podem ser o alcoolismo, a bulimia ou a masturbação compulsiva.

As compensações no grafismo devem ser procuradas nas zonas gráficas.

Geralmente, uma zona fraca será compensada (dimensão, pressão) por outra mais forte.

Complexos: Termo introduzido por Jung na psicologia. Ele define-os como o agrupamento de "elementos psíquicos em redor de conteúdos de tom emocional". São grupos de ideias ou vivências associadas a emoções que foram, parcial ou totalmente, reprimidas ou rechaçadas porque se acham em conflito com o pensamento normal do sujeito.

Os complexos nucleares como: o complexo de Édipo, o complexo de Electra, complexo de castração, complexo de Orestes, de desmame etc., são poderosas forças dinâmicas protegidas pelo inconsciente, rechaçadas pela consciência e que têm um funcionamento arbitrário e autônomo, uma existência isolada, podendo, a qualquer momento, perturbar a atividade consciente. São, para a consciência, o que a Frente de Libertação da Palestina foi para Israel, ou o terrorismo é para qualquer governo europeu. Os principais complexos são:

– **Complexo de castração**: temor de ser castrado ou de perder os órgãos sexuais (no homem). Na mulher, ao reconhecer que não tem pênis, temor de perder também outros órgãos do corpo. A angústia da castração é um dos medos mais frequentes nos meninos.

O complexo de castração, de rivalidade fraterna, de Édipo e de desmame são liquidados ou desaparecem ao serem reprimidos. Nesse último caso, tendem a aparecer de novo se o sujeito enfrentar neuroses.

– **Complexo de desmame**: é o efeito de se ter realizado o desmame da criança tarde ou cedo demais.

Essa falta de prudência, às vezes por desconhecimento simples, é uma anomalia que pode ocasionar perturbações afetivas da criança em relação à mãe. Nessa idade, "as necessidades nutritivas, as necessidades de amor e a agressividade estão vinculadas de maneira indissolúvel no psiquismo da criança" (Bastin).

Por isto, não é de se estranhar que as pessoas com complexo de desmame, frustradas em seu primeiro período oral, caracterizem-se por uma "possessividade exigente, uma grande sensibilidade à frustração, por uma avidez excessiva e tirânica e por não quererem desprender-se nem renunciar a nada".

Como consequência, padecem de:

– *Complexo de abandono*: para esses indivíduos, toda separação dos seres queridos é um drama. O complexo de abandono forma parte da patologia do depressivo. Esse complexo interfere também na tendência ao autocastigo, seguido do desejo inconsciente de castigar também as pessoas próximas do sujeito, geralmente a mãe ou outro componente do par.
– *Complexo de Édipo*: Chama-se assim a fixação amorosa do filho na mãe, como uma recordação da lenda contada por Sófocles, em que Édipo mata seu pai e desposa a mãe. O menino quer ser como seu pai e substituí-lo em todos os aspectos. Toma-o, conscientemente, como ideal e, inconscientemente, como rival. Essas duas tendências coexistem durante certo tempo no menino sem que se produzam conflitos, interferências ou influências recíprocas. Mais tarde, quando ele percebe que o pai impede seu caminho até a mãe, começa a hostilidade, desaparecendo o desejo de identificação com o progenitor.

Esse conflito interior e a tensão que dele deriva resolvem-se na puberdade (idade crítica) graças à repressão das tendências sexuais. A partir desse momento, o filho se desprende da mãe.

A hostilidade contra o pai (complexo de Édipo não resolvido) desloca-se no adulto contra a autoridade em geral. Pode-se afirmar que os que atacam os chefes das empresas, os políticos, o Estado, a Igreja, e tudo que representa autoridade, sem causa justificada, isto é, atacam por atacar, são sujeitos que têm complexo de Édipo não liquidado.

- *Complexo de Electra*: Fixação amorosa da menina no pai. Se esse complexo não se liquida na adolescência, em situações de *stress* (sobrecarga), pode produzir uma regressão a essa fase com a consequente desordem neurótica, com sintomas de histeria de conversão ou de ansiedade histérica.
- *Complexo de impotência*: incapacidade de levar a bom termo uma relação sexual normal. Pode ser devido a várias causas de ordem psicológica, entre elas os sentimentos inconscientes de culpabilidade, masturbação, fracassos amorosos etc. Pode produzir um tipo de personalidade ansiosa, tímida, inibida, envergonhada, que "não sabe estar" entre pessoas do outro sexo.
- *Complexo de inferioridade*: veja Adaptação.
- *Complexo de Orestes*: desenvolvimento anormal do complexo de Édipo, o desejo (reprimido) de matar a mãe. É indício de homossexualidade latente.

Conceito autoestimativo: O conceito que o indivíduo forma de si mesmo depende da maneira como ele "sente" seu próprio ser físico, moral e espiritual em relação ao ideal do ego.

Elevam o sentimento autoestimativo todos os fatores físicos, morais, espirituais e sociais (profissão, ascendência – linhagem, situação econômica etc.) que colocam a própria personalidade com certa vantagem sobre os demais. Só se sente seguro, confiante e otimista aquele que crê poder resolver, de frente, todos os problemas, qualquer que seja a ordem e a circunstância em que se apresentem.

Todo fator físico, moral, espiritual ou social (defeito físico, incultura, profissão depreciada, pobreza econômica etc.) que situar o indivíduo em um plano inferior, pondo-o em certa desvantagem entre os demais, constitui uma diminuição no nível autoestimativo (veja-se inferioridade).

A elevada presença de sentimento autoestimativo reflete-se na escrita de movimentos sobrealçados e de base ampla e firme.

A diminuição ou o abaixamento da altura das letras (especialmente as maiúsculas: escrita rebaixada) põe em relevo o sentimento autoestimativo enfraquecido, a falta de confiança no ego e na solução dos problemas novos.

Concentração: Focalização da atenção reflexiva sobre um objeto, para estudá-lo em todos os seus detalhes e valores.

Escrita concentrada, ordenada, clara. Pontuação precisa etc. (fig. 40).

Conduta: Chama-se conduta toda atividade (subjetiva ou objetiva) que esteja na origem do comportamento do indivíduo.

É a maneira de reagir do sujeito, ou a forma de dar resposta às necessidades e aos estímulos externos, ou seja, é o conjunto de respostas significativas a uma situação dada ou a uma motivação em que se põem em jogo componentes fisiológicos motores e psicológicos.

Os gestos, as atitudes, os trejeitos, a forma de falar ou de comunicar algo etc. são manifestações de conduta.

Nossas ideias, valores, sentimentos e os atos que formam a conduta, geralmente, obedecem a algumas normas ou princípios, a algumas regras da sociedade, que espera que nos comportemos não como indivíduos isolados, mas de maneira "aceitável", isto é, respeitando "os semáforos" em nosso modo de transitar pela vida. Atuando dessa forma, aceitável, deixamos inexplorada "uma parte muito importante de nós mesmos". É como se, "sob a máscara de maturidade, permanecêssemos, basicamente, inacabados". Mas esse é o preço que devemos pagar para desfrutar de considerações e de um lugar, mais ou menos importante, em nossa sociedade.

Ao contrário, uma conduta "fora das normas", individualista, independente não só é difícil de ser mantida como cai, facilmente, nos casos de excesso, nos caminhos patológicos ou de delinquência.

Confiança: Inclinação para ter fé, crer nos outros ou em nós mesmos. A confiança é condição essencial que mantém os laços do amor e da amizade.

A confiança em si mesmo, se for excessiva, conduz ao orgulho, à soberba, à fanfarronice, à ousadia (sobrestima). Se for deficiente, conduz ao sentimento inseguro do próprio valor, à submissão, à dependência, à covardia, ao conformismo fácil ou à pusilanimidade.

A confiança nos demais, quando for excessiva, pode cair na credulidade, na ingenuidade, na falta de amadurecimento psicológico. E, se for deficiente (desconfiança), pode ser motivo de ciúmes, dissimulação, intriga, falsidade, hipocrisia etc.

Escrita inclinada, aberta, progressiva e ascendente, caso se refira à confiança. Vejam-se os outros termos para as respectivas correspondências grafológicas.

Conflito: Quando um instinto abandona sua posição latente e quer se exteriorizar, encontra-se às vezes com outras forças que lhe exigem certos requisitos antes de sair, e de manifestar-se. Mas o instinto não quer sofrer qualquer restrição, isto é, opõe-se ao superego, ao ego, ao ideal ou à realidade, e é nesse momento que o conflito é gerado.

Todo conflito é uma oposição ou choque entre impulsos ou desejos contraditórios, com intervenção de carga afetiva. A base do conflito se apoia na impossibilidade do sujeito de tomar uma decisão. Quando as forças em choque têm a mesma potência, essa circunstância impede a solução.

As situações em que se pode produzir conflito são muito variadas. Há conflitos sexuais, amorosos, profissionais, de gerações, de autoridade, de rivalidade entre irmãos, de consciência, entre sentimentos e dever etc.

O fracasso de alguns indivíduos na solução normal de seus conflitos "impulsiona-os a utilizar mecanismos de defesa que os ajudem a viver mais ou menos felizes com seus conflitos" (Bastin). Podem também ser encontradas soluções satisfatórias e até benfazejas, transformando-se a energia do rechaçado em sublimações que sejam bem acolhidas e até requisitadas pela vida social.

O grafismo é indicador de conflitos nos casos de escrita desigual (inclinação, ligações, coesão, direção, pressão, dimensão etc.), letras suspensas, pernas ampliadas ou de voluta interrompida. Letras "d" e "g" fragmentadas, maiúsculas muito separadas, assinatura deslocada para baixo e para a esquerda do texto, ou com letras maiores, ou menores, que as do texto e com alterações evidentes na forma, na inclinação e na dimensão, retoques, falta de letras ou palavras, rasuras etc.

Conformismo: Tendência para seguir certos modos de conduta ou de comportamento habituais no entorno social, profissional ou familiar em que o sujeito vive. Essa adaptação pode ocorrer pelo contágio, passivamente, pela comodidade ou conveniências e interesses pessoais.

O conformismo consiste em seguir algumas regras, algumas normas aceitas pelo grupo ao qual se pertence. Essas regras, esses "modelos", como por exemplo o tipo de penteado que há alguns anos foi usado pela atriz Brigite Bardot, ou, posteriormente, a sua minissaia, eram modelos aceitos quase sem exceção pela juventude feminina da época.

O conformismo é um compromisso de conduta entre o indivíduo e seu entorno. Em troca desse compromisso, o indivíduo não arrisca sua segurança. Por essa razão, como observa G. H. Seward, "as mulheres mais progressistas em matéria de feminismo são aquelas em que é mais evidente uma insegurança e maior agressividade".

Quando o grafismo se aproxima dos módulos de caligrafia, maior é o conformismo (fig. 144).

Confusão: Desordem mental em que se misturam os conceitos e ideias, de maneira que fiquem embrulhadas ou enredadas, sem que se possa distingui-las com precisão.

As causas mais frequentes da confusão são: o excesso de imaginação, a agitação, a precipitação, a fadiga e a debilidade mental.

Escrita confusa, desordenada, rápida ou precipitada, movimentada, lançada, frouxa, desproporcionada, desigual, complicada e emaranhada (pernas, hastes) (figs. 50, 68 e 135).

Consciência: É a propriedade que tem o espírito de reconhecer-se em seus atos, ideias e sentimentos. Supõe também uma capacidade para conhecer e avaliar a natureza das próprias ações e intenções, isto é, pode rechaçar um comportamento não adequado ou condenado, inclusive maneiras de agir, consideradas como "boas" ante a perspectiva de um castigo ou de uma falta de reforço externo.

A consciência geralmente vive fixada em certos componentes afetivos relacionados com a moralidade, isto é, está ligada a sentimentos de dever, de obrigações e a sentimentos de culpa e de remorsos.

Podem ocorrer diversos estados de consciência, pois esses podem ir desde a falta de consciência (estado de coma), passando pelo sonho, o desvanecimento, a obnubilação ou entorpecimento da consciência (estupor, confusão, estado crepuscular, tonteiras etc.) até à máxima clareza. Por outro lado, a consciência pode ser ampla ou estreita, pode atender a várias solicitações ao mesmo tempo ou concentrar-se, exclusivamente, em apenas uma.

A consciência pode transtornar-se por efeito de ideias obsessivas, delírios, alucinações etc. ou pode sofrer a interferência de forças ou complexos que produzam falhas, esquecimentos, erros, equívocos, lapsos etc. (veja-se também Inconsciente e Censura).

Constância: Apego a uma linha de conduta, a alguns hábitos, a um trabalho ou a algumas ideias ou princípios. Essa estabilidade da maneira de pensar, sentir e querer pode ser devida à vontade (firmeza, tenacidade, perseverança) ou ao temperamento do sujeito (veja-se linfático).

Escrita igual, regular, constante, ordenada, monótona. Barras dos "tt" e pontuação cuidadas (figs. 15, 41, 42 e 43).

Constituição: Chama-se constituição, em geral, ao conjunto de elementos ou fatores que formam uma estrutura ou entram na composição de um ser ou coisa. Aplicado esse termo à psicologia, refere-se à totalidade dos fatores herdados ou adquiridos que determinam a estrutura física (morfologia) e as características que dela derivam (veja-se Biótipos de Kretschmer).

Fala-se, por exemplo, de "constituição emotiva" (Dupré); de constituição "paranoica", "psicopática", "perversa", "epileptoide" etc., segundo o tipo de comportamento ou de conduta. Freud, em seus "Três ensaios sobre a teoria da sexualidade", referindo-se ao predomínio do estágio oral, anal ou genital, fala de "constituições sexuais congênitas".

Entretanto, de um modo geral, quando se fala de constituição, em psicologia, a maior parte dos autores refere-se às investigações de Kretschmer, Sheldon, Viola, Sigaud e outros biotipólogos.

Constrangimento: Força opressora que anula a possibilidade de o sujeito poder agir com espontaneidade. Quando se faz alguma coisa que não seja por livre escolha ou plena liberdade, mas pressionado pela angústia de um temor, age-se com constrangimento, que pode ser esporádico, circunstancial ou habitual. Nesse último caso, pode ser patológico.

O constrangimento caracteriza-se por um encolhimento vacilante e temeroso, que paralisa, total ou parcialmente, a ação da mobilidade ("corta as pernas"), debilitando a força, a coordenação motora e a habilidade para manejar os membros superiores (braços e mãos); e daí a consequente distorção no grafismo, quando, nesse estado, o sujeito tenta escrever (fig. 173).

Escrita apertada, mal enlaçada, vacilante, torcida, temerosa, descendente, desigual, retardada, frouxa etc.

Coqueteria: Desejo imoderado de agradar, de cativar e surpreender pela "pose", jogando com os próprios atrativos, o enfeite ou as palavras insinuantes (provocação). A coqueteria é uma promessa insinuada e enganosa, destinada a triunfar sobre a nossa credulidade e debilidade, excitando nossas paixões sexuais e sensuais. Assim como a agressividade é a característica viril do homem, a coqueteria é o distintivo da feminilidade.

Escrita ornada, leve, fusiforme, redonda ou arredondada, com pernas em forma do algarismo oito e maiúsculas com traços iniciais e finais em espiral. Os laços e os nós, as grinaldas e as espirais, assim como todos os arcos, são sinais de coqueteria (figs. 68, 108a, 135).

Cor e afetividade: O valor afetivo das cores começou a mostrar sua importância aos psicólogos a partir de estudos realizados por Goethe, Kant e outros. Pfister e Lüscher, o primeiro com o *Teste das Pirâmides* e o segundo, com *o Teste das Cores,* demonstraram, estatisticamente, a influência da cor sobre a afetividade.

Assim, por exemplo, a cor azul é a preferida pelos sujeitos introvertidos, por ser uma cor plácida que traz tranquilidade para o ânimo, paz, bem-estar e desperta sentimentos afáveis e ternos.

A cor verde é fria, traz para o ânimo um desejo de controle, de exatidão, de freio ou bloqueio dos sentimentos até chegar à rigidez interior.

O roxo é a expressão da vitalidade, do êxito, do triunfo, da atividade intensa e impulsiva.

O amarelo pode criar, para uns, insegurança e indecisão; para outros, a necessidade de mudanças, de liberação de cargas emocionais. Pode expressar também o desejo de escapar de dificuldades presentes ou aflição, causada por problemas ou preocupações.

O cinzento pode indicar o desejo de colocar um muro entre o que escolhe essa cor e os demais (desconexão, afastamento, isolamento). Reflete, igualmente, a neutralidade, ausência de atitudes passionais.

O violeta é escolhido pelos que desejam impressionar os demais, pelos que desejariam possuir algo mágico que faça com que os outros fiquem belos.

O marrom é escolhido por pessoas com necessidade de conforto, de bem-estar. É a cor da sensualidade insatisfeita.

Finalmente, o negro parece ser o escolhido por pessoas com uma situação negativa na vida, uma situação de renúncia, de abandono, de vacilação. Veja-se, para mais detalhes, o verbete estados de ânimo.

Cortesia: A cortesia é a prova de respeito, de atenção ou de afeto que se demonstra para outra pessoa. A descortesia, como a desatenção, é própria dos indivíduos de educação deficiente. Tanto o orgulho excessivo como a timidez podem levar o indivíduo à incorreção.

Crise: Mudança rápida ou brusca, às vezes violenta, de um estado para outro, que supõe no indivíduo uma ruptura de equilíbrio.

O próprio ato de nascer supõe uma crise para a criatura que chega à vida extrauterina, demonstrando-a com seus gritos. O desmame é outra etapa crítica.

O ingresso no jardim de infância ou na escola, a adolescência (idade crítica), o serviço militar, o climatério etc.

As frustrações, mais ou menos longas e penosas, são geradoras de crises nervosas ou morais. A perda de seres queridos, do emprego, da saúde etc., podem produzir profundas crises depressivas.

As crises mais frequentes são produzidas nos confrontos matrimoniais da vida conjugal que, geralmente, são seguidos de reconciliações ternas, caso nenhum dos componentes do casal se radicalize em atitudes rígidas ou intransigentes.

Essa ruptura do equilíbrio deve aparecer no grafismo, quando se comparar uma escrita realizada em plena crise com outras anteriores. É necessário observar a coesão, a distância das maiúsculas com relação às minúsculas, as desigualdades de extensão de algumas letras na zona média, os retoques, as variáveis das ligações, do tamanho, da inclinação etc. e as mudanças na precisão da colocação dos sinais acessórios: pontos, acentos, barras dos "tt" etc. (figs. 70, 170 e 173).

Crueldade: Frieza e inclinação para atormentar, dominar, ferir, destruir ou fazer o mal pelo prazer de gozar com a infelicidade do outro ou pelo simples prazer de vingança.

Essa tendência deriva do instinto sádico (perversão sexual que encontra sua satisfação erótica na dor infligida ao par amoroso) (fig. 132).

Escrita de traços violentos e pontiagudos (acerada), angulosa, movimentada, lançada, sobrealçada, desigual, ascendente etc., com predomínio da zona inferior e dos traços em diagonal.

Culpabilidade, complexo de: É o estado anímico que gera na pessoa um sentimento ou complexo de falta, mais ou menos imaginário. A origem desse estado

anímico é, segundo os psicanalistas, o complexo de Édipo.

Concebida de outra maneira, é "uma tomada de consciência subjetiva de haver causado uma ofensa ou infringido uma das normas pessoais, familiares, sociais, religiosas ou patrióticas". Essa ofensa pode ser real ou imaginária.

Todo complexo de culpa ou sentimento de culpabilidade representa uma tensão entre o ego e o superego. Esse estado anímico favorece a submissão e a autopunição. Sendo a sexualidade um dos impulsos mais reprimidos e com maiores tabus, não é estranho que a psicanálise dê tanta importância ao complexo de Édipo e ao complexo de castração do qual deriva.

Mas, quando a culpabilidade em indivíduos normais é real, objetiva e proporcional à falta cometida (não cumprimento do dever, desacato à autoridade, passar por cima de uma ordem, trair a confiança de outrem, malversação de fundos etc.) os sentimentos de angústia são "o bode-expiatório" que, como sombra do superego, instalam-se na consciência, à semelhança de um castigo. Quando esse sentimento é muito intenso, gera a neurose, inclusive a loucura.

É necessário ter em conta que todo estado anímico, dominado por um complexo de culpabilidade, produz inibições, isto é, um comportamento defensivo, de encolhimento, de bloqueio, de mal-estar emocional.

O grafismo denuncia os complexos de culpabilidade com todos os sinais de inibição e vacilação: escrita inibida, suspensa,

CULTURA

constrangida, vacilante, indecisa, *lapsos* de coesão etc.

Cultura: de *colere* = ter cuidado de si, cultivar-se, ornar o espírito. A cultura, como disse Streletski, "aristocratiza o espírito e enobrece o coração, inspira e assegura o bom fundamento de uma réplica, a oportunidade de uma lembrança, a graça e a riqueza de um pensamento". Não procede – continua ele – "de ensinos de matérias especiais ou de programas escolares, mas de tudo o que se pode fazer para desenvolver e ornar bem o cérebro". O sentido estético, o gosto da escolha, o sentido da forma etc. procedem do cultivo do espírito. Não pode haver distinção verdadeira sem cultura (figs. 28, 75, 76, 126, 145, 156).

Curiosidade: Desejo de saber, de descobrir, de bisbilhotar, excitado pelos complexos de inferioridade, pela malícia, pela necessidade de surpreender (veja-se Temperamento nervoso), pela vaidade, pelo amor próprio ou pelo desejo de superação. Os sujeitos vaidosos e os pedantes, os invejosos e os atormentados pela insegurança desenvolvem sua curiosidade, seja para pavonear-se, seja para conhecer o que deveriam ignorar, talvez como defesa contra seus complexos de inferioridade. Quando o desejo de saber obedece, exclusivamente, às necessidades do espírito (curiosidade intelectual), o sujeito sublima as tendências instintivas, descarrega, desse modo, os impulsos primários, como podem ser os impulsos sexuais reprimidos ou os complexos de inferioridade. Escrita rápida, pequena, inibida, desigual, vacilante, etc. (figs. 26, 28, 40 e 68).

D

Debilidade: Do latim *debilis* = frouxo, fraco, apoucado, tímido. Força física, mental ou volitiva insuficiente que engendra, no terreno psicológico, o sentimento de impotência (fig. 70).

A debilidade é uma das principais causas que movem a falsidade, a mentira, a neurose ou a delinquência.

O fraco é influenciável, inseguro, desanima facilmente, tem pouca resistência moral para fazer frente à pressão dos outros e às suas próprias inclinações.

Decepção: É o fenômeno que produz a queda, o fracasso das expectativas, dos desejos ou da confiança a que uma pessoa se propõe.

Quando a queda, a injustiça, o prejuízo ou a decepção são mais fortes, e o sujeito sofre, com isso, a impossibilidade de satisfazer necessidades ou desejos sem poder eliminá-los, falamos de frustração.

A capacidade para aceitar essa vivência de fracasso dependerá muito do estado passional, do equilíbrio caracterológico e da intensidade e categoria da decepção. Geralmente, a reação contra a decepção é agressiva. Essa agressão pode ser dirigida contra as pessoas que a motivam ou se descarregar sobre aqueles que representam o poder e a autoridade (pais, mestres, políticos, diretores ou chefes de empresas, sindicatos, capitalismo etc.) ou se dirigir sobre o próprio sujeito (autoacusação, sadomasoquismo) ou tomar o caminho da regressão, deslocando-se para um estado anterior de desenvolvimento, para uma conduta antiga. Essa atitude consome uma grande quantidade de energia sem proveito e debilita o indivíduo, sendo necessária uma psicoterapia que canalize a agressividade para objetivos úteis ao indivíduo.

É difícil identificar os sinais gráficos, mas podemos considerar como terreno propício à decepção os seguintes sinais: maiúsculas altas, regressivas ou separadas. Escrita pontiaguda (acerada), angulosa, muito inclinada, desligada, espaços muito amplos entre palavras, cortes frequentes, assinatura distanciada do texto e rubrica envolvente. Ponto depois da assinatura. Barras dos "tt" acima da haste etc.

Decisão: Resolução firme, rápida e definitiva, que põe fim a qualquer deliberação ou projeto. Uma vez tomada a posição, o sujeito age rapidamente e de acordo com sua determinação. A decisão é própria dos caracteres firmes, seguros e com capacidade de iniciativa (fig. 152).

Escrita firme, ascendente, ligada, angulosa ou com hastes e pernas retas, barras dos "tt" fortes e adiantadas, finais apoiados e movimento progressivo ou lançado.

Dedução: Capacidade associativa do pensamento pela qual umas ideias se tornam o nascimento de outras, enlaçando, de maneira objetiva, as relações existentes nas mesmas. O indivíduo em quem prepondera a dedução é lógico, prático, realizador e analítico (o arrazoamento dedutivo baseia-se sempre em fatos e experiências reais e objetivas (veja-se fig. 126).

Deficiência mental: a deficiência mental recebe também os nomes de "debilidade mental" e "oligofrenia". Recentemente, foi enquadrada nos limites da subnormalidade.

Esse tipo de deficiência é um atraso ou alguma menor valia (subnormalidade ou variação "para menos") que pode ser devido à hereditariedade ou a traumas cerebrais, como pode ser, por exemplo, a consequência de uma hemorragia cerebral, a inflamação anterior ou posterior do cérebro ou qualquer outro trauma.

O atraso na capacidade de aprendizagem faz com que se detecte essa subnormalidade na primeira infância ou, posteriormente, na idade escolar, pela dificuldade de assimilar dados abstratos.

O coeficiente de inteligência oscila entre 50 e 70 nas crianças; nos adultos pode alcançar graus maiores e inclusive menores.

O grafismo do oligofrênico é reconhecido por sua lentidão, traços malfeitos, monotonia e peso do traçado.

Dependência: Refere-se à incapacidade de autonomia de algumas pessoas que necessitam depender de outra ou de outras no que se refere à parte emocional, econômica, moral, profissional ou de outra forma.

É um sintoma de imaturidade, em que o sujeito crê ser indispensável que outros atuem de uma forma determinada para que suas necessidades possam ser satisfeitas. Na dependência afetiva, o sujeito tem necessidade de "sentir" as provas de apoio, segurança, apreço, inclusive, às vezes, a presença da pessoa ou pessoas que lhe proporcionem esses **es**tímulos, para realizar uma tarefa ou ter um comportamento ótimo.

Os adultos dependentes têm grandes dificuldades para se desprender de seu ambiente familiar ou profissional íntimo. E na vida matrimonial, somente podem ser felizes com um parceiro complementar, com o qual possam viver em simbiose, isto é, que os sustente.

Dada a necessidade de aprovação e de afeto, experimentam, constantemente, a ânsia ou avidez de aceitação e de empatia.

Escrita muito inclinada, baixa (minúsculas e barras dos "tt" essencialmente), cuidada, ordenada, caligráfica, descendente, agrupada e com cissuras (maiúsculas separadas); retardada, pausada ou lenta, vacilante, indecisa (figs. 15, 37, 71 e 180).

Depressão: Segundo Streletski, é "uma queda mais ou menos brusca da tensão neuromuscular com redução da atividade física e psíquica". A depressão produz a ansiedade, o cansaço, a fadiga e o desânimo, consumindo, extraordinariamente, a confiança do sujeito na superação das menores dificuldades (fig. 106b).

O sujeito deprimido tem a impressão de sentir-se incapacitado por causa do baixo tônus de sua atenção, de sua memória e de sua associação de ideias. Seu sentimento de impotência inclina-o à vacilação, à inapetência, à renúncia ou para a perda da fé em si mesmo.

Escrita descendente, empastada, frouxa, branda, inibida, pequena, vacilante, com ausência de pontos e falta de tensão nas barras dos "tt".

Desatenção: Defeito de concentração e fixação da atenção (distração passiva). O sujeito separa sua atenção, involuntariamente, daquilo no qual deveria aplicá-la. Essa separação desatenta pode ter como causas: a negligência e a debilidade mental, a fadiga, a depressão, certos tipos de intoxicação (sujeitos drogados), ou excesso de masturbação. Veja-se também Distração.

Escrita frouxa ou branda, automática, descendente, sem relevo, com margens descuidadas e com esquecimento frequente de pontos, acentos, barras dos "tt" etc. Pontos altos e, às vezes, letras esquecidas.

Desconfiança: Dúvida sobre o valor, a intenção ou a ação dos demais ou sobre a veracidade e o valor das coisas (o sujeito permanece na expectativa, por temor de ser enganado, burlado ou prejudicado). A desconfiança tem sua origem na emoção primária do medo e supõe a existência de complexos de insegurança e inferioridade.

Escrita fechada, apertada, regressiva, concentrada, com margens regulares ou aproveitadas e finais de linha com "traço de procurador" (figs. 80 e 108a).

Desejo: É um anseio ou aspiração de algo que nos falta ou que nos atrai. É a expressão consciente e pessoal de um motivo que impulsiona uma ação, para satisfazer uma necessidade. Portanto, onde houver um desejo, há uma "falta" ou insatisfação, uma necessidade a cobrir.

O desejo pode ser também inconsciente e procurar sua expansão ou satisfação sob forma camuflada ou disfarçada. "Os sonhos, diz Freud, são a realização simbólica de um desejo rechaçado". Nesse caso, pode-se definir o desejo como "o testemunho de um apelo da *libido*".

Não há dúvida de que o desejo é, amiúde, fonte de muitos conflitos internos. Por exemplo, as percepções visuais, olfativas, auditivas e tácteis que se originam pela presença de uma pessoa atraente do sexo oposto, e os fantasmas que cruzam pela imaginação, devidos ao seu modo de se expressar, de andar, a sua silhueta, à maneira como olha (ou parece que olha), provocam, às vezes, um desejo, uma atração erótica. Se essa pessoa for tabu, por qualquer circunstância, ou inalcançável devido às diferenças de situação, de idade etc., o conflito está em marcha.

Os desejos não são, apenas, os de tipo erótico ou de poder e domínio, por exemplo. Há desejos onde houver necessidades. E as necessidades podem ser também afetivas, morais, espirituais, religiosas etc. O certo é que "o impedimento da satisfação de um desejo ocasiona, frequentemente, a intensificação de sua força interna" (Freud). "A energia das pulsões não é **es**porádica, mas constante" (Lacan).

DESEQUILÍBRIO

É um termo demasiado geral para ter sua representação gráfica concreta.

Desequilíbrio: Falta de harmonia (assinergia) entre os impulsos, as tendências afetivas e as funções intelectuais. O sujeito age, seja em desproporção, seja em discordância com os estímulos que provocam sua reação ou ação.

Todo desequilíbrio supõe uma inadaptação às correntes sociais e má integração no espírito de equipe no trabalho.

No sujeito desequilibrado produzem-se, com frequência, variações de ânimo, de humor, de vontade; portanto, ele tem uma atitude instável de quem desempenha tarefas, projetos ou ações com a mesma facilidade com que as abandona. Veja-se Adaptação (figs. 68 e 70).

"Desde a infância, esses enfermos (aos quais antigamente se considerava como perversos de constituição) apresentam elementos etiológicos orgânicos, como, por exemplo, uma lesão encéfalomeníngea etc. A esse elemento orgânico somam-se, segundo J. M. Suffer, algumas condições anormais de educação (divórcio dos pais, má assistência pública, carência de autoridade paterna etc.). Os pequenos transtornos nervosos – instabilidade do sono e do caráter, perversão sexual precoce – já lhe valeram o qualificativo de "criança difícil" e algumas consultas da neuropsiquiatria infantil. O nível intelectual é paranormal, às vezes mais alto que o da média, mas também, amiúde, "limitante". De todos os modos, os resultados escolares sempre são ruins. Os transtornos do comportamento – fugas, furtos, traições – provocaram reações, frequentemente, violentas dos

familiares e às vezes a intervenção do Tribunal de Menores.

"Durante a adolescência produzem-se numerosos incidentes, e o alistamento obrigatório, de exercício cada vez mais difícil (exército, paraquedismo), marcam muitas vezes o princípio da busca de Eldorados imediatos. Demasiado frequente, as bebedeiras violentas, os roubos, as violações provocam os primeiros choques graves com a sociedade.

"Quando é adulto, o desequilibrado continua dando mostras de instabilidade. Sua vida familiar é uma série de fracassos, sua vida profissional, uma sucessão de empregos, instabilidade agravada por uma falta de qualificação e pela crença de que em outro lugar será melhor'. Nos casos mais extremos, o registro de antecedentes penais vai se ampliando progressivamente: os delitos são tão variados como os empregos" (Y. Poinso – R. Gori. Diccionario Práctico de Psicopatologia, Herder, Barcelona, 1976, p.63).

Escrita desigual, especialmente na direção das linhas e na dimensão, malproporcionada ou desproporcionada, desordenada, movimentada, lançada, frouxa, complicada. Variações de forma e de colocação das barras dos "tt", pontos e demais sinais acessórios.

Desigualdade de humor: A desigualdade de humor ou instabilidade de ânimo está em relação direta com o grau de impressionabilidade e emotividade dos indivíduos.

Os sujeitos em quem preponderam as bruscas variações de ânimo e de sentimento são muito emotivos, impressionáveis, inadaptados e incapazes de uma atividade ou posição firme, estável e contínua em relação à vida e às coisas (fig. 44).

Em regra geral, esses indivíduos são impulsivos, mudam de ocupação sem motivo justificado, de projetos, de inclinações e desejos, porque nunca estão seguros nem de suas ideias nem de sua conduta, pois sua afetividade varia como a direção do vento, caprichosamente, ou sob as influências das últimas impressões.

Desordem: Confusão motivada por defeito de clareza, disciplina, atenção e organização nos processos psíquicos e mentais. O sujeito mistura conceitos e altera a ordem das coisas, deixa os objetos de que se utiliza fora de seus lugares, não tem noção de tempo, nem das diferenças de valor, nem de conceito. Deixa as coisas mal-acabadas, mal classificadas ou mal adaptadas às funções que têm que realizar (figs. 68, 69, 70, 123, 155).

Escrita desordenada, confusa, desigual, com sinais de pontuação descuidados, margens desiguais etc.

Despreocupação: Desinteresse que gera o descuido, por passividade, inércia ou falta de vontade, dos deveres sociais ou profissionais e do sentido da própria responsabilidade.

Escrita frouxa, descendente, desordenada e com pontuação ausente ou descuidada (fig. 69).

Destreza: Habilidade para manejar os objetos, os assuntos, ou para desviar, ou evitar choques com os demais. O sujeito não é conflitivo em seu caráter e possui um bom *savoir faire* (fig. 181).

Escrita de movimento arredondado e ágil, isto é, sem ângulos, sem cortes bruscos, inibições ou variações. O percurso do traço é suave, seguro, bem desenhado e sem desequilíbrios de dimensões nem de tensão.

Determinismo psíquico: Veja-se Eleição ou Impulso.

Dever: Compromisso voluntário ou obrigatório de aceitar a responsabilidade do cumprimento da missão de acordo com algumas regras, princípios, normas ou convenções estabelecidas. Esse compromisso pode ser de tipo moral, profissional, social, patriótico, político ou religioso.

A exatidão no cumprimento do dever depende da forma como atua o superego sobre a consciência, Isto é, o grau de retidão, apego, disciplina, organização e autocontrole de cada pessoa. Um superego muito exigente que julgue, censure, proíba ou rechace muitos impulsos (complexo de castração ou de culpa) tornará o indivíduo extremamente rigoroso com tudo quanto se refira ao cumprimento do dever, evitando, assim, enfrentar com possíveis sentimentos de culpa ou sua conversão em sofrimento e castigos, caso que, segundo a psicanálise, pode provir de impulsos incestuosos ou homossexuais reprimidos. Normalmente, o dever é simples, é claramente cumprir um papel familiar, profissional, social ou religioso, harmonizando-se as necessidades de segurança próprias com as de outros.

Grafologia: a escrita regular, constante, organizada, ordenada, limpa, cadenciada, proporcionada, simples etc. é própria de indivíduos com bom sentido do dever (figs. 16, 41, 83, 87 e 126).

Os sinais contrários, teoricamente, seriam próprios de um sentido deficiente ou defeituoso do dever.

Dificuldade de expansão: Nasce da confiança insuficiente e insegurança do indivíduo. O tímido, o muito preocupado com a opinião dos demais, o que possui um sentimento de inferioridade e teme representar, na frente dos outros, um mau papel e tem uma grande dificuldade para expor seus sentimentos e opiniões. Esses indivíduos são, em geral, orgulhosos em seu interior; é por isto que esse sinal da dificuldade de expansão coincide, às vezes, com a escrita apertada e sobrealçada (fig. 134 e 180).

Dignidade: Sentimento íntimo da própria honorabilidade, capacidade e decoro, que convida a manter uma linha de conduta ou uma posição moral livre de toda submissão ou aceitação daquilo que esteja em oposição ao próprio conceito autoestimativo. É contrário à humilhação, à degradação, à baixeza, à ruindade moral e à desonra. Escrita firme, retilínea, ordenada, clara, vertical, ligeiramente sobrealçada (maiúsculas), com barras dos "tt" firmes e bem elevadas (figs. 40, 76, 85 e 181).

Disfonia: "Estado de mal-estar caracterizado por transtornos do humor, embotamento do interesse e um sentimento geral de insatisfação de si mesmo. O indivíduo parece desenganado, desencantado, abatido pela frustração vital. Às vezes procura uma excitação artificial ou um consolo no álcool, nas drogas ou na fuga do mundo e pode acabar no suicídio" (N. Sillamy, *Dic. de Psicologia*).

Escrita descendente, suspensa, empastada, frouxa, margens que se estreitam, pontuação caída, assinatura muito descendente, separada do texto e deslocada para a esquerda, barras dos "t" ausentes ou por trás da haste.

Hastes compridas e sem força (mal proporcionadas).

Disgrafia: "Transtorno do aprendizado da escrita. Caracteriza-se por dificuldades na formação dos movimentos gráficos, que aparecem em crianças de inteligência normal e que são devidas, frequentemente, a uma contração muscular exagerada, ligada a perturbações de origem emocional. Esta anomalia pode ser corrigida e, inclusive, ser eliminada completamente mediante o uso da grafoterapia, que estimula, relaxa, agiliza e suprime os movimentos inúteis e devolve à criança a confiança perdida (N. Sillamy, *Dic. de Psicologia*).

Escrita torpe, muito desigual na inclinação e na direção, na pressão e no espaçamento, ilegível e desordenada.

Dispersão: Tendência expansiva da atenção e do sentimento, que o pensamento, ao dividir-se entre diversos objetos, planos ou estímulos, não é verdadeiramente preciso, consequente e fiel a nenhum deles (interesse e atenção caprichosos e desordenados).

Escrita espaçada, movimentada, rápida ou precipitada, desigual, malproporcionada e com pontuação imprecisa (fig. 72).

Dissimulação: Tendência para esconder ou disfarçar os desejos, intenções ou estados de ânimo, com a intenção de mostrar as coisas diferentes do que são na realidade.

Esta atitude de insinceridade, fingimento ou comédia pode ter como móvel o orgulho, a reserva, o egoísmo ávido e desonesto ou o desejo louvável de evitar um sofrimento inútil para os demais.

Escrita cerrada, regressiva, vertical, sinuosa, *jointoyée,* ligação em arcos, grinaldas muito bucladas, pernas sinistrogiras e desligadas da zona média (figs. 69, 135, 146 e 155).

Dissociação: A dissociação ou falta de contato com a realidade é o sintoma característico da esquizofrenia. O esquizofrênico não está apenas separado do universo, da realidade, mas também de si mesmo, em relação a seu mundo circundante. Daí o termo *skhizein,* que quer dizer "cindir", "cortar".

Assim, a dissociação é um processo no qual alguns pensamentos, atitudes ou atos, perdem sua relação normal com o que os precedeu ou antecedeu, cortam-se e não se coordenam, de um modo lógico, com a situação ou com os temas ou assuntos que estão sendo tratados. Estes pensamentos, atos, palavras ou atitudes, podem ser incompatíveis entre si, sem que apareça entre os mesmos qualquer conflito.

Pode tratar-se de um caso acidental (um golpe na cabeça, por exemplo) que tenha provocado amnésia, caso de sonambulismo, de hipnotismo etc. Em qualquer caso, seja acidental ou permanente, a dissociação é uma ruptura do equilíbrio mental, é um deslocamento da personalidade, caracterizada pela incoerência do pensamento e dos atos do indivíduo.

No grafismo, é descoberta pela falta de coerência nos três aspectos básicos: contrastes de espaço, de movimento e de forma.

Distanciamento: Atitude de defesa do indivíduo que, dominado pelo medo do contato, evita toda relação susceptível de comprometê-lo afetiva ou sexualmente.

O indivíduo que se distancia dos contatos afetivos, sociais e sexuais (relações normais com pessoas do outro sexo), desvia sua sexualidade com facilidade para a masturbação, o *voyeurismo, o* fetichismo, a pornografia e outros fantasmas substitutivos.

O distanciamento é próprio da idade crítica, da adolescência. É anormal na idade adulta.

O grafismo pode denunciá-lo pela dificuldade do indivíduo em ligar as maiúsculas com as minúsculas. Barras dos "t" por trás da haste: lapsos de coesão, desigualdades de inclinação, direção e dimensão. Pressão deslocada, ligação em arcos. Assinatura distanciada do texto e para a esquerda etc.

Distinção: É, no sentido social, o bom tom, a cortesia e a delicadeza com que a pessoa educada e de classe trata os demais. A pessoa educada e distinta está sempre atenta e deferente com os outros. A desatenção é própria das pessoas distraídas, grosseiras ou mal-educadas (vulgaridade) (fig. 149).

Distração: Tendência de deslocamento da atenção para objetos diferentes nos quais se aplicava ou devia, inicialmente, se ocupar. Por exemplo, o menino que observa o voo de uma mosca em vez de prestar atenção ao professor.

A distração deve-se, geralmente, a uma atitude de defesa inconsciente (fadiga, ausência de interesse, debilidade cortical etc.) contra alguma situação penosa. Também pode ser produzida pelos excessos de masturbação (figs. 26, 70, 112).

Escrita frouxa, sem relevo, cansada, descendente, branda, empastada, desordenada etc. e, sobretudo, com sinais de pontuação descuidados ou muito débeis.

Docilidade: "Disposição para receber com deferência ou agrado, sem rebeldia, e às vezes com admiração as ordens, os conselhos e as lições de outros" (Streletski).

Escrita redonda ou arredondada, lenta frouxa ou branda, passiva, com barras dos "t" baixas ou ausentes (figs. 15, 86).

Dominação: Vem do termo latim *dominus* (senhor, dono) e se refere ao desejo de exercer poder e autoridade. É também sinônimo de possessão.

Assim, podemos definir a dominação como a tendência para impor os desejos e exigências (autoritarismo) a outro e outros. As mulheres dominantes também existem, pois o autoritarismo, o "machismo" – ao qual aludem as feministas – não é exclusivo do varão. Existem modelos de mulheres "machistas", viris, reivindicadoras e agressivas, dos mesmo modo como existem condutas "feminoides" de dependência e submissão no homem.

Existe "um tipo de pessoa – diz Adler – que sempre se realça e quer representar o primeiro papel e aquelas para quem a vida só apresenta a eterna questão de como poderiam ser superiores aos demais. São pessoas que, às vezes, enfrentam abismos diante dos quais não sabem o que fazer, e acontece de não estarem completamente seguras de si e que, consequentemente, não são as que melhor desempenham seu papel, ainda que se esforcem o mais possível e sem sossego para demonstrar sempre sua superioridade".

Esta excitação do sentimento da própria personalidade não é outra coisa senão uma exigência aguçada e constante de supercompensar um complexo de inferioridade. E, prova disto, é que, quando existe num grupo ou reunião alguém com uma personalidade "mais forte", a atitude dominante desaparece.

Escrita: Maiúsculas e barras dos "t" soerguidas; pernas triangulares; finais compridos, pontudos ou massivos (quanto mais força tem a pressão nos traços, mais violenta é a dominação). Linhas ascendentes. Assinatura soerguida. Escrita alta.

Dureza: Atitude severa, rigorosista e áspera do indivíduo no trato com os demais. Esta atitude vai às vezes ligada à estreiteza de consciência e de coração, a uma crueldade inacessível para a piedade (veja-se Sadismo).

Dizia Montesquieu que "os homens extremamente afortunados e os extremamente desgraçados se veem, igualmente, inclinados para a dureza".

Escrita firme-dura, angulosa, pontuda, rígida (linhas), regular, automática etc. (figs. 27, 102, 108a, 127).

Dúvida: Estado de incerteza, de vacilação, que deixa o espírito em suspenso entre a afirmação e a negação, entre o desejo e o medo, entre resoluções e julgamentos contraditórios.

A incerteza obriga o indivíduo a verificar continuamente suas ideias, atos, trabalhos, projetos, para escapar do tormento de sua insegurança. Quando este estado se acentua obsessivamente, o indivíduo cai no patológico. Produz a dúvida da insatisfação sexual, a frequência do *coitus interruptus* e da masturbação etc. Pode ser corrigida com a psicoterapia.

Escrita de inclinação desigual, progressiva-regressiva, suspensa, inibida, maiúsculas separadas, cortes frequentes e lapsos de coesão, barras dos "t" em haste, pontos atrasados, desigualdade na direção das linhas etc. (figs. 26, 70, 107, 123, 173 e 180).

E

Economia: Ordenação prudente, judiciosa e previsora dos gastos. A economia é a origem de todo progresso. Os povos e as empresas que melhor souberam organizar seus gastos têm sido os de maior progresso. A higiene estabelece a economia física. Uma boa ética pode conduzir à economia moral e espiritual.

Escrita ordenada, contida, clara, espaçada sem excesso, angulosa, retilínea, vertical, sóbria, pausada, com margens bem enquadradas na página e pontuação precisa (figs. 16, 30, 41, 80, 104 e 106b).

Édipo, Complexo de: Todo complexo é uma fusão de várias associações pulsionais (necessidades, impulsos, desejos) reprimidos que, frequentemente, têm um denominador comum: um estado de angústia, ira, ódio, desalento, decepção etc. Sempre que surge um estímulo que desperte essas repressões armazenadas no inconsciente, o sujeito reage com um transtorno da conduta, isto é, com uma reação neurótica. Portanto, os complexos condicionam a conduta humana. São fatores de inadaptação.

A sexualidade (função que permite alcançar o prazer) manifesta-se – segundo Freud – desde o nascimento. A principal fonte de prazer é proporcionada pela mãe à criança (alimento, carícias físicas, mimos, elogios etc.) e ela converte-se, para a criança, em objeto de prazer.

O complexo de Édipo – denominado assim em função da lenda grega do Rei Édipo, que matou seu próprio pai e se casou com a própria mãe, embora desconhecesse esse parentesco, é a tendência inconsciente a eliminar o pai para gozar, com exclusividade, o prazer que a mãe proporciona.

Esse complexo vai desaparecendo normalmente, ficando liquidado na idade crítica – na puberdade –, período em que a sexualidade se desprende da mãe e se vincula às pessoas do sexo oposto (a mãe é substituída por uma noiva ou amiga). Mas quando isto não ocorre dessa forma, o complexo de Édipo não é termina, aparecem transtornos na conduta (veja-se Complexo de Édipo).

O mesmo ocorre na menina em relação ao pai (veja-se complexo de Electra).

Educação: A educação, disse Streletski, "é a arte de substituir as exigências inoportunas do instinto por atitudes adquiridas, organizadas e hierarquizadas." A educação faz nascer, mediante esforços reflexivos, progressivos e repetidos, os hábitos físicos e intelectuais, morais e sociais que permitem um desenvolvimento equilibrado e justo nas relações do eu com o tu (figs. 15, 16, 28 e 145).

A pessoa educada se comporta de um modo atento, firme, cortês, sensível e fino. Tanto um excesso de indulgência como uma severidade excessiva caracterizam a má educação, e as familiaridades exageradas e as irregularidades do comportamento exprimem a inadaptação.

Ego: É a consciência que temos do nosso próprio ser. Em termos psicanalíticos, "designa a sede e o conjunto de motivações e de atos do indivíduo que condicionam sua adaptação à realidade, satisfazem suas necessidades e resolvem os conflitos nascidos de desejos incompatíveis" (Sillamy).

Os neuróticos possuem um ego fraco, incapaz de resolver seus conflitos internos.

Segundo Dorsch[26], o ego incumbe-se das seguintes tarefas: 1) Estabelecer a relação com o mundo exterior, com o superego e consigo mesmo. 2) Resolver as apetências e os perigos desses fatores da realidade. 3) Servir de intermediário entre esses fatores de realidade, ou seja, entre o mundo exterior e o superego, entre o superego e si mesmo. As funções conscientes do ego são a percepção, a evocação, o pensamento, planejamento e a aprendizagem. As funções inconscientes do ego são a defesa contra si mesmo, contra o superego e seu enfrentamento instintivo com o meio ambiente.

Na escrita, a atuação do ego localiza-se na zona média.

Egocêntrico: Dizemos que é egocêntrico o indivíduo que se sente o centro do mundo; quando tende, de modo excessivo, para o prazer e foge do desagrado; quer todas as vantagens e nenhum inconveniente; só sente apego por aquilo que serve a seus interesses; põe sempre o ego na frente dos outros; teme ser o refúgio daqueles que tiveram um revés de fortuna; nada dos demais (ideia, opinião, objeto, plano, posse, modo de atuar etc.) é melhor do que ele pensa, possui ou realiza quando o orgulho e o narcisismo são a base de seu caráter.

O sujeito egoico só pode interpretar os pensamentos, afetos e atos dos demais por meio de sua própria experiência, ou segundo a nota afetiva predominante de cada momento e situação presentes. Geralmente, o egoico gosta muito de falar de si mesmo, de seus êxitos, necessidades e ideias. Tem tendência a se colocar em primeiro plano.

Escrita: Soerguida (maiúsculas e assinatura) regressiva, apertada, anelada, desligada, contida, ou com finais em retorno (figs. 34b, 68, 108a, 127 e 172).

Egocentrismo: Na caracterologia moderna, denomina-se com o termo "egocêntrico" o indivíduo que se preocupa demasiado com seu próprio eu, geralmente o introvertido.

As reações do egocêntrico dependem da repercussão que os acontecimentos têm sobre a linha positiva (anseio de superioridade) ou negativa (sentimento de inferioridade) do eu.

Na atitude do egocêntrico sempre se percebe a tendência dominante, as exigências inexoráveis, a irritabilidade e excitabilidade daquele que não tolera oposição, nem pode suportar uma contrariedade com calma. Imaginemos – disse Künkel – um habitante de uma cidade grande que sai, num domingo, de sua casa, disposto a fazer uma excursão. Chega à estação muito adiantado, mas ali lhe dizem que seu trem não circula aos domingos. Quanto mais

---

[26] F. Dorsch, *Dicionário de psicologia*, Herder, Barcelona, 1981.

"egoico" seja esse indivíduo, tanto mais sua má sorte o fará perder o humor. A dignidade de seu eu tirânico ficará lesada, e, unicamente, por meio de impropérios e maldições – para salvar a honra – poderá descarregar sua raiva e fazer o eu recobrar à sua majestade, o prestígio perdido pelo simples inconveniente de que um obstáculo impediu seu desejo de passar um dia agradável.

Ao contrário, quanto menos "egoico" for um indivíduo, tantas possibilidades terá de encontrar caminhos abertos para chegar a uma finalidade.

O egocêntrico, disse Streletski, "vive centrado em si mesmo, como a larva do bicho da seda em seu casulo dourado. É um poço condenado à ruminação mórbida do ego" (figs. 39, 34a e b, 44, 55, 68, 69, 71, 99b).

Egoísmo: Culto imoderado ou amor excessivo a si mesmo. A pessoa subordina o interesse dos demais ao seu próprio. Zeloso e exigente, o egoísta desconfia de sua própria sombra. O fraco, o enfermo, o inseguro e o desenganado podem ser egoístas (figs. 33, 39, 55, 184, 185 e 186).

Escrita regressiva, pequena, apertada, estreitada, condensada, angulosa, *jointoyée*, margens muito aproveitadas, maiúsculas isoladas e com finais centrípetos ou em arpão, pernas estreitadas e de base angulosa etc.

Electra, complexo de: O indicado sobre o varão, ao falar sobre Complexo de Édipo, aplica-se igualmente à mulher (veja Complexo de Édipo, Édipo e Complexo de Electra).

A sexualidade (não em seu sentido de reprodução, mas no de prazer) nasce com o menino ou a menina. As primeiras carícias que recebem as crianças de um ser do outro sexo são proporcionadas pelos pais. Do mesmo modo que a sexualidade do menino fixa-se na mãe (Complexo de Édipo), a sexualidade da menina fixa-se no pai, que é seu primeiro par amoroso (Complexo de Electra).

Essa fixação amorosa desloca-se na adolescência para um parceiro não familiar (noivo ou amigo). É precisamente nessa idade, chamada *idade crítica,* que a menina tem "afinidades de caráter" com o pai ou com os pais; então se produz a mudança de menina para mulher.

Se o Complexo de Electra não termina, ou fica mal resolvido, aparecem transtornos neuróticos, desadaptações no caráter (veja Complexo de Édipo e Édipo).

Emotividade: Emotividade vem do latim *movere* (mover, agitar, remover) e de *motus* (movimento, vibração). Do modo – disse Müller –, como na física, relacionam-se os fenômenos acústicos com as vibrações do corpo, ainda que, de fato, não percebamos tais vibrações. Essas vibrações, choques ou comoções interiores das funções psíquicas e fisiológicas recebem o nome de emotividade.

A emoção tem sua origem em sensações ou sentimentos atuais, que se associam a outras afeições já experimentadas ou imaginadas.

O primeiro momento da emoção – disse Verdes – caracteriza-se por um sobressalto, comoção ou desordem interior que perturba o curso das representações.

EMOTIVIDADE

Segundo seu efeito deprimente ou excitante, o curso das representações pode ser acelerado ou retardado, determinando, finalmente, um estado de ânimo mais ou menos duradouro.

O tom emocional depende das condições do sistema nervoso.

Quando o tom emotivo é normal, quer dizer, quando os acontecimentos ou fenômenos que atingem a sensibilidade não repercutem sobre o sistema nervoso de um modo exagerado, as funções orgânicas e psíquicas estão equilibradas, o ânimo é sereno, tranquilo e equânime, não se produzem sobressaltos nem mudanças bruscas.

Quando a tensão emotiva é forte (constituição emotiva, segundo Dupré), os choques e comoções do ânimo são violentos, e as emoções atuam sobre as funções orgânicas e psíquicas excitando ou deprimindo sensivelmente sua atividade.

A baixa tensão do sistema nervoso produz um choque lento, retardado e grave (apatia, indolência afetiva, indiferença).

No emotivo crônico, há sempre desproporção entre a causa que motiva a emoção e o efeito que produz no indivíduo.

A emoção está para a ideia como a cor para o objeto.

Os emotivos crônicos ou constitucionais foram divididos por Ernest Dupré em dois grupos:

a) *Os emotivos simpaticotônicos* Indivíduos que reagem com uma impressão viva, desconcertante, imediata e, geralmente, pouco duradoura a qualquer estímulo ou acontecimento imprevisto (ruído, bater de uma porta, buzina de um carro, interpelação súbita, censura inesperada, chegada de um telegrama etc.) (figs. 26, 68, 72, 120).

Nessa classe de sujeitos, a emoção tem expressão psicomotriz e por isso eles estão sempre em movimento, em constante agitação e desassossego, riem e choram sem que isto os afete, são variáveis, sugestionáveis e inconstantes.

b) *Os emotivos vagotônicos*: São indivíduos de reação interior retardada, porém profunda e durável.

Têm uma forma inibida de exteriorizar seu mundo interior, seus estados de alma, pelo que parecem falsos, apáticos e indiferentes (a emoção se aloja no interior desses sujeitos que adotam expressão visceral, vascular ou endócrina) (figs. 16, 40, 145 e 180).

Por isso, esses indivíduos quase nunca falam voluntariamente das emoções que experimentam e se eles se expandem deixam a descoberto – como disse Streletski – o vestígio de uma percepção intensa que retém o eco prolongado de seus choques emotivos.

Certos emotivos, disse o mesmo autor, se vêm empurrados a bruscas rupturas de equilíbrio, que são seguidas de um lento e laborioso restabelecimento.

Apresentamos algumas leis relacionadas com a emotividade:

- toda emoção é, ao mesmo tempo, impulso;

- todo impulso é, ao mesmo tempo, emoção;
- para que uma ideia chegue a ser motora, quer dizer, para que passe da vivência representativa à ação, é imprescindível que tenha um conteúdo emocional;
- cada instinto é um impulso e cada objeto que excita um instinto excita por sua vez uma emoção;
- não há atividade sem um fundo afetivo que a alimente. A emotividade pode localizar-se na esfera motriz, psíquica ou mental. No primeiro caso, não há inibição, passa-se, impulsivamente, do estímulo à reação motriz como resposta. No segundo caso, esse impulso da emoção é recebido, de preferência, pela imaginação: fantasia, ilusão. Por último, se a emoção descarrega-se sobre a esfera mental, em sentido positivo, enriquece a energia do pensamento e favorece a inteligência; em sentido negativo, perturba as operações mentais e produz o exagero ou a vacilação;
- todo fenômeno afetivo tem duas classes de fatores: um "representativo", que se refere às funções do conhecimento, e outro "fisiológico", que se refere às modificações corporais (gesto, atitude, timbre de voz, regularidade do pulso, do coração, etc.), que se produzem também na escrita, na onda gráfica;
- à medida que os fatores representativos tornam-se mais numerosos e complexos, os fatores fisiológicos tornam-se menos expressivos e violentos. Ao contrário, quanto mais expressivos e violentos são os fatores fisiológicos, mais sensíveis, dentro de sua complexidade natural, são os efeitos afetivos.

Nas crianças, por exemplo, os fatores representativos são pouco intensos e complexos; em compensação, a mímica é intensa, impulsiva, expansiva e versátil.

Empatia: Captação inconsciente das motivações, desejos, simpatias e afetos dos demais. A empatia supõe compreensão e identificação espontâneas com o modo de pensar, sentir e querer dos outros. O sentimento se humaniza ao contato com os demais.

Escrita aberta, progressiva, espontânea, ligada, clara, inclinada, nítida, ascendente, arredondada e homogênea (figs. 10, 28, 75 e 181).

Energia: Poderia definir-se a energia como o conjunto de força, poder e eficiência com que a personalidade conta nos diferentes planos evolutivos (força do pensamento, tensão, firmeza de vontade, resistência, capacidade de ação etc.).

A energia é o grau de força, de calor e movimento que o indivíduo põe em relevo em sua maneira de sentir, pensar e querer (dinamismo da sensibilidade, das ideias e da ação) (figs. 76, 98, 102, 149 e 156).

Os recursos de energia do sujeito podem manifestar-se em qualquer ordem: no trabalho, na atividade intelectual, nos esportes etc. A vontade precisa de energia para pôr-se em movimento e será mais potente quanto mais forte e controlada for essa energia.

Enfermidade: É uma alteração mais ou menos grave da saúde física ou psíquica. A enfermidade, por ser uma perturbação das funções fisiológicas e anímicas, tem grande importância, de início, para o rendimento profissional e para a adaptação do caráter ao espírito do grupo. É por essa circunstância que se deve observar, com cuidado, todo sinal gráfico alarmante que denota alteração.

A enfermidade traduz-se no grafismo por alterações na pressão e no ritmo gráfico, quebra ou movimentos truncados, tremidos, retoques frequentes, desarmonia gráfica; irregularidade nos espaços entre as linhas, palavras e letras; desigualdades chocantes de altura e extensão das letras, escrita congestionada, muito desproporcionada, mudanças de ritmo repentinas, frequentes mudanças de inclinação, escrita descendente ou de direção incoerente etc. Recomendamos a interessante obra de Matilde Ras, *Lo que sabemos de Grafopatologia,* onde se encontra grande parte do que se escreveu sobre patologia gráfica e suas experiências pessoais ao longo de cinquenta anos ininterruptos de profissão (figs. 38a e b, 51, 52, 155, 179 etc.).

Entusiasmo: Esperança fervorosa e alegre, que leva o ânimo até à consecução de seus objetivos sem outro apoio senão o calor que anima a imaginação. O sujeito age por um sentimento excitado de inspiração e poder. Não pensa nos obstáculos, mas em alcançar aquilo que move sua ilusão ou sua paixão.

Escrita ascendente, progressiva, aberta, rápida, lançada, crescente, arredondada, com barras dos "tt" adiantadas e pontos altos e avançados (figs. 28, 48, 72, 89, 121, 181).

Epileptoide, tipo: Sujeito que se caracteriza por sua propensão para certos transtornos nervosos de tipo paroxístico ou convulsivo (disritmia cerebral) associados a ligeiras alterações da consciência (perda de memória, ausências, acessos repentinos de agressividade, irritabilidade violenta, excitabilidade de tipo depressivo-angustiado etc.).

Caracterologicamente, face à normalidade, o tipo epileptoide frequentemente se distingue pela rápida susceptibilidade afetiva, aderência pegajosa às pessoas ("viscosidade"), egoísmo, individualismo, lentidão, linguagem cheia de redundâncias, de preservações, opiniões fanáticas, imaturidade, reações coléricas ou explosivas, teimosia na ação etc.

O sujeito epileptoide é, frequentemente, um indivíduo socialmente inadaptado por suas rupturas de equilíbrio fáceis e pela frequência com que passa, ou pode passar, da amabilidade pegajosa para uma reação explosiva, de um estado de calma a uma brusquidão violenta.

Escrita: arpões frequentes e ganchos paroxísticos. Escrita lenta, pastosa, maciça, contorcida, ascendente ou descendente, com espaçamentos desiguais.

Equilíbrio: Estabilidade, firmeza e segurança (equanimidade, harmonia de caráter produzida por um "mesclado" em proporções, convenientes, das diferentes disposições afetivas e das diversas atitudes intelectuais que, ao solidarizar-se, fazem-se valer mutuamente, sem se prejudicarem umas às outras" (Streletski).

Escrita firme, retilínea, vertical ou moderadamente inclinada, ordenada, clara, homogênea e progressiva (figs. 149, 181, 182).

Escolha ou impulso (determinismo psíquico)[27]: É um fecho experimental que os processos psíquicos não são fenômenos ilhados e acidentais, mas que permanecem sempre ligados, de maneira mais ou menos sutil, com maior ou menor intensidade, aos processos que os precedem e os seguem. Esse fenômeno coesivo não se deve a uma preferência cronológica ou espacial, mas às semelhanças de intensidade e tom afetivo. Em virtude dessas clássicas leis da associação, todos os conteúdos psíquicos são constituídos em forma de "séries", de tal maneira que a evocação de qualquer um de seus elementos participantes tende a provocar – mediante a ação de determinados estímulos – a lembrança, por associação, dos conteúdos psíquicos restantes.

Esse fenômeno da associação ou determinismo dos processos psíquicos foi utilizado por alguns pesquisadores, tais como Rorschach, Jung, Szondi – e de forma mais modesta pelo autor desse livro – para elaborar testes mais ou menos engenhosos, de exploração e diagnóstico psicológico. Nesse sentido, merece menção especial o teste de *Rorschach para o diagnóstico psicológico.*

Consta esse teste de uma série de dez lâminas. Cada uma das quais representa manchas de tinta superpostas, de gradação e cores distintas, mas perfeitamente simétricas. Há em preto, em coloridas e mistas.

A prova consiste em convidar a pessoa objeto da análise a dizer o que pode representar cada uma das manchas.

Rorschach divide as respostas, levando em conta:

1. O sentido espacial, segundo o qual as respostas podem ser:
   a) *Globais* (G) (interpretação de toda a mancha ou do conjunto da lâmina), que revelam o poder abstrato e generalizador da inteligência.
   b) *Parciais ou de detalhe* (D), reveladoras de inteligência concreta e prática.
   c) *Confabulatórias* (DG) (partindo de um pequeno detalhe, interpreta-se a totalidade da lâmina), reflexo de poder construtivo e imaginativo.
   d) *De pequeno detalhe* (Dd) (interpretação de fragmentos muito pequenos das manchas), que denotam a tendência para o insignificante, para o mesquinho; às vezes também, a agudeza e minuciosidade da inteligência, da atenção.
   e) *De detalhe intermediário* (Dzw) (interpretação dos espaços em branco que existem entre as manchas). As Dzw revelam as tendências à luta, à oposição e à contradição. Essa luta ou oposição dirige-se sobre si mesma quando o "tipo de vivência" é introvertido, e é incompatibilidade e luta com os demais quando o "tipo de vivência" é extratensivo ou extrovertido.
   f) *De detalhe oligofrênico* (o sujeito observa só um detalhe de uma figura naquela parte da lâmina em que os demais veem, ordinariamente, uma figura completa). São conhecidas pelo símbolo "Do" e se chamam assim porque se dão, preferencialmente, nos

---

[27] O estudo destes testes, especialmente o de Rorschach e o de Jung, é recomendável para todo bom grafólogo. Veja-se a nossa obra *La Selección de Personal y el Problema Humano en las Empresas*, Herder, Barcelona, 1982.

oligofrênicos, quer dizer, nos débeis e retardados mentais.

2. *A espécie de impressão ou móvel que determina a resposta,* que pode estar motivada por:

a) *A forma* (F) (a estrutura, a forma da mancha determina a resposta). Uma boa inteligência dá sempre como mínimo 80% de F bem vistas.

b) *A cor* (Fb) (a cor da mancha é o determinante da resposta). As respostas de cor representam a emotividade e se dividem em dois grandes grupos:

Os de Fb, FbF e Ffb (cor, cor-forma e forma-cor, respectivamente). As respostas desse grupo indicam que a emotividade utiliza, para fazer-se presente, o caminho do sistema nervoso central, adquirindo qualidade motriz ou psicomotriz (a emoção traduz-se em impulso, em gesticulação, em ação).

As respostas são motivadas pelos matizes claro-escuro das manchas, as Hd, HdF e Fhd (claro-escuro, claro-escuro-forma e forma-claro-escuro, respectivamente). Revelam essas respostas que as emoções percorrem caminhos próprios do sistema nervoso vegetativo, afogando-se no interior do sujeito e adotando expressão vascular, visceral, endócrina etc. São reflexos do humor disfórico e depressivo, da angústia, da ansiedade e de todos os impulsos coartativos.

c) *O movimento* (B) (o impulso motivador da resposta é o movimento, a impressão de movimento que o sujeito recolhe da figura, que ele explica reproduzindo sua sensação cinestésica em forma de ação mímica, de gestos e ademanes). As "B" representam o índice de produtividade, refletem a capacidade produtiva e criadora.

Essa produtividade pode ser, segundo a modalidade das respostas, intelectual, artística, científica, prática etc.

3. *O conteúdo das respostas,* que segundo os casos podem referir-se a: animais (T), pessoas (M), objetos (Obj.), paisagens (Pais.), formas anatômicas (Anat.) etc.

Tendo-se em conta, por meio de estatísticas, as diferentes interpretações dadas a cada lâmina, o conteúdo das respostas pode ser: Original (Orig.), Vulgar (V) e Pessoal (P). As P, na maioria dos casos, são indicadoras de complexos.

Uma classificação e uma porcentagem cuidadosas das repostas permite, *a posteriori,* segundo o predomínio de umas respostas sobre as outras, estabelecer com certa precisão:

a) *Tipo de percepção,* Tipo e nível de inteligência, maneira de ver as coisas e de dirigir a atenção sobre elas, recorrendo aos fatores G, D, Dd etc. É comum os sujeitos inteligentes darem, no primeiro momento, algumas respostas globais, passando logo a interpretar detalhes e, às vezes, algum pequeno detalhe. Num número de respostas perto de trinta, a fórmula do tipo de percepção normal é, teoricamente, essa: 8 G, 23D, 2Dd, 1Dzw. Deve-se buscar a proporção quando há maior ou menor número de respostas que as indicadas. Os retardados mentais, os pouco inteligentes, frequentemente, procedem ao inverso, dão raras vezes repostas globais, interpretam detalhes e pequenos detalhes, a maior parte das vezes de forma absurda (Do).

b) *Tipo de vivência,* que informa sobre a afetividade e a atividade (instintos, impulsos, tendências, sentimentos) e sobre a atitude vital (introversão, extroversão).

No tipo *introvertido (introvertido, de Jung),* predominam as respostas B (de movimento) sobre as Fb.

No tipo *extrovertido,* predominam as de cor (Fb) sobre as de movimento (B).

As respostas F (forma) predominam no tipo "coartado", nos quais faltam ou quase não existem nem B, nem Fb. Rorschach chama "coartado" ao sujeito diminuído, tímido, no qual só adquirem progresso os fatores representativos do pensamento disciplinado por via consciente e lógica.

Ao contrário, os que dão muitas respostas de cor e movimento (Fb e BO formam o tipo *dilatado,* alegre, sempre empreendedor, otimista e com grande esbanjamento de habilidade, para sair vitorioso das dificuldades.

Finalmente, o tipo *ambíguo ou* equilibrado é o que dá igual número de respostas de cor e de movimento; frequentemente, dão-se essas repostas os sujeitos que possuem um bom nível de adaptação e uma capacidade de inteligência, às vezes, produtiva e reprodutiva. Trata-se, pois, de espíritos empreendedores, porém serenos.

Pode-se dizer que a afetividade de um sujeito é tanto mais estável quanto mais predomina o elemento B sobre o Fb e é tanto mais instável quanto mais

predomina o fator Fb sobre o B, quer dizer, a cor sobre o movimento.

c) *Tipo de sucessão,* que reflete a modalidade de conduta e comportamento, segundo se sucedem as respostas de maneira: ordenada, relaxada, desagregada, rígida ou invertida.

d) *Outros dados interessantes,* que derivam do estudo do tempo de reação, número de respostas, variedade e originalidade das mesmas, porcentagem de animais etc.

Aqueles que se interessem por maiores esclarecimentos sobre o manejo e a técnica desse teste podem consultar os trabalhos de Lafora, Tranque Garcia, Salas, Sacristán, Mira e as obras *Teoria e Prática do Psicodiagnóstico de* Rorschach, de F. Pascual de Roncal, *Introdução à prática de Rorschach,* de L.Ma. Durán, e a citada *Seleção de pessoal e o problema humano nas empresas,* do autor desse dicionário.

Escrúpulo: É uma espécie de tortura psíquica persistente ligada a um estado de inquietação e dúvida que motiva, no sujeito, o medo ansioso de fazer ou ter feito alguma coisa malfeita. O escrupuloso se conduz com a incerteza grudada na pele. Seu desejo excessivo de fazer bem as coisas, sua aspiração à perfeição fazem com que ele sempre esteja insatisfeito, nunca alcance a tranquilidade e serenidade de espírito.

Seu estado de ansiedade e incerteza, seu temor de ser responsável ou acusado de incapacidade obriga-o a comprovar reiteradamente, a verificar constantemente os mais simples pormenores e a voltar atrás sobre o que já fez, para se assegurar de que nada ficou descuidado (figs. 30, 40, 41, 43, 64 e 167).

Do ponto de vista psicanalítico, o escrúpulo revela um desejo reprimido de rebelar-se contra as normas estabelecidas, "com o fim de satisfazer os impulsos agressivos, sádico-anais, e a fixação inconfessa à sociedade e à desordem" (Sillamy, Dicionário de psicologia).

Escrita muito pequena, inibida, com lapsos de coesão, empastada, suspensa, com pontuação muito precisa. Letra "s" minúscula de traço final atravessando, em impulso sinistrogiro, o traço inicial (figs. 73, 121 e 167).

Espírito crítico: Capacidade para estimar e julgar as coisas, separadamente ou como parte de um conjunto, sem afirmar nada que não tenha sido previamente analisado, comparado e classificado em sua justa medida. Discernimento e clareza de juízo na apreciação de valores.

Um excesso de sentido ou espírito crítico pode passar da explicação analítica construtiva à censura, ao desejo de desacreditar, desprestigiar ou demolir o valor de algo ou a personalidade do outro.

Escrita sóbria, ordenada, pequena, gladiolada, acelerada, espaçada, semiangulosa, pausada, vertical e retilínea (figs. 40, 145, 149, 181).

Em sentido negativo: acelerada, muito inclinada, angulosa, sobrealçada, impelida, regressiva, apertada, malproporcionada e desigual (figs. 29, 31, 33, 34a e b, 44, 50 e 68).

Espírito de contradição: "Disposição para contestar ou fazer sempre o contrário do que o outro indica ou deseja. O sujeito se opõe, *a priori,* de repente, a todo parecer, opinião, conselho, proposição ou iniciativa

do outro. Essa atitude estéril, destruidora, antissocial do espírito de contradição tem como fatores habituais: o desejo de fazer raiva, de contrariar, de ridicularizar o outro; a susceptibilidade, com elevada opinião de si mesmo, a desconfiança, a obstinação, a intolerância, o fanatismo e a negligência. Também se encontra o espírito de contradição nos sujeitos queixosos, reivindicadores, paranoicos, débeis mentais e desequilibrados" (Streletski).

Escrita lançada, acelerada, angulosa, confusa, desordenada, com barras dos "tt" finais e traços inferiores em diagonal com a linha de base (figs. 108a, 177, 178).

Espontaneidade: Impulso que leva à expressão das emoções ou sentimentos que se experimentam (natural, de impulso próprio) (figs. 28, 149 e 181). Veja-se Expansão.

Esquizofrenia: É um estado mental que apresenta, como caráter essencial, a dissociação, o rompimento ou discordância entre as funções psicomotoras, afetivas e mentais. O sujeito apresenta uma ruptura na unidade de sua personalidade e no seu contato com a realidade (veja Dissociação).

O esquizofrênico é um "sujeito raro, sensível, reservado, frio e extravagante", que tende a encerrar-se em si mesmo, a viver preso num mundo de representações fantásticas, quer dizer, substitui o pensamento lógico pelo mágico em consequência de uma regressão da *libido* a estágios anteriores.

O resultado dessa regressão a estados inconscientes ancestrais gera, no sujeito, a desorganização do pensamento racional, que passa a ser inconsciente, e as vivências inconscientes, mais ou menos antigas ou primitivas, passam a ocupar a consciência.

Segundo predomina o delírio interpretativo ou o delírio sensual, o esquizofrênico pode tomar o caminho paranoico (ilusões, alucinações, delírio de perseguição, de grandezas etc.) ou o parafrênico, que é outro tipo de delírio cheio de ambiguidades, contradições, neopercepções cinestésicas e sexuais, alucinações sensoriais (predominantemente auditivas) e interpretações absurdas.

A escrita do esquizofrênico apresenta sinais de levantamento muito marcantes nas maiúsculas e na assinatura, espaços excessivos entre palavras e linhas e certas discordâncias das normas ou módulos estabelecidos pela caligrafia (veja fig. 172).

Esquizotímico: Introversão caracterizada por aparência fria e distante na atitude do sujeito. Sua tendência a fechar-se em si mesmo (busca da solidão) é uma atitude de defesa contra sua hipersensibilidade, um temor a choques violentos com os demais e com a realidade. Às vezes, é capaz de reações imprevisíveis e de mudanças bruscas de atitude.

A inteligência do esquizoide é, com frequência, aguda, perspicaz, original e intuitiva. Quando não sonha com os olhos abertos em seus grandes projetos, que quase nunca chega a realizar por causa de seu débil domínio da realidade, é capaz de fazer uma análise exaustiva, minuciosa, sistemática e profunda de cada tema, coisa ou situação.

O esquizoide é um ser mal integrado a um mundo que lhe aparece como hostil. Tem poucos amigos e tece, em sua solidão, o dourado casulo de sua própria alma.

Escrita pequena, espaçada, angulosa, ou semiangulosa, estreitada, sóbria, inibida, contida, suspensa, sinuosa, ligeira, com pernas débeis e estreitadas (figs. 41, 76, 106b, 148, 180).

Estados de ânimo: É o tom em que se encontra a atitude afetiva. Cada estado de ânimo imprime aos músculos do rosto e aos movimentos do corpo uma determinada direção do gesto. Essa direção é ascendente ou "para cima" nos casos de excitação, e é descendente ou "para baixo" nos casos de depressão[28].

O tom do ânimo depende das características da receptividade de cada indivíduo e do equilíbrio de todas as suas funções, especialmente as do sistema nervoso.

O equilíbrio, que dá ao ânimo certo matiz de serenidade, é produzido pelo jogo harmonioso das forças físicas, afetivas e intelectuais, que trabalham sobre um mesmo nível, quer dizer, sem que predomine, separadamente, nenhuma delas (figs. 16, 40, 149).

No homem ponderado e sereno, a energia (dinamismo) é suficiente; o choque emotivo é pouco intenso e não repercute, de forma violenta, sobre nenhuma função psíquica, não ocasionando, portanto, nenhuma desordem, pois não há excesso

---

[28] A direção "para fora" ou "para dentro" ("para o outro" ou "para si mesmo") tem origem no "interesse" (veja Orientação).

ESTADOS DE ÂNIMO

nem falta, e a atividade é, assim, igual, constante e medida.

A excitação do ânimo leva consigo a hiperatividade ou aceleração, mais ou menos brusca, mais ou menos intensa, contínua das funções físicas e psíquicas.

Da excitação do ânimo sobrevêm a impaciência, a agitação, o impulso apaixonado e irrefletido, a irritabilidade e a inadaptação, em sentido negativo. Em sentido positivo, a excitação do ânimo produz o entusiasmo, a iniciativa, a produtividade mental, a inspiração, a facilidade verbal e gráfica, a sensação íntima de força e invencibilidade (otimismo, euforia).

Nos casos graves, a excitabilidade conduz à mania, à loucura (expansividade dispersa e sem objeto, seguida de uma confiança absurda em si mesmo e de uma embriaguez de movimento).

Ao contrário, nos estados de ânimo depressivos, a tensão neuromuscular diminui, e se reduz a atividade física e psíquica. São os estados de tristeza, fadiga, cansaço ou abatimento físico e moral. Durante essa baixa tensão de ânimo, produz-se no psiquismo um relaxamento da atividade funcional, surgindo daí a angústia, o temor, a insegurança, o sentimento de impotência ou de desamparo, o automatismo psíquico ou a escassa intervenção da vontade nos atos e na conduta (relaxamento moral).

Enquanto nos estados agudos de excitação há tendência para o gesto imoderado, para a expansão e para a jactância pessoal, nos estados de grande depressão produz-se o fenômeno inverso: a necessidade de solidão, isolamento, avareza e pusilanimidade.

Complementando o que foi dito no artigo "Cor e afetividade", queremos tocar aqui no tema da *influência das cores sobre o estado de ânimo*. Naturalmente, ainda que a coordenação das cores com as funções receptivas se altere, segundo as diferentes culturas, grupos humanos, inclusive segundo os indivíduos, há uma certa correlação entre determinadas cores e símbolos.

A cor *azul-claro* (do céu) é para o europeu a cor do pensamento. O amarelo é, ao mesmo tempo, a cor do sol e da intuição. O roxo, cor palpitante de sangue e de fogo, é a cor dos sentimentos vivos e ardentes (a vivacidade e a força da cor realçam sempre a intensidade de certas emoções carregadas de um poderoso conteúdo afetivo instintivo).

As funções perceptivas, segundo a doutora J. Jacobi, seriam simbolizadas pela cor verde, cor de plantas terrestres, pelo fato de que elas são percebidas diretamente.

No teste de psicodiagnóstico de Rorschah (empregado em muitos centros de investigação analítica em união com a grafologia), dá-se uma importância primordial às respostas sobre cor. Os estados de ânimo alegres, a confiança em si, o espírito empreendedor e ativo e o otimismo produzem numerosas respostas de cor. Ao contrário, nos sujeitos deprimidos, as respostas são pobres de cor.

A cor roxa estimula o valor e a ação em sentido positivo; em sentido negativo, encarna a anarquia e a matança. O *amarelo puro* representa, em sentido positivo, a glória, o esplendor, a alegria de alma e a prosperidade (é a cor do sol que "surge das trevas insondáveis como mensageiro de luz..."; em sentido negativo, o *amarelo* denota a covardia, a baixeza e a enfermidade (temor das trevas, do obscuro, do incerto). A *púrpura é*, no sentido positivo, emblema de heroísmo, de magnificência e do esplendor; no sentido negativo, é a cor da paixão, do padecimento e do mistério.

O *verde ácido* produz uma sensação de eletricidade, fere a vista e, em certos temperamentos hipersensíveis, influi nas faculdades auditivas e olfativas. O *verde menos intenso* pode ser considerado como tônico para o sistema nervoso, e por esse motivo é recomendado como a cor dos lugares onde moram indivíduos exaltados, como cor para os tapetes, quadros, camas e roupas. O *amarelo é* conveniente para os deprimidos; o *azul* é bom para os melancólicos. *A cor negra* tem o poder de abater, infunde respeito, seriedade e medo. Em troca, *o branco* é plácido e mantém o indivíduo em seu estado de ânimo. O *violeta é* a cor preferida pela maioria dos estetas, sobretudo quando combinada com outras tonalidades suaves. O *alaranjado* produz efeitos inesperados e diversos. *O azul-celeste* e a luz *azulada* dão sossego e equilíbrio ao espírito e acalmam a emotividade. A *luz amarela é* um estimulante dos nervos.

Essas observações podem servir de complemento para o estudo do grafismo de artistas[29].

Em nossa obra *Los Testes Proyectivos Gráficos* (em preparo) dizemos: "A cor, como tal, não existe nos objetos; é a sensação que a retina humana experimenta quando se vê estimulada pela energia radiante, que emana de cada objeto visto. Portanto, a cor depende das características da luz e é independente do espaço e do tempo, é um efeito da sensação de brilho, do comprimento da onda dominante, e do matiz e da pureza com que a saturação provoca vibrações em nosso aparelho visual. Poder-se-ia dizer que é uma reação química do olho ante os estímulos luminosos. Por essa razão, na moderna ciência da ergonomia (que estuda a adaptação do trabalho ao homem) recomenda-se, em cada caso, o emprego das cores adequadas ao ambiente de trabalho, para diminuir a fadiga, aumentar o rendimento e criar um clima favorável.

"A cor atua sobre a arte destinada a grandes massas: o cinema e a televisão, por exemplo, exercem um poderoso impacto na vida emocional das pessoas e de todos os países.

"Não existe nenhuma dúvida sobre a influência que têm as cores sobre a constituição física e psicológica dos indivíduos. Pelas amplas experiências de laboratório e estatísticas recolhidas, sabemos, por exemplo, que as cores roxo, amarelo e alaranjado ativam o metabolismo humano, exercem uma ação estimulante ou excitante sobre o sistema nervoso e a atividade cerebral, e que as cores verde, azul e violeta, ao contrário, desaceleram e apassivam as funções metabólicas, a atividade cerebral e o sistema nervoso, criando um estado psíquico de relaxamento ou de semirrelaxamento.

"Segundo estudos realizados em Munique por psicólogos alemães, o quociente intelectual e a sociabilidade crescem em ambientes onde dominam as cores

---

[29] Veja a obra *El lenguaje de los sueños*, Miracle, Barcelona, p. 294 Segs.

azul-claro, amarelo-verde e alaranjado, **e** se apassivam ou evoluem pouco nos ambientes onde dominam o branco, o negro e o marrom. Esse fenômeno deve-se, segundo esses investigadores, ou a diferenças ou ao comprimento da onda de cada uma dessas cores.

"A influência da cor, como fator psicológico, é básica na diferenciação dos povos, das raças e das pessoas. E também importante a sua influência política e publicitária".

"No caso do artista, é possível descobrir os fatores psicológicos predominantes em um pintor, observando as cores às quais dá maior ênfase (quantidade e qualidade)".

"O leitor pode tirar outras conclusões, procurando os diversos significados".

Estímulo: É a influência ou efeito que um agente produz em um ser vivo. Todo fenômeno capaz de provocar uma reação é um estímulo. Por exemplo, uma mancha de tinta ou uma nuvem servem de estímulo à imaginação para fazer ver nelas figuras de animais, pessoas ou coisas. Ouvir uma buzina ao atravessar uma rua, sem ver o veículo que a toca, produz-nos a reação do susto consequente e nos faz correr, ou nos determos, segundo os casos. Umas palavras de elogio por um trabalho bem realizado, vindas de um superior hierárquico, estimulam a confiança do empregado em si mesmo e podem aumentar o seu desejo de superação. Uma carícia estimula o nosso desejo de prazer etc.

Assim, pois, os estímulos podem ser físicos, emocionais, psíquicos, afetivos, morais, espirituais etc.

A sensibilidade aos estímulos não é constante; depende, de certa maneira, da nota emocional que preside cada momento de nossa vida e da atitude de apetência, distração, concentração, recusa consciente ou inconsciente etc., em que nos encontremos.

Por exemplo, referindo-nos ao grafismo, uma escrita inclinada, arredondada, aberta e progressiva reflete o predomínio de estímulos de aproximação, de integração, de simpatia afetiva em relação ao entorno (fig. 89). Ao contrário, um grafismo que apresente os sinais de escrita invertida, angulosa, apertada, regressiva, seca e justaposta e com traços em diagonal (fig. 108a) refletirá a predominância de estímulos condicionados negativos, isto é, a tendência para as atitudes de hostilidade, recusa, negação, rebeldia, resistência, oposição etc.

Euforia: Sensação interna de saúde, vigor e dinamismo imaginativo e motor do sujeito que se acha em uma atitude emocional de "invulnerabilidade", de que "tudo pode", "tudo está bem" ou de que "todo mundo é bom", apesar de a realidade, ignorada por ele, poder ser o sinal do contrário.

Escrita muito ascendente, extensa, lançada, movimentada, dinamogeniada, rápida etc.

Exatidão: Sentido da medida, dos valores e da responsabilidade moral que inclina o sujeito para ir até o detalhe, para o conjunto e o equilíbrio nas apreciações. Precisão, pontualidade, definição e objetividade nas coisas.

Escrita ordenada, cuidada, pontuação precisa, clara e com margem esquerda reta (figs. 16, 40, 41 e 145).

Excitação: Veja-se "Estados de ânimo".

Exibicionismo: Satisfação alcançada com a exibição do corpo desnudo ou de parte dele (peito ou genitais). A exibição do peito e das pernas é frequente na mulher. A exibição dos genitais, no homem e na mulher (salvo quando essa última vende o seu corpo para a publicidade), pode ser um sintoma de enfermidade mental.

O exibicionismo, quando praticado pelo homem, pode ser imaturidade afetiva ou complexo de castração. A exibição não e, nesse caso, mais que um meio para demonstrar aos demais e a si mesmo, inconscientemente, a posse do órgão reprodutor.

O exibicionismo é um ato sádico, ainda que se trate de uma agressividade realizada a distância (o sujeito mostra seus órgãos, a certa distância de suas vítimas, que serão geralmente meninas).

O exibicionismo pode se socializar e se disfarçar nas modas (camisas desabotoadas, calças justas), passeio de pijamas por lugares inadequados, piadas picantes ou palavras obscenas etc. É um exibicionismo o uso de vestidos que realcem as zonas eróticas do corpo, por causa da sensibilidade especial do olho humano para excitações erótico-visuais.

Por extensão, chama-se também exibicionismo a toda maneira extravagante de se vestir, de se mostrar em público, de escandalizar, ou de chamar a atenção dos demais, seja com histórias, palavras chocantes ou agindo de forma agressiva contra as normas, regras ou costumes do ambiente. O sujeito tem a intenção, com essa conduta, de contrapor-se ao seu complexo de inferioridade adleriano ou seu complexo de castração freudiano (Veja-se Histérico).

Escrita bizarra, artificial ou extravagante. Sob forma atenuada, os grafismos 108a e b, e 109 apresentam os sinais de exibicionismo na zona inferior.

Expansão: O termo "expansão" provém do latim *expandere e de expansum* (estender, ampliar, engordar, desdobrar).

Chama-se expansivo o sujeito que se exterioriza de maneira ampla, aberta, radiante e espontânea, isto é, que comunica, com facilidade, seus sentimentos e opiniões.

Qualquer motivo produz no expansivo a necessidade de participar aos demais ou a alguém em particular as emoções que experimenta e sua maneira de sentir, com prazer, as coisas. É por isso que o expansivo encontra na palavra um meio agradável para expressar a efervescência de sua imaginação, o ardor de sua simpatia ou a febre de seu entusiasmo.

O sujeito expansivo é de temperamento predominantemente sanguíneo, excitado, de humor alegre e de caráter sociável (figs. 75, 85, 181 e 149).

Expressão: Expressão é a comunicação, consciente ou inconsciente, pelos gestos, palavras ou atos, dos fenômenos ou ocorrências emocionais. Pela expressão podemos conhecer a maneira de ser de cada indivíduo, família, região ou país.

A capacidade expressiva das pessoas depende de seus traços de temperamento, cultura, fluidez verbal e associativa, imaginação, tônus do ânimo, disposição, grau de autorrealização, experiência etc.

Na expressão, intervém o aspecto externo, atitudes corporais e mentais, tom de voz, maneira de andar, modo de olhar e sorrir, tipo de linguagem empregada, força das ideias, calor dos sentimentos, calor dos desejos, sentido das palavras etc.

Há pessoas que têm uma expressividade atraente, excitante, contagiosa. Outras, pelo contrário, têm uma expressividade que "inibe o ânimo" e que nos leva à recusa, à aversão. Entre esses extremos está a grande variedade humana.

Os grafismos de curvas suaves e de espaços e dimensões equilibradas geralmente pertencem a pessoas com boa empatia (figs. 28, 85, 86, 89 e 149).

As escritas secas, angulosas, desligadas, rígidas, pontiagudas (aceradas) e com forte pressão geralmente pertencem a pessoas pouco agradáveis, que inspiram sentimento de recusa (figs. 108a, 127, 134, 135, 170, 172).

Extroversão: Veja-se Introversão-extroversão.

F

Fadiga: Diminuição da capacidade de pensamento e de ação depois de um esforço mental ou físico, esporádico ou continuado, ou de alguma enfermidade. Quando a fadiga se deve a um esforço isolado ou esporádico, ela desaparece com repouso. Caso se deva a excessos de trabalho, diariamente repetidos, o sujeito cai num estado de debilidade patológica que requer um tratamento prolongado.

A fadiga diminui o nível de tenção, uma vez que retarda os processos motores (maior lentidão no caminhar, na fala, na ação e na decisão).

Escrita descendente, empastada, frouxa, imbricada em descida, congestionada, desordenada e com sinais de pontuação pouco precisos e débeis (figs. 36, 51, 54, 70, 123).

Falsidade: Inclinação para disfarçar, transformar ou encobrir a verdade, de modo a parecer diferente do que é.

A duplicidade, o fingimento e o engano são formas correntes de falsidade próprias de sujeitos débeis, desadaptados, zelosos, invejosos ou friamente egoístas.

Escrita disfarçada, em arcos (ligação), regressiva, lenta, *jointoyée,* aberta por baixo, traços ligados, inibida, retocada, angulosa e com sinais abundantes de desarmonia (figs. 29, 68, 69, 70, 123, 134, 135 e 146).

Fantasia: A fantasia é o lado passivo da imaginação **e** se converte, às vezes, no fantasma da impotência frente à realidade. "Para resolver as tensões que resultam de situações conflitantes, o sujeito dispõe de numerosos mecanismos de defesa ou de adaptação psíquica. Um desses mecanismos é a fantasia que consiste em mandar, de maneira inconsciente, as necessidades (fome, sede, necessidade sexual etc.) para o plano imaginário, a fim de satisfazê-las simbolicamente, mediante a criação de imagens (sonhar que se consomem pratos deliciosos, que a mulher idealizada acede aos desejos ou que se desfruta de um poder mágico, de uma importância e classe social elevadas ou de uma grande fortuna, etc.)" (N. Sillamy).

"Na fantasia – disse Ernest Kris – os processos do ego estão, em geral, a serviço do inconsciente e do princípio do prazer, e os processos mentais, que vagam livremente, tendem a descarregar mais *libido* e agressão e menos energia neutralizadora que na solução de problemas. Portanto, a fantasia é um meio de descarregar as tensões sexuais e agressivas".

Escrita plena, movida, inflada, lenta ou pausada, ascendente, crescente, ligeira ou pouco nutrida, desproporcionada com volume amplo de hastes e pernas e das zonas iniciais nas maiúsculas (figs. 44, 34, 50 e, sobretudo, 68).

Fatores da percepção: A percepção é a função psíquica encarregada de recolher as impressões ou "mensagens" dos sentidos e de processar essa informação em nosso cérebro. As informações recebidas no cérebro, através dos sentidos, não são uma soma nova de estímulos visuais, táteis, auditivos etc., mas um conjunto de percepções que se organizam segundo nossos desejos, necessidades, grau de ânimo, segundo nossa experiência, nosso passado, e um acúmulo extraordinário de vivências. "Isto explica – disse N. Sillamy – porque um determinado objeto não tem sempre o mesmo significado exato para dois ou mais indivíduos. Cada pessoa tem seu sistema de referência particular. O nascido em Borneo vê desdém no sorriso do outro; o japonês, perturbação; o ocidental, benevolência. A maioria de nossos mal-entendidos provém do fato de que nossas percepções são diferentes, pois os sistemas de referência (experiências, gostos, desejos, necessidades, grau de ânimo, enfim, o caráter e o temperamento) não são idênticos de uma pessoa para outra.

Não percebemos os seres e as coisas tal como são na realidade. Embora nossos sentidos nos passem uma informação direta do contato visual, tátil, auditivo etc. do entorno e de nós mesmos, vemos as coisas como acreditamos que elas são ou tal como gostaríamos de que fossem. Por exemplo, o enamorado não vê sua amada com os mesmos olhos que vê a vizinha do lado, que lhe é indiferente. Em sua amada só verá beleza e qualidades atraentes. Na vizinha, pode ver mais os aspectos negativos.

A percepção visual, preponderante, costuma aparecer em escritas com bom relevo e traçado nítido.

Feminilidade-masculinidade: Esses conceitos que hoje parecem um pouco obsoletos devem ser conhecidos a fundo, já que é fácil confundir o sexo na escrita. Segundo Adler, os traços femininos no homem são: atitude passiva, obediência, suavidade, covardia, afetuosidade, pouca capacidade de decisão e falta de memória.

Os sinais de masculinidade na mulher são: Combatividade, dinamismo, afã de reger e dirigir, ambição, capacidade de decisão e reações agressivas e reivindicadoras (veja-se *Anima e animus).*

O "macho" não é um tipo hipermasculino, mas, na realidade, um imaturo emocional efeminado. O toureiro – **se**gundo Guarner – "é um indivíduo com sentimentos de impotência sexual. Na arena, o touro simboliza o pai, portanto dominar o touro é transformar a impotência em onipotência. As posturas femininas (tocar e beijar os chifres, mover as cadeiras diante do touro e até provocar para que ele passe roçando os genitais) são expressões sexuais femininas".

Escrita do homem com tendências femininas: branda ou frouxa; zona inferior de movimentos regressivos ou inflados; finais de palavras curtos e pontuação e barras dos "tt" por trás da haste (figs. 44, 112 e 180).

Escrita feminina com tendências viris: firme, angulosa, rápida, lançada, inclinada, ascendente; barras dos "tt" altas e fortes; pernas longas e base angulosa (figs. 27 e 108b).

Ficção: Segundo Morin, "é a propensão a apresentar certos produtos imaginários do espírito como reais". O sujeito ficcionista, na maioria das vezes, influenciado por leituras ou filmes, conta histórias mais ou menos fantásticas, dando-lhes caráter de realidade. Conforme o tipo de histórias e a frequência com que as conta, podemos distinguir quando se trata, realmente, de um doente, um mitômano (mania de mentir), ou se é, simplesmente, a atitude inocente e cândida do sujeito que busca uma compensação para desejos que não pode realizar. Às vezes, com essas histórias, pretende-se a evasão de situações perigosas.

Se não houver intenção expressa de enganar quem escuta, e for somente o caso do adulto com propensão a fugir da realidade, pode tratar-se de personalidade com sintomatologia histeroide, o que se deve, nesse caso, à desmesurada ambição própria do histérico de conquistar a atenção dos demais.

A tendência à ficção é habitual nas crianças.

Escrita desproporcionada na zona superior, inicial e inferior. Pontos em círculos. Barras dos "tt" em grandes penachos ou laços; hastes dos "dd" muito infladas (figs. 34, 61, 62, 68 e 69).

Fidelidade: Adesão e lealdade à palavra dada, aos compromissos adquiridos, às promessas feitas. A lealdade demonstra não só a nobreza de sentimentos, mas também a retidão e firmeza de caráter como prova de honradez e integridade moral.

Escrita ordenada, clara, constante, firme, retilínea, inclinada, progressiva e harmônica (figs. 40, 41, 76, 126, 128, 145, 149 e 181).

Firmeza: *De firmus* = sólido, estável, firme, invariável. Contrário à brandura e à debilidade, a firmeza é a afirmação nítida, a posição invariável de uma pessoa que, segura de sua opinião, ação ou maneira de sentir, trabalha com critério próprio e não cede a nenhum tipo de pressão vinda do exterior que vá contra suas convicções. A personalidade firme enfrenta, sem ter medo, sem vacilar, sem inquietar-se, qualquer ataque ou adversidade (figs. 126, 149, 156 e 182).

Firmeza é sinônimo de estabilidade, solidez, integridade, constância, retidão, confiança em si mesmo e influenciabilidade escassa ou nula.

Fixação: Fixação é um apego exagerado a uma pessoa ou objeto que leva o indivíduo a um atraso em seu desenvolvimento afetivo. Os complexos de desmame, de Édipo ou de Electra podem ser a causa inicial (veja-se cada um desses complexos).

Em geral, as pessoas afetadas por uma fixação materna, que é a mais frequente, tendem, de modo inconsciente, a voltar às fases de desenvolvimento ou etapas, (esferas de motivação) nas quais tiveram satisfação insuficiente, por não haverem completado suas antigas necessidades. Portanto, a fixação tem sua origem na frustração primitiva de uma necessidade, no trauma de uma privação que deixou pendentes desejos insatisfeitos.

Por exemplo, para os psicanalistas, os fumantes empedernidos são sujeitos insatisfeitos na fase oral, quer dizer, com um complexo de desmame. A fixação materna, que frequentemente impede que o sujeito fixe seu interesse em outras mulheres, costuma fomentar um vínculo excessivo com a mãe, com tendências sexuais reprimidas.

FRIGIDEZ

A vinculação ao pai pode indicar, no homem, tendências homossexuais reprimidas, e, na mulher, desejos sexuais reprimidos (Complexo de Electra).

O indivíduo no qual predomina uma fixação *à imagem* paterna pode cair na prática do homossexualismo.

Forma, psicologia da: (Veja-se *Gestalt*.)

Fracasso, complexo ou neurose de: Procura mais ou menos sistemática e inconsciente de fatores ou circunstâncias que levam ao fracasso. Costuma ser motivada por uma espécie de conduta expiatória de desejos incestuosos ou desejos sexuais reprimidos, com a qual o sujeito se castiga, para libertar-se de seu complexo de culpa.

Essa conduta de fracasso costuma aparecer também em pessoas que tiveram uma infância demasiado protegida. O sujeito sente a incoercível necessidade de sentir-se castigado (masoquismo) para libertar-se de sua angústia neurótica.

Ocorre a pessoas de ambos os sexos que se entregam à masturbação e a praticam intensamente, como um pecado, chegando à frigidez ou à impotência.

As pessoas afetadas por esse tipo de neurose costumam ser tímidas, vacilantes, resignadas, indecisas (veja-se Auto-imagem).

Escrita sinuosa, vacilante, indecisa, com poucos sinais de firmeza e continuidade.

Fragilidade: De *fragils y frangere* – quebradiço, propenso a romper-se, fraco, débil, delicado. Pessoa de sentimento delicado, quebradiço, suscetível, cujo

coração débil se ressente ante a menor oposição, contrariedade ou dificuldade. A pessoa frágil não pode suportar, com tranquilidade, uma censura, contrariedade, repreensão ou contradição, já que ele põe a descoberto seus lacerantes sentimentos de inferioridade. Os indivíduos frágeis e delicados são difíceis de contentar e caem facilmente em lamentações (fig. 180).

A fragilidade é mais própria da mulher (mais terna, mais sensível, impressionável e delicada)[30]. Portanto, a fragilidade no homem revelaria nele algo de feminino.

Franqueza: Concordância espontânea entre o pensamento, o sentimento e a ação. Embora a franqueza seja natural e espontânea, a sinceridade (busca da verdade) é reflexiva (figs. 28, 181).

Frieza: Atitude de indiferença ou falta de interesse do sujeito fleumático, pouco emotivo ou insensível às reações afetivas. O sujeito frio desconhece o entusiasmo, o ardor, a animação e a paixão. Recebe tanto as grandes perdas como as alegrias sem que se note mudança importante em sua atitude afetiva. A frieza pode ter como causa, segundo Streletski, as infecções genitais, o diabetes, as deficiências glandulares, as psiconeuroses etc.

Escrita vertical, horizontal (linhas) igual, monótona, lenta, automática, estereotipada etc. (figs. 91, 144 e 172).

Frigidez: Incapacidade da mulher de sentir prazer durante o ato sexual e, por esse motivo, de não poder chegar ao orgasmo.

---

[30] Isto o escrevíamos nos anos do pós-guerra. Agora duvidaríamos bastante.

A causa pode residir em um transtorno orgânico ou numa perturbação psicológica relacionada com o ato sexual. Supõe-se que uma terça parte das mulheres espanholas padecem dessa inibição.

A frigidez sexual é muito variada em seus sintomas e nas causas que geram esse trauma. A falta de consideração do homem para com a mulher nas relações sexuais, as violações, os embaraços muito penosos, os hábitos de masturbação infantil ou de relações sexuais precoces, o medo fóbico do "pecado da carne" ou conversas ouvidas sobre a brutalidade sexual do homem etc. podem levar à frigidez, por muito que o *partenaire* sexual se esforce em resolver o problema proposto pelo par.

Por outro lado, é preciso levar em conta que a mulher é, geralmente, mais lenta que o homem para alcançar a excitação plena, principalmente porque não reage do mesmo modo às excitantes visões eróticas. Necessita de mais tempo nos estímulos emocionais e epidérmicos. Um *partenaire* demasiado precipitado o que mais conseguirá gerar será um estado de frustração (veja-se esse termo).

Escrita: Pernas da letra "g" de bucle interrompido antes de chegar à zona média. Quanto mais se fecha o bucle sobre a perna, mais forte é a inibição.

Frustração: Fracasso, contrariedade ou defraudação de um desejo, apetite ou afeto que coloca o sujeito num estado de insatisfação, de derrota frente à realidade, despertando nele certas reações agressivas.

A hostilidade ou agressividade pode dirigir-se contra os demais (projeção) ou contra si mesmo (autoagressão). A frustração também pode provocar um estado de regressão ao passado (conduta infantil)[31].

Escrita inibida, suspensa, descendente, regressiva, com maiúsculas e primeiras letras com traços iniciais alargados, sobrepostas em descida, sinuosa, apertada e estreita. Assinatura deslocada etc. (figs. 108a, 112, 123, 134, 146, 173 e 180).

Fuga de si mesmo: Os impulsos que, normalmente, seguem a trajetória do "eu" para o "tu" ou para o mundo externo se voltam, retornam ao ego, seja por efeito de dificuldades, obstáculos internos ou externos, seja por frustrações ou rechaços sofridos. Assim, por exemplo, a masturbação, o masoquismo e o ódio são retornos de impulsos que se descarregam de forma negativa.

Escrita regressiva, apertada, em arcos, descendente, concentrada, contida, gladiolada etc.

Funções psíquicas[32]: Segundo Jung, possuímos quatro funções psíquicas que se desenvolvem de modo distinto, segundo o indivíduo, para orientar-nos com relação ao que nos rodeia e diz respeito a nós mesmos.

Assim, por exemplo, a função *pensar* consiste em compreender as coisas e

---

[31] A origem da frustração deve-se quase sempre a conflitos internos do psiconeurótico. Os fracassos sentimentais, sexuais, profissionais, sociais ou amorosos são freqüentemente a causa, assim como o fracasso nos exames ou nas competições esportivas.

[32] Tomado da obra *La selección* de personal y *el problema humano en las empresas*, p. 382 e segs.

adaptar-se a elas, seguindo as normas do pensamento, quer dizer, estabelecendo relações, consequências lógicas e tratando de descobrir o que há em cada coisa ou situação que possa ser essencial, constante e invariável (figs. 16, 40, 126, 145).

Mediante a função *sentir,* captamos o significado afetivo que nos despertam as pessoas, os objetos ou situações, e nos adaptamos a eles segundo o grau de prazer ou desprazer que podem produzir em nós. Quando pensamos com os olhos do sentimento, surgem, em primeiro lugar, as reações de agrado ou desagrado, de simpatia ou antipatia, de atração ou repulsa que as pessoas ou os acontecimentos nos inspiram (figs. 10, 48, 72, 90, 98, 149, 152).

A função *perceber* recolhe as imagens dos sentidos tal como são ou se apresentam, sem perguntar "por quê" nem "para quê". O pensamento guia-se pelo sentido experimental da realidade e procede, em primeiro lugar, por identificação (figs. 14, 15, 39, 57, 79, 91, 99a, 147).

A função *intuir* baseia-se também no conhecimento do que nos rodeia e de nós mesmos pelas percepções, mas não as do tipo sensorial, mas interno, uma vez que procedem do inconsciente.

Essa função nos serve para captar, de modo instantâneo, o sentido oculto das coisas, sua direção, sua intenção, sua evolução, o que puderam ou podem ser, o que podem dar de si e as relações possíveis entre as coisas, as situações e nós. Essa função opera muito mais rapidamente do que a razão e é uma espécie de misterioso conhecimento inconsciente (figs. 17, 28, 68, 70, 75, 76, 81 e 85). As funções *pensar* e *sentir* são, segundo Jung, racionais. As funções *perceber* e *intuir* são irracionais, porque iludem a razão e não se baseiam em juízos, mas em meras percepções, sem valorizá-las sem conceder-lhes uma razão de ser. *O pensar e o sentir* são funções antagônicas, como são também o *perceber* e *o intuir,* pois em ambos os casos se excluem uma à outra, ou prevalece uma sobre a contrária.

G

Generosidade: Inclinação a favorecer os outros mais que a si próprio (nobreza, alocentrismo, magnanimidade, bondade de sentimentos).

Escrita arredondada, progressiva, plena, aberta, com finais dextrogiros de palavra (figs. 10a, 28, 75, 149, 152, 181).

Gestalt: Palavra alemã que significa forma, estrutura. A psicologia da forma ou psicologia gestáltica se baseia no estudo da percepção. Tem como postulado que "o todo é mais que a mera soma das partes". Por exemplo, um quadro de Renoir é mais que o conjunto de cores e de formas que o compõe. Uma melodia ou sucessão de sons musicais é algo mais do que consta na soma das notas. Ademais, é possível levar essa melodia a tons mais agudos ou mais graves, aumentando ou diminuindo cada tom em um mesmo intervalo, sem que a mesma varie.

A grafologia científica, seguindo essa teoria, submete todas as interpretações dos sinais ao ambiente gráfico, quer dizer, ao sentido geral, positivo ou negativo, que oferece a visão panorâmica do espaço, das formas e do movimento, dentro da página ou páginas que tenhamos que analisar. Do mesmo modo que não podemos estudar uma pessoa sem conhecer o ambiente e as circunstâncias que a rodeiam (idade, estado, profissão, pessoas com as quais convive, esportes ou *hobbies* que pratica, situação em que se acha atualmente etc.), tampouco é possível interpretar adequadamente um sinal gráfico separado, sem ter em conta o ambiente gráfico em que aparece.

Uma vez que não é possível explicar completamente em um dicionário a teoria de *Gestalt* ou psicologia da forma, recomendamos ao leitor que consulte nossa bibliografia.

Grafoterapia: Educação ou reeducação do gesto gráfico – conforme os casos – segundo o tríplice ponto de vista: motor, psíquico e mental. Baseia-se nos seguintes princípios:

- O gesto gráfico, repetido de forma habitual e metodicamente disciplinado, influi sobre o psiquismo correspondente ao mesmo.

Uma disciplina motora educadora é capaz de corrigir estados psíquicos, desadaptações e complexos psicoafetivos.

- À reeducação dos movimentos gráficos pode-se adicionar a autossugestão, fazendo com que o texto utilizado evoque as ideias que se queiram desenrolar e situe o sujeito no caminho de uma atitude mental positiva.

A grafoterapia é empregada para corrigir a subnormalidade, a timidez, os complexos de inferioridade, os estados de angústia, de ansiedade ou de depressão; para corrigir os defeitos da vontade, atenção, memória etc. e também para a correção de defeitos na conduta moral (tendência a mentir, intrigar, falsear as coisas, acusar os demais, contradizer etc.). E também um auxiliar poderoso para acelerar a cura de certas enfermidades, em que uma influência sugestiva possa ser favorável. Para mais detalhes, veja-se minha obra *Escritura y Personalidad.*

Gula: Apetite desordenado que leva o sujeito a comer e beber sem moderação.

Para a gula, a mesa é um altar de prazeres e "sua cozinha – disse Streletski – não fica longe de sua biblioteca ou de seu lugar de trabalho".

Escrita redonda ou arredondada, em guirlandas fortemente apoiada e com as pernas completas, cheias e recheadas (pressão) (figs. 99, 105, 135 e 147).

H

Hábito: Dentro da psicologia, falamos de hábito quando nos referimos a uma maneira automática de atuar, que se adquire pela repetição, ou à prática de determinados atos: hábito de fumar, de madrugar, de falar alto, de dirigir o carro com velocidade etc. A função primordial do hábito – dizia William James – é permitir a realização das ações rotineiras com pouca ou nenhuma atenção, deixando assim livres os processos mentais superiores para tarefas mais importantes e difíceis.

O hábito responde ao que se chama em psicologia de "reflexo condicionado", quer dizer, funciona como um radar, como uma célula eletrônica que repete, ante um mesmo estímulo, a mesma reação e que faz com que nos afastemos, às vezes, automaticamente, dos obstáculos, objetos ou movimento de outras pessoas ou animais que podem lesar nosso corpo.

Em outras palavras, o hábito não só constitui um mecanismo que economiza energia pensante na realização de atos úteis, mas que, por sua vez, serve à defesa de nossa integridade física.

Quando uma pessoa se entrega a hábitos e não se renova, corre o risco de empobrecer-se, de ficar obsoleta, acovardada, transformando-se em "um morto que se move", em um autômato. É certo que o hábito produz uma grande facilidade de execução, de realização, mas ele é sempre estável e permanece no mesmo sentido.

Dentro da repetição, sem variações, no amor, o hábito pode provocar um embotamento e levar o par à indiferença.

O grafismo de pessoas que se fecham em seus hábitos pode ser visto nessas escritas: monótona, regular, constante, muito ordenada, caligráfica ou caligrafada, uniforme e estereotipada (figs. 14, 15, 30, 39, 41, 43, 144 e 182).

Hedonismo: Para o hedonista (*hedoné* = prazer), a única mola da atividade humana é o prazer, e o desejo de felicidade é o fim de toda ação. Podemos dizer, pois, que o hedonismo é a tendência de buscar sensações prazerosas ou agradáveis e de evitar as desagradáveis. Toda pessoa que pensa ou atua dessa maneira é imatura, não quer levar em conta mais que um aspecto da bipolaridade "prazer-dor". Portanto, cai no terreno da neurose.

Escrita: redonda ou arredondada; com pernas cheias; traçado grosso e sem dinamismo. Base da zona média em guirlandas, com pressão acentuada. Descendente, fusiforme, pastosa (fig. 14).

Herança: É a transmissão, à descendência, de qualidades orgânicas, morfológicas, psíquicas, patológicas etc., por meio dos genes hospedados nos cromossomas. Esse estudo, que se inicia a partir de diversos ângulos, com as descobertas e teorias de Darwin e de Mendel, em meados do século passado, foi amplamente esquecido ou rechaçado até o princípio do século atual.

Hoje, graças a numerosos estudos estatísticos, realizados sobre famílias e sobre gêmeos univitelinos, sabe-se que os fatores hereditários são importantes e que, por exemplo, o risco de certas enfermidades, como as psicoses esquizofrênicas, as psicoses maníaco-depressivas, certas formas de epilepsia, a oligofrenia e certos desequilíbrios psíquicos são mais prováveis em sujeitos com antecedentes familiares desse tipo do que em pessoas cujos genes não levam esses fatores em sua herança.

Embora o meio e a educação representem um papel importante na evolução psicológica dos indivíduos, não podemos esquecer que a presença de um gene que abrigue tendências pulsionais fortes em algum sentido possa determinar um tipo de conduta que exceda as influências externas, quer dizer, os convencionalismos do entorno. Assim ocorre com alguns homens e mulheres "fora de série", como Napoleão, Beethoven, Dali, Oró, Suárez, Picasso, Robespierre, Karl Marx etc., entre os homens conhecidos, e com Margareth Thatcher, Isadora Duncan, George Sand, Karen Horney, Victoria de los Angeles etc., que romperam os limites impostos por seu entorno.

Hiperemotividade: Predisposição do ânimo a reagir de maneira exagerada aos estímulos ou acontecimentos, sejam esses favoráveis ou adversos. O sujeito é muito sensível às mudanças de situação, às pequenas frustrações, às contrariedades e à perda de interesse que ele acredita devam ter os demais por seus problemas.

A hiperemotividade pode ser motivada por causas físicas; por exemplo, o desenvolvimento ou hipersecreção das suprarrenais, da tireoide, da hipófise etc., ou deve-se a causas de tipo psíquico (choques afetivos na vida familiar, profissional ou social, frustrações amorosas, perda em situações econômicas ou profissionais etc.).

Escrita desigual, sinuosa, ligeira, instável, inibida, sacudida, com variações numerosas e contrastes nos finais, barras dos "tt" e pontuação. Sinais de inquietude em todo o grafismo (figs. 26, 67, 68, 70, 76 e 123).

Hiperestesia (é igual à hipersensibilidade): Agudeza das reações da sensibilidade, em geral caracterizada por exaltação emotiva, com mudanças bruscas de ânimo ou de humor, como, por exemplo, passar do choro à risada ou vice-versa.

Escrita ligeira e com sinais de desigualdade importantes em todos os aspectos gráficos, especialmente no de ligação e na dimensão.

Hipocondria: Tendência neurótica à inquietude e à auscultação do próprio corpo (preocupação excessiva pela saúde). O sujeito fica se observando, continuamente, quer dizer, fica à espreita de qualquer sintoma ou sensação de doença ou dor que apareça em seu organismo. Essa contínua preocupação por si mesmo torna-o cansativo para os demais, sempre que se desenvolve nele a angústia e um excesso de egoísmo e egocentrismo.

A procura inquieta de um médico que compreenda sua enfermidade e a localize em um órgão bem definido parece corresponder, segundo Sillamy, à "necessidade de ser considerado como enfermo e de se ver assim livre de responsabilidades e beneficiado com os atentos cuidados dos demais".

A hipocondria é um transtorno psíquico, geralmente acompanhado de tendências depressivas, sensibilidade exagerada, angústia e percepções corporais desagradáveis no estômago, fígado ou outros órgãos abaixo do diafragma ou do hipocôndrio. O sujeito tem a sensação de que algo lhe funciona mal.

A hipocondria, do ponto de vista psicanalítico, é a expressão inconsciente de uma neurose de angústia, segundo a qual o órgão interno afetado exerce o papel de "perseguidor" interno; a angústia seria a representação de um paciente perigoso relacionado com um estado paranoico.

O hipocondríaco é um egocêntrico, que passa a vida se observando continuamente. É um enfermo imaginário. A preocupação excessiva do hipocondríaco com sua saúde e a sensibilidade exagerada de que é dotado tornam seu caráter mal-humorado e desconfiado. Como ninguém lhe dá crédito, sente-se frustrado em sua necessidade de que o considerem enfermo.

Escrita regressiva, ligeira; com pernas curtas, estreitadas e bucle de ascensão interrompido; descendente, lenta, redonda ou arredondada, em guirlandas, com mais ou menos sinais de ordem (figs. 71, 104, 112 e 180).

Hipocrisia: Atitude teatral desonesta mediante a qual se tenta fazer com que uma coisa seja diferente do que é. Adorno de virtudes ausentes. Mentira reflexiva, engano intencionado, às vezes de má-fé. Essa tendência ao fingimento ou à simulação se inspira, algumas vezes, no afã de surpreender, seduzir ou desconcertar e, noutras, no afã de conseguir algo que se deseja, mediante o engano, ou no de dominar mediante a mentira. A hipocrisia pode ser também uma atitude de defesa contra sentimentos de culpa.

Escrita sinuosa, regressiva, filiforme, *jointoyée*, em arcos, com ovais fechados ou abertos por baixo (figs. 68, 69, 71, 108a, 123, 124, 134 e 146).

Histérico: É um ser sugestionável, fraco de vontade, inconstante nas opiniões, contraditório, propenso à controvérsia, à imitação e à simulação. O caráter do histérico é extravagante, caprichoso, fantástico; é exagerado em suas palavras, em suas ações, em suas opiniões e em seu comportamento. Não se conforma em ser embusteiro, embora seja também dúbio, intrigante, propenso a caluniar e a fingir. O histérico deseja, a todo o momento, atrair a atenção sobre si mesmo e se esforça, constantemente, para converter-se no centro de interesse dos demais (exibicionismo).

A impressionabilidade sexual do histérico vai unida à repulsa pela sexualidade e à frigidez, e existe uma crença frequente de que a histeria se deve às necessidades sexuais não satisfeitas.

A escrita do histérico é cheia, exagerada em sua amplitude e adorno das maiúsculas e dos bucles, de inclinação invertida ou desigual; também são frequentes os arcos, as guirlandas e traços filiformes misturados e os ângulos com interrupções nos bucles inferiores (figs. 123, 135, 146, 150 e 155).

Histerismo: "O histerismo é uma disposição mental particular, algumas vezes constitucional e permanente e, outras vezes, acidental e passageira, que leva certos sujeitos a aparentar achaques físicos, enfermidades, alterações psíquicas e alterações da verdade, da realidade" (Porot).

Homossexualidade (inversão sexual): Comportamento sexual que se distingue pela escolha, como parceiro, de pessoas do mesmo sexo. A homossexualidade masculina toma duas direções: a pederastia e a sodomia. A homossexualidade feminina, o tribadismo, o lesbianismo e o sadismo.

Tanto no caso do homem como no da mulher, a inversão sexual tem, na maior parte dos sujeitos, sua origem em traumatismos produzidos pelo ambiente, que dão lugar a neuroses narcísicas mais ou menos importantes.

Escrita: inclinada ou muito invertida, descendente e com pernas em oito de algarismo. Não bastam esses sinais para se diagnosticar essa tendência.

Humildade: É a tendência moral (conformidade à pequenez humana) ou psicológica (consciência de menos valia) que leva o sujeito a se tornar pequeno, a submeter-se, rebaixar-se ou considerar-se insignificante quando se compara com Deus ou com pessoas que considera relevantes. A humildade tem um fio duplo:

pode ser uma atitude de claudicação sem condições (falta de envergadura moral e de vontade) ou pode ser a expressão bela de uma modéstia, simplicidade e uma resignação bem definidas.

Escrita baixa ou rebaixada, em guirlanda, progressiva, branda, redonda ou arredondada, descendente, aberta, crescente e com margem esquerda ampla. Barras dos "tt" baixas (figs. 15, 40, 86 e 145).

Humor: O humor é a disposição de ânimo que temos em cada momento de nossa vida. Essa disposição é positiva, se o ânimo for ativado por sentimentos ou emoções prazerosas, de agrado, otimismo, euforia, jovialidade, alegria etc. O humor é disfórico ou negativo se nos encontramos sob a influência de emoções ou afetos desagradáveis, frustrantes, depressivos, de pena, dor física ou moral etc. A direção das linhas na escrita é um bom termômetro do estado de ânimo, do humor. A escrita dinâmica e moderadamente ascendente, com boa pressão e nitidez no traço, é sinal de boa saúde e boa disposição de ânimo. A escrita descendente, empastada ou congestionada, com ausência de sinais acessórios e anomalias na ligação, é sinal de estados de *stress* ou disfóricos.

I

Id: Termo empregado por Freud (tradução do alemão *es*) para designar as pulsões instintivas, o inconsciente. O id obedece ao "princípio de prazer". Cada tendência instintiva tende, por impulso primário, a satisfazer uma necessidade. Se essa tendência é contrariada, frustrada ou reprimida, a força permanece no inconsciente, tentando uma saída que pode efetuar-se através dos mecanismos dos sonhos, de adaptação psíquica ou de atos falhos (erros, esquecimentos, equívocos etc.) (veja Inconsciente). O id se localiza na zona inferior do grafismo.

Ideal do ego: É o modelo de referência que a criança e o adulto tomam como ideal de identificação. Esse pode ser o pai – ou a mãe –, o professor, o amigo, o artista de cinema, ou o cientista de fama atual. Pode ser também o próprio sujeito, como é o caso do narcisismo.

O sujeito eleito, através desse ideal, para planificar sua própria conduta, tenta imitar seu modelo e ser, por exemplo, como seu pai, seu professor, ou como ele crê que é ou deve ser a pessoa com a qual se identifica.

Idealismo: Forma de pensar, na qual se veem as coisas não como são na realidade, mas tal qual deveriam ser, ou à imagem e semelhança dos próprios desejos ou ideais do sujeito (veja-se Pensamento idealista).

Escrita ligeira, nítida, com pontos altos e finais ascendendo verticalmente. Letra "d" sem bucle descendente, quer dizer, com haste projetada até em cima (figs. 58, 76, 85, 130b, 156).

Identificação: É um processo de reconhecimento que estabelece uma relação de semelhança entre o que o sujeito quer ser e alguém que representa esse ideal ou necessidade. Portanto, supõe uma identidade, uma atração, um impulso à simpatia, à imitação, à incorporação, à assimilação afetiva, empatia etc., motivada pela sugestão que no indivíduo produz a presença, o pensamento, as expressões afetivas e os atos de outra pessoa. A identificação, segundo Freud, produz-se mediante a introversão do "objeto" no ego. Na identificação, pode achar-se envolvido, inconscientemente, o Complexo de Édipo.

A identificação pode referir-se também ao próprio sujeito: identificação consigo mesmo. Nesse caso, a libido se fixaria no ego (veja-se Narcisismo).

Ilusão: Baseada na fé, no desejo, na credulidade, no poder mágico da palavra, ou na falsa aparência dos fatos ou das coisas, a ilusão é um impulso imaginativo que atribui uma realidade àquilo que desejamos.

A ilusão, às vezes, é um estímulo interno que joga com nossos sentidos e nosso juízo.

IMAGINAÇÃO

É como uma realização momentânea e imaginária de desejos insatisfeitos e, como tal, é um de nossos mecanismos de defesa.

Escrita com tendência à inflação na zona média e superior, crescente, movida, lançada e com bucles regressivos (figs. 61, 62, 92 e 124).

Imagem: É a representação mental de algo que foi percebido e que se recorda, de modo independente ou preso a outras percepções ou associações da mente.

A imagem pode ser visual, auditiva, gustativa, motora, de movimento, olfativa ou tátil. A imagem não é um elemento mental, como pode ser um conceito, mas uma resposta condicionada.

E importante a imagem maternal ou paternal, conservada desde a infância *(imago materna)* e, sobretudo, a imagem que temos de nós mesmos, já que dessa última não só depende muito nossa conduta (veja-se Autoimagem), mas também nossas relações com o outro sexo. O homem pode ver a mulher, imaginando-a como um ser devorador e castrador, ou pode imaginá-la como um ideal para estabelecer uma relação amorosa. O mesmo pode ocorrer na mulher com respeito ao homem.

As imagens são representações conscientes de vivências que têm força e poder de atração, que estão unidas a uma tonalidade emotiva e são frequentemente reveladoras do estado interior do indivíduo.

A imagem se diferencia do conceito, no qual é uma abstração do pensamento e serve como base ao juízo e ao raciocínio,

uma vez que a imagem é uma vivência que serve à imaginação, através da memória e da associação de ideias.

A imagem, quando é associada a conteúdos emocionais que agradam ao ego, tende a produzir, no grafismo, um aumento inconsciente de volume das palavras afetadas. Quando, ao contrário, uma palavra (imagem representativa de uma coisa) é associada a conteúdos emocionais desagradáveis, o volume da palavra desce em relação ao conjunto e se produz, geralmente, um amontoado em descida, algumas rupturas, quebras, sacudidas, movimentos suspensos ou algumas outras perturbações da onda gráfica.

Imaginação: Considerada em seu sentido nato, é a faculdade de lembrar e agrupar as imagens – e devemos considerar como imagens as cópias débeis, todavia materiais e sensíveis, das impressões recebidas e não atuais.

Vizinha da memória, forma com ela a faculdade de conservação, mas, por si só, sem o concurso do raciocínio, a imaginação reproduz, de maneira arbitrária e flutuante, com uma variedade infinita de tons, todas as experiências sensíveis do sujeito, sem prender-se a nenhuma concatenação lógica nem ao sentido de realidade.

A imaginação exerce um papel de primeiro plano em todas as ordens do pensamento; sugere as hipóteses e procura os meios para verificá-las, multiplica as peripécias novelescas, cria formas e temas, anima e colore as coisas, dando-lhes um sentido novo, uma expressão original, uma linguagem e uma poesia que não existem na realidade.

295

IMATURIDADE

A imaginação depende mais da influência do inconsciente do que da consciência; por isso, quando se manifesta livremente e sem controle, é impulsiva, ardente, exagerada.

O sujeito imaginativo cria, inventa, transforma e amplia os conteúdos perceptivos. Nos casos mórbidos, a imaginação deforma as coisas de tal maneira que não guardam nenhuma relação com a realidade (fantasia exagerada, utopia, quimera, delírio, exaltação, ilusão...).

A imaginação é tanto mais rica quanto mais fraco é o controle das funções superiores da inteligência (juízo e raciocínio). Assim como a razão se rege pela lógica (limita, analisa, mede, comprova, classifica, ordena e demonstra), a imaginação se rege pelo expressivo, pelo raro, pelo significativo, pelo simbólico, pelos matizes admirativos e apaixonantes que encontra nas coisas. A imaginação não raciocina, intui, capta, admira, deixa-se levar pelo encanto, pela graça, pelo mistério, pela revelação ou pela hipótese.

A razão reduz, simplifica, ordena, limita, organiza, precisa e segue a direção retilínea nos traços, nas linhas, na página. Ao contrário, a imaginação aumenta, complica, desproporciona, engrandece, desordena, invade e desorganiza o movimento gráfico nela. A razão prefere a linha reta, vazia de enfeites ou traços supérfluos. A imaginação prefere a curva, enfeita, reveste, acelera e multiplica os movimentos gráficos em todos os sentidos do espaço, em todas as zonas da escrita (figs. 28, 44, 50, 68, 108a, 155, 156).

Imaturidade: A imaturidade é um atraso no desenvolvimento intelectual e afetivo do indivíduo. Esse estado pode ser devido a uma hipofunção endócrina (hipófise e outras glândulas), pela qual os padrões de conduta mantêm certas características que recordam a vida infantil.

A escrita do sujeito imaturo tem semelhança, em sua estrutura, com o grafismo das crianças: lenta, redonda, convencional ou caligráfica etc.

Impaciência: Desejo vivo, fabricado pela inquietude e pelo nervosismo, que incita o sujeito a querer libertar-se de algo ou entrar na posse de alguma coisa sem espera. O sujeito impaciente não concentra bem sua atenção, e, geralmente, seu trabalho não fica bem acabado. Sua agitação e desassossego leva-o a organizar mal seu tempo e sua atividade.

Escrita precipitada, lançada, desigual, filiforme, centrífuga, com faltas frequentes de sinais acessórios (pontos, acentos etc.), e letras incompletas ou mal-acabadas. Barras dos "tt" largas (figs. 28, 29, 33, 57, 68, 70, 72).

Impressionabilidade: Propensão do ânimo a comover-se ou excitar-se por influxo das impressões que recebe (sensibilidade, permeabilidade às impressões). Essa disposição do sujeito pode ser motivada "seja por deficiências de julgamento ou de espírito crítico (ingenuidade, credulidade), seja por certas desordens afetivas (histerismo) ou por uma desordem da imaginação, que arrasta o espírito para fora da reflexão" (Porot).

Escrita ligeira, sinuosa, desigual, semiangulosa (ligamentos), instável nas linhas, variações frequentes de forma e desigualdades na pontuação (figs. 70, 120, 123, 124, 150, 155).

Impulsividade: "Tendência imperiosa, às vezes irresistível, ao ato brusco, explosivo, instintivo, como um reflexo, isento de avaliação, de controle e de freio inibitório" (Streletski).

Escrita rápida, inclinada, lançada, arrebatada, desproporcionada, desigual e centrífuga. Barras dos "tt" fortes, muito maciças e aceradas, finais largos, pernas longas de base angulosa etc. (fig. 72).

Impulso: Reação emocional que impele a uma determinada ação. Essa reação se produz sem que a consciência exerça um controle reflexivo do ato. Por essa razão, dizemos que um indivíduo é impulsivo quando seu temperamento leva-o a descarregar suas tensões afetivas de um modo descontrolado, quer dizer, sem controle e autodomínio suficientes.

O impulso de poder e de domínio, de Adler, se produz, por exemplo, como uma reação ante a experiência de impotência e de inferioridade da criança no seio da família. A criança – e mais ainda quando é o adulto – tenta, por todos os meios, assegurar sua posição e alcançar poder e controle sobre os demais. O maior afã da criança é "ser grande", para não se sentir "dominada". E se esse afã de poder e domínio não desaparecer por meio de sua integração ao ambiente social, pode ser supercompensado de modo patológico: Hitler, Napoleão, Idi Amin, Bocassa, Marcos etc., foram exemplos vivos desse impulso de poder e de domínio.

Impulso vital: Todo organismo vivo, desde a simples célula ao conjunto fisiológico que forma o indivíduo, está integrado por três elementos básicos geradores de vida, de energia. Esses três elementos primordiais são: calor, força e movimento.

O chamado impulso vital ou "alento vital" depende da maior ou menor intensidade com que se produzem as mudanças de integração, desintegração etc. dos elementos bioquímicos que servem à sustentação e conservação da vida no ser animado.

O impulso vital está relacionado com o temperamento, com o grau de robustez e energia, com a idade, a saúde e os fatores hereditários do indivíduo. É também indubitável que o ambiente (alegre ou triste, dinâmico ou passivo), o clima, o meio social, as influências meteorológicas e os fatores hereditários exercem certa influência sobre o "alento vital".

O impulso vital se manifesta através dessas forças cegas e indomáveis que chamamos instintos. Cada instinto é um impulso, e cada objeto que excita um impulso excita também uma emoção.

Interessa ao psicólogo descobrir a potência e o grau de expansão de cada um dos impulsos, como também sua natureza.

Na escrita, o impulso vital manifesta-se segundo sua força ou vigor na pressão e segundo sua magnitude ou capacidade de alargamento na dimensão. A natureza de cada impulso se descobre, estudando a zona ou zonas de onde parte o movimento.

Impulsos associados: São aqueles em que o indivíduo valoriza negativamente os outros; portanto, são traduzidos pelos sentimentos egoístas, agressividade, despotismo, desejo de poder e dominação, orgulho, ambição pessoal excessiva etc. (fig. 172).

IMPULSOS SOCIAIS

Impulsos sociais: Segundo Klages-Leibl, são aqueles que se traduzem pela tendência a evoluir para fora: altruísmo, bondade, capacidade de amar, abnegação, amor à pátria, sentido religioso etc. (figs. 149, 152 e 181).

Inadaptação: A inadaptação é uma falha do indivíduo, que impede sua integração normal ao seu entorno. Essa falha pode ser física (invalidez ou dificuldade motriz), sensorial (surdez, cegueira), intelectual (subnormalidade) ou caracterológica (transtornos do comportamento), como pode ser excesso de emotividade, traumas de caráter produzidos por erros educativos: meninos maltratados, rechaçados ou mimados em demasia, talvez frustrados ou excessivamente estimulados às metas de superioridade, que chegam à idade adulta sem terem liquidado seus traumas infantis (veja-se Caracterial).

A inadaptação pode ser parcial. Tal é o caso daqueles indivíduos introvertidos que se sentem bem em seu entorno familiar e profissional, mas que se mostram torpes fora de seu círculo habitual.

A inadaptação tem muitos matizes e engloba uma grande quantidade de sujeitos (enfermos, subnormais, delinquentes, alguns de nossos artistas e outros).

Inclinação: Em psicologia, falamos de inclinação quando um impulso de aproximação, de atração, de compenetração ou agrado dirige nosso interesse ou nossa atenção e nos inclina para aquilo que nos é cômodo, agradável e reconfortante.

Nosso "hábito de reação" relativamente ao nosso mundo exterior e interior pode dar lugar a duas atitudes, segundo reagimos preferentemente "para fora" ou "para dentro".

A pessoa habitualmente inclinada para as coisas de fora, para os demais, toma uma atitude vital extrovertida; quer dizer, inclina-se de preferência, em seu modo de adaptação e forma de reação, para as normas externas de validade coletiva, pensa, sente e se conduz com relação ao objeto, transfere seu interesse, com preferência para os demais, para o exterior (figs. 10, 72, 98 e 149).

Ao contrário, a pessoa que se rege segundo as vivências internas orienta ou inclina sua sensibilidade para seu próprio ego, pois as coisas do exterior lhe oferecem um interesse secundário. Essa atitude ou modo de reação chama-se introversão (figs. 16, 40, 145 e 180).

O indivíduo extrovertido se caracteriza, na vida, por um acurado sentimento de sociabilidade, adota uma atitude aberta e confiante frente ao mundo exterior, tende a viver em relação constante com os demais, trata de incorporar-se, no possível, ao meio ambiente, como se quisesse difundir seu ego no mundo exterior. Aborda tudo com curiosidade, com simpatia, com afã de conhecer e de se instruir. Em sentido positivo, o extrovertido mostra-se simpático, amável, expansivo, confiado e generoso. Em sentido negativo, sua conduta revela um caráter agressivo, impulsivo, apaixonado, vaidoso, impertinente, pedante, exibicionista etc.

De uma forma geral, os movimentos corporais e gestos do extrovertido são amplos, abertos, centrífugos e desembaraçados. O rosto, visto de perfil, acusa quase sempre tendência a sobressair-se (nariz, olhos, barbicha etc.).

A atitude introvertida produz um tipo de reação centrípeta, absorvente e distante. O introvertido apresenta-se, no exterior, com uma atitude fechada e de desconfiança, tende a olhar as coisas de um ponto de vista pessoal, subjetivo, pois, tanto em sua conversação quanto em sua vida, ele antepõe o ego ao objeto.

Positivamente, o introvertido se comporta, na vida, com prudência; rara vez, é espontâneo em suas comunicações, procede com despreocupação só em seu reduzido círculo, pois, fora dele, é prevenido e desconfiado. No que diz respeito a suas opiniões, tende a buscar mais o profundo que o superficial, ao contrário do que faz o extrovertido. Negativamente, o introvertido se conduz perante a vida e os demais com indiferença, desconfia facilmente, é torpe, tímido ou frio. Os gestos do introvertido são centrípetos, embaraçados, coibidos, defensivos e dão a impressão de estarem sempre prestes a aparar um golpe. Os olhos, o nariz e a barbicha se afundam.

Os movimentos gráficos na escrita do extrovertido são inclinados, progressivos, abertos e ligados.

No introvertido, a escrita é pequena, sóbria, vertical ou invertida, apertada, regressiva, cerrada e com tendência a desligar-se na zona média, especialmente nas maiúsculas (figs. 16, 40, 145, 180).

Na classificação de tipos e de atitude, devemos levar em conta que "a extroversão e a introversão se conduzem entre si de forma compensadora. Se a consciência tem tendência à extroversão, então o inconsciente é introvertido e vice-versa"[33].

Inconsciente e consciência: A atividade psíquica se nutre de duas esferas, uma consciente e outra inconsciente. Essas duas esferas, ainda que opostas em suas propriedades se complementam.

A consciência é, segundo Jung, a função ou atividade que mantém a relação dos conteúdos psíquicos com o ego. A consciência é o campo mais restrito da psique e abrange os conteúdos atuais e a faculdade de conhecer, compreender e relacionar os fatos procedentes do exterior ou da realidade interna do sujeito.

O inconsciente se divide em duas zonas: uma, a mais próxima da consciência, chamada de "subconsciente" ("pré-consciente" de Freud, "inconsciente pessoal" de Jung); a outra, muito mais profunda, é o inconsciente propriamente dito.

No "inconsciente pessoal" ou subconsciente, estão guardadas as experiências do sujeito, todo o esquecido, reprimido ou pensado, mas susceptíveis de chegar, em um dado momento, tal como são, à consciência.

O subconsciente é como um armazém, em que estão organizados todos os conteúdos psíquicos do indivíduo; constitui, como se disse, a experiência pessoal útil e aproveitável. Esses conteúdos subconscientes passam a ser conscientes tão logo a consciência os reclame.

---

[33] Veja-se C.G.Jung, *Tipos psicológicos*, e J. Jacobi, *La psicologia de C. G. Jung.*

No "inconsciente coletivo[34]" ou inconsciente, propriamente dito, residem os conteúdos psíquicos de origem fisiológica, aqueles que foram transmitidos por hereditariedade. Portanto, essa é a esfera do instinto, das tendências profundas, das inclinações e impulsos de tipo animal, inclusive o afetivo. Nessa esfera, reside a origem das simpatias e ódios pessoais em relação a determinadas coisas ou indivíduos.

Os conteúdos anímicos que produzem a fantasia, a mentira, as paixões, os "lapsos" ou equívocos, as distrações e esquecimentos, as dúvidas, os escrúpulos religiosos, a timidez, o desalento etc. são produto do inconsciente.

Há, entretanto, no inconsciente, um setor mais profundo, cujos conteúdos não podem ser percebidos pela consciência, pois são refratários ao ego. E nessa zona profunda que vivem, segundo expressão de Jung, "esses corpos estranhos incompreendidos e com caráter absolutamente autônomo". Esses corpos estranhos ou conteúdos inconscientes profundos de Jung são os que formam as neuroses e, às vezes, também as alucinações dos místicos e dos espíritos criadores.

Os conteúdos dessas zonas do inconsciente coletivo e profundo misturam-se, formando combinações muito complexas. "O mais singular do inconsciente é que ele se manifesta como se estivesse fora do espaço e do tempo" (Jung).

---

[34] O Prof. Lipot Szondi admite, entre o inconsciente pessoal e o inconsciente coletivo, o que ele chama de "inconsciente familiar".

Escrita: Vejam-se "Pernas" e Letra "G".

Inconstância: Versatilidade no modo de pensar, sentir e querer. Essa volubilidade da vontade inclina o sujeito a variar de critério, a se desmentir, mudar de ambiente e de amigos, de projetos ou de desejos, sem outra justificativa aparente além de sua inquietude. A inconstância pode estar motivada, segundo Heuyer, por fatores psicossociais e familiares: separação dos pais, incoerência educativa, mãe ansiosa, mudanças frequentes de residência, frustrações profissionais etc.

Escrita desigual, com sinais de pontuação e demais sinais acessórios variáveis. Desigualdade nas margens e nos espaçamentos entre linhas e palavras, (figs. 29, 68, 70, 123, 124 e 173).

Indecisão: Vacilação própria dos sujeitos débeis de espírito ou de caráter. Sua titubeação interior inibe a ação.

Escrita vacilante, suspensa, frouxa, inibida, apertada ou estreitada com traços iniciais longos, barras dos "tt" atrás da haste e zona inferior encurtada e fraca (figs. 104, 173, 180).

Independência: Atitude do sujeito que não quer sentir-se subordinado ou dependente de outro. É a atitude normal do adulto. Mas quando essa atitude for excessiva e cair em terreno patológico, como ocorre, por exemplo, no paranoico, o orgulho, a desconfiança, a falsidade dos juízos e a inadaptação social conduzem ao desprezo dos valores alheios, à agressividade, à teimosia e à incompreensão.

O sujeito com bom equilíbrio mental e maturidade psicológica sabe harmonizar

INIBIÇÃO

sua necessidade de independência com uma boa adaptação ao seu entorno. Pode ser agressivo e combativo, mas essa agressividade tem um sentido social, procura o próprio bem ao mesmo tempo que o bem comum, não apenas a satisfação de suas próprias tendências, desejos e necessidades de forma exclusiva.

Escrita soerguida, firme, ascendente, barras dos "tt" altas, pernas fortes e com base angulosa (figs. 40, 90, 126, 145, 149 e 152 – grafismo de mulher muito independente).

Indolência: O sujeito carece de desejo ou de interesse pela ação, é indiferente à consciência coletiva, aos deveres e obrigações; só o medo da nudez ou da inanição o mantém debilmente, e, com muita parcimônia e lentidão, faz o que deve fazer, ao pé da letra. Por pouco que possa vislumbrar uma desculpa válida, não duvidará em se servir dela para abandonar sua tarefa. Essa maneira de ser repercute, de forma infeliz, em sua casa, quando ele se converte em cabeça da família.

Inferioridade: Quando alguém se sente física ou psiquicamente inferior aos demais e crê precisar de aptidões para alcançar um determinado objetivo, experimenta um sentimento de inferioridade. "Esse sentimento é normal em uma criança, sobre a qual pesa a imaturidade e sua pouca estatura em todos os terrenos" (Bastin). Contudo, pode não ser normal em um adulto, uma vez que ele tem meios para desenvolver suas aptidões com exercícios e treinamento adequado de suas faculdades – naturalmente – sempre que se trate de um complexo de inferioridade subjetivo, isto é, que não exista a inferioridade ou a menos valia real (surdez, cegueira, paralisia etc.), mas ainda assim, na maioria dos casos, podem ser encontradas maneiras de compensação.

Na escrita, as menos valias são identificadas no grafismo pelas faltas, bloqueios, sinais de suspensão (inibição), cissuras, estreitamentos ou constrangimentos, quedas, empastamentos, esquecimentos de certas letras ou anomalias de forma em determinadas letras etc.

Inflação do ego: Tendência para a supervalorização de si mesmo (Presunção, crer que "é tudo", que "pode tudo"). Essa atitude é a mesma que pode levar ao convencimento, desejo de deslumbrar, afã de domínio ou de endeusamento e pode se converter em um impulso criador de perfeccionismo e em um desejo da universalidade do ser. Também pode derivar para tendência a críticas duras, para o fanatismo ou para a rivalidade ressentida, própria do sujeito paranoide.

Influenciabilidade: Propensão mais ou menos acentuada para deixar-se sugestionar pelo efeito, muitas vezes destrutivo, que produzem, no ânimo, as impressões de fora.

O sujeito influenciável é habitualmente inconstante e, em razão de suas grandes oscilações sentimentais, é indeciso, falta-lhe segurança em si mesmo e quase sempre está à mercê das sugestões e influências externas (carece de energia suficiente para se opor à ação direta dos estímulos ou agentes externos) (figs. 26, 70, 120, 123 124, 170).

Inibição: Do latim *inhibere* = impedir, conter, reprimir. Trata-se de um processo psíquico, voluntário ou reflexo, do qual

301

se originam a abstenção, a detenção ou repressão de impulsos, desejos ou inclinações, em sua maioria instintivo-afetivos.

Esse processo psíquico é devido à vigilância que o superego exerce sobre todas aquelas tendências, impulsos e inclinações que podem danificar, perturbar ou rebaixar a situação do ego. Na inibição, uma força interior tende a frear ou evitar certos modos de expressão, especialmente aqueles que manifestariam, em público, os traços de caráter inadequados ou inadaptados do indivíduo (figs. 26, 36, 104, 180).

A inibição pode ser também nervosa, e então é devida ao funcionamento do sistema nervoso central que se ressente de algum transtorno vagossimpático, o que dá origem a uma espécie de vacilação que perturba a atividade psíquica e motriz. Os movimentos, nesse caso, são menos amplos, menos vivos, descontínuos, atrapalhados, vacilantes ou inacabados (fig. 180).

Iniciativa: Atividade radiante, confiada, empreendedora do sujeito que, inspirado por um otimismo livre e esperançoso, toma decisões, resolve problemas e vence obstáculos, sem necessidade de se sentir apoiado ou estimulado pela autoridade de outrem.

A iniciativa está impelida pelo entusiasmo.

Escrita firme, limpa, ascendente, progressiva, ordenada, margens alargando-se, barras dos "tt" avançadas e pontuação adiantada (figs. 72, 73, 75, 76, 102, 149 etc.).

Inquietação: Desassossego ligado a um estado de insegurança, incerteza ou ansiedade que leva o ânimo à dúvida e à intranquilidade com respeito ao próprio valor, às próprias possibilidades ou ao modo como podem ocorrer os acontecimentos.

Quando o sujeito é incapaz de especificar o que causa a sua inquietação, essa recebe o nome de angústia livre ou flutuante.

A inquietação revela-se, essencialmente, nos pontos curvados ou em forma de pequenos ângulos, escrita desigual, retocada, inibida, suspensa e na irregularidade da direção das linhas (figs. 26, 76, 123, 124, 135, 170).

Insatisfação: Sensação que tanto o homem quanto a mulher experimentam quando não formam um casal, ou quando os parceiros de sexo não preenchem mútua e satisfatoriamente suas necessidades sexuais, afetivas ou espirituais. Muitas pessoas se refugiam na zoofilia (adoção de cães, gatos, pássaros etc.) como via de descarga de grandes caudais de necessidades por satisfazer.

Por outro lado, sucede também – diz Gérard Artaud – que as "emoções perdem progressivamente a intensidade; quando isso ocorre, sente-se uma penosa sensação de secura interior". Esse é o caso de homens e mulheres que se casaram muito jovens e, na metade de sua vida, quando os filhos se tornam independentes, e já os estímulos de amor do casal estão "gastos", sentem-se vazios, cheios de tédio e desinteresse pelo que os rodeia, e agem como máquinas. Vivem em um mundo bem ordenado, aparentemente adaptados e felizes, mas com fortes ânsias de renovação, de começar de novo, de viver outras aventuras.

O mesmo acontece no terreno profissional, quando os indivíduos não se esforçam em seguir as inovações tecnológicas para ficarem em dia. Chega um momento em que os êxitos profissionais de ontem ficaram para trás, já não têm mais significado. Vem a defasagem, as discussões. A insatisfação é cada vez mais crescente, até experimentar, muitas vezes, uma verdadeira angústia, "Como se reconhecer um fracassado?".

A escrita é descendente, com desigualdades na coesão e nas ligações.

Insegurança: É uma falta de confiança em si mesmo ou nas circunstâncias que rodeiam o sujeito. É uma resposta emocional a uma situação de conflito, cuja solução não está clara, é duvidosa e cria ansiedade.

Segundo Adler, todo indivíduo deseja passar de uma situação de insegurança a outra de superioridade, para não ser considerado um fracassado. Por essa razão, o neurótico, que padece de complexos ou sentimentos de inferioridade, invoca pretextos, histórias ou desculpas com as quais pretende sair-se bem, seja de um risco, de um castigo ou da perda de prestígio.

"As situações graves da vida, tais como perigos, necessidades, decepções, penas, perdas (de pessoas queridas) e toda espécie de pressão social, devem ser sempre consideradas à luz da inferioridade. Essa se exterioriza, geralmente, em emoções e estados universalmente conhecidos: medo, insegurança, desespero, vergonha, timidez, perplexidade, asco etc." (Adler).

A falta de preparo para enfrentar qualquer problema que possa ser interposto pela vida

é o que engendra a insegurança. Portanto, ela sempre é medo de fracasso, de desamparo, de perda do ego (veja-se Medo).

A escrita é pequena, vacilante, desigual na coesão, inclinação, ligações e dimensões, sinuosa, descendente e com sinais acessórios colocados tanto em sentido dextrogiro como sinistrogiro (figs. 26, 36, 52, 70, 123 e 180).

Instabilidade: Estado de insatisfação caracterizado por uma excessiva mobilidade e propensão para variações irracionais, às vezes impulsivas, de desejos, de ideias e de ação. O sujeito não pode ficar quieto, tem que se mover de um lado para outro, falar, gesticular, fazer alguma coisa. Quando se tratar de meninos com instabilidade psicomotriz, não convém forçá-los a ficar quietos de maneira brusca, pois é necessário não irritá-los e ter para com eles uma boa compreensão, já que precisam de ambiente tranquilo.

As causas que são motivo da instabilidade podem ser as mesmas que indicamos no termo Inconstância.

Escrita desigual, sinuosa, rápida e com frequentes inibições. Sinais de pontuação variáveis. Desigualdades nas margens e nos espaçamentos entre palavras e entre linhas etc. (fig. 26, 70, 120, 123 e 170).

Instintos: Os instintos são poderosas forças subterrâneas, impulsivas opressoras e cegas que tendem para a satisfação de desejos ou necessidades vitais. A essas forças indômitas devemos a reprodução, o sustento e a conservação da vida.

Quando os instintos são internos, procedem de hormônios ou de impulsos nervosos, produzidos espontaneamente (Tinbergen). Mas podem proceder também de estímulos externos tais como as mudanças de temperatura, que acionam os mecanismos inatos, produzindo a "conduta apetitiva" ou a "motivação" que dá lugar a atos de consumo.

O ser submetido ao império do instinto não tem consciência do que quer nem do que faz, contudo todos os seus atos encadeiam-se de maneira tão segura que, às vezes, não se pode impedir a crença de que uma razão obscura os conduz. O instinto não é mais do que "a razão que se ignora, um *savoir-faire* natural".

O instinto procede, pois, de funções psíquicas inconscientes e de necessidades naturais, às vezes desmedidas. Por isso, controlar os instintos é subtrair progressivamente o espírito da tirania do corpo ou da afetividade.

Para que seja real a saúde do corpo e do psiquismo, é necessário que não haja repressões excessivas nem impulsos exagerados.

Os instintos localizam-se na zona inferior dos grafismos (veja-se Pernas e G minúsculo).

Integração: Processo pelo qual o indivíduo se ajusta ou se adapta, harmoniosamente, sem problemas conflitivos, às normas válidas e aos grupos humanos.

Escrita clara, harmônica, ordenada, ligada e de dimensões médias, isto é, sem excessos sobre os módulos ou abaixo desses quanto à dimensão, à pressão, à forma, à continuidade, à direção, à inclinação e à ordem.

Inteligência: O termo inteligência procede do latim *intelligo,* que significa compreender. *Conhecer* é representar mentalmente um objeto ou fato. *Compreender* é associar esse fato ou objeto a outros mais ou menos próximos e saber qual é a relação que existe entre eles.

A inteligência, que serve para pensar sobre os fatos sensíveis, aqueles que nos chegam pela percepção de nossos sentidos, é a mesma que serve para pensar sobre fatos abstratos[35].

A elaboração das ideias ou representações, o conhecimento que temos das coisas e a faculdade de compreendê-las pode ser produzida de duas formas:

1. Pela *dedução* (análise lógica, dialética, prática, positiva, classificatória, – razão, experiência – que, nos casos extremos, desvia-se para o sutil e sofístico) (fig. 126).
2. Pela *intuição* (concepção teórica, sistemática, imaginativa, criadora, que tem origem em impulsos interpretativos de origem inconsciente – idealismo – e que, em casos extremos, desvia o pensamento para o paradoxo, para a utopia ou sonho) (fig. 28).

Interesse: Atitude caracterizada pelo enfoque da atenção e da avidez em relação a algo que se deseja possuir ou conseguir. Esse algo pode ser de naturezas diferentes (conhecimentos científicos, artísticos, dinheiro, bens, vantagens, para alcançar determinados privilégios ou alguma coisa

---

[35] Praticamente a inteligência é a capacidade de resolver adequadamente em um tempo mínimo um máximo de questões ou coisas.

valiosa para o ego). O interesse move a atenção, a vontade e a curiosidade na direção em que se espera obter uma gratificação ou satisfazer uma necessidade, alcançar meta valiosa para o ego ou compensar, inconscientemente, uma menos valia. A base da atenção é o interesse.

Interiorização: Entende-se por interiorizarão a concentração do sujeito em si mesmo, em sua vida interior. Segundo Hesnard, a tendência para a interiorização é própria daqueles indivíduos "cuja vida sexual é predominante, mas insatisfeita" *(La sexologie,* p. 261.) Veja-se também Introversão.

A escrita é pequena, contida, ordenada, clara, precisa, em relevo, com pernas mais longas e simplificadas ou com a base angulosa (fig. 180).

Intransigência: Reação oposicionista que rechaça toda concessão, deferência ou acomodação.

Escrita angulosa, retilínea ou rígida, firme, sobrealçada, acerada ou maciça (figs. 31, 33, 44, 50, 64, 73, 108a, 127 etc.).

Intriga: Emprego de meios misteriosos, maquinações, astúcia e enredos complicados, que se destinam a alcançar, por meios escusos, algum desejo, vantagem, benefício ou, simplesmente, agir em prejuízo de outrem.

Essa tendência para agir ocultamente, em alguns casos, consegue ser premiada com distintivos de mérito.

Escrita de linhas e palavras sinuosas, gladiolada, arqueada, anelada, barras dos "tt" altas e assinatura emaranhada (figs. 34b, 124, 134, 135, 146, 155 e 157).

Introversão-extroversão: O grau de vida interior ou exterior de um individuo, sua "atitude vital", depende das funções do temperamento, da hereditariedade e da formação do caráter dentro do ambiente em que ele se movimenta.

A vida interior prepondera nos indivíduos que possuem um impulso vital deficiente ou contido, o que os obriga a se concentrar sobre si mesmos e a esperar tudo do culto do espírito ou do trabalho que não requeira uma exposição grande nem um horizonte de experiências demasiado amplas. São, em geral, pouco lutadores, pouco práticos e não muito ousados nas empreitadas (fig. 16).

Em compensação, os indivíduos de vida exterior, chamados por Jung "extrovertidos", são sujeitos que, em virtude do intenso desenvolvimento do impulso vital, voltam-se para o exterior e buscam um amplo horizonte no qual possam expandir a grandeza transbordante do seu "desejo de viver" (fig. 18) (veja-se também Inclinação).

Esses indivíduos de vida exterior são os grandes empresários, os políticos, os negociantes, os condutores de massas, os que ostentam cargos hierárquicos, os viajantes, os atletas (maratonistas) etc.

O indivíduo de vida exterior vive dentro de um plano social e de contato com o mundo exterior; cuida, sobretudo, de sua aparência, veste-se bem e adorna, no que for possível, sua pessoa, enfim não se esquece de sua personalidade exterior (fig. 152).

O sujeito de vida interior, mais preocupado com suas lacunas interiores que com o exterior, dobra-se sobre si mesmo ou se concentra em um trabalho no qual passa despercebido; cultiva-se, lê, e se rodeia, na intimidade, de objetos agradáveis e, ao contrário do outro tipo, despreocupa-se com sua aparência (fig. 145).

Na escrita, o extrovertido ou de vida exterior se revela por escrita ampla, grande, aberta e dextrogira (figs. 14, 29, 33, 48, 57, 90 e 152).

O introvertido possui um grafismo de caracteres pequenos, contidos, apertados, sóbrios e sinistrogiros (figs. 40 e 180).

Intuição: Capacidade intelectual pela qual o pensamento chega a conhecer, de uma só vez, o valor das coisas ou das ideias e as relações existentes entre elas (veja-se Funções psíquicas). A intuição é um juízo, significado ou ideia que ocorre a uma pessoa sem que haja como intermediário um processo de reflexão, nem qualquer raciocínio prévio, indutivo ou dedutivo. Geralmente, provém da captação inconsciente de semelhanças com outros processos internos ou experiências vividas, que servem de estímulo às conclusões imediatas, inspiradas em sinais mínimos, observados nas pessoas, objetos ou em situações.

O indivíduo em quem prepondera a intuição é de reações repentinas, caprichosas; idealista, criador, amante das hipóteses, das teorias interpretativas e de sínteses (figs. 28, 68, 70, 75, 76, 81, 85).

Inveja: É um sentimento de desprazer (ciúmes, sofrimento, incômodo, amargura etc.) provocado pela posse ou desfrute que outra pessoa tem de algo que, pessoalmente, se deseja.

A inveja pode se converter em um ódio secreto e malévolo contra aquele ou aqueles que possuam ou gozem dos bens materiais ou das situações sociais ou profissionais que o sujeito desejaria para si.

A inveja pode ser produzida pelos sentimentos de inferioridade, tendências homossexuais latentes, Complexo de Édipo ou sentimentos de ódio contra irmãos, companheiros ou amigos que, conscientemente, o sujeito ignora.

Escrita soerguida, apertada, contida, regressiva, descendente, inibida, suspensa. Letra M maiúscula em escada, pernas estreitas e de base angulosa, maiúsculas separadas, distribuição defeituosa, escrita suja etc. (figs. 44, 50, 87, 108b, 131b, 146, 148).

Inversão sexual: Veja-se Homossexualidade.

Ironia: Burla mais ou menos engenhosa, amável ou maliciosa, que tem como finalidade descarregar a agressividade, a desconfiança, o desprezo ou o ceticismo de quem a emprega. A ironia pode chegar até à crueldade.

Escrita pequena, acerada, gladiolada, vertical ou invertida. Barras dos "tt" e finais em pontas agudas (figs. 27, 28, 31, 64, 76, 87, 149).

Irritabilidade: É a hipersensibilidade à excitação, à estimulação. Diz-se que um sujeito é irritável quando ele se excita com suma facilidade, respondendo com reações emocionais de cólera ou ira às pequenas contrariedades ou contratempos. Também se diz do indivíduo que é extremamente sensível a mudanças ambientais ou de tempo. A agressividade das reações de tais indivíduos pode ser essencialmente verbal e pode estar motivada por temores. Os sujeitos que sofrem de enxaqueca são irritáveis. A irritabilidade pode ser produzida por uma fadiga mental prolongada, a qual, além disso, produz erros frequentes e pode produzir acidentes em níveis muito variáveis na produção. A perda do autocontrole é frequente quando a irritabilidade tem como origem a fadiga, *o stress.*

Isolamento: Separação entre o eu e o mundo que certos indivíduos adotam como meio de defesa contra os perigos ou as ameaças que temem receber do exterior. Trata-se, na maior parte, de indivíduos avarentos, meticulosos, obstinados e excessivamente asseados. Não toleram nada fora de seu lugar e veem o mundo exterior, os outros, como constantes ameaças, pelo que anulam tanto quanto podem seus contatos com os demais.

Escrita pequena, apertada, contida, condensada na página, com margens estreitas e assinatura separada do texto (fig. 180).

J

Jactância: Presunção vaidosa e arrogante do sujeito que se envaidece, querendo demonstrar sua valia, poder, vantagens ou êxitos.

Todo fanfarrão é um inepto potencial. Qualquer atitude excessiva da consciência supõe inconscientemente o oposto. Assim, quem alardeia valentia é um repugnante covarde.

Escrita soerguida, inflada, maiúsculas desproporcionais, da mesma forma que as pernas e as hastes. Notar-se-á o sentimento de insegurança do próprio valor nas oscilações de altura das maiúsculas e o encurtamento pusilânime de algumas pernas (figs. 34b, 68, 92, 135, 172).

Juízo: É uma atitude autônoma do pensamento, na qual afirmamos ou negamos algo, baseados na certeza de estar agindo corretamente. O juízo é um ato consciente de verificação e decisão. É uma faculdade que nos permite apreciar, de maneira objetiva, o significado ou o valor das coisas ou do objeto. O juízo é também a capacidade de arbitrar os problemas e dar-lhes a melhor solução.

Escrita firme, limpa, ordenada, clara, progressiva, retilínea, com sinais de pontuação precisos (figs. 16, 40, 41, 75, 76, 78, 79, 145, 149).

L

Labilidade: Debilidade emocional, corporal ou psíquica própria dos sujeitos hiperemotivos ou com transtornos vagossimpáticos (distonias neurovegetativas, por exemplo). A expressão "fragilidade emocional" refere-se à excessiva mobilidade e desordem, ao descontrole emocional de certos sujeitos com alterações repentinas de humor.

Emprega-se esse termo também como sinônimo de flexibilidade e plasticidade caracterológica. E antônimo de rigidez e estabilidade.

A escrita é desigual, sinuosa, descendente, desordenada (figs. 70, 72, 76, 78, 86, 120, 123 entre outras).

Lapsos: Tendência, mais ou menos esporádica, para cometer erros (substituir uma palavra por outra ou uma letra por outra ao falar ou ao escrever).

Esses transtornos da atenção podem ser devidos à fadiga, à excitação ou a que a atitude profunda do indivíduo seja contrária à manifestada (supõe a existência de conflitos entre a intenção consciente e os desejos subconscientes).

Escrita retocada, desigual, ligeiramente desordenada, com inclinação das letras de hastes e pernas variáveis, letras e pontuação saltadas (figs. 40, 41, 126, 128, 145 e 149).

Leptossômico: Veja-se Biótipos.

Libertinagem: Desajuste e imoralidade na conduta, a despeito da opinião ou convenções de toda autoridade ou da própria sociedade.

O libertino é um sujeito com desordem imaginativa, sem controle emocional, sem ética, sem vergonha, fanfarrão, sem sentido da verdade nem da honra. Procura mulheres e boa comida sem se importar com qualquer regra, sem respeito aos costumes e propriedades dos demais (veja-se fig. 135).

Escrita desordenada, desproporcionada, grande, lançada, com fortes apoios na pressão, amiúde, com pressão deslocada, e com margens desiguais ou inexistentes. Barras dos "tt" descontroladas.

Libido: Do mesmo modo que falamos de fome quando nos referimos ao impulso que nos move em direção ao alimento, em psicologia falamos da libido para designar os impulsos sexuais, quer dizer, para designar as inclinações eróticas.

"Deve ter bons ouvidos e vista aguda quem pretenda reconhecer, por trás do disfarce da indiferença sexual, que todos usamos, em virtude de uma tácita convenção social, o ritmo vivo do sexo. Apesar disso, tão rápido como cai a máscara – seja graças à intimidade que se estabelece entre duas pessoas que se querem, seja na raiz de uma exposição objetiva dos fatos biológicos e psicológicos – de repente a sexualidade parece tomar alento. Chega a ser então uma poderosa força impulsiva que domina toda a existência humana e a cujo lado tudo o mais parece diminuído e desprovido de importância.

"Parece então que o sexo é a própria fonte metafísica da vida" (Erwin Wexberg, Introducción a la Psicología de la vida sexual).

Assim como para Jung o termo libido abrange a totalidade da energia psíquica, da qual a sexualidade não seria senão uma parte, para Freud representa, em sentido amplo, unicamente, as tendências e impulsos sexuais. Entretanto, Freud parece destacar que as tendências sexuais, ainda que tenham como finalidade biológica o ato sexual, não devem ser consideradas, unicamente, sob esse aspecto. Libido é também produção, gestação, criação, combatividade, agressividade, virilidade, quando se trata de tendências sexuais masculinas. E é necessidade de entrega, ternura, sensibilidade, doçura, receptividade, instinto de conservação e adorno, embelezamento para atrair etc., se tratarmos de tendências femininas.

Não é só o amor, mas também a amizade, a confraternização, o companheirismo, o espírito de equipe, a solidariedade e todos os graus ou matizes do amor e do ódio que nascem, segundo Freud, do instinto sexual.

Libido, como todas as tendências de origem instintiva, tem sua área de expansão na zona inferior do grafismo, especialmente na letra "g", reflexo do instinto em seu duplo aspecto afetivo (oval do "g") e instintivo (perna) (Veja-se "G").

Linfático: Temperamento caracterizado por seus gestos e movimentos lentos, iguais e suaves, às vezes relaxados e preguiçosos, mas bem adaptados aos objetos que deve manejar. Gosta de se servir das mãos e adquire destreza natural por automatismo. Seu caráter é afável, adaptável, integra-se bem em um espírito de equipe e, devido ao seu forte apego às necessidades orgânicas, dá valor ao mundo, às pessoas e às coisas, de maneira prática e utilitária, isto é, segundo vive e sente suas próprias necessidades ou as dos seus (para uma descrição mais ampla, veja-se nossa obra *La selección de personal y el problema humano en las empresas*).

As escritas do tipo correspondente estão indicadas no verbete Temperamento (figs. 15, 34d, 42, 56c e 83).

Longilíneo: Veja-se Brevilíneo.

Lúdico, instinto: Tendência para matar o tempo com diversões ou ocupações prazenteiras, inúteis para o sujeito e para a sociedade.

Escrita extensa, espaçada, com sinais de dispersão (desperdício de papel e pontuação descuidada), inclinada, com finais longos e pernas infladas e de base redonda (figs. 29, 33, 57, 99a, 125, 146).

Luxúria: Inclinação exagerada e desordenada para a satisfação de desejos eróticos (procura abusiva e frequente das satisfações genitais). Nos enfermos de tuberculose e em alguns casos de fadiga e de depressão, os desejos sexuais acentuam-se irreprimivelmente.

Escrita fusiforme, empastada, congestionada, descendente, desordenada, com pernas desproporcionadas na pressão (figs. 12, 99, 105, 135, 184).

M

Maldade: Tendência para prejudicar, às vezes sem outro objetivo além da satisfação do instinto sádico de agressão (crueldade, inclinação do ânimo para produzir a dor ou humilhações morais nos outros) (fig. 162).

Escrita de forte pressão, acerada, lançada, vertical ou invertida, empastada, desordenada, confusa, regressiva, angulosa. Traços violentos maciços ou acerados nas barras dos "tt" e finais (figs. 31, 44, 108a, 124 e 135).

Mando, aptidões de: Capacidade do sujeito para prever, organizar, dirigir, coordenar e controlar, com espírito de equipe, o trabalho de outros.

Escrita firme, clara, ordenada, rápida, progressiva, plena, ligeiramente desigual, rítmica, inclinada, com margem direita bem organizada e sinais de pontuação precisos (figs. 28, 48, 72, 76, 78, 79, 121, 126, 149, 155 e 181).

Mania: Enfermidade psíquica caracterizada por sobrexcitação geral e permanente do humor (otimismo, euforia, ilusão), quase sempre acompanhada de alguma perturbação do pensamento (superprodução de ideias, às vezes sem conexão, fuga de pensamento, ideias de grandeza, excesso de verborreia etc.), e aumento de atividade.

O maníaco tem sempre um comportamento audaz, intrometido e extravagante. Toma-se facilmente de familiaridades com pessoas que acaba de conhecer e pode se enfurecer e agir impulsiva e agressivamente quando se sentir frustrado. Quando está em fase depressiva, deixa-se abater pela tristeza e pela melancolia.

A escrita é ascendente, extensa, desproporcionada, desigual, variada, desordenada e confusa (fig. 29).

Masculinidade: Veja-se Feminilidade – masculinidade.

Masoquismo: Estado neuropático, caracterizado pela busca ansiosa do sofrimento. O masoquista erotiza o sofrimento, e esse é usado como um meio de autocastigo "destinado a neutralizar, parcialmente, o complexo de culpa" (Nacht). Para Freud é um instinto primário de autodestruição, em que o prazer que o sujeito experimenta, fisicamente, ao ser agredido acompanha-se também do prazer passivo da subordinação, da dependência e da humilhação infligidas por seu parceiro ao levar-se a cabo essa perversão sexual.

Letras atravessadas por traços pontiagudos regressivos, especialmente na assinatura (fig. 163). Zona inferior inutilmente barrada. Pernas de movimentos sinistrogiros na base, quer dizer, com finais deslocados impulsivamente para a esquerda e sem coesão com a zona média; escrita descendente, apertada e angulosa, invertida, centrípeta.

Masturbação: Tendência, em ambos os sexos, a procurar-se o prazer sexual com a mão. É muito frequente na juventude

– e não patológico, como se acreditava até há pouco tempo. O excesso de masturbação produz uma debilitação do sistema nervoso, que dá lugar a fortes estados de inquietação, nervosismo, timidez, insegurança, perda de atenção e da memória, cefaleias, complexo de castração e de culpabilidade, mudanças bruscas de humor e desadaptações de caráter.

Escrita com torções frequentes, insegura, sacudida, sinuosa, desordenada, retocada, com sinais de pontuação imprecisos em sua colocação, pontos girados e margem esquerda irregular.

Materialismo: Preponderância do material ou do sensorial sobre a estrutura dos desejos, tendências e inclinações (figs. 99, 102, 108a, 135, 147).

O homem materialista procura, antes de tudo, os gozos e diversões do tipo terreno (gula, gozos sexuais e dos sentidos, amor ao dinheiro e a posse de tudo o que tem origem material).

Maturidade mental: Assim se denomina o estado de evolução ou desenvolvimento das faculdades mentais e da conduta de um indivíduo.

É verificado na escrita pela direção retilínea ou horizontal e pela clareza na distribuição e na organização dos sinais (figs. 16, 40, 145 e 149).

Mecanismos de defesa: Constituem uma espécie de válvula de escape à tensão produzida pelas emoções de angústia ou frustração derivadas de conflitos interiores.

Existem vários mecanismos capazes de mitigar as tensões emotivas e resolver os conflitos (Projeção, realização imaginária do desejo, catatonia, repressão, sublimação, substituição etc.). Esses recursos inconscientes de liberação da tensão, o sujeito utiliza-os segundo as circunstâncias e sua psicologia.

Nem todos podem ser reconhecidos através do grafismo, pelo que nos centraremos em um: *a repressão*.

A repressão é um esquecimento ou exclusão, mais ou menos intencional ou de origem inconsciente, de desejos, impulsos ou ideias associados a exigências sexuais ou agressivas e que, normalmente, seriam censuráveis. O sujeito se defende, mediante a repressão do castigo ou censura que poderia merecer pela realização de um ato. Entretanto, quando a repressão se repete com frequência, sem dar desafogo às tensões (cargas de força instintiva) que se vão acumulando, o sujeito termina por cair em neurose.

Escrita invertida, regressiva, apertada, contida, inibida (figs. 50, 108a, 123, 124 e 181).

Medo: É uma emoção intensa, desagradável, provocada por uma situação de perigo real ou imaginário, atual ou antecipada e, algumas vezes, fantástica. É seguida de paralisia motora e retração do corpo. "Experimenta-se, normalmente, em presença de uma ameaça, isto é, quando se percebe o perigo ou se antecipa a dor" (Eysenck). Quando o medo é excessivo tem o nome de fobia.

No plano consciente, experimenta-se o medo pela diminuição do sentimento de segurança, por uma redução da confiança em si mesmo e uma grande pobreza de decisão. Essa situação interna produz no indivíduo o desejo irreprimível de desaparecer, de evitar o risco, de ocultar-se. Para sair dessa expectativa angustiante, a melhor profilaxia é a ação, pois atuando os processos inibidores do medo diminuem.

Existem muitas classes de medo: medo da escuridão, da solidão, dos espaços abertos ou fechados, de lugares altos, de tempestades, de ser enterrado vivo, de estranhos, da morte etc. Muitos desses medos têm um aspecto neurótico. Por exemplo, o medo da perda da pessoa amada é característico das personalidades histéricas; o medo do outro sexo, produto de uma educação rígida, que infunde o terror ao pecado e ao castigo, é, amiúde, a consequência da impotência no homem e do vaginismo e frigidez na mulher.

A escrita é pequena, inibida, estreitada, apertada, desligada, contida, suspensa, regular, cuidada, ordenada, descendente ou retilínea, sinuosa, instável (fig. 180).

Meio social: O meio social em que o indivíduo se desenvolve influi de uma maneira dominante na formação de seu caráter e em sua evolução moral e espiritual. O ambiente em que o indivíduo vive pode pesar sobre ele como um lastro, uma carga pesada que ele arrasta em forma de sentimento de inferioridade. Ao contrário, o meio ambiente pode fazer com que o indivíduo se sinta super-homem, com respeito aos demais, mesmo que não desempenhe um papel diretivo no mesmo. Qualquer falha de caráter de um sujeito pode ter um sentido diferente se é considerada em relação ao papel que o indivíduo desempenha no meio em que vive.

Escrita: Descobrir pelo ambiente gráfico:

- Ambiente gráfico mundano (fig. 108b).
- Ambiente gráfico intelectual (fig. 28).
- Ambiente gráfico vulgar (fig. 75).

Melancolia: Psicose caracterizada por um estado mórbido de tom depressivo (tristeza), associado à fadiga, à prostração, ao sentimento de impotência e de dor moral. O complexo de culpa do enfermo pode levá-lo à autopunição, ao desejo de morrer, ao suicídio, inclusive ao assassinato de membros da própria família, para evitar-lhes o sofrimento de uma vida humilhante ou dolorosa.

A melancolia pode surgir sem motivo aparente ou como consequência da perda de um ser querido. Ao sujeito ocorre ruminar ideias de culpabilidade, cuja origem é o complexo de Édipo mal resolvido, quer dizer, o desejo, quando menino, do desaparecimento ou supressão do pai, ou, na menina, da mãe.

Escrita inclinada, descendente, ligeira, arredondada, frouxa ou branda, às vezes empastada ou congestionada, com sinais frequentes de inibição (*lapsus de* coesão, letras suspensas, fragmentadas etc.).

Memória: Função psíquica encarregada da filiação, conservação ou armazenamento das imagens correspondentes às sensações, sentimentos, atos, conhecimentos etc. reconhecidas e localizadas no passado (Streletski).

Retemos bem o que nos é mais agradável, quer dizer, o que está mais ao alcance da evocação. Também se retém o que está mais de acordo com nossos ideais, nossos gostos, nossas convicções e tudo o que para nós se reveste de um caráter importante.

Em caso contrário, tendemos a esquecer, com facilidade, tudo aquilo que nos é indiferente, pouco significativo, neutro ou mal estruturado.

As evocações da memória nunca são fiéis ou exatas, deformam-se facilmente com o tempo e ao serem reconstruídas pela inteligência.

Escrita nutrida, arredondada, cheia, em relevo ou gorda, convencional ou de formas bem estruturadas. Pontuação precisa e sinais gerais de ordem e ponderação em todos os aspectos (figs. 14, 40, 41, 57, 91, 99, 126, 149 e 181).

Mentira: Alteração ou negação consciente da verdade. O sujeito deforma as coisas, manifesta o contrário do que sabe, crê ou pensa.

A mentira pode ser simplesmente mímica, falada ou escrita e pode se apresentar de maneira mais ou menos atenuada:

- assumindo o ar de não haver entendido uma coisa;
- guardando silêncio sobre algo que se conhece;
- omitindo algo que se sabe ou se tenha feito;
- atenuando a importância de algo que se tem;
- negando firmemente aquilo que se fez ou que se sabe;
- acusando falsamente outros de um ato (calúnias, difamação, maledicência etc.).

A mentira pode ser uma reação de defesa em relação ao próprio complexo de culpa, à própria debilidade ou uma atitude perversa inspirada no sadismo, na inveja ou na cobiça.

Escrita regressiva, sinuosa, serpentina, branda, torcida, confusa, desordenada, malproporcionada, inflada, *jointoyée,* com mistura de arcos e guirlandas aneladas. Palavras gladioladas, inacabadas, às vezes faltando letras. Junções (truncamento) nas ligações das letras etc. (figs. 68, 69, 70, 123, 124, 134, 135, 146, 155 e 170).

Mesquinhez: Apego excessivo ao dinheiro. É próprio de indivíduos com ideias estreitas e preocupações mesquinhas, falta de imaginação e de generosidade, desconfiados, capazes de submeter a outros penosas privações com o intuito de economizar dinheiro.

Escrita apertada, condensada, contida ou de finais de palavra muito curtos, regressiva, estreitada, pequena, com margens excessivamente aproveitadas (ver também Avareza) (figs. 30, 64, 71, 106b).

Método: Modo sistemático de pensar, de trabalhar ou de encarar os fatos e conceitos para estabelecer uma ordem, chegar a uma verdade ou obter resultados de maneira precisa, eficaz e controlada.

O sujeito metódico planifica seu pensamento e sua ação para ocupar seu tempo, seu esforço e realizar seus gestos com o mínimo de dispêndio e o máximo de rendimento, e para não se deixar surpreender pelos imprevistos.

Para que o método seja eficaz deve ser variado de acordo com o desenrolar dos acontecimentos, requer revisão e atualização do que ficar obsoleto, isto é, requer revisões periódicas.

Uma perda de flexibilidade do método conduz à defasagem e à rotina.

Minuciosidade: Observação detalhista e escrupulosa, na qual o sujeito destaca os pormenores e os matizes mais ínfimos dos atos e das coisas. O sujeito tem medo de omitir ou deixar algo que possa ter importância. Desse modo tranquiliza sua consciência sobre algo que possa comprometê-lo (sentimento profundo de insegurança).

Escrita muito pequena, regular, ordenada, apertada, sóbria, com sinais de pontuação muito precisos e forma das letras muito cuidadas, especialmente as maiúsculas (figs. 16, 40, 76, 145 e 181).

Mitomania: Tendência patológica para inventar histórias, mentir, fabular como compensação da incapacidade que possui o sujeito de afirmar-se na realidade de seus desejos e aspirações.

O jactancioso, o fanfarrão, o vaidoso e o amante do blefe compensam, mediante a invenção de histórias e heroísmos, as frustrações prolongadas em qualquer esfera ou campo de seu desejo (amoroso, profissional, social, econômico etc.).

A mitomania pode ser uma tendência maligna e perversa, própria de sujeitos zelosos, invejosos ou sádicos, cuja imaginação pérfida incita-o a escrever cartas anônimas, a fazer acusações falsas, denúncias caluniosas etc. Essa tendência patológica se dá frequentemente em anciãs ou em pessoas amargas, avinagradas e desdenhosas, que não podem suportar sua frustração.

Escrita sinuosa, regressiva, *jointoyée*, fechada ou aberta nas ovais por baixo, finais largos e sinuosos, inflações nas hastes dos "tt" em sentido sinistrogiro, escrita branda, torcida, serpentina, filiforme e geralmente desordenada e malproporcionada, ornada, regressiva com maiúsculas sobrealçadas e abundância de bucles e espirais nos traços iniciais, óvulos abertos e barras dos "tt" largas (figs. 44, 50, 68, 69, 108a, 123 e 124).

Moralidade: É a forma como o indivíduo está integrado e se integra na coletividade da qual faz parte ou no grupo de trabalho do qual participa. Todo o entorno (grupo, coletividade) tem seus costumes, suas leis, suas normas. A moralidade, pois, é o tipo de conduta que desenvolve o sujeito visto por um grupo.

Sua atitude pode ser positiva (leal, adaptativa, cooperante, sincera), ou negativa (individualista, egoísta, independente, desleal ou delituosa).

A escrita, no sentido positivo, é ordenada, clara, arredondada, progressiva, aberta, rítmica, retilínea, estável, inclinada, ponderada, pontas comuns.

No sentido negativo é impulsada, soerguida, desordenada, desproporcionada, anelada, sinuosa, confusa, regressiva, angulosa, ascendente, instável, descendente, firme, maciça.

Motivação: É todo o fator dinâmico interno ou estímulo que nos leva a tomar uma atitude, a falar ou atuar. Os motivos que nos movem, geralmente, não surgem de nosso ego consciente, mas de nosso préconsciente ou inconsciente.

Não somos ativos por reflexos racionais, tampouco para satisfazer a fantasia. Somos ativos e reagimos pela mobilização de forças internas (motivos) ou pela ação de forças externas (estímulos), que empurram toda a engrenagem psíquica e biológica de nosso ser.

A motivação é, pois, um comportamento do indivíduo impulsionado por um "estado orgânico de necessidade" ou por um "estado de excitação" que reclama sua volta ao equilíbrio. Pode ser definida também como "resposta a um estímulo", como um comportamento espontâneo, avivado pela emotividade, pelo sentimento ou pelas necessidades éticas, estéticas ou espirituais do indivíduo.

Infelizmente, "as causas das motivações – disse Leonardo Ancona – não podem ser diretamente observadas, mas parte delas se deduzem da verbalização do sujeito, outras se inferem de seu comportamento e algumas são descobertas graças à aplicação de técnicas especiais de interpretação; essas últimas são latentes e permanecem ignoradas pelo sujeito que é seu autor".

Os motivos são móveis conscientes ou inconscientes que determinam nossos atos, nossa conduta. "Algumas formas de comportamento – disse Freud –, que parecem inexplicáveis, têm sua origem em móveis inconscientes." Assim, por exemplo, o ideal religioso, manifestado por alguns como valor moral, pode, na realidade, ser uma maneira de escapar das responsabilidades sociais; a intenção de ajudar os demais pode ter sua origem no impulso de poder e dominação adleriano.

A publicidade e a propaganda servem-se do estudo das motivações para "causar impacto" no mercado com determinados produtos, sondagem prévia de nossos desejos inconscientes.

Não elegemos os objetos por acaso, mas de acordo com impulsos internos que fazem com que uns nos atraiam e outros sejam repelidos. Ao redor da motivação, há um complexo mundo de desejos, necessidades, frustrações, medos, intenções, interesse afetivo, volitivo, valor vivencial etc., que requer uma amplitude maior que esse pequeno dicionário permite.

Maslow divide as motivações em cinco grupos de necessidades:

- *Necessidades físicas*: 1) Fome e sede; 2) Sono; 3) Saúde; 4) Necessidades corporais; 5) Exercício e descanso; 6) Sexo.
- *Necessidades de segurança*: 1) Segurança e conservação; 2) Proteção; 3) Conforto e tranquilidade; 4) Falta de perigo e ameaças; 5) Limpeza e ordem no entorno.
- *Necessidades de amor*: 1) Aceitação; 2) Sentimento de dependência; 3) Integração em um grupo; 4) Amor e afeto; 5) Participação em um grupo.
- *Necessidades de autoestima*: 1) Reconhecimento; 2) Confiança e imposição; 3) Talento e realização; 4) Competência e êxito; 5) Força e inteligência.
- *Necessidade de autorrealização*: 1) Autorrealização das possibilidades; 2) Atuar meramente por competir; 3) Curiosidade intelectual; 4) Criatividade e apreciação estéticas; 5) Aceitação da realidade.

Cada uma dessas necessidades tem sua escrita-tipo.

N

Narcisismo: O mito de Narciso tem na psicanálise uma importância singular. Em termos gerais, denomina-se narcisista o indivíduo que se elege a si mesmo como objeto de amor e de prazer (fixação da *libido* no ego) (figs. 34, 44, 68, 69, 71, 108a, 108b, 112).

O narcisismo, no caráter, implica persistência ou involução de uma fase primitiva do desenvolvimento psicossexual.

Ao eleger-se o sujeito como objeto único de seu próprio amor e interesse, desenvolve-se nele a vaidade, o exibicionismo e uma notável sensibilização do ego. O sujeito pode comportar-se de uma maneira desatenta com os demais. Seu orgulho, quando é ferido, converte-se em uma fria reserva, em uma profunda depressão ou em agressão viva.

Escrita enfeitada, regressiva, centrípeta, com espirais abundantes, nós, bucles etc. e maiúsculas soerguidas e desligadas.

Necessidades: São forças internas (que às vezes se confundem com impulsos, desejos, motivos etc.) que, estimuladas por uma emoção veemente ou aceleradora, induzem o indivíduo a atuar, de modo imediato ou depois de uma reflexão, para encontrar um alívio, um prazer ou uma satisfação interior.

As necessidades variam segundo os indivíduos e segundo o nível de cultura, conhecimentos, confiança em si mesmos, força de vontade, condições do entorno, situação social, profissional e familiar etc.

As principais necessidades são as de origem biológica: fome, sede, descanso, sono, defecação; *psicológicas*: amizade, amor, segurança, estima, prestígio etc.; *do tipo profissional e social*: necessidade de um trabalho adequado às próprias aspirações e de um posto social em determinado nível etc.

De todas as necessidades, as que provocaram os maiores conflitos dentro de nossa civilização foram às necessidades sexuais e as de prestígio social e econômico por meio do trabalho.

Negação: Tomada de posição, opinião ou conduta contrária à que se espera de um indivíduo. O sujeito resiste a todas as sugestões e ordens, seja porque adote uma relação agressiva ou insociável, ou porque se defende desse modo de um possível fracasso (não quer mostrar sua incapacidade). Se a conduta negativista é frequente ou habitual, pode caracterizar o comportamento esquizofrênico.

Escrita regular, angulosa, rígida com movimentos em diagonal (barras dos "tt" e finais) (figs. 73, 108a e 134).

Negativismo: Veja-se Negação.

Negligência: Veja-se Distração e dispersão.

Nervoso: Crise temperamental caracterizada na motricidade por gestos e movimentos rápidos e entrecortados, quer dizer, sacudidos e agitados por excesso de sensibilidade e impressionabilidade próprias dessa natureza. O nervoso não pode permanecer quieto, por isso sua conduta, embora, geralmente impregnada de delicadeza e de sensibilidade, é instável, variável, polifacética, ocupa-se de mil coisas de uma vez, e sua curiosidade insaciável inclina-o a querer conhecer tudo e a descobrir, pressentir.

Sua imaginação-relâmpago e sua intensa atividade mental favorecem sua intuição, sua antecipação aos atos e sua tendência a envolver de mistério ou intriga o ânimo dos demais (gosta de surpreender, levar as pessoas ao assombro, à admiração e à surpresa). Sua mente se move entre contrastes, e seu ânimo entre o negro pessimismo e a euforia mais otimista e esperançosa. O mal é que tudo em sua alma dura pouco e passa com extrema facilidade a um ou outro extremo de conduta ou de pensamento.

Vejam-se as escritas-tipo correspondentes no verbete Temperamento (figs. 26, 29, 68, 70, 81, 123 e 180).

Neurastênico: A neurastenia é uma enfermidade nervosa cujas características no aspecto físico são: debilidade geral, esgotamento nervoso, fadiga, irritação nervosa, sensibilidade extraordinária ao frio, ao abatimento geral etc.

O caráter do neurastênico é irritadiço (tem uma sensibilidade facilmente alterável por sua disposição de tomar tudo pelo lado pejorativo), sem energia, indeciso, vacilante (falta-lhe, amiúde, a confiança em si mesmo), tímido, facilmente excitável (a uma grande tristeza ou abatimento segue, por qualquer causa inesperada, um período de alegria passageira).

É pouco sociável, não gosta de assistir a reuniões, o que talvez se deva à falta de capacidade para iniciar uma conversação. E também covarde, volúvel em suas decisões, confuso em suas ideias, superficial, difícil de compreender, tanto em seus escritos como em suas palavras. É fraco de memória e de atenção e por isso lhe falta, com frequência, a capacidade de concentração necessária para prestar a atenção devida às coisas.

O neurastênico tem o olhar inquieto, olhos fundos, incapazes de fitar francamente o rosto da pessoa com quem está falando. A voz é frouxa, de tom baixo, insegura e vacilante. Às vezes, é-lhe impossível lembrar certas palavras quando delas necessita. Seu ânimo se deprime facilmente ao extremo de pensar, com frequência, em suicídio.

As características mais correntes do neurastênico vulgar são a irritabilidade, o mau gênio, a impaciência, a incapacidade de resistir às esperas, a inquietude nervosa, a timidez e a dificuldade de expansão e sociabilidade.

A escrita do neurastênico é frouxa, vacilante, desigual na direção, pressão, inclinação, rapidez e continuidade, desordenada, confusa, retocada, resistente e infantil (veja-se fig. 70).

Neurose: É um transtorno psicológico ou fisiológico que limita, de alguma forma, a adaptação do sujeito a uma convivência social normal. Embora a neurose (ou psiconeurose) não afete as funções essenciais da personalidade, a desadaptação, da qual o sujeito está dolorosamente consciente, é uma trava que o faz sentir-se incomodado e lhe proporciona um complexo de inferioridade que reclama uma compensação a todo custo. Essa necessidade de compensação impulsiona o sujeito a querer procurar o caminho socialmente útil (superação nos estudos, no trabalho, no esporte etc.) ou o caminho socialmente inútil (delinquência, criminalidade, enfermidade etc.), o restabelecimento ou satisfação de suas necessidades de afirmação, êxito, afeto e importância das quais se vê privado.

O neurótico, devido à sua necessidade ansiosa de compreensão, reveste-se de um sentimento exagerado de seu valor e de sua capacidade. Portanto, a frustração é sentida como uma lesão muito viva quando se produz no terreno onde o sujeito procura sua compensação.

A *neurose de angústia* é "como um poder estranho que se apodera do indivíduo sem que ele queira nem possa se livrar, já que tem medo, mas esse medo é um desejo. E nessa mesma ambitendência reside sua sedução".

Quando o sujeito procura o fracasso como autoexpiação de uma culpa inconsciente, dizemos que se trata de uma *neurose de fracasso*.

O neurótico sente-se incomodado e, por sua vez, incomoda a todos. Devido a seu desequilíbrio autoestimativo, é difícil de se contentar (figs. 26, 29, 31, 33, 36, 44, 50, 68, 70, 71, 72, 73, 76, 81, 92, 106, 108a, 109, 112, 124, 123, 125 etc.).

Neurose obsessiva: Toda neurose é um transtorno do sistema nervoso (funcio-

namento), sem que se observem lesões anatômicas. A alteração do caráter nas neuroses é mínima, se for comparada à deterioração da personalidade que se produz nas psicoses.

O neurótico é um indivíduo que tende ao fracasso em determinadas "situações-limites". Assim, por exemplo, o neurótico obsessivo luta interiormente contra pensamentos indesejáveis, contra tendências, ideias ou impulsos para realizar atos absurdos, ritos conjuratórios, escrúpulos permanentes, dúvidas etc. Por exemplo, bater na madeira, evitar o número 13, a tendência de fechar portas e a controlar se os outros o fizeram, caminhar pela rua sem pisar em determinados riscos, subir no ônibus com o pé direito, falar constantemente da morte de um ser amado; tendência a executar certos rituais complicados para conjurar os temores do povo, dos micróbios, de algum malefício sobre a saúde etc.

Estar obcecado é estar sitiado por si mesmo. Ao sentimento de imperfeição do obsessivo, temos que somar sua tendência ao escrúpulo, sua indecisão permanente, sua mania de limpeza, de meticulosidade e de ordem, sua parcimônia, sua obstinação, sua rigidez e o complexo sadoanal (veja-se Sado-anal).

Não existem sinais gráficos e bem definidos para **esse** tipo de neurose.

Normolíneo: Na classificação de Viola, chamam-se "normolíneos" ou "normossômicos" àqueles indivíduos que apresentam uma proporção equitativa entre os diâmetros horizontais e verticais do corpo. Têm sua equivalência com o "atlético" de Kretschmer. Quando

NORMOLÍNEO

predominam os diâmetros horizontais sobre os verticais, Viola chama-os de "brevilíneos" ou "megalossômicos". Quando predomina a linha longitudinal, chama-os de "longilíneos" ou "microssômicos". Esses dois últimos tipos correspondem-se ao "pícnico" e ao "leptossômico" de Kretschmer. Veja-se o verbete Biótipos de Kretschmer.

O

Objetividade: Juízo imparcial, equitativo, justo, no qual se apreciam os valores, cotejando e medindo a realidade sem tomar posição afetiva, quer dizer, eliminando aqueles elementos pessoais que possam representar um modo particular de ver e sentir as coisas.

Escrita harmônica, sensível, sóbria, ordenada, clara, bem proporcionada, retilínea, vertical e com sinais de pontuação muito precisos. Página bem organizada nas margens (figs. 16, 40, 41 e 126).

Objeto: Em termos psicanalíticos, o objeto não só se refere a coisas, mas também, e muito concretamente, a pessoas, para as quais pode dirigir-se a *libido.* "Os pais e irmãos representam os objetos iniciais, originais, de cada pessoa. Os companheiros de escola e amigos, os eleitos extrafamiliares (noivos, cônjuges etc.) são objetos que também podem proporcionar conflitos ao ego" (W. Toman).

Oblatividade: Atitude espontânea de oferta, abnegação e sacrifício, na qual o sujeito apaga todo sinal de egoísmo, interesse ou cálculo premeditado. A atitude oblativa nasce do amor, da generosidade altruísta, que leva o sujeito a satisfazer as necessidade dos demais sem esperar nada em troca.

A oblatividade assinala um grau elevado de desenvolvimento afetivo, difícil de alcançar em uma sociedade que fomenta a competição, a rivalidade, a superioridade, a combatividade etc., quer dizer, os meios de agressividade como forma de superação, que não são mais que um culto ao egoísmo.

Escrita arredondada, em guirlanda, progressiva, aberta, inclinada, extensa, harmônica, e com finais dextrogiros. Maiúsculas ligadas sem formar bucle, margem superior e esquerda amplas, barras dos "tt" à frente da haste, pontos adiantados etc. (figs. 27, 75, 181).

Obsessão: Pensamento persistente e periódico ligado a uma preocupação ansiosa que acusa a consciência, sem que ela possa fazer nada para afastá-lo. Esse pensamento pode ser representado por uma ideia absurda, sentimentos penosos de ridículo ou fracasso, rancores, desejos quiméricos de revanche ou simplesmente por desejos obscenos.

Quando a obsessão se apresenta, o sujeito sente-se escravizado por ela, apesar de reconhecer, conscientemente, o desacerto depreciável ou incongruente de sua presença. Seu temor de ser uma vítima de sua obsessão pode levá-lo ao autocastigo, à meticulosidade excessiva (escrúpulo), à pontualidade exagerada ou a um temor perpétuo de trabalhar mal. Pode recorrer a certos truques para encontrar uma válvula de escape para sua tensão interior (ritos

OBSTINAÇÃO

antimaléficos, estratagemas, compensações irrealistas imaginárias etc.).

Do ponto de vista psicanalítico, o sujeito apresenta certos traços de caráter em relação à agressividade e à inclinação para reter. Portanto, a obsessão pode ser representada por uma tendência agressiva, tirânica, dominante, vingativa e suja ou por uma passividade, submissão, limpeza exagerada e pontualidade excessiva. Pode também oscilar entre a avareza, a economia, o colecionamento, a obstinação e a prodigalidade.

Escrita regressiva em zona superior, pontos em círculos, escrita apertada, constrangida, suja, muito concentrada, inibida ou suspensa, com margens estreitando-se ou muito estreitas. Pernas com bucles estreitos e interrompidos na zona inferior, finais em maça, barras dos "tt" atrás da haste e em direção descendente.

Obstinação: Teimosia irredutível, improcedente, irracional do ignorante presunçoso que coloca obstáculos ou se opõe a uma ideia ou ação como meio de afirmar sua personalidade, ou como defesa de sua ignorância ou de sua insegurança interior.

Escrita angulosa com triângulos frequentes, barras dos "tt" maciças e em posição descendente, regressiva, bucles em ângulo na zona inferior e sem ligar-se à letra seguinte (fig. 44).

Ocultação: Atitude clandestina de dissimulação ou camuflagem de certos indivíduos acossados pelo medo, insinceridade, interesse velado, malícia ou ressentimento, através da qual conservam suas intenções em segredo, escondidas, ou guardam fatos ou conhecimentos que deveriam revelar.

Pode ser simplesmente um ato de defesa, de covardia ou a intenção malsã de produzir um mal ao outro; nesse caso, tal atitude tem uma origem sádica, quer dizer, patológica (fig. 135).

Ódio: Impulso agressivo caracterizado por atitudes de aversão e hostilidade. O ódio é o polo negativo do amor, mas não seu oposto. Isso explica os estados de ambivalência (presença simultânea na consciência da atração e repulsão, desejo e temor, amor e ódio).

"Odiar alguém – disse Bastin – é, afinal de contas, interessar-se por ele, conceder-lhe um lugar na própria vida." Para Freud, o ódio é um amor reprimido. Assim, por exemplo, a misoginia ou ginecofobia de Nietzsche e de Schopenhauer não eram outra coisa senão um profundo ressentimento contra a mãe. (Veja-se Complexo de Orestes)

O ódio pode ser tão intenso que chega, por exaltação, ao desejo de morte do inimigo (ódio mortal). "O ódio – disse Mira Y López – é a cólera em conserva, ou seja, uma atitude que se encrua, que se acama, pela descarga insuficiente de seus impulsos destrutivos." E não se descarrega essa força agressiva por vários motivos: seja porque não se pode alcançar a pessoa ou objeto a quem a agressão é dirigida, seja por medo de que a resposta possa ser muito perigosa, seja porque a sanção moral ou social obrigue a conter a agressão, ou simplesmente por reconhecer que não há razão suficiente para poder justificar ou justificar-se pela cólera sentida.

Escrita pontiaguda (acerada), angulosa (ângulos agudos), muito inclinada, descendente, sobrealçada, maciça, rígida,

ORGULHO

ligada, regressiva, estreitada, lançada, impulsionada.

Onanismo: Veja-se Masturbação.

Oposicionismo: Atitude hostil, discordante, rebelde e contraditória, que leva o sujeito a afirmar sua personalidade e manter sua independência na base de manifestar em desacordo com toda opinião, ideia, ato ou projeto proposto pelos demais.

O comportamento oposicionista está dentro das neuroses e pode dar-se em sujeitos muito emotivos, sensíveis, vulneráveis às frustrações, ao autoritarismo e à indiferença. A oposição vem a ser como uma atitude de compensação ao complexo de insatisfação, incompreensão, abandono etc., que se arrasta desde a infância.

Escrita angulosa ou semiangulosa com barras dos "tt" ascendentes em diagonal com a linha, sinuosa ou ligeira, ascendente, apertada, formas angulosas em zona inferior e, às vezes, triangulares (figs. 56a, 72, 75, 108a, 177 e 178).

Oralidade: Regressão do sujeito ou sua permanência na primeira fase do desenvolvimento infantil, no qual o instinto se satisfaz plenamente com o ato de mamar e com as carícias e beijos da mãe. Não só indica, na idade adulta, uma inclinação fervorosa para a comida, a bebida, o fumo e demais prazeres orais (falar, beijar, saborear etc.), como também representa um instinto possessivo, captativo, a avidez, a busca de honras, de importância social, de poder, de dinheiro e de ostentação. A isto se agrega a luxúria.

Escrita extensa, redonda, ampla, inflada, de traço pesado ou gordo, em guirlandas com pressão na base, finais largos e pernas cheias e regressivas (figs. 14, 29, 48, 99a, 103, 105, 108b, 147).

Organização: Deve-se entender por organização a maneira de pensar e trabalhar, dirigida por um plano, método ou regra, que valorize e relacione os atos e as coisas de um modo claro, coerente, preciso e ordenado.

Organizar não é só um arranjo útil e preciso do detalhe; constitui, também, a necessidade de buscar uma harmonia de conjunto e uma disposição adequada, de tal modo que, com o mínimo esforço e economia, obtenha-se o máximo rendimento.

A organização concede uma certa satisfação moral e estética, procura a tranquilidade, a segurança e a confiança. E o melhor sinal de inteligência e de economia, e supõe no plano moral um bom exemplo de educação, cultura e sentimento de comunidade e adaptação (figs. 16, 41, 40, 47, 126, 149).

Orgulho: É uma exaltação inadequada e permanente (Streletski) do sentimento de valor pessoal. Esse sentimento de superioridade sobre os demais faz com que o orgulhoso pregue, com altivez, seus valores, sua capacidade, sua situação hierárquica ou o poder que lhe outorga o dinheiro. O autoritarismo, a intolerância, a presunção de que é preferido aos outros e o endeusamento de que se reveste fazem com que o orgulhoso apareça na vida social como um ser insuportável e irritante.

Do ponto de vista psicanalítico, o orgulhoso guarda uma hostilidade para com

323

as pessoas do sexo oposto, motivada pela privação, objetiva ou subjetiva, do amor maternal durante a infância.

Isso origina, segundo Freud, tendências homossexuais rechaçadas e, como consequência, a inclinação ao narcisismo, a superestima do próprio valor e a hipertrofia do ego (inflação), que o impede de adaptar-se à vida social, profissional e de família, de uma forma harmônica, isolando-se, às vezes, na solidão de sua própria alma (autismo).

Escrita soerguida, alta, vertical ou invertida, barras dos "tt" altas, assinatura maior que o texto e desproporções, por altura, nas zonas iniciais das letras, especialmente nas maiúsculas (figs. 11, 34b, 76, 90, 127, 156, 172).

Originalidade: Aptidão para pensar, sentir e expressar (ou modelar) as coisas de um modo pessoal, não limitativo nem convencional. A originalidade supõe uma sensibilidade inédita, uma ótica revolucionária e uma revelação de manifestações inconscientes com um conteúdo estético e uma mensagem que surge do profundo do ser.

Não existe atividade criadora sem originalidade.

Escrita com mostras abundantes de sentido estético, pessoal. Maiúsculas singulares, caprichosas, engenhosas, quer dizer, não convencionais. Paginação do texto, pontos, aparte e enlaces das letras de modo original (figs. 28, 76, 126, 149, 181).

Ostentação: Superestimação orgulhosa das próprias qualidades, do que se sente ou se desfruta, e que constitui a ideia, muito frequente, errônea ou exagerada, do que o sujeito crê valer socialmente ou do poder que acredita possuir.

As aspirações do sujeito que as ostenta encaminham-se sempre para o lado social da vida; sente-se ávido por cargos, honras, projeção social e profissional (sua vaidade centraliza sua ambição em tudo quanto possa aumentar seu esplendor e brilho pessoal, sua necessidade de ver e ouvir seu nome o mais destacado possível de todos os demais).

Levando em conta a lei de Jung: "quando a consciência toma uma atitude excessiva, o oposto vive, no inconsciente, com a mesma força", não há dúvida de que esse tipo de sujeito tenta supercompensar poderosos sentimentos ou complexos de inferioridade latentes em seu inconsciente.

Escrita inflada, soerguida, movida, desproporcionada, extensa, com grandes maiúsculas sobretudo na assinatura e com finais de palavra largos.

Otimismo: Atitude mental positiva do sujeito que tende a ver as coisas por seus lados favoráveis. O otimista tem fé no êxito, no futuro e nas pessoas.

Escrita ascendente, progressiva, cheia, arredondada, inclinada, aberta (figs. 145 e 181).

Ousadia: Atitude audaz, às vezes imprudente ou temerária, do sujeito que fala ou atua sem nenhum tipo de timidez ou covardia. A ousadia pode ser tomada no sentido de "frescura" ou de insolência, como uma valentia ou como falta de educação, respeito, cortesia e elegância (grosseria).

Escrita rápida, extensa, lançada, centrífuga, firme ou apoiada, com barras dos "tt" fortes e finais de palavra largos e maciços (figs. 33, 57, 72, 73, 108b, 127, 135, 146).

P

Paixão: A paixão é uma inclinação exagerada do afeto ou da sensibilidade, que fecha a possibilidade da intervenção da razão. A pessoa apaixonada vê e julga, levada por sua excessiva sensibilidade, pelo que é difícil colocar em ordem e medida suas inclinações (fig. 72).

"A paixão – disse Hemon – é uma excitação viva da sensibilidade, uma ruptura brusca do equilíbrio moral, uma espécie de loucura, na qual todos os nossos pensamentos, nossos atos, nossos desejos estão subordinados à uma ideia fixa".

O estado passional é um verdadeiro delírio obsessivo, às vezes próprio dos caracteres doentios.

Paradoxo: Investimento intelectual que consiste em sustentar, de modo sistemático, uma opinião, considerada como falsa pela pessoa que a concebe, mas que a mesma sustenta ante os demais, defendendo-a com uma série de recursos dialéticos, aparentemente, inatacáveis. O paradoxo é uma verdade que tem contra ela, às vezes, somente o fato de não ser admitida" (Streletski) (figs. 28, 126, 156).

As obras de Dom Miguel de Unamuno são ricas em paradoxos. Veja-se, por exemplo, *Amor e Pedagogia*.

Paranoia: O tipo paranoico revela-se por sua atitude desconfiada, sua inibição ou freio do sentimento, sua tendência ao ciúme, às ideias fixas, ao rancor, à agressividade e à luta contra supostas intenções ou inimigos. É de vontade tenaz, de decisão imutável (ideia fixa). Devido à sua desconfiança, receio e suscetibilidade, as reações desse tipo são perigosas, tanto mais quanto suas intenções são frequentemente ocultas.

O megalômano, que não é mais do que uma variante do paranoico, endeusa sua pessoa, aumenta-a dando-lhe uma magnificência supernormal. Nos casos extremos, o megalômano se crê Napoleão, Maomé, César ou Jesus Cristo. Em geral, converte-se em um profeta, em um reformador e pretende mudar o mundo.

A escrita desses dois tipos é soerguida, especialmente nas maiúsculas e na assinatura; as linhas são rígidas, e as letras, iguais ou estereotipadas (zona média); os adornos são excessivos, especialmente nas maiúsculas; a disposição é frequentemente confusa e pode-se verificar, quase sempre, a falta da margem esquerda (fig. 172).

Passividade: Deficiência no tom dinâmico, na tensão psíquica, que conduz o sujeito a uma atitude inerte, claudicante, covarde, indolente. Isso o leva a rechaçar, renunciar a toda a ação que apresente a menor dificuldade ou requeira um esforço.

O homem ativo se compraz em vencer obstáculos, seu prazer está em vencer a dificuldade, em combater, competir, agredir o obstáculo.

O homem passivo sente as dificuldades como um mal-estar, um impedimento que não pode remover. Sente aversão a todo o esforço ou atitude combativa que o levaria ao desconforto.

Escrita frouxa ou branda, monótona, lenta, descendente, insegura, convencional ou caligráfica, redonda ou arredondada e com inflações frequentes (compensa na ilusão da fantasia o que é incapaz de obter da realidade) (figs. 15, 42, 86, 112).

Pecado: Ato consciente censurável, com o qual se desobedece voluntariamente às leis divinas. É sinônimo de falta e desobediência às leis – segundo a religião – impostas por Deus. Faltar a qualquer um dos dez mandamentos que Moisés trouxe do monte Sinai é um pecado. Alguns pecados são mais graves do que outros.

A noção de pecado deve conjugar-se com a de culpa. Uma sã culpabilidade pode ser sinal de equilíbrio, enquanto uma culpabilidade má é exatamente o contrário.

Pedantismo: Presunção impertinente e ostensiva do sujeito vaidoso, que se vangloria de seus êxitos, de sua importância social ou profissional, de suas conquistas amorosas ou de sua amizade com pessoas relevantes (a "apregoada suficiência e importância" refletem a insuficiência e a pobreza ridícula da pessoa).

Escrita inflada, sobrealçada, malproporcionada e inarmônica (figs. 44, 34 e 92).

Pensamento abstrato: Tendência a perceber os próprios pensamentos com desconexão da realidade. O pensamento abstrato não comprova os atos ou as coisas, observando a realidade, busca, no mundo das ideias, relações de semelhança ou de conteúdo para achar conceitos ou razões que justifiquem sua existência.

A ausência de contato com o mundo exterior para pensar favorece a teoria, uma vez que incita ao menosprezo do sentido prático. A perda do contato com a realidade pode levar a pessoa de pensamento abstrato a sentir-se incômoda em sociedade.

Pensamento autista: Atitude de quem se esconde dentro de si mesmo (introversão excessiva) na qual o pensamento, seguindo o caminho da irrealidade, se "encapsula e rumina ideias mais ou menos delirantes, dissociadas daquelas que constituem o modo de vida socializada.

O autista, disse Sillamy, "se encontra como encerrado em sua concha, incapaz de exteriorizar-se. Possui uma vida interior intensa, que pode fazê-lo perder o contato com a realidade".

Os mesmos sinais gráficos que no esquizotímico (veja-se nesse verbete).

Pensamento criador: Capacidade inventiva (a inteligência tem a propriedade de saber achar ou descobrir o que há de novo nas coisas). A imaginação, o pensamento e a inspiração são os principais artífices de toda a criação (figs. 28, 40, 76, 102, 126, 145 etc.)

Pensamento dogmático: Tendência a propor ou formar princípios básicos nos quais se fundamentam o verdadeiro conhecimento e a existência das coisas. Tendência a sustentar os critérios segundo bases indiscutíveis, amparadas em princípios considerados como evidentes (fig. 41).

Pensamento idealista: A inteligência seleciona e depura as coisas atendo-se mais ao modo de senti-las interiormente do que às realidades práticas. O idealista comove-se mais por suas aspirações do que por suas obras, mais pela "casca" que pelo "ovo".

Às vezes, o idealismo nada mais é do que a fuga das realidades insuportáveis. O idealista aspira a reformar as coisas segundo seu sentido íntimo de harmonia, de justiça e de bem (figs. 28, 145, 156).

O pensamento idealista tem sua origem em experiências infantis, como demonstra a psicologia profunda. Assim, por exemplo, o ideal social ou neolítico é influenciado, em grande parte, pelas primeiras vivências familiares da criança. O ideal religioso é influenciado pela atitude da criança em relação ao pai. O ideal do ego tem sua origem nas primeiras aspirações e nos conflitos, e a inclinação para a filosofia ou para a investigação científica tem, geralmente, suas raízes nas indagações que a criança faz para investigar o segredo do nascimento.

Pensamento lógico: Pensamento controlado, no qual se processam as ideias para se chegar ao conceito, desse ao juízo e do juízo ao raciocínio, com o objetivo de encontrar a verdade ou aproximar-se dela o máximo possível.

Sem esse tipo de inteligência, a ordem científica não seria possível, quer dizer, não se poderia chegar à obtenção de conhecimentos verdadeiros.

Se levarmos em conta que a função do pensamento é compreender, elaborar significados, buscar relações e conexões de sentido, estabelecer escalas de valores e apresentar à consciência conteúdos bem definidos, para que esses determinem sua posição ou ação, com respeito aos mesmos, veremos a importância capital de um pensamento lógico e equilibrado. O contrário é um pensamento mágico.

Escrita ordenada, clara, proporcionada, sóbria, contida, em relevo, precisa nos sinais acessórios, pausada ou moderadamente rápida, retilínea, margens cuidadas, ligada, combinada.

Pensamento mágico: Tipo de pensamento motivado mais pela fé, pela crença, por desejo ou simples impulso do que pela elaboração racional de conceitos. O contrário é o pensamento lógico.

Segundo crenças primitivas – diz Székely –, "não só palavras pronunciadas, mas também as pensadas têm um poder mágico". Os ritos religiosos, a oração, a penitência etc. são atos próprios do pensamento mágico.

O mesmo ocorre com os talismãs, os ídolos e as próprias coroas de flores que os chefes de Estado depositam em determinados monumentos, que não são mais do que expressões do pensamento mágico.

A crença em superstições e presságios, em forças misteriosas e ocultas e a atividade da fantasia (sonhar acordado) estão dentro desse tipo de pensamento mágico.

Apesar de nossa língua corrente estar cheia de expressões próprias do pensamento mágico, como "minha cabeça está fervendo", o "olho da agulha", "imaginação-relâmpago", a chegada a Barcelona é como um "gargalo de garrafa" (referindo-se ao "engarrafamento" do trânsito) etc., o pensamento com base em imagens é próprio de indivíduos de mente pouco evoluída, que permanecem em seu estado de desenvolvimento infantil ou primitivo, ou então ocorre quando o sistema nervoso sofre um transtorno, tal como acontece com a esquizofrenia e nas lesões do hemisfério cerebral esquerdo. Naturalmente, referimos-nos, aqui, a casos em que o pensamento seja inteiramente mágico, não submetido à comparação com a realidade, ao controle lógico ou às leis e conceitos universais, mas que se expressa – com exceção do caso de poetas ou artistas – "procurando as relações entre as imagens, símbolos ou sinais, como se as coisas, os animais, as plantas e suas representações fossem capazes de agir como seres humanos" (Meilli).

Escrita crescente, redonda, ornada, desproporcionada, predomínio de grandes movimentos nas zonas superiores e inferiores, pontos em círculos, barras dos "tt" com grandes penachos (figs. 34, 61, 68, 69, 72 e 157).

Pensamento teórico: A inteligência concebe e relaciona uma série organizada de fatos e fenômenos, sem ter em conta a parte prática ou concreta dos mesmos (figs. 16, 28, 40, 41).

Percepção: Processo pelo qual o nosso organismo, valendo-se dos nossos sentidos físicos (visão, audição, tato etc.) toma contato com o mundo exterior, aproveita-o ou adapta-o às suas necessidades. A percepção é a base fundamental de nossos conhecimentos.

Nenhuma percepção é totalmente objetiva. Ela sempre se envolve em nosso modo particular de ser, em nosso estado de ânimo momentâneo, em nossos desejos e necessidades e em um mundo complexo de particularidades inconscientes. Não vemos o mesmo rio em um dia de chuva como o vemos em um dia de sol primaveril. Não vemos sempre a vizinha com o mesmo agrado que hoje, dia em que discutimos com o chefe no escritório, do que ontem, quando estávamos alegres. Não vemos o bosque da mesma forma quando saímos de casa, que quando passeamos por ele com a mulher que nos agrada etc.

Uma boa percepção visual pode ser identificada na escrita em relevo. A percepção auditiva se reflete nas cissuras silábicas e na escrita rápida e rítmica. Veja-se também o verbete Fatores de percepção.

Perceptivo: Tipo de indivíduo que se orienta, em seus processos mentais, pela observação direta dos objetos e das relações existentes entre eles, através da informação que recebe de seus sentidos físicos ou processos sensoriais.

O sujeito perceptivo é realista, convencional, materialista e não apoia seus juízos em hipóteses ou princípios lógicos ou abstratos, mas em seu contato direto com as coisas (veja-se também Funções psíquicas).

Escrita de pressão acentuada, convencional, caligráfica, lenta, com zona inferior mais desenvolvida que as outras. Pontuação baixa, em relevo (figs. 14, 15, 39, 57, 79, 91, 99a e b, 147).

Perseverança: Apego firme e constante a um trabalho, a uma ideia, a um objetivo que significam algo de valor para o sujeito. Quando ele se separa, com rapidez, de uma tarefa, ideia ou projeto pelo

PERSONALIDADE

simples fato de encontrar obstáculos ou dificuldades, temos a inconstância. Assim, a perseverança é o prosseguimento do esforço, sem que as dificuldades, obstáculos, oposições etc. deteriorem o desempenho, a assiduidade, a paciência, o zelo ou interesse (às vezes a paixão) do sujeito em seus propósitos.

Escrita clara, regular, constante, angulosa, firme, retilínea, sem exageros, pausada e com sinais de pontuação precisos (figs. 16, 27, 30, 41, 48, 76, 98 e 108a).

Personalidade: Já foram dadas inúmeras definições ao termo personalidade, mas nem todas abarcam o conjunto de fatores que a caracterizam. Para nós, personalidade não é somente o conjunto de traços temperamentais e caracterológicos de um indivíduo, mas também sua maneira de se vestir, de dirigir seu automóvel, de escolher seu relógio, de segurar o braço da companheira etc.

Nesse sentido, talvez a descrição que mais se aproxime de nosso conceito de personalidade seja a dada por Ros Stagner: "Personalidade é a soma total de todas as disposições biológicas, impulsos, tendências, apetites e instintos hereditários do indivíduo e das suas disposições e tendências adquiridas".

A personalidade muda com a idade, a profissão, com o estado civil, os sucessos e insucessos na vida social, as alterações importantes da população, do clima e do ambiente, com os triunfos alcançados, com os fracassos ou afastamentos. Portanto, a personalidade expressa a totalidade de fatores que formam a vida de um indivíduo. Não se deve confundi-la com o caráter, que se refere aos hábitos de reação adquiridos. A personalidade é nosso ser global, tal como nós o vemos e como nos veem os demais.

Escrita: Todo o conjunto de sinais gráficos, mais os dados pessoais de idade, profissão, estado civil etc.

Perversão: "Malignidade, mais ou menos acentuada, na concepção ou realização de um ato" (Porot). O sujeito perverso não só se abandona ao mal (agressão, sadismo), mas também o deseja em função de certa imaturidade de sua personalidade, que – segundo Ey e Liet – "se fixou em uma fase de desenvolvimento na qual a estrutura afetiva se converteu em lei de sua existência".

A perversão pode ser constante, patológica ou esporádica.

Observa-se em certos atos de crueldade física ou moral que se cometem sob os impulsos de uma paixão exaltada, individual ou coletiva (ciúmes, ódio, exaltação política, religiosa ou de seitas) e se caracteriza por saques, espancamentos, crimes ou linchamentos etc., levados a cabo de forma covarde ou às escondidas.

Pessimismo: Tendência para ver as coisas e comentá-las, destacando, preferentemente, seus lados desfavoráveis. O sujeito expressa, dessa maneira, a frustração primitiva, o sentimento inconsciente de desilusão, de amargura, de despeito que carrega desde a infância.

O pessimista – diz Streletski – "vê tudo ruim, tudo negro. Obcecado por suas amargas preocupações, vê na roseira nada além dos espinhos, sofre mais com uma pequena moléstia, com a crítica ou com a oposição, do que se satisfaz com um grande elogio ou louvor. Para o pessimista tudo é vão. Interpreta o amor como um prazer curto e passatempo custoso, como uma armadilha. A amizade é mentira, com aparências de verdade, o bem é uma ilusão, e a virtude um interesse disfarçado".

Escrita descendente, apertada, regressiva, inibida, suspensa, com pernas estreitadas e barras dos "tt" atrás das hastes (fig. 180).

Pícnico: Veja-se Biótipos de Kretschmer.

Poder e domínio, instinto de: Só pelo fato de nascer – disse Adler – a criança é colocada em uma posição de inferioridade. A partir desse momento, do nascimento até a idade adulta, o homem passa de uma situação de inferioridade para outra de superioridade.

Portanto, o instinto de poder e domínio é uma atitude de defesa contra o perigo da inferioridade. Ao procurar cada indivíduo uma forma de poder sobre os outros, cria-se um estilo particular de vida, que tem claramente suas origens na primeira infância.

Quando o sujeito tenta, mediante um estilo de vida socialmente útil, alcançar a superioridade, seu instinto de poder e domínio se sente normalmente saciado.

Agora, o afã de poder e de domínio pode encontrar no meio ambiente (familiar, escolar, profissional etc.) um obstáculo frustrante que obrigue o sujeito a eleger outros caminhos distintos dos normais para dar satisfação a seus instintos. É então que, por exemplo, o sujeito pode se refugiar na doença e, exagerando seus sintomas de sofrimento ou de incapacidade, dominar os outros e submetê-los a suas exigências.

Pode também escolher os caminhos antissociais (delinquência, criminalidade, gangsterismo etc.) e fazer-se valer desses meios ilícitos para dar satisfação a esses instintos, desenvolvendo-se neles diversas formas de perversão.

Escrita de pressão forte, ascendente, firme, soerguida, com barras dos "tt" altas e grossas e finais horizontais e maciços. Pernas fortes, plenas, às vezes, triangulares e com bucle atravessando a perna, em forma maciça (figs. 31, 33, 34b, 50, 57, 72, 76, 127, 135, 152, 172).

Possessão (possessividade): É a tendência egoísta ou desejo de açambarcar ou conservar para si só um objeto ou pessoa. Esse egocentrismo, que se pode camuflar debaixo da capa de ternura (mãe excessivamente carinhosa e solícita ou, na criança, uma dependência excessiva da mãe), é um traço de caráter claramente neurótico e narcisista.

No casamento, o afã de possessão leva o amante zeloso, dominado pelo medo de perder o objeto amado (sentimento angustiado de insegurança), a escravizar e martirizar seu par, todas as vezes que se sente, a si mesmo, martirizado. A mulher viril, dominadora e exclusivista demonstra, com essa atitude, seu egocentrismo neurótico e talvez graves frustrações afetivas mal digeridas durante sua infância.

Escrita muito inclinada, regressiva, apertada, anelada, pernas curtas ou como amputadas, regressivas. Finais sinistrogiros.

Prazer: Segundo Sillamy, é "uma emoção agradável ligada à satisfação de uma tendência. O prazer é instável porque depende do estado do sujeito; não sobrevive até à saciedade e desaparece com a solução da tensão causada pela necessidade. O prazer é inseparável do desejo, assim como a dor o é da aversão".

A busca de prazer é uma tendência para querer satisfazer, sem demora, os impulsos e urgências do instinto. Quando o prazer evolui até um estágio superior, o sujeito encontra a satisfação, por exemplo, no êxito: profissional, dos estudos, econômico, social etc. Essa tendência ao prazer obriga então o sujeito a se cultivar e se exercitar nos meios necessários para alcançar o êxito. Mas, quando a inclinação persiste, e a vontade é frouxa para alcançar o êxito ou a satisfação dos desejos do prazer, o sujeito busca uma substituição no LSD ou em outros recursos psicodélicos.

Normalmente, o princípio do prazer freudiano é controlado pelo "princípio de realidade" (as funções do ego intervêm, controlando os impulsos irrealizados, adiando sua satisfação até que se possam evitar as dificuldades, as barreiras, censuras ou inconvenientes existentes no exterior).

Pode-se dizer que o comportamento humano é motivado pela inclinação ao "prazer" de um lado, e pela fuga à "dor" do outro.

Certos sujeitos têm facilidade para o prazer (tipos: oral, dilatado, pícnico etc.) e outros, aos quais o meio externo lhes é bem mais hostil e frustrante, tendem a evitar a dor (tipos: anal, leptossômico, retraído etc.).

Escrita carregada na pressão, redonda ou arredondada, empastada, em guirlanda, extensa, aberta, dextrogira, com pernas cheias ou infladas e finais alargados. Escrita rápida e ausência de sinais de inibição (figs. 135, 147).

Precipitação: Pressa excessiva, que provoca resoluções e atos inconsiderados, às vezes obscuros, confusos ou estéreis quanto ao resultado da atividade. O sujeito transborda de impaciência, de excitação ou de agitação, atua sem refletir.

Escrita rápida ou precipitada, desigual, desordenada, com hastes e pernas cruzando-se sobre as linhas de cima e de baixo, barras dos "tt" largas ou muito desiguais e margem esquerda desigual (figs. 29, 81, 120 e 150).

Precisão: Ser preciso é resolver, pontuar, abreviar e esclarecer as questões. O homem preciso foge das coisas vagas, da desordem e da dispersão. Ser preciso é fixar a atenção, examinar cuidadosamente as coisas e resolvê-las com justeza (figs. 16, 145).

Preconceito: Atitude de pensamento, no qual não intervém um exame atento e eclético, mas uma posição prévia tradicional, convencional, baseada em princípios de conduta impostos pelo meio externo (regras de educação, princípios religiosos, sociais, políticos, de raça etc.). Esses preconceitos podem ser também físicos (a moda, a alimentação, a moradia etc.).

O sujeito, preso a seus princípios, possui um superego tirânico, que o vigia, e, para evitar a ansiedade ou a angústia que provocaria a ruptura com ele, mostra-se conservador.

Escrita regular, ordenada, retilínea, pequena, sóbria, inibida, com formas caligráficas ou convencionais muito destacadas (figs. 15, 41, 42 e 43).

Preguiça: Aversão a todo esforço que se torne incômodo para sua atitude mental (carente de vontade) ou para a atonia física do sujeito.

O indivíduo mostra-se inativo, indolente, ocioso, descuida ou atrasa seus deveres e obrigações. É indiferente ao resultado de suas atividades e cai, frequentemente, nos prazeres fáceis: bebida, luxúria, drogas ou vícios de outro tipo (propensão para a perversão dos instintos e para a delinquência, isto é, para a conduta antissocial).

A preguiça pode ter sua origem em perturbações das funções endócrinas, na debilidade mental, na inaptidão para certas tarefas, em enfermidades do tipo da dispepsia, das desordens intestinais, tuberculose etc.

Escrita frouxa ou branda, descendente, empastada, desordenada, com sinais de pontuação pouco precisos e, às vezes, ausentes. Barras dos "tt" mal postas, escassas ou ausentes etc. (Veja-se Passividade) (figs. 15, 42, 86, 112).

Prestígio: Em geral, é a ascensão que o sujeito tem sobre seu entorno social, devido ao seu êxito profissional e com as pessoas do outro sexo, às suas virtudes pessoais, fortuna, posição social ou capacidade em algum sentido. O prestígio depende de numerosas condições. É mutável. Baseia-se no triunfo constante e se perde com o fracasso ou o descrédito. O prestígio traz respeito, admiração, simpatia ou fascinação a quem o possui.

Portanto, a conquista ou a conservação do prestígio é o desejo de satisfazer uma necessidade de afirmação e valorização. O "temor de perder o prestígio" pode estar relacionado com o complexo de castração (veja-se Complexo de Castração).

Escrita soerguida, grande, inflada, extensa. Maiúsculas desproporcionadas em relação às minúsculas. Escrita bizarra, artificial, rebuscada etc. no falso prestígio. Escrita cuidada, ordenada, clara, estilizada e harmônica e com bom ritmo no caso de um prestígio positivo ou autêntico (figs. 28, 40, 75, 76 e 145).

Primariedade: "A *sensibilidade* nos indica a vivacidade com que o organismo percebe as impressões do meio; a *atividade* nos assinala a força com que se responde a elas, *e a primariedade e a secundariedade, o* tempo de reação".

A primariedade é um modo de reação de tempo curto na qual as impressões não são retidas pela reflexão, mas o sujeito reage, espontaneamente, de modo imediato, sem levar em conta experiências anteriores ou as consequências que podem advir.

O conceito de primariedade, introduzido por Otto Gros e popularizado pelos caracterólogos Heymans, Wiersma e Le Senne, tem um certo paralelismo com a extroversão de Jung.

Escrita grande, rápida, extensa, lançada, precipitada, aberta, progressiva ou centrífuga, ascendente, desigual com barras dos "tt" adiantadas e pernas largas e plenas (figs. 72, 90, 149).

Princípio do prazer: Teoria psicanalítica, segundo a qual a vida do homem é regida por dois princípios opostos: o do prazer, que se manifesta através da libido ou do instinto de vida e que se modifica pelo princípio da realidade, e o princípio da dor, que é assimilado ao "instinto de morte". Para maior ampliação, veja-se o verbete Prazer.

Princípio da realidade: Princípio regulador, segundo Freud, do "princípio do prazer" no qual a busca do prazer e a fuga à dor, próprios da criança, modificam-se mediante uma série de adaptações do aparato psíquico e do desenvolvimento das funções conscientes (atenção, julgamento, memória etc.). Desse modo o sujeito se ajusta à realidade.

Os sujeitos que querem ter todas as vantagens sem nenhum tipo de inconvenientes têm um defeituoso "princípio da realidade". Sua falta de adaptação leva-os à neurose ou à psicose.

Profissão: É a atividade (emprego, ofício ou faculdade) que um indivíduo exerce publicamente. Essa atividade tem uma grande importância no desenvolvimento da personalidade social e familiar e na sua própria autorrealização.

Portanto, junto aos dados de idade, estado, saúde, estudos realizados etc., a profissão e o grau de identificação e êxito alcançados no exercício da mesma são testemunhos imprescindíveis para se interpretar adequadamente a personalidade de um sujeito.

Geralmente, em nosso mundo atual, o prestígio de uma pessoa reside em seu valor profissional, no nível de eficácia e de popularidade que cada pessoa alcança no desenvolvimento de suas aptidões profissionais, e em sua capacidade para converter-se em líder e dirigir seu grupo. Seu prestígio e poder residem em "saber fazer", "saber dizer" e "saber estar".

Projeção, mecanismo de: A projeção é um mecanismo de defesa do ego, mediante o qual se deslocam, inconscientemente, para o exterior, vivências ou qualidades subjetivas, tais como impulsos instintivos, sentimentos, desejos, faltas ou culpas, apetências etc., que se atribuem aos demais, aos objetos ou situações, para se desembaraçar de cargas penosas ou intoleráveis, ou seja, de uma parte não aceitável de si mesmo.

Mediante o mecanismo da projeção, atribui-se a outros ou às condições do meio ambiente o que está unicamente em si. Desse modo, qualquer tendência pessoal reprimida ou que não pôde ser satisfeita durante longo tempo é percebida, pelo indivíduo, como tendência de outro ou de outras pessoas distintas. Essa atitude de defesa inconsciente não somente reduz a ansiedade que produz a repressão, mas atenua a força repressora e a renúncia, se tratar de uma necessidade insatisfeita. Esta última será tanto mais efetiva quanto mais apoio tenha o indivíduo no ambiente (é o caso de alguns puritanos e moralistas e de alguns religiosos muito dogmáticos).

O mecanismo da projeção demonstra que é muito mais fácil afrontar ou fugir de uma situação externa que de um conflito interno (Bastin). Mesmo que o mecanismo da projeção possa ser produzido em pessoas normais, geralmente se dá com maior frequência nas crianças e nos neuróticos e psicóticos.

Como exemplos de projeção, poderíamos citar o empregado que foi censurado e acusa de ineficácia seus companheiros; o que encontra um "testa de ferro" para ser responsável por aquilo que lhe for desagradável; a mulher sexualmente insatisfeita que acredita ser objeto das atenções de seu vizinho; a criança que acompanha o avô ao zoológico e ouve o rugir do leão e diz: "Vovozinho, vamos sair daqui, porque você tem medo! "Muitos prejuízos, certas opiniões e muitas superstições têm sua origem em projeções.

Sob outros pontos de vista, referimo-nos à projeção quando, por meio de certos testes usados em psicologia e psiquiatria, estimulam-se, mediante manchas, cenas mais ou menos desmanchadas, desenhos etc., o indivíduo examinado para que dê respostas sobre o que vê ou o que lhe parece que significa o tema de cada gravura. Esse é o caso de toda uma série de testes: Rorschach, T.A.T., Van Lennep, Relações objetais, Horizonte do mar, Manchover, Desiderativo etc.

Prudência: Discernimento que inclina o ânimo a ser previsor e tomar precauções antes de decidir a ação. Atitude discreta, reflexiva do indivíduo que pensa antes de falar ou de fazer, no que deve dizer ou fazer para evitar as surpresas, desgostos, conflitos, perigos ou os fracassos. A prudência – diz Streletski – sugere as precauções, aconselha a ponderação, convida à medida e, às vezes, ao silêncio.

Escrita pequena, contida, regular e ordenada. Barras dos "tt" curtas, ovais fechados, margem esquerda regular e paralela e ausência de contatos das pernas e das hastes com as linhas adjacentes e subjacentes (figs. 16, 41, 145 e 180).

Psicastênico: É de caráter incerto e vontade instável, de sentimento titubeante ou discorde; tende ao estado ansioso ou às crises de pessimismo. A iniciativa é escassa nele; é incapaz de tomar uma decisão firme, pois não chega nunca a pôr seus desejos de acordo com as exigências especiais de ordem externa. Sempre encontra dificuldades, inconvenientes e condições que não lhe satisfazem. Enfim, o sentimento e o instinto são igualmente imprecisos quanto aos projetos, às tendências afetivas e instintivas, observando-se, às vezes, nesse tipo de temperamento, tendências homossexuais veladas.

Esse indivíduo é aquele que vacila sempre na escolha da profissão e quanto aos valores e virtudes da pessoa amada, pois pode-se dizer que o psicastênico vive em constante dúvida sobre si mesmo e os demais.

A escrita do psicastênico é de pressão ligeira, pontuda, variável de inclinação e desigual em todos os aspectos, com frequentes retoques e mudanças de ritmo (figs. 69 e 70).

Psicopatia: É uma doença mental que determina uma inadaptação grave aos laços de convivência ou contato social. Segundo os psicanalistas, o psicopata nunca adotou uma atitude razoável para com seus instintos. Bloqueou os sentimentos hostis e agressivos por ter visto neles uma ameaça à sua segurança e às suas exigências morais. A continuidade ou costume de reprimir esses impulsos criou nele, inconscientemente, um bloqueio poderoso de forças frustradas, e, mesmo que, aparentemente, o indivíduo pareça submisso, dócil, complacente e capaz de um trabalho consciencioso, a tensão crescente das forças reprimidas leva-o a uma sombria tristeza e à fuga dos contatos sociais.

O perigo desses indivíduos está em que, um dia, seja como consequência de uma pressão maior, seja porque se rompe o dique que contém as forças reprimidas, o indivíduo mude de atitude, inesperadamente. Pode surgir então o fanfarrão vaidoso, o narcisista e sibarita, que desafia o código moral, ou o indivíduo impulsivo, explosivo e agressivo, que libera sua *libido* mediante a bebida, a libertinagem, a violação e as perversões.

Assim como o neurótico é consciente de sua inadaptação e sofre com ela, o psicopata pode infringir o código moral sem remorso algum. A perturbação no neurótico é a afetividade; no psicopata é o equilíbrio mental.

O psicopata pode ser impulsivo, instável, de caráter difícil e incompreensível e seu comportamento faz sofrer os que o rodeiam.

Escrita discordante, desigual, mal proporcionada, angulosa, soerguida, pontuda, lançada, desordenada, confusa ou mal organizada (veja fig. 172).

Puberdade: Idade crítica, compreendida entre os doze e os dezesseis anos, caracterizada por transtornos endócrinos e de caráter, por efeito do desenvolvimento dos órgãos sexuais. Na mulher, aparecem as primeiras regras e, no homem, os espermatozoides no líquido seminal.

Essa passagem da infância para a adolescência pode trazer, além dos transtornos típicos do caráter (irritabilidade, insegurança, ansiedade, mudanças bruscas de ideias e má adaptação na convivência familiar etc.), certas dificuldades no desenvolvimento escolar e profissional (deficiências de rendimento, crises de originalidade, imaturidade, inaptidão para o raciocínio abstrato etc.), que devem-se a fatores internos e externos e aos quais é aconselhável, tanto para escolares como para aprendizes, a compreensão adequada.

Escrita insegura, imatura, com frequentes torções e sacudidas, e com um domínio defeituoso da relação espaço-movimento.

Pudor: Repugnância emotiva às revelações corporais ou sentimentais (decência, vergonha, timidez), que imprimem no caráter do indivíduo certa delicadeza, certos escrúpulos ou pruridos que o inibem ante os demais.

Escrita ligeira, apertada ou estreita, contida, inibida com margem direita encurtada, pernas de voluta ascendente interrompida e letras "m" e "n" em arcadas (vejam fig. 180).

Pulsões: Motivos inatos, que incitam a passar à ação os incentivos que são úteis ou necessários para satisfazer um instinto. O ego se vê, com frequência, solicitado a reprimir essas pulsões, mas, se as rechaça de maneira rígida e cortante, elas podem originar complexos. As pulsões rechaçadas ou reprimidas permanecem ativas no inconsciente, fazendo com que sua atuação perturbe, às vezes, a atividade consciente com atitudes, atos ou expressões incompreensíveis do ponto de vista lógico. Assim, por exemplo, produzem-se os atos falhos, os erros ou equívocos ao mencionar nomes de determinadas pessoas, os esquecimentos, o ato de levar consigo, sem intenção aparente, coisas que não nos pertencem etc.; sobre esse tema Freud dedicou uma de suas obras: *Psicopatología da vida cotidiana*.

Certos retoques na escrita podem ser considerados como efeito da ação perturbadora de pulsões reprimidas. O mesmo, quando se escrevem algumas letras no lugar de outras ou se esquece alguma letra nas palavras. Os mesmos *lapsos de* coesão e a escrita muito invertida são "atos reflexos condicionados negativos" ou produto de repressões.

Puritanismo: Traço caracterológico próprio daquelas pessoas que seguem ou pretendem seguir uma moral rígida e austera e creem ser juízes genuínos da moralidade dos demais, tentando dar exemplo, na maioria das vezes falsos, de sua própria retidão e pureza de intenções. "Pode se tratar, em regra geral – diz Bastin –, de pessoas obcecadas por um sentimento de culpa, frente a todo movimento pulsional espontâneo. Tentam desculpar-se mediante o autocastigo. Condenam nos demais (projeção) tudo o que temem em si mesmas. "Aqui vigora a lei de Jung, segundo a qual, "quando a consciência adota uma atitude excessiva em um determinado sentido, no inconsciente vive o oposto."

Escrita regular, angulosa, sóbria, seca, rígida, caligráfica ou caligrafada, regressiva, apertada, pernas predominantes.

Pusilanimidade (covardia): Falta de coragem, de decisão e segurança, próprias do indivíduo tímido e de espírito mesquinho, cuja debilidade de caráter o faz temer, em excesso, os obstáculos, dificuldades ou perigos imaginários que podem surgir.

O indivíduo covarde vive intimidado pela ansiedade, pela emoção primária do pânico. Tem medo das situações que podem obrigá-lo a manter uma iniciativa que leve em si certo risco. Só pode empreender atividades totalmente sossegadas e tranquilas. Causa-lhe repugnância o esforço que pode conduzir a um resultado inseguro. Sem dúvida, mesmo que o covarde seja um indivíduo de horizontes restritos, sem grandes aspirações, aplica-se corretamente e realiza seu trabalho profissional ou escolar de um modo rotineiro, mas normalmente.

A covardia pode ter sua origem em uma educação ou em um ambiente de trabalho em que a atitude absorvente, dominadora e regedora dos pais, professores ou do chefe haja tolhido toda iniciativa e estímulo criador. Esses pais, chefes e professores, que reservam para si o direito de decidir tudo, sem admitir sugestões, liberdade de ação ou de expressão, criam um ambiente insano e inseguro, que não pode ter outro resultado além da ansiedade.

Escrita apertada, contida, suspensa, inibida, pequena, sinuosa etc. (fig. 180).

R

Raciocínio: Operação mental que consiste no concatenamento lógico das relações que existem entre dois ou mais juízos e que conduz a uma conclusão.

Há, na atividade intelectual – diz Compayré – três graus, três momentos essenciais: "conceber ou ter ideias", "julgar ou associar concepções", "raciocinar ou enlaçar juízos". Exemplo: Eu *concebo o* homem como um ser vivente. Se *o julgo,* tenho que atribuir-lhe um valor que o defina: alto ou baixo, feio ou bonito, bom ou mau, corajoso ou covarde etc. Se *raciocino* sobre o homem, poderei dizer, por exemplo: "Todos os homens são mortais, logo, se sou homem, sou mortal".

O raciocínio, pois, é uma conclusão que se estabelece, enlaçando dois ou mais juízos. O raciocínio pode ser dedutivo ou indutivo. É dedutivo quando o pensamento passa do todo às partes que o compõem. E indutivo, quando passa das partes ao todo.

Escrita muito ordenada, clara, espaçada, pequena, sóbria, contida, bem proporcionada, ponderada e constante (figs. 16, 40, 41 e 126).

Racionalização: É um dos mecanismos de defesa do ego, no qual as razões aparentes, toleradas pelo superego, substituem as razões "inconfessadas" (o inconsciente tem razões que a razão desconhece).

Os indivíduos impulsivos, apaixonados, paranoicos ou excessivamente irreflexivos tentam, amiúde, justificativas *a posteriori* para seus atos precipitados, querendo demonstrar alguns motivos de sua atuação que lhes salvaguardem de culpa, de falta. Querem evitar que sejam julgados como pessoas que agiram "por instinto". Desejam ser valorizados pela inteligência e não pela emoção.

A racionalização (justificação falsa *a posteriori*) serve também para ocultar os motivos verdadeiros que o impulsionaram à ação, que não poderiam ser revelados ou aceitos sem angústia. Por exemplo, certos indivíduos racionalizam sua sexualidade invertida (homossexualidade), invocando motivos estéticos ou intelectuais; outros racionalizam a neurose obsessiva, recorrendo aos imperativos da realidade.

Escrita: Todas as escritas confusas, ilegíveis, filiformes, desordenadas, soerguidas ou muito estilizadas e rebuscadas.

Rancor: Desejo oculto e persistente de revanche, represália, vingança contra aquele ou aqueles que lesaram o indivíduo, com uma humilhação, afronta, perjúrio ou injustiça, que lhe causaram qualquer dano físico, econômico, moral ou profissional. O rancor é mais forte, mais apaixonado e violento que o ressentimento.

Escrita pontuda, angulosa, com forte pressão, inclinada, lançada e regressiva (ver figs. 31 e 44).

Razão: A razão é a faculdade superior que permite ao indivíduo deduzir, esclarecer, organizar e hierarquizar os valores dos conteúdos conscientes.

A razão atua sobre o psiquismo como a balança que pesa o pró e o contra, os inconvenientes e as vantagens.

Muito embora a imaginação seja ardente, amplificadora e impulsiva (figs. 28, 44, 50, 68, 135, 155, 156 etc.), a razão é fria, simplifica, reduz, contém, modera e trata de conduzir o indivíduo a uma realidade metódica (figs. 16, 40, 41, 125, 145).

O desenvolvimento preeminente da razão sobre os conteúdos afetivos e instintivos criou uma civilização na qual prepondera a técnica, mas escasseia a fé e "as forças criadoras do eterno fundo de nossa alma" (Jung).

Tanto o excesso de razão como o excesso de imaginação conduzem, indefectivelmente, por um lado, à solidão fria do super-homem (Nietzsche) e, por outro, à fantasia excessiva.

Realismo: Tendência do indivíduo a dar preferência à realidade objetiva, ao mundo exterior (objetos, pessoas, assuntos sociais, profissionais, familiares, políticos, econômicos etc.), que lhe pode proporcionar prazer físico e fazê-lo situar, em segundo plano, ou a se descuidar das questões imaginativas, do sentimento ou do espírito.

Escrita mediana ou grande, extensa, inclinada, ligada, ascendente, em relevo ou pastosa, nutrida e apoiada, com pernas predominantes e sinais de regressão na zona média (escrita anelada) (figs. 39, 41, 44, 48, 98, 102 e 108b)

Receptividade: Propensão, mais ou menos grande, a se deixar invadir pelas impressões ou pelas sensações.

O indivíduo receptivo é passivo em relação aos estímulos, ou seja, não exercita a vontade, deixa-se penetrar e influenciar.

Rechaço: Atitude negativa de rechaço ou de aversão que toma o indivíduo frente a um desejo, ideia, impulso, necessidade sentida etc. ou frente a outra pessoa.

Se essa atitude de rechaço refere-se a conteúdos vivenciais do próprio indivíduo (um desejo sexual rechaçado, por exemplo), denomina-se "autorrechaço" ou "repressão" (Veja Repressão). Quando refere-se à predisposição a rechaçar opiniões, planos, experiências, objetos, etc. de outros indivíduos ou grupos (mente fechada ou oposicionismo etc.), como ocorre a certos indivíduos como os negros nos EUA., nesse caso se emprega o termo com propriedade.

Sob o ponto de vista psicanalítico, todo rechaço é o "aprisionamento no subconsciente de recordações, ideias, emoções, cuja exteriorização, por meio da consciência, está bloqueada por barreiras psíquicas involuntárias" (Merani).

Escrita invertida, contida, suspensa, fechada, desligada, zona inferior interrompida ou amputada, estreita etc. (figs. 114 e 170).

Reflexão: Consideração obtida dos aspectos quantitativos e qualitativos das coisas em relação às consequências que podem derivar-se de um modo de pensar, sentir ou atuar inadequados. A reflexão é contrária à impulsividade, à primariedade, ao ato reflexo, ao automatismo e à improvisação. O indivíduo reflexivo tenta pesar, medir, comparar e estabelecer valores e conclusões úteis para ele e para os demais.

Escrita ordenada, clara, ponderada, vertical, retilínea, sóbria, proporcionada, contida e com sinais de pontuação precisos (figs. 15, 16, 36, 40, 41, 79, 91, 126, 145, 148).

Reflexo, ato: É a resposta que damos a um estímulo, em um sentido motor ou nervoso, sem que intervenha a vontade. Por exemplo, estímulo cutâneo, de caráter agressivo ou capaz de nos lesar; faz com que nos escapemos do perigo, sem que dê tempo de pensar nele. Nossos olhos reagem, segundo a intensidade das mudanças de luz, fechando ou abrindo automaticamente a pupila.

Portanto, o reflexo é uma "resposta automática involuntária a uma variação ambiental, que atua como um estímulo para o organismo" (E. David).

O ato reflexo se diferencia do automatismo; esse é um produto dos hábitos adquiridos (escrever, conduzir um automóvel, manejar a raquete etc.) e o ato reflexo responde a uma conduta biológica inconsciente, comum a todos os indivíduos.

Regressão: Dentro do desenvolvimento normal do indivíduo, a regressão é um retorno a estados anteriores de sua evolução, tanto no que se refere ao pensamento como à esfera afetiva.

Esse retorno a um comportamento mais primitivo (oral, anal etc.) pode dever-se a excessos de fadiga *(stress)*, a doença, ou à deterioração da personalidade no plano psíquico (neurose) ou mental (esquizofrenia), ainda que, normalmente, apareça quando a vida, os acontecimentos e os demais não bastam para o libertar das dificuldades e dar satisfação às suas necessidades, e o indivíduo, em vez de raciocinar, devidamente, retorna às atitudes que, em sua infância, lhe valeram êxito, tais como: chorar, gritar, soluçar, adotar um ar de fastio, simular doenças ou acusar os outros. O artista adota, com frequência, esses modos de conduta infantis para evadir-se da realidade e da angústia da frustração. O mesmo ocorre com o neurótico.

Escrita descendente, congestionada, regressiva, invertida, desligada, suspensa, desigual na coesão e no coligamento etc.

Reivindicação: Comportamento hostil caracterizado pela tendência a exigir compensações ou reparações dos demais por injustiças sofridas, reais ou imaginárias. A reivindicação é, geralmente, o desejo inconsciente de camuflar uma deficiência, através de um ataque ou da agressividade; por meio desse mecanismo de supercompensação, o ego se libera, aparentemente, de um sentimento de inferioridade ou de uma insatisfação, relacionada com o sexo, com a profissão ou com o meio social.

A reivindicação pode ter sua origem, pois, em fracassos sexuais, sociais, profissionais ou em frustrações de desejos, amiúde, mínimos, mas que convidam o indivíduo, obsessivamente, a ir, inclusive, contra seus próprios interesses. As reivindicações femininas, por exemplo, podem ser consideradas como uma tendência, inconsciente, a rechaçar a feminilidade.

Escrita desigual, desordenada, com anomalias na zona inferior, traços em diagonal (finais, barras dos "tt"), coligamento com formas variadas (fig. 44).

Relaxamento moral: Falta de firmeza, constância e estabilidade do indivíduo, em

RESISTÊNCIA

seu dever e obrigações, em seus compromissos e na palavra dada (vulnerabilidade e influência da vontade).

Escrita frouxa, branda, descendente, sinuosa ou serpentina, filiforme, ilegível, desordenada etc. (veja figura 70).

Remorso: O remorso é um sentimento doloroso que se experimenta depois de uma ação culpável ou de se haver procedido mal, ou seja, é a dor moral que sente o indivíduo quando atua contra sua consciência.

O sentimento de culpa, a inquietação, pesar ou medo que originam o remorso geralmente alcançam um nível de importância, de acordo com a falta cometida. No entanto, essa culpa pode ser real ou subjetiva. Nesse último caso, é patológica.

Escrita descendente e com sinais de inquietação, de angústia e de medo.

Repressão: Chama-se repressão o retorno, ocultação ou inibição, mais ou menos bruscos e duráveis, de certas excitações instintivas ou representações relacionadas com elas.

A repressão, diz Oskar Pfister, pode ser traduzida por sacudidas ou pela pressão contínua. Um desengano doloroso, uma penosa perda, uma injustiça cometida ou intencional, um atentado sofrido, uma tentativa fracassada, ou seja, qualquer vivência que comova, negativamente, o conjunto da personalidade pode dar motivo a uma repressão (figs. 33, 44, 108a, 123, 124, 134 e 180).

A repressão contínua pode ser motivada pela influência perniciosa de uma educação errônea, pois ela conduz o indivíduo a uma defeituosa ou inadaptada visão da realidade.

A repressão acidental deve-se a uma repulsa consciente de conteúdos inconscientes ou impulsos sobre a consciência. Reprime-se tudo aquilo que traria perigo ao ego, no campo da realidade (uma inclinação inadequada, um desejo irrealizável e, sobretudo, aquilo que está relacionado com a esfera sexual). Veja-se, a esse respeito, as obras de Freud e de seus discípulos.

Reserva: É um modo discreto de calar, de silenciar algo ou de ocultar a própria postura ou opinião, seja para se preservar de um perigo, de um compromisso ou, simplesmente, por desconfiança nos demais.

A reserva pode ter como móveis o egoísmo, o egocentrismo, a falta de segurança no próprio valor, a timidez, o pudor etc.

Escrita fechada, regressiva, apertada, sóbria, contida, suspensa (figs. 15, 16, 30, 39, 40, 41, 71).

Resistência: Oposição, mais ou menos consciente, em revelar os traumas psicológicos que produzem as alterações do caráter (neurose). Essa oposição pode ser devida à falta de confiança ou dúvida sobre a pessoa do psicólogo; ou pode estar relacionada com o medo de perder certas vantagens que produz, ao neurótico, a sua doença (maiores considerações, possibilidade de reter, de dominar certas pessoas de seu entorno etc.). Toda resistência é a expressão de uma repressão (Freud).

A resistência pode mostrar também a tendência a rechaçar os sentimentos de culpa, deslizes, faltas ou irregularidades derivadas da atuação do indivíduo. Nesse caso, quem se sente culpável deseja mascarar seu comportamento e age como neurótico, mas também pode atuar de forma desleal.

Escrita filiforme, arqueada, rápida, triangular (barras de "tt" e pernas), ilegível, regular, rígida, caligráfica, angulosa, fechada, invertida etc. (fig. 134).

Responsabilidade, sentido da: Diz-se que uma pessoa é responsável, sob o ponto de vista moral ou profissional, quando é consciente dos atos que realiza ou dos que deve realizar e assume o compromisso de prestar contas, quando é o caso, a uma autoridade superior. O indivíduo é irresponsável quando tem alteradas suas faculdades mentais ou é menor de idade. A responsabilidade é um compromisso entre o dever e a sociedade, a liberdade e as obrigações.

Escrita ordenada, progressiva, bem espaçada, bem proporcionada, firme e com barras dos "tt" e pontuação precisas (figs. 10, 15, 36, 41, 75, 76, 78, 79, 83).

Ressentimento: estado afetivo prolongado de hostilidade oculta a algo ou alguém, que tem como origem alguma ferida ou frustração sofrida, que o indivíduo não pode esquecer e que se converte em ódio. Mas, assim como o ódio é uma disposição agressiva, não somente sentida, mas consentida, querida e expressa, o ressentimento vive oculto e se alimenta, constantemente, de sentimentos lastimados. Essa ocultação pode ser devida à atitude do indivíduo que reprime sua agressividade por ela estar contra seus princípios morais ou religiosos, por medo de que sua agressividade seja, socialmente, malvista ou castigada ou por temor de cometer um ato delituoso.

Isso não é obstáculo para que a hostilidade fique interiorizada sem dar acesso ao perdão ou ao esquecimento.

Escrita onde os movimentos que normalmente deveriam ser curvos se mostram angulosos. Veja-se, sobretudo, a assinatura (figs. 76, 80, 81, 88, 102, 162, 180).

Rigidez: Atitude intransigente, obstinada de quem se agarra a suas posições, hábitos, ideias ou formas de atuar, mesmo reconhecendo que pode haver outros modos de pensar e de atuar, igualmente úteis ou melhores, para ele e para seu ambiente.

A rigidez pode ser um traço de caráter habitual (perseverança), esporádico, circunstancial e por inércia. Esse último refletiria a "incapacidade do indivíduo para renunciar a seus hábitos de percepção e pensamento" (Eysenck), como consequência de sua lentidão e de processos psíquicos.

O indivíduo rígido sacrifica a adaptabilidade a uma certa estabilidade, produzindo mal-estar em seu ambiente familiar e profissional devido a seus escrúpulos, sua pontualidade, seu autoritarismo e suas exigências com os demais e consigo mesmo.

A rigidez origina-se – segundo Bastin – de "um ego débil frente às necessidades orgânicas e psíquicas molestas".

Escrita rígida (linhas, inclinação do grafismo), regular, angulosa, sóbria, ordenada, precisa, cuidada em excesso, caligráfica ou caligrafada, monótona, constante, pausada ou lenta etc. (figs. 102, 108b, 172, 182).

Rotina: Modo de vida e de trabalho inspirados nos hábitos, na repetição das experiências, na reiteração das ideias ou do método. O indivíduo rotineiro se apega a seus hábitos, a suas experiências, a seu sistema de pensar, sentir e querer e a seu modo de trabalhar, sem se preocupar em selecionar, escolher, modificar ou aperfeiçoar aquilo que constitui, para ele, "uma segurança". Ao rotineiro lhe é incômoda toda inovação, e ele a rechaça ou se defende dela.

Isso se deve a que o rotineiro não tem outra segurança que a de seus hábitos e costumes cotidianos.

Escrita impessoal, caligráfica, monótona, redonda, uniforme, lenta e sem ritmo (figs. 15, 39, 42, 43, 64).

S

Sadismo: Perversão sexual, na qual se busca a satisfação erótica com o sofrimento ou dor física que se inflige a outro.

O sadismo pode ser, portanto, físico ou moral. As humilhações que um chefe impõe a seus empregados, um esposo à sua parceira, um pai a um filho, o vencedor ao inimigo vencido etc. são outros tantos exemplos de sadismo moral. Os espancamentos, os aterrorizantes tormentos dos nazistas aos judeus, todas as crueldades aplicadas ao homem ou aos animais são produtos do instinto sádico. Quando o sadismo é doentio, produto de uma neurose ou psicose, o indivíduo sádico pode chegar até ao crime: Manson, Petiot, Jack o Estripador, Sacamantecas etc.

Escrita com pressão forte e pontiaguda, pausada, lenta, regular, caligráfica, regressiva, descendente ou muito ascendente, inclinada ou vertical, cerrada, desligada, desordenada etc. (figs. 27, 31, 99b, 109 e 135).

Sado-anal, complexo: Refere-se, segundo Freud, ao segundo estágio da vida infantil, que substitui o oral. Desenvolve-se na criança entre o segundo e o terceiro ano e é quando o menino descobre que tem uma arma para lutar contra as repressões da educação ou das imposições dos pais: a retenção fecal, a sujeira, quebrar ou destruir objetos, colocar-se ao lado dos que discutem a autoridade paterna (irmãos, avós) etc.

Nos adultos, esse complexo se produz também em pessoas que procuram fugir da dependência e da própria debilidade, mediante sua associação com grupos ou forças da oposição, como podem ser partidos políticos, sindicatos, comitês, associações de tipo agressivo, socializando, desse modo, impulsos infantis inconscientes, dirigidos contra o pai ou toda a pessoa que o simboliza, quer dizer, que impõe autoridade.

Escrita desorganizada ou pouco ativa, branda, descuidada, desordenada, margens irregulares, desigualdades de coesão e de espaçamento, descendente, soerguida, regressiva pontiaguda, suja, retocada etc.

Sanguíneo: Temperamento caracterizado pela rapidez e agilidade de seus gestos e movimentos (gestos amplos, dinâmicos, abertos e expansivos). O sanguíneo tem uma natureza sociável, comunicativa e divertida, adapta-se a tarefas variadas e suporta mal a monotonia. Gosta da liberdade, da relação humana e do ar livre (não só precisa de horizontes amplos para mover-se, mas também da presença dos demais). Seu poder de adaptação é esplêndido, e seus gostos e opiniões não contrastam com os da maioria.

O sanguíneo é expansivo, vaidoso e cordial, gosta de que o admirem e sente-se estimulado sempre que pode rivalizar-se com os demais no esporte, nas questões políticas ou sociais e no trabalho. Sua necessidade de se sentir importante não se inspira na ânsia de poder e de domínio, mas em sua vaidade de representar algo valioso e brilhar sobre os demais.

Vejam-se escritas correspondentes em Temperamento (figs. 98, 152).

Secundariedade: Uma das três propriedades básicas do caráter, segundo Heymans-Le Senne, é a "ressonância das impressões", que corresponde à rapidez, profundidade e duração dos processos psíquicos. Segundo o modo de reação, os indivíduos podem se dividir em *primários e secundários.*

Os primários são indivíduos de reações rápidas, superficiais e efêmeras. Ao não reter as impressões, essas se dissipam no instante da reação a que dá origem cada estímulo, sem que fique contaminada a impressão seguinte. Por isso são indivíduos espontâneos, impulsivos, sociáveis e expansivos, faltam-lhes contenção e disciplina e preferem obter um resultado imediato ao se prepararem para uma ação ou objetivo a longo prazo. Para o primário, vale mais um pássaro na mão do que cem voando.

Ao contrário, o indivíduo *secundário* caracteriza-se pela lentidão, profundidade e duração das impressões que o levam à sistematização da vida mental e ao desenvolvimento do poder de inibição. "Os secundários – diz Corman – não reagem imediatamente. Necessitam de tempo para tudo; para apreciar uma situação, para se decidirem, para executarem sua ação. Seu ritmo de pensamento, de trabalho e de ação é mais lento, ao menos aparentemente, que o dos primários. Não se deixam levar jamais por seu primeiro impulso. Faltam-lhes espontaneidade e naturalidade. Calculam tudo. Concebem as coisas para longo prazo. São pouco impulsivos; têm moderação e domínio de si mesmos. Não se encontram

à vontade em circunstâncias imprevistas e lhes agrada poder preparar de antemão, fazer planos".

"A inteligência dos secundários – acrescenta Corman[36] é mais profunda que viva. Utilizam a via da lógica para a compreensão e são mais reflexivos que intuitivos. Mas, ainda que sejam menos rápidos que os primários para captar os dados de um problema, superam a eficácia desses últimos quando se trata de buscar soluções lógicas mediante raciocínio metódico".

O secundário tem mais facilidade para evocar o passado, acudir suas recordações, sua experiência, a história das coisas, que o primário. Seu culto às recordações, ao passado pessoal e das coisas faz com que lhe custe, mais que ao primário, esquecer desgostos, fracassos, afrontas ou frustrações sofridas. O secundário é capaz de se manter fiel a seus sentimentos e ressentimentos durante muito tempo.

A primariedade e secundariedade têm certa relação com a atitude vital extrovertida e introvertida de Jung e com os tipos extrovertido e introvertido de Rorschach.

Como exemplos de grafismos de secundários, podemos citar as figuras 16, 26, 30, 36, 40, 41, 47, 71, 145, 148 e 180. Veja, como contraste, a escrita dos primários nas figuras 14, 29, 33, 37, 48, 57, 68, 72, 73, 90, 98, 99a e b, 121, 152 e 182.
De uma maneira geral, a escrita do secundário é pequena, contida, sóbria, ordenada, retilínea, clara, vertical ou moderadamente inclinada e, muitas vezes, inibida.

---

[36] Louis Corman, *Nuevo manual de mortopsicologia,* Marfil, 1970.

SEDUÇÃO

A escrita do primário (veja esse termo) é, ao contrário, grande, extensa, lançada, impulsionada, inclinada, aberta, progressiva, centrífuga, ascendente com pernas e finais largos.

Sedução: É fazer uso de atrativos com destreza, habilidade ou arte, às vezes, insidiosamente ou com enganos, para atrair, cativar, enamorar ou atrair o interesse, admiração ou a vontade de outra pessoa. Esses atrativos podem ser físicos, relacionados com o corpo (exibição de gestos e atitudes, vestimentas, insinuações etc.) e podem ser morais ou psicológicos (atitude do político, do líder, do magnata, do religioso etc.).

A sedução tem como fim o domínio, alcançar uma meta. Uma vez alcançado o fim ou meta, o sedutor esquece-se de sua vítima.

Escrita ornada, regressiva, soerguida, alta, coligamento em arcos ou em volutas, pontos em pequenos círculos, maiúsculas separadas etc.

Segurança: A segurança é uma necessidade primordial, humana, de estabilidade e de conservação da existência. Alguns psicólogos opinam que "o fundamento da saúde mental é o sentimento de segurança emocional nas relações entre os indivíduos" (Székely). A própria neurose é um mecanismo de defesa, no qual o indivíduo se refugia para encontrar sua segurança interior. Portanto, não nos deve parecer raro que o neurótico encontre resistências inconscientes para sair de sua neurose mediante um tratamento. O que deseja eliminar o neurótico são seus sintomas dolorosos, seus sofrimentos morais, mas não "aqueles ajustes" que lhe dão segurança interior.

As discórdias entre os pais fazem com que os filhos padeçam ansiedade e instabilidade emocional e que se tornem inseguros. Essas vivências farão com que, posteriormente, falte-lhes capacidade para afrontar um meio ambiente um pouco adverso ou hostil. Até mesmo uma escolha amorosa, o matrimônio e as situações profissionais serão motivo de dúvidas e vacilações, de ansiedade e de insegurança, ainda que surjam, em algum desses planos, pequenas dificuldades.

Escrita pequena, desligada, desigual de inclinação, vacilante, suspensa, contida, letra "d" com oval separado da haste, no caso de segurança negativa. Escrita grande, extensa, progressiva, aberta, inclinada, pausada ou rápida, firme, estável etc., no caso de segurança positiva.

Sensibilidade: Deve-se considerar a sensibilidade como a tendência ou propensão natural a se deixar impressionar pelos afetos ou sentimentos que produzem as coisas externas ou as vivências internas com conteúdo emocional (figs. 26, 76, 123, 150, 173, 180).

A sensibilidade compreende a totalidade das operações sensitivas e, "como conhecimento, é uma faculdade intuitiva e de representação imediata".

A sensibilidade consta de três etapas: uma de aquisição, outra de conservação e a última de elaboração. As duas primeiras constituem o que chamamos de experiência, e a última pertence à esfera intelectual.

Sensualidade: Tendência a utilizar os sentidos físicos como fonte de prazer. É próprio dos tipos orais (vejam Oralidade). O indivíduo se entrega ao sibaritismo da bebida, de um bom menu, de um perfume, de carícias, de uma boa música ou de algum espetáculo visual que excite seu erotismo etc.

Essa tendência à voluptuosidade dos sentidos pode chegar à perversão, como ocorre, por exemplo, com o *voyeurismo,* a gula, a luxúria, o sadismo, o masoquismo etc.

Pressão carregada sobre a zona média e inferior, em forma de apoios fusiformes, reinflamentos e plenitude ou forte expansão dos movimentos na zona inferior. Guirlandas com base apoiada etc. (veja figs. 99a e b, 135).

Sentido analítico: Tendência a separar as partes de um todo, para examinar e conhecer os diferentes elementos ou peças que o compõem. O sentido da análise é oposto à inclinação à síntese (figs. 16, 126).

Sentido comum: Dizia um humorista que o ser humano deveria estar dotado de sete sentidos: vista, audição, tato, olfato, paladar, sentido cinestésico e "sentido comum"; mesmo que esse seja, diz, o menos comum dos sentidos.

O sentido comum é a capacidade para apreciar e conceber juízos e conclusões, considerando-se as qualidades comuns a todas as experiências (espaço, número, tempo etc.), geralmente admitidas, mesmo sem chegar a uma valorização crítica dos atos.
Escrita clara, ordenada, rápida, extensa, progressiva, aberta, inclinada e estável.

Sentido criador: Imaginação capaz de mesclar ou combinar elementos para obter uma obra inédita, singular, de estilo próprio e sem comparação com nenhuma outra.

O sentido criador é próprio do artista, enquanto o sentido da medida e dos valores objetivos é próprio do cientista; o artista imagina, o cientista analisa, mede, limita, coordena, identifica e valoriza.

Escrita original, simplificada, plena, rítmica etc. (figs. 28, 76, 85, 86, 89, 156, 158 e 181).

Sentido estético: Capacidade para perceber e apreciar o que há de belo na natureza e nas coisas, se o indivíduo é, simplesmente, um espectador, um admirador passivo da beleza (fig. 149).

Capacidade para criar coisas belas, se o indivíduo atua como criador ou combinando coisas criadas em uma busca harmônica de conjunto (veja figuras indicadas em Sentido criador).

Escrita clara, harmônica de movimento e forma, rítmica e em relevo. As desproporções exageradas mascaram o sentido da harmonia. A escrita harmônica expressa a capacidade para admirar o belo. A escrita rítmica, plena e em relevo com forte pressão, expressa a capacidade criadora.

Sentido da forma: Revela uma determinada tendência do indivíduo a se preocupar com a forma das coisas, em se tratando de *arte,* ciência ou de moral. Nos indivíduos nos quais prepondera essa tendência, destaca-se o desenvolvimento das faculdades perceptivas, mas em um sentido passivo, racional, inibido. Portanto, o culto excessivo da forma traduz, em sentido negativo, a mente rotineira do copiador, do imitador, cuja opinião depende dos demais, pois pesam nessa as ideias e juízos dominantes no ambiente que rodeia o indivíduo.

Rorschach cataloga, em seu teste, as respostas de forma representativa das funções conscientes da inteligência, mas alijando-as de todo sentido criador. Essas respostas, segundo ele, predominam no tipo "restrito", de talento metódico, sistemático e formal (fig. 41, 79, 83, 90, 182).

Os objetos do exterior são captados pelo indivíduo em quem prepondera o sentido da forma de modo preciso, objetivo e frio; portanto, são também reproduzidos de maneira exata, sem criatividade nem variação. O sentido puro da forma nunca pode dar mentes de recursos criadores e originais (fig. 144).

Sentido para gradações delicadas: Sensibilidade fina e receptiva, capaz de observar e ter em conta as variações mais sutis, as relações mais ligeiras e cada uma das qualidades diferenciais mais finas que distinguem as pessoas, as coisas ou as circunstâncias.

Escrita pequena, ligeira, simples, limpa, aérea, ordenada, cuidada e bem proporcionada (fig. 40).

Sentido lógico: A inteligência enlaça e liga as ideias, não de um modo caprichoso, mas mediante a dedução e o raciocínio ou relacionando os fatos práticos entre si. O sentido lógico favorece a consequência, a continuidade e a firmeza nas ideias, na ação e na conduta (fig. 126).

Sentido prático: A inteligência não somente tem ideia clara do que vai fazer, mas do que dispõe de experiência e de habilidade para levar a termo os empreendimentos, os propósitos (figs. 98, 102).

Sentido realizador: Impulso pelo qual o indivíduo tende a pôr em prática e realizar os projetos, as ideias que concebe, as promessas ou tudo quanto se propõe a executar (fig. 152).

Sentimento: Tudo aquilo que é significativo para nosso ego ressoa na nossa alma, impressiona nossa sensibilidade, com um tom afetivo dominante, seja de atração, repulsa, agrado ou desagrado.

Assim, por exemplo, os sentimentos de atração e agrado podem se matizar através da simpatia, admiração, carinho, ternura, alegria, reconhecimento, gratidão, compaixão, fraternidade etc. O predomínio desse tom afetivo em nossa alma nos inclina, nos leva ao altruísmo, à generosidade, à dedicação, ao apego ou união com pessoas e coisas, inclusive a compartilhar modos de pensar, sentir ou querer.

Os sentimentos de repulsa e desagrado podem, por sua vez, tomar a forma de hostilidade, ressentimento, cólera, desconfiança, aversão, receio, inveja, contrariedade, frustração, sentimento de inferioridade, de abandono, de postergação etc., conduzindo a uma reação de isolamento, de defesa, de egoísmo, de dúvida ou passividade morosa. Mas também pode tomar o caminho da rebelião, da agressividade e do ataque. Esse último extremo, próprio dos indivíduos ativos e de forte caráter, leva-os a combater (e, às vezes, a destruir) tudo aquilo que supõem um obstáculo aos próprios desejos, planos, ideias ou satisfações.

Escrita (veja cada um dos termos indicados em sentido positivo e negativo). Veja também Funções psíquicas.

Sentimentos astênicos: Denominam-se assim os sentimentos que, como a pena, a depressão ou o desalento, debilitam, inibem ou reprimem a atividade (fig. 70).

Sentimentos estênicos: São aqueles que reforçam ou aceleram a atividade, proporcionando um aumento de energia (alegria, animação, euforia etc.) (figs. 98, 149).

Sentimento de autoestima: Veja Conceito de autoestima.

Sentimentos de inferioridade: Veja Adaptação.

Simbolismo: É a expressão condensada e deslocada de pulsões reprimidas que aparecem ante a consciência, em forma de representação indireta. Sabe-se que, quando as tendências, desejos, apetites ou atrações físicas ou psíquicas são incorretas ou inadmissíveis para a consciência, essas pulsões são reprimidas, rechaçadas ao inconsciente, mas podem aparecer, modificadas ou atenuadas, sob formas singulares, raras ou estranhas, procurando sua satisfação. Nesse caso, o indivíduo pode Manifestar suas repressões, geralmente tendências eróticas, através da arte, do sonho ou da neurose. Esse modo de se manifestar pode ser por meio do pensamento simbólico.

O símbolo é uma imagem ou representação com significado especial e carga afetiva ou emocional importante. O símbolo varia de acordo com as vivências ou experiências de cada indivíduo. O mar pode representar a mãe, a força desenfreada ou a calma. O sol pode representar o pai, a alegria, a segurança. Um morrinho pode simbolizar orgulho ou agressividade; um pássaro, a liberdade ou a evasão. Tudo depende de cada pessoa e circunstância.

Na escrita, cada uma das zonas abrange um plano simbólico (veja Zonas) e os acidentes do grafismo, em uma ou mais dessas zonas, nos indicam a esfera em torno da qual gravitam os conflitos.

Simplicidade: Modo de comportamento espontâneo e natural que caracteriza os indivíduos que desaprovam a ostentação, a fatuidade, as complicações e as falsidades na conduta. A simplicidade é inimiga do luxo, da pompa, da falsa etiqueta, da fanfarrice, do fingimento, da simulação e do "cuidado com as aparências exteriores".

Escrita simples, aberta, sóbria, clara, ponderada e sem sinais de inibição ou ocultação (figs. 16, 30, 47, 145).

Simulação: Imitação de estados de ânimo, enfermidade ou transtornos que não se tem, seja para subtrair um perigo, para se fazer valer e dominar ou para obter algo que se ambiciona. A simulação é uma forma de perversão moral, em alguns casos; em outros, uma doença psíquica, por exemplo, o histerismo.

Escrita disfarçada, invertida, regressiva, em arcos, filiforme, inflada, soerguida etc. (figs. 134, 146).

Sinceridade: A verdade discreta e reflexiva. A sinceridade é uma qualidade adquirida e não é própria das pessoas pouco firmes e influenciáveis (fig. 149).

Síntese mental: Entende-se por síntese a inclinação a explicar ou apresentar os acontecimentos ou as coisas não segundo uma análise das partes, mas segundo uma visão de conjunto, na maioria das vezes teórica ou intuitiva. A síntese enlaça, constrói.

Síntese é equivalente a conclusão, suma, extrato. Essa operação nunca é o resultado de um raciocínio lógico e dedutivo, mas de uma visão intuitiva (fig. 28).

Soberba: Inflação desmesurada do sentimento do ego. O indivíduo não somente se sobre-estima e se crê muito superior aos demais, mas aspira, a todo momento, a ser preferido a outros.

Dizia Jung que, quando a consciência toma uma atitude exagerada em um sentido, o inconsciente oferece seu contrapeso no polo oposto. Portanto, a soberba é a supercompensação, no plano da consciência, de um complexo de inferioridade muito sensível. Isso explica o comportamento do indivíduo orgulhoso quando se sente contrariado ou frustrado.

Escrita soerguida e inflada, especialmente nas maiúsculas e na assinatura (figs. 11, 34b, 76, 90, 127, 156 e 172).

Sobre-estima: Supervalorização das qualidades próprias ou alheias. Ausência do sentido da medida e da ponderação (falta de objetividade nos juízos). O mesmo pode se referir ao juízo sobre pessoas e sobre coisas. Tendências narcisistas. Orgulho, soberba. Tendências paranoides.
Escrita grande, soerguida, inflada, crescente, desproporcionada; finais largos; barras dos "tt" em golpe de chicote etc. (figs. 34b, 92, 127, 172).

Socialização: É o processo mediante o qual o indivíduo desenvolve qualidades caracterológicas essenciais para uma eficiente integração na sociedade em que vive. É sinônimo de sublimação.

Sullivan distingue três modos de socialização:

a) *Relação simbiótica,* caracterizada pela dependência do outro ou de outros, seja porque se é absorvido (masoquismo) ou porque se absorvem os demais (sadismo);
b) *Relação de distanciamento* por indiferença ou destrutividade;
c) *Relação de amor,* que é a forma produtiva da amizade, do companheirismo, da intimidade. Essa última é a verdadeira socialização, equivalente ao termo psicanalítico de sublimação. Portanto, a socialização é um processo de evolução e maturação positiva da personalidade.

Escrita rápida, progressiva, inclinada, ligada ou agrupada, extensa, arredondada, harmônica, clara, ordenada, nutrida, em relevo etc. (Figura 149).

Sofisma: A inteligência serve-se de argumentos que são válidos na aparência, mas que são vãos e insustentáveis na realidade. As conclusões são inadmissíveis, mas também de difícil refutação. Habilidade para enganar e para criar ilusões (fig. 28).

Sofrimento: Dor física ou moral que se experimenta como reação global a um estímulo danoso ou prejudicial. Alguns indivíduos têm maior tolerância que outros ao sofrimento. Geralmente, os extrovertidos, bem constituídos, percebem o sofrimento com menor intensidade que os neuróticos e os introvertidos. A frequência do sofrimento faz diminuir também seus efeitos, assim como distrair a atenção em uma tarefa ou conversação.

Qualquer sistema para reduzir a ansiedade, a inquietação e o desassossego é bom para reduzir o sofrimento. A melhor terapia contra o sofrimento moral é a atividade constante, sem pretender que as coisas sejam "demasiado perfeitas", procurando instalar-se no futuro e não se voltar ao passado. Sendo a vida um movimento contínuo "para diante", voltar atrás e firmar-se no passado é ir contra a evolução natural da vida, ou seja, é ir para a própria anulação. "A preocupação, o sofrimento moral, se esvaem – diz o Dr. Schwartz – quando se administra uma dose de ação, orientando a atividade para o futuro." Os que trabalham assim alcançam o êxito e se liberam das preocupações. Veja bem, deve-se levar em conta que certos indivíduos masoquistas, através da dor, do sofrimento, da vergonha e das humilhações, encontram satisfações desejadas e proibidas. Alguns doentes ou pseudoenfermos utilizam o sofrimento como meio para se fazerem valer e para dominar. Quem vai negar assistência a "um pobre enfermo?"

Escrita congestionada, descendente, trêmula, quebradiça, contorcida, suspensa, desigual, instável, vacilante etc.

Solidez: A solidez, quando se refere ao físico, reflete uma vitalidade exuberante e forte. Na esfera psíquica ou moral, reflete a consistência da vontade, a firmeza e a coesão da personalidade em sua maneira de pensar, sentir e querer (figs. 90, 102 e 149).

Onde nos sentimos sólidos, somos imutáveis.

Sonho: Consideramos o sonho como uma atividade imaginativa, criadora, que abrange conteúdos inconscientes indeterminados, produzidos pela fantasia, quer dizer, conteúdos provenientes do fundo do inconsciente e que afloram à consciência em forma de imagens.

Essas imagens costumam ser o disfarce com o qual se apresentam certos impulsos instintivos reprimidos, para conseguir uma expansão. Esse sonho, quando se produz em estado de vigília (sonho com os olhos abertos), é muitas vezes gerador da atividade artística, das hipóteses explicativas de fenômenos, hoje, incompreensíveis e das "realizações imaginárias de desejos".

Ainda que, com alguma frequência, a força da razão termine controlando o sonho ou os efeitos do sonho, esse, geralmente, caracteriza-se pelo capricho, originalidade, individualidade e inconsistência de sua formulação.

Escrita: predomínio de grandes planos na zona superior e na parte alta das maiúsculas (escrita cheia na zona superior). Barra dos "tt" por cima da haste e sem tocá-la. Pontos altos e em círculos.

Subconsciente: Parte do inconsciente mais próxima da consciência. E um estado intermediário entre o consciente e o inconsciente.
Nessa zona, se formam os automatismos. Pode-se interpretar também como inconsciente ou como zona subliminal.

Sublimação: Termo empregado por Freud para mostrar o mecanismo mediante o qual, quando o instinto sexual encontra travas para sua realização direta, canaliza-se para atividades não sexuais, geralmente mais elevadas e úteis ao indivíduo. E, assim, a energia do instinto se sublima, dando lugar a obras artísticas, científicas, industriais, revelando o indivíduo como pessoa de talento em qualquer tipo de atividade (ator, músico, cientista, literato, industrial, político etc.). Desse modo, a energia sexual se descarrega, originando "gestações" em outros campos.

Escrita: Pernas dextrogiras e simplificadas (figs. 16, 28, 86, 149 e 181).

Submissão: Submetimento ou obediência constante à hierarquia ou à vontade de outros. Em casos extremos: servilismo. Segundo os psicanalistas, a submissão é determinada por uma tendência latente à homossexualidade. A submissão é contrária à iniciativa, à combatividade, ao espírito empreendedor e à virilidade na conduta.

Escrita branda, descendente, frouxa, redonda, com pernas ornadas ou plenas no lado passivo e barras dos "tt" muito baixas (figs. 15 e 86).

Sugestionabilidade: É a propensão de certos indivíduos a aceitar modificação das ideias próprias, dos próprios planos ou da própria conduta, deixando-se influenciar por uma comunicação verbal ou de outro tipo, dada por outra pessoa ou pessoas, com a qual ou as quais estejam, então, pelo menos, de parcial acordo. O indivíduo estima que a opinião que recebe é mais aceitável, tem mais peso, ou mais incentivo que sua própria opinião, pelo que decide obedecer uma ordem com maior rapidez, mudar um plano de ação

ou renunciar a algo que queira realizar. O efeito da sugestão é tanto mais importante quanto maior relevância e prestígio tem para o indivíduo a pessoa que o influencia. Os indivíduos susceptíveis à sugestão são facilmente hipnotizáveis.

Escrita frouxa, branda, instável com pouca pressão e de linhas ondulantes (figs. 69 e 70).

Supercompensação: Termo aplicado por Adler para designar o mecanismo psicológico pelo qual uma insuficiência ou sentimento de insuficiência se compensa excessivamente. Esse é o caso de Demóstenes, que, sendo gago, chegou a ser o melhor orador de seu tempo. Muitos líderes tentam supercompensar sua falta de estatura desenvolvendo seu instinto de poder e de domínio (Napoleão, Margaret Thatcher). Essa meta de afirmação do poder pessoal em função de seus fins ambiciosos pode seguir dois caminhos: um, o caminho útil ao indivíduo e à coletividade (humanização ou sublimação da tendência: atitude moral positiva); e outro, o caminho fictício, agressivo, associal e inútil (amoralidade, desprezo, ressentimento, passividade ou inclinação à delinquência).

Quando a supercompensação vive de forma irreal ou imaginária, criando fantasias, aventuras fabulosas, protagonizando personagens extraordinários, pode-se tratar de indivíduos neuróticos ou paranoicos delirantes, que, por meio dessas histórias, tentam esquecer ou dissimular seu fracasso amoroso, social ou profissional.

Escrita compensada, soerguida, inclinada, ascendente; barras dos "tt" por cima da haste.

Superego: Força representativa da ordem moral e da autoridade e que, dentro da consciência, se encarrega de reger e dirigir o ego, de acordo com a imagem dos pais, dos irmãos, dos professores, do chefe e de tudo quanto represente autoridade, limitação e proibição.

O superego tem um lado positivo, que estimula o indivíduo a escolher metas de superioridade (fazer-se importante e valioso no campo profissional ou social, por exemplo). Mas também tem seu lado negativo, que está representado pelos sentimentos de culpa e de inferioridade, que levam o indivíduo à angústia e à ansiedade. Um superego excessivo tiraniza o ego e o subjuga aos princípios morais, religiosos ou sociais. O indivíduo é um escravo de seus deveres e obrigações, das proibições, regras e disciplinas, da pontualidade, da palavra dada, da ordem estabelecida etc.

O superego simboliza, na consciência, a força que separa o bem do mal e que conduz o ego pelos caminhos que, a critério da educação recebida ou da experiência afetiva, levam a uma conduta "bem vista", ou seja, socialmente aceitável dentro do meio em que se desenvolve o indivíduo.

Escrita regular, retilínea, vertical, ordenada, cuidada, sóbria, convencional ou caligráfica, pequena e contida (figs. 16, 40, 145 e 180).

Superstição: Regressão ao anacronismo do pensamento, que consiste em crer na ação de forças ocultas maléficas (ou benéficas, segundo os casos), contra as quais o sujeito pode atuar, magicamente, realizando determinados atos (evitando passar por baixo da escada, não fazendo nada importante nos dias treze, tocando a madeira etc.) para, dessa forma, conjurar a sorte e fazê-la favorável (veja Pensamento mágico).

Portanto, a superstição vem a ser como um escrúpulo ou um medo antecipador de males, que requer a prática de determinados ritos para evitar perigos inexistentes, mas que são temidos. A superstição não pode ser justificada em fundamentos racionais.

É difícil encontrar seu sinal na escrita, pois não tem traço específico que a determine. Em todo caso: escrita inflada, crescente, desproporcionada, desordenada, confusa, lançada, desigual e vacilante.

Surmenage: Estado de cansaço, fadiga muscular, nervosa e mental provocada pelo trabalho, enfermidade ou drogas. O *surmenage* faz diminuir o interesse e a atenção, convida o indivíduo ao silêncio e à solidão, ao descanso e à tranquilidade.

"O homem que volta para casa – diz Georges Cruchon – após um trabalho excessivo, que cada dia o esgota um pouco mais, está pouco propício ou disposto a se interessar pelos problemas de sua família, pelas disputas que mantêm seus filhos, pelo "quanto" lhe custa uma compra etc. Troca uma preocupação por outra, isolando-se, lendo seu jornal ou revista, ligando a televisão e exigindo dos seus o silêncio mais absoluto. Seus nervos, à flor da pele, o levam a tolerar muito mal tudo o que deveria, em outras condições, suportar facilmente. Nesse cenário, as questões inevitáveis que se suscitam ou surgem no matrimônio acabam tornando-se insolúveis. Se a tudo isso juntam-se agudas preocupações profissionais ou sentimentos de fracasso, decepções etc. chega-se a superar o limite da tolerância, e explode a crise" (conflitos, angústias e atitudes irritáveis, discussões etc.).

Escrita descendente, congestionada, empastada, suja, retocada, desigual, sacudida, frouxa, torcida, desigualmente espaçada etc. A descida e empastamento na assinatura mostram uma crise grave.

Susceptibilidade: Sensibilidade impressionável, facilmente atingível, própria do indivíduo egocêntrico, com um sentimento inseguro do próprio valor. O indivíduo interpreta, de modo torcido ou pejorativo, qualquer crítica, brincadeira ou ironia que alguém possa ter para com ele, sem intenção de ofensa ou de ataque.

O desejo da própria dignidade e da honra são tão intensos que excitam, negativamente, dando lugar a reações de desgosto, mágoa, ressentimento ou rancor.

Escrita ligeira, soerguida, apertada, pontuda, angulosa ou com ângulos nas maiúsculas e traços finais. Maiúsculas altas e estreitas com traços iniciais e finais regressivos (figs. 31, 44, 64, 68, 70, 76 e 81).

Sutileza: Vivacidade e agudeza da inteligência, que chega a conceber, por uma rápida associação de ideias, algo que não é exato. A sutileza é insinuante, engenhosa e maliciosa. Fazem parte da sutileza a afinada receptividade, o receio e a penetração aparente nas coisas (fig. 156).

T

Tabu: É o que não se deve fazer, o proibido. Originariamente, é a proibição solene de olhar ou tocar certos objetos ou pessoas sagradas. Nos povos primitivos, a violação de um tabu podia ocasionar graves perigos, inclusive a morte como castigo.

O tabu, segundo Freud, apresenta dois significados opostos: por um lado, aparece sob o aspecto do sagrado ou consagrado; por outro, sob o aspecto do inquietante, perigoso, proibido, do que é impuro ou portador de castigo. Essas proibições, principalmente as de contato ou de desejos de natureza sexual, estão presentes na neurose obsessiva e em outras neuroses (veja Neurose Obsessiva).

O tabu não tem tradução direta no grafismo.

Tato: Sentido que nos permite conhecer, por meio do contato ou pressão da pele, a forma, a aspereza ou a suavidade, a temperatura, a umidade ou a secura, assim como o peso e outras características dos objetos externos e de nós mesmos. Em um sentido simbólico, chama-se também tato à habilidade de uma pessoa para tratar assuntos e para se relacionar.

Escrita ligeira, rápida, aérea, ordenada, inclinada, sinuosa, com pequenas desigualdades.

Temor: Ansiedade determinada por uma situação de perigo real ou imaginado.

Essa atitude emotiva está caracterizada por um tom anímico de medo e desagrado originado pela timidez, debilidade ou impotência frente ao agente perturbador (veja Medo).

Temperamento: Em um sentido moderno, é o vetor que dirige as forças genéticas em uma determinada direção, sendo responsável direto por nosso comportamento biológico e psíquico.

Deve ser diferenciado do termo *caráter,* o qual vem a ser como um conjunto de hábitos superpostos ao temperamento, por efeito da educação e das influências do meio ambiente.

Nós utilizamos a divisão dos temperamentos de Periot (veja *Escritura y personalidad* e *La selección de personal y el problema humano en las empresas,* Herder, Barcelona).

Na prática, são muito raros os tipos puros; o mais frequente é que os temperamentos sejam mistos. Aqui, apresentamos o quadro de combinações tomado de H. Sait-Morand:

- *bilioso puro*: ritmo ardente, áspero, combativo;
- *sanguíneo puro*: ritmo vivente, otimista, exuberante;
- *bilioso sanguíneo*: tipo déspota, invasor;
- *sanguíneo bilioso*: *tipo* lutador, impulsivo;

- *nervoso puro*: ritmo rápido, ligeiro, sobressaltado, versátil;
- *linfático puro*: ritmo tranquilo, igual, lento;
- *nervoso linfático*: tipo ansioso, cuidadoso;
- *linfático nervoso*: tipo permeável, inconstante, sensitivo.

O primeiro grupo de quatro pertence aos temperamentos ativos ou de manifestas tendências positivas (+). O segundo grupo compreende os temperamentos receptivos ou de tendências negativas (-).

Quando se mesclam as tendências ativas e receptivas, segundo o predomínio de algumas ou de outras, obtemos o seguinte quadro:

- *bilioso nervoso*: tipo susceptível e tirânico;
- *bilioso linfático*: tipo instintivo, boa pessoa;
- *sanguíneo nervoso*: tipo agitado, embrulhão;
- *sanguíneo linfático*: tipo afetivo-instintivo, "boa-vida";
- *nervoso bilioso*: apaixonado, intenso, frenético;
- *nervoso sanguíneo*: impulsivo, irritável, movido;
- *linfático bilioso*: tipo concentrado, reflexivo, irredutível;
- *linfático sanguíneo*: tosco, pesado, grave, invasor.

O primeiro grupo de quatro nos mostra os temperamentos ativos receptivos de tendências (+ −). O segundo grupo compreende os temperamentos receptivos-ativos de tendências (− +).

De modo geral, a escrita do *sanguíneo* é calorosa, plena, movida, amplificada, ornada, com traços adicionais e povoada de pequenos traços supérfluos (figs. 98, 121, 149 e 152).

A escrita do *bilioso* é masculina, regular, concentrada, em relevo, firme, precisa, cortante de traço, combativa, apoiada e geralmente angulosa (figs. 27, 76, 79, 102, 126, 128 e 161).

O nervoso tem uma escrita pequena, desigual, rápida, de pressão ligeira, inclinada, confusa, desordenada, sacudida, retocada e de direção desigual. Os pontos estão colocados com irregularidade, sem precisão, e o mesmo para as barras dos "tt" (figs. 26, 81, 123, 150 e 180).

O linfático tem uma escrita igual, lenta, redonda, monótona, estável, grossa de traço ou reinflada; geralmente as linhas descem ligeiramente, e a inclinação é pouco evidente (figs. 15, 42, 56c, 83, 99b e 104).

Tenacidade: Diz-se que algo é tenaz, quando oferece muita resistência a se romper, se dobrar ou se deformar. A tenacidade é uma forma de conduta perseverante, atenta, voluntária e raciocinada, que sustenta o indivíduo em sua ação, em suas ideias, em seus projetos, em seu trabalho, em suas atitudes, sem ceder às pressões exteriores ou ao desânimo. O excesso de tenacidade conduz à obstinação, já que a obstinação não é raciocinada (figs. 44 e 50).

Escrita firme, sóbria, angulosa, fechada, retilínea, regular, ordenada e com barras dos "tt" bem colocadas ou com nós na base ("tt" com base triangular) (figs. 27, 30, 50, 75, 90).

Tendência: Força ou impulso espontâneo, que, respondendo a uma necessidade interna (pulsão), empurra a conduta para determinados fins úteis para a vida. Pode responder a necessidades orgânicas (a uma necessidade de alimento ou sexual, por exemplo) ou a necessidades morais, afetivas ou espirituais.

A tendência, por si só, não tem tradução direta no grafismo.

Tendência sado-anal: É uma forma de reagir que oscila entre o sadismo e a analidade. O sujeito pode se mostrar agressivo, fanfarrão, dominante, tirânico, brutal e sujo ou tomar, passivamente, uma atitude de submissão, docilidade, tolerância, brandura e limpeza exageradas (componente sádico). Pode também desenvolver uma forte mesquinharia ou avareza, ser obstinado, inflexível, escrupuloso, minucioso e econômico (gosta de guardar, reter, colecionar) ou pode cair no outro extremo e ser pródigo, gastador, desordenado, superficial, lúdico, variável, inconstante, ingênuo, confiado e pródigo. O sujeito com complexo sadoanal mostra um estado de insatisfação ou frustração, que coloca o ego dentro de uma desordem conflitiva, com repercussões na esfera familiar, profissional e social.

Escrita pontiaguda, apoiada, suja, estreita, apertada, condensada, truncada, retocada, malproporcionada etc. (figs. 50, 64, 75).

Tensão espiritual: "Todo esforço para resolver um problema ou um conflito – disse Sillamy – põe o organismo em tensão". E por isso que, nos estados de fadiga, *surmenage,* depressão etc., em que a tensão psíquica diminui, por efeito do esgotamento, o sujeito apresenta uma baixa de atenção e de capacidade para a compreensão.

Qualquer trabalho intelectual ou concentração sobre um problema requer uma tensão psíquica, um esforço tensional. Portanto, a tensão de espírito é sinônimo de atividade, dinamismo, ação sobre as dificuldades que se apresentam ao indivíduo.

Escrita firme, retilínea, ordenada, clara, contida, precisa. Barras dos "tt" e pontuação corretas (figs. 16, 27, 76, 79, 102, 126, 145, 161).

Ternura: Manifestação afetuosa, branda, delicada e flexível, própria dos seres que gostam de mostrar seu amor, dando e recebendo carícias, atenções e olhares sutis, empregando uma linguagem doce e uma atitude mimosa. A ternura é uma atitude sexual feminina.

Escrita ligeira, pequena, arredondada, inclinada, fusiforme e ornada (figs. 10, 37, 38, 70).

Testes: Os testes são provas psicológicas com as quais se trata de determinar as características físicas, psíquicas e intelectuais dos indivíduos. Existem diversas classes de testes (provas): Testes de desenvolvimento (medem o desenvolvimento da inteligência com relação à idade); testes de aptidão (para a medição de aptidões); testes de adaptação social; de atenção; de compreensão, testes de vocabulário, testes projetivos, testes de capacidade artística etc.

Pode-se dizer que há, praticamente, um teste (prova) para cada necessidade psicológica. Para que tenha validade, deve responder a um critério de estrita objetividade, confiabilidade, adequação, compatibilidade e economia, ou seja, deve ser o mais objetivo, útil e simples possível e ter sido experimentado o suficiente número de vezes para que seus dados estatísticos mereçam a confiança necessária. Veja uma enumeração exaustiva dos testes atualmente em uso em F. Dorsch, *Dicionário de Psicologia,* Herder, Barcelona 1978 (apêndice sobre os testes).

Timidez: Do latim *timidus* e *timere*: apreensão, medo, temor. A timidez tem formas estranhas e variadas, mas quase todas elas nascem como consequência de:

a) uma falta de confiança em si mesmo que projeta sempre uma dúvida sobre as próprias forças e sobre o valor do eu frente aos outros. Por isso, a perda ou o desfalecimento da vontade é um sintoma frequente nos acessos de timidez (fig. 180);

b) *o* amor próprio excessivo (a timidez é uma forma de orgulho que se oprime interiormente) (figs. 80 e 129);

c) o medo de não agradar, de fazer papel ridículo ou de não brilhar suficientemente. O tímido, então, demonstra, ante os outros, uma amabilidade e uma servilidade excessiva;

d) o sentimento da torpeza, que aumenta sob os olhares dos outros (o olhar de um estranho contém, para o tímido, uma espécie de ameaça ou de influência dominante);

e) a dificuldade do exame tranquilo das coisas (a falta de segurança e de energia não permite o esforço necessário para a concentração); o tímido, então, nas situações novas ou imprevistas, diante de um estranho ou superior etc. tem os pensamentos em desordem, vacila sobre a natureza de seus desejos e não pode recorrer ao emprego da vontade.

O tímido é um sensitivo, um emotivo – mesmo que, não necessariamente, todo emotivo tenha que ser tímido. Qualquer acontecimento ou circunstância que para outro passaria inadvertido, no tímido repercute em todo o seu ser. Uma frieza aparente, um olhar que não lhe pareça simpático, qualquer palavra impensada, lhe produzem, interiormente, uma ferida. Por isso, se desenvolve, no tímido, uma grande perspicácia, fazendo com que esse defeito o isole cada vez mais dos ambientes em que sua personalidade não se sinta segura.

Tipos de vivência – são os seguintes:

- *o extroversivo* – de certo modo coincidente com *o primário de* Heymans e o *extrovertido de* Jung – caracteriza-se por suas reações rápidas, superficiais e efêmeras, por sua tendência à vida externa, sua volubilidade afetiva e sua capacidade para se adaptar à realidade (sentido prático) (fig. 29);

- *o introvertido* – que nem sempre coincide, totalmente, com o *introvertido* e *o secundário* – apresenta os caracteres opostos: lentidão, profundidade, estabilidade, duração e controle da esfera afetiva. É pouco adaptável a ambientes novos e necessita se mover e trabalhar com ideias próprias (fig. 26);

- junto a esses dois tipos de vivência, estão os *limitados (coartados),* que se caracterizam pela secura, pedantismo e depressão (fig. 180), e os *coartativos,* indivíduos que mostram uma afetividade bastante estreita e que tentam canalizar seus afetos e a emotividade por meio da esfera intelectual (fig. 145);

- o tipo de vivência é *ambíguo* ou equilibrado, quando se nivelam ou estão em luta (ambitendência) com as

tendências introvertidas e as extrovertidas (fig. 181);
- Finalmente, os *dilatados* são indivíduos muito produtivos, mas sem sistema, nem ordem, nem ponderação (fig. 152).

Veja Determinismo psíquico. Veja também *Teste de Rorschach,* em *La seleción de personal y el problema humano en las empresas,* Herder, Barcelona, 1982, p. 317-390.

Trauma: É toda experiência individual desagradável que lesa o indivíduo, determinando nele reações de ansiedade. Pode ter sua origem em um choque violento (físico ou emocional), que, *a posteriori,* dá lugar a transtornos psicológicos mais ou menos duradouros.

Os traumas ocorrem, geralmente, na infância, e são reprimidos. Sua cura consiste em deixá-los reviver, definitivamente, tirando-os do inconsciente ou fazendo com que percam sua força perturbadora, ou seja, integrando-os ao ego ao fazê-los conscientes.

O trauma sexual é uma comoção forte relacionada com vivências de violação, abusos sexuais, fracassos, medos ou outras causas de tipo sexual que produziram transtornos psíquicos ou neuroses.

No grafismo, observa-se pelos bloqueios nos movimentos que se deslocam de baixo para a direita, na zona interior das letras, especialmente na letra "g" minúscula; observam-se também outros sinais de inibição em outras zonas.

Traumatismo psíquico: estado anímico causado pela ação de uma violência externa sobre nosso organismo.

Tristeza: estado de ânimo que afrouxa o tônus vital, reduzindo a atividade e o curso das ideias, devido a uma aflição, uma pena ou dor moral.

Escrita descendente ou escalonada em descida. Maiúsculas separadas, afrouxamento da tensão gráfica e diminuição da rapidez normal (fig. 170).

Triunfo: Contrário ao fracasso, o triunfo é um sentimento de liberação profunda, que põe em movimento todas as forças afetivas a serviço da ação. O triunfo vem acompanhado de euforia, confiança em si mesmo, alegria, e de "um comportamento expedito para com o outro sexo" (Bastin). Do mesmo modo que o triunfo impulsiona a expansão, o fracasso a reduz.

Escrita grande, extensa, progressiva, inclinada, ascendente, aberta, arredondada, lançada.

Trivialidade: É a vulgaridade das populações, falta de seletividade, de distinção, de cultura estética suficiente e de educação.

Escrita desorganizada, vulgar, desarmônica, descuidada e malproporcionada (figs. 44, 59, 75, 184, 185 e 186).

U

Utopia: Projeto, plano ou sistema imaginativo sedutor, mas irrealizável, pois está concebido por um espírito que desconhece os fatos reais; geralmente, reflete um escasso conhecimento da disparidade de gostos e interesses das pessoas (fig. 124).

V

Vacilação: Titubeio, indecisão, incerteza, dúvida e insegurança da pessoa que, entre dois desejos, intenções, projetos ou situações, não sabe por qual se decidir.

A vacilação faz com que a ação se retraia, enquanto o indivíduo fica em suspenso, muitas vezes perdendo as ocasiões favoráveis para atuar (figs. 70 e 180).

A pessoa vacilante carece de audácia e firmeza em suas ideias, inquieta-se por causa do seu sentimento de insegurança, falta-lhes confiança em si mesmo e, finalmente, não sabe o que fazer nem qual caminho tomar.

Vaidade: Do desejo de aperfeiçoamento, do prazer que produz ocupar o pensamento dos demais e ser objeto de atenções, admiração, estima e respeito, deriva, em sua forma mais elevada, o sentimento da honra e da dignidade pessoal. Em suas formas exageradas, derivam desse desejo o orgulho, a ambição, a vaidade, o pedantismo, a presunção etc. A humildade excessiva, a falsa modéstia, a submissão, a docilidade, a hipocrisia e a baixeza, entre outras qualidades, derivam de um insuficiente ou defeituoso desejo de aperfeiçoamento moral, pois, nesse último caso, a honra e a dignidade são muito débeis ou inexistentes.

O equilíbrio entre a dignidade excessiva (orgulho) e a dignidade insuficiente (baixeza, hipocrisia) é a modéstia o ponto de honra, a simplicidade e a sinceridade.

A vaidade tem por objetivo a busca exagerada de um efeito sensacionalista e cativador nos demais (desejo de notoriedade). O vaidoso sente necessidade de aprovação constante, de que os demais considerem-no dotado de condições excepcionais para as coisas (figs. 33, 34b, 57, 68, 92, 127).

A vaidade busca a opinião dos demais; o orgulho a despreza. Não é raro o caso em que o orgulho e a vaidade vêm juntos, pois são duas paixões sustentadas por um mesmo fundo: o egocentrismo.

Valorização: "A necessidade de demonstrar a si mesmo e de mostrar aos demais que se possui um valor pessoal – diz Bastin – é uma das alavancas essenciais do dinamismo humano". Essa valorização pode ser irreflexa (emocional) ou reflexiva (produto de uma meditação).

A valorização (autovalorização, ego) irreflexa ou emocional conduz a posturas ou atitudes inadequadas, quando, por qualquer motivo, o indivíduo se sinta frustrado ou lesado em seu orgulho (reações violentas, oposicionismo, agressividade, obstinação, crítica ofensiva para os demais etc.).

A valorização reflexiva ou ego ponderado admite reveses ou circunstâncias adversas à valia pessoal e, mesmo que o indivíduo se ressinta igualmente, não faz drama com reações emocionais, mas discute essas questões, defendendo ou justificando a necessidade de uma atitude sensata, para não romper o equilíbrio entre o eu e os demais.

No primeiro caso, a escrita é movida, lançada, inflada, desigual, maiúsculas altas e barras dos "tt" largas.

No segundo caso, a escrita é ordenada, clara, ponderada, pausada, pequena ou mediana, contida, sóbria.

Veemência: Exaltação viva e ardente do ânimo, seja nas expressões (entusiasmo eloquente, exaltação expressiva), seja nos atos onde o indivíduo luta para alcançar seus desejos com a paixão e o ardor próprios do impulsivo.

Escrita rápida, impulsionada, inclinada, lançada, centrífuga, ascendente etc. (fig. 90).

Veracidade: Verdade espontânea ou reflexiva, ausência de hipocrisia, de enredo ou falsidade (figs. 145, 149).

Violência: Tendência a se deixar levar pelo ardor extremo da paixão, principalmente como resposta a uma oposição ou contrariedade sofrida nos desejos. Incapacidade para se adaptar e vencer, serenamente, as dificuldades. Desenvolvimento de *anima*.

O indivíduo violento sente-se fraco ante si mesmo, carece de sangue-frio e de disposições para a reflexão, a ordem e a constância. As saídas intempestivas e bruscas do homem violento confirmam sempre a paixão, mas nunca a razão (fig. 31).

Vitalidade: Do latim *vita* = vida, e de *vitalis* = que engendra, sustenta e conserva a vida.

Chama-se vitalidade a fonte inesgotável de energia (energia é calor, força, movimento) que engendra e sustenta a atividade de todas as funções orgânicas e psíquicas.

O que chamamos "força de resistência" (quer seja no terreno físico ou psíquico) refere-se à potência da vitalidade, ou seja, à quantidade de força com que podemos nos opor à outra força. Os meios defensivos do organismo dependem também da maior ou menor potência da vitalidade.

Onde o indivíduo se sente forte, sente-se confiante. Por isso, deve haver distinção entre a vitalidade física e a vitalidade psíquica, ainda que, geralmente, venham unidas.

O indivíduo de vitalidade débil é influenciável, emotivo, excessivamente sensível e facilmente cansável.

Vivacidade: A endocrinologia demonstra que os indivíduos de constituição hipertireóidica possuem uma inteligência viva e de reação imediata, que são extremamente sensíveis, emotivos, impacientes e que se impressionam, profundamente, ante qualquer acontecimento imprevisto. Entre os hipertireóidicos encontram-se a maior parte dos artistas (pintores, escultores, poetas etc.) (figs. 28, 72, 76, 89 e 150).

Ao contrário, os hipotireóidicos são lentos, preguiçosos, indolentes; sua inteligência e seus movimentos são retardados; comovem-se muito raramente, e seu caráter frio torna-os calculistas, egoístas, pouco expansivos ou reservados (figs. 14, 15, 42, 69 e 147).

O vigor e a força física, a virilidade, a solidez da constituição atlética, enfim, a firmeza e solidez do caráter e da vontade dependem, estritamente, das funções secretoras de certas glândulas e da fortaleza do sistema nervoso.

Foi comprovado, por exemplo, que a secreção abundante da glândula suprarrenal tem a virtude de reduzir a força e aumentar a velocidade. Por isso é que, quando a função dessa área predomina, o caráter torna-se vivo, impaciente, nervoso, inclusive mais sensível e inteligente; mas também se observa que é propenso a se fatigar logo, que se torne inconstante e fraco, e sua falta de resistência física e psíquica obriga-o a desviar-se de tudo aquilo que representa ou representaria um esforço sustentado.

Pode acontecer o inverso se predomina a falta da secreção da glândula suprarrenal, pois, nesse caso, a velocidade se reduz e aumenta a força; o indivíduo torna-se vigoroso, maciço e resistente, a energia muscular aumenta consideravelmente e permite resistir a grandes esforços sem chegar ao cansaço. A inteligência torna-se então tranquila, o caráter viril, firme, tenaz e decidido, e a vontade mais persistente e mais capaz de esforços contínuos.

As glândulas que mais intervêm na formação da virilidade e da energia são a hipófise, a tireoide, a suprarrenal, a parte intersticial do testículo e, em combinação com essas, a robustez do sistema nervoso.

A energia escassa, o afeminamento ou a fraqueza são produzidos, à primeira vista, pelo enfraquecimento geral do sistema nervoso (astenia nervosa, psicastenia) e pela insuficiência de secreção das glândulas endócrinas antes mencionadas.

Vivência: Chama-se "vivência" a toda experiência direta, ou seja, ao que foi vivido.

Portanto, o vivido ou vivência não só abrange o momentâneo, mas tudo o que foi "experimentado" por nós desde o momento em que nos convertemos em um "ser independente", ou seja, desde o instante em que se forma, biologicamente, nosso ser. É sabido que há recordações intrauterinas.

Voluptuosidade: Prazer intenso, delicioso, esquisito, devido aos rebuscados refinamentos dos indivíduos, que escolhem os meios de transportar os sentidos a seus gozos extremos. O indivíduo voluptuoso faz do prazer dos sentidos e do sexo uma arte de gozar (fig. 99a, b).

Escrita fusiforme; pernas longas e ornadas.

Vontade: "Embora a inteligência resolva o problema dos *meios,* a vontade resolve o problema talvez mais importante, que é o dos *fins"* (Stanley).

Ter vontade é ter energia e suficiente controle e domínio de si mesmo, para passar da ideia clara e objetiva à realização do fim que se persegue (figs. 16, 27, 76, 79, 102, 126, 128, 145, 161 etc.)

A vontade nutre-se da afetividade e da inteligência. A afetividade é o motor, a inteligência procura os meios de ação e a direção do esforço.

Uma vontade poderosa é sempre a consequência de uma boa capacidade de trabalho, de energia, de ardor e de eficácia. A constância, a medida, a solidez e a claridade das ideias constituem também firmes apoios da atividade, ou seja, da ação, em sentido positivo.

Voyeurismo: Obtenção do prazer sexual ou da excitação sexual pela observação secreta de situações sexuais nos demais. Pode se dar esse desvio sexual, com ou sem masturbação, em jovens (em torno dos 24 anos, segundo Maisch) que, resguardados atrás de janelas ou balcões, observam mulheres nuas ou seminuas, obtendo uma gratificação sexual.

O voyeur pode levar uma vida sexual inadequada, raramente se casa – observa Maisch – e alguns se convertem em delinquentes numa idade relativamente prematura. Não temos documentação suficiente para determinar características grafológicas.

Vulgaridade: É própria dos indivíduos que evoluíram em ambientes de gosto e cultura pouco seletivos. O indivíduo é gregário, copia os hábitos de expressão, ideias e gostos de um ambiente pouco diferenciado. Escrita vulgar, convencional, sem elegância nem originalidade (fig. 75).

Y

Yin e Yang: *Yin* simboliza, na filosofia chinesa, a sombra, o lado feminino, o negro. Yang simboliza a luz, o lado masculino, o branco.

O Yin e o Yang são a representação cósmica de uma espécie de fusão que dá origem a todas as coisas, supondo que, em tudo, há um lado positivo e outro negativo.

BIBLIOGRAFIA SOBRE PSICOLOGIA

BIBLIOGRAFIA SOBRE
PSICOLOGIA

Adams, G. S., *Medición y evaluación en educación, psicología y "guidance"*, Herder, Barcelona, 1983.

Adler, A., *El conocimiento del hombre*, Espasa Calpe, Madri.

————, *El sentido de la vida*, Espasa-Calpe, Madrid, 1975.

————, *Les tempéraments nerveux*, Paris, 1948.

Aepli, Eernest, *Personalidad*, Miracle, Barcelona, 1972.

Albert, L., Michaud, Y. Piotte, R., *La dirección del personal*, Herder, Barcelona, 1981.

Allport, G. W., *Desarrollo y cambio*, Paidós, Buenos Aires.

————, *La personalidad*, Herder, Barcelona, 1980.

Ancona, L. e outros autores, *Enciclopedia temática de psicologia*, 2 vols., Herder, Barcelona, 1980.

Anstey, E., *Test de dominós*, Paidós, Buenos Aires.

Antons, K., *Práctica de la dinámica de grupos*, Herder, Barcelona, 1978.

Argyris, Ch., *El individuo dentro de la organización*, Herder, Barcelona, 1979.

Arnold, W., *Persona, carácter y personalidad*, Herder, Barcelona, 1975.

Arruga i Valera, A., *Introducción al test sociométrico*, Herder, Barcelona, 1979.

Arthus, *Test del pueblo*, TEA, Madri.

Ávila, A., *La timidez*, Herder, Barcelona, 1982.

Ballús, C., e outros autores, *Psicobiología*, Herder, Barcelona, 1983.

Baruk, Fleury y Bachet, M., *Le test Tsedek*, Presses Universitaires de France, Paris.

Bastin, G., *Diccionario de psicologia sexual*, Herder, Barcelona, 1979.

Battegay, R., *El hombre en el grupo*, Herder, Barcelona, 1978.

————, *La agresión*, Herder, Barcelona, 1981.

————, Trenkel, A., *Los sueños*, Herder, Barcelona, 1979.

Baumgarten, F., *Psicología de las relaciones humanas en las empresas*, Labor, Barcelona, 1968.

————, *Exámenes de aptitud profesional*, Labor, Barcelona.

————, *La psychotechnique dans le monde moderne*, Presses Universitaires de France, Paris, 1952.

————, Tramer, *Los tests y la orientación*, Paidós, Buenos Aires.

Bechterev, *La psicologia objetiva*, Paidós, Buenos Aires.

Bell, J. E., *Técnicas proyectivas*, Paidós, Buenos Aires.

Bellak, L., *Thematic Apperception Test Blank*, Psychological Corp., Nova York.

Bender, L., *Test guestáltico visomotor*, Paidós, Buenos Aires.

Berge, A., *Las psicoterapias*, Herder, Barcelona, 1970.

Berger, G., *Carácter y personalidad*, Paidós, Buenos Aires.

Bernard, Paul, *Le développement de la personalité*, Masson, Paris.

Bernard, W. y Leopold, J., *Quién soy yo*, Miracle, Barcelona, 1976.

Bertin, P., *La comprensión mutua en las empresas*, Fco. Casanovas, Barcelona, 1958.

Binet, Alfred, *Introducción a la psicologia experimental*.

————, *La psicología del razonamiento*, Jorro.

Birch y Veroff, *La motivación: un estudio de la acción*, Marfil, Alcoy, 1969.

————, *Test de Blacky*, Paidós, Buenos Aires.

Bohm, E., *El psicodiagnóstico de Rorschach,* Herder, Barcelona, 1978.
Bolton, N., *Introducción a la psicolgía del pensamiento,* Herder, Barcelona, 1978.
Bonaparte, Marie, *Passivité, Masochisme, Feminité,* "Revue Française de Psychanalyse, 1928.
Borrás, M. y Escala Milá, S., *El servicio psicotécnico en la empresa,* Inst. de Psicolog. Aplicada, Barcelona, 1957.
Bourdel, Leone, *Groupes sanguins et tempéraments,* Maloine, Paris, 1960.
_____, Les tempéraments psychobiologiques.
Brachfeld, O., *Los sentimientos de inferioridad,* Miracle, Barcelona, 1970.
Brechet, R., *Les graphologies et les sciences psychologiques,* Inst. Cult. Hum., Paris.
Broustra, J., *La esquizofrenia,* Herder, Barcelona, 1979.
Buffard, L., *Psychologie projective en medecine psychosomatique,* Inst. Cult. Hum., Paris.
_____, *Introduction pratique ou test de Wartegg,* Inst. Cult. Hum., Paris.
Bühler, Ch., *Psicología práctica,* Miracle, Barcelona, 1969.
Campos, A., *La psicoterapia no directiva,* Herder, Barcelona, 1982.
Cattell, Raymond B., *La personnalité, P.U.F.,* Paris. Do mesmo autor, cf. *El análisis científico de la personalidad,* Fontanella, Barcelona, 1972.
Cencillo, Luis, *El inconsciente,* Marova, Madri.
Cerdá, Enrique, *Una psicología de hoy,* Herder, Barcelona, 1982.
_____, *Psicología aplicada,* Herder, Barcelona, 1981.
Coderch, J., *Psiquiatría dinámica,* Herder, Barcelona, 1982.
Corman, L., *Nuevo manual de morfopsicología,* Marfil, Alcoy, 1970.
_____, *Études d'orientation professionnelle.*
_____, *Visages et caractères,* Plon, Paris.
_____, *Quinze Leçons de morphopsychologie.*
_____, *La morphopsychologie dans le diagnostic des aptitudes.*
_____, *L'intelligence parla morphopsychologie, P.U.F.,* Paris.
_____, Le test P.N. *Une dynamique nouvelle de la projection, P.U.F.,* Paris, 1961.
_____, El test P.N. *Manual primero,* Herder, Barcelona, 1981.
_____, El test P.N. *Manual segundo: El complejo de Edipo,* Herder, Barcelona, 1981.
_____, El test P.N. *Manual tercero: La regla de investimiento,* Herder, Barcelona, 1983.
_____, *Examen psicológico del niño,* Herder, Barcelona, 1978.
_____, *Psicopatología de la rivalidad fraterna,* Herder, Barcelona, 1980.
_____, *Narcisismo y frustración de amor,* Herder, Barcelona, 1977.
_____, *La interpretación dinámica en psicología,* Herder, Barcelona.
_____, *El test del dibujo de la familia,* Kapelusz, Buenos Aires.
Correll, W., *Psicología de las relaciones humanas,* Herder, Barcelona, 1981.
_____, *Psicología pedagógica del comportamiento,* Herder, Barcelona, 1976.
Château, J. *y otros autores, Las grandes psicologías modernas,* Herder, Barcelona, 1979.
Chauchard, P., *Voluntad y sexualidad,* Herder, Barcelona, 1971.
_____, *La educación de la voluntad,* Herder, Barcelona, 1973.
_____, *Fuerza y sensatez del deseo,* Herder, Barcelona, 1974.

Chazaud, J., *Las perversiones sexuales,* Herder, Barcelona, 1976.

_____, *Nuevas tendencias del psicoanálisis,* Herder, Barcelona, 1981.

_____, *La melancolía,* Herder, Barcelona, 1982.

Chevalier, J., *Organización de empresas,* Palestra, Barcelona.

Daim, W., *Transvaluation de la psychanalyse,* 1956.

Delay, J. y Pichot, P., *Abrégé de Psychologie,* Masson, Paris.

Delgado, H. e Ibérico, M., *Psicología,* Cient. Médica, Barcelona, 1969.

Denis, R. y Torkomian, S., *La caractérologie au service de l entreprise, Les Editions d'Organisation,* Paris.

_____, *Caractérologie appliqué,* Sabri, Paris.

_____, *Le visage de l'homme, étude morpho-caractérologique,* Sabri, Paris.

Dorsch, F., *Diccionario de psicología,* Herder, Barcelona, 1981.

Dumas, G. y otros, *Nuevo tratado de psicología,* Kapelusz.

Durán, L. M., *Introducción a la práctica del Rorschach,* Herder, Barcelona, 1981. Eck, M., *La homosexualidad,* Herder, Barcelona, 1969.

Ermiane, *Jeux musculaires et expressions du visage,* Le François.

Eysenck, H. J., *Estudio científico de la personalidad,* Paidós, Buenos Aires.

_____, *Estructura y medición de la inteligencia,* Herder, Barcelona, 1983.

_____, Wilson, G., *Psicología del sexo,* Herder, Barcelona, 1981.

Faverge, J. M., *El examen del personal y el empleo de tests,* Herder, Barcelona, 1975.

Filloux, J. C., *El tono mental,* Paidós, Buenos Aires.

Fingermann, *Psicotécnica y orientación profesional,* Labor, Barcelona.

Flechter, P., *Trastornos emocionales,* Herder, Barcelona, 1978.

Fontaine, O., Las terapias del comportamiento, Herder, Barcelona, 1981.

Foulquié, Paul, Psicologia contemporánea, Labor, Barcelona, 1965.

Frankl, V. E., El hombre en busca de sentido, Herder, Barcelona, 1982.

_____, Ante el vacío existencial, Herder, Barcelona, 1980.

Freeman, F. S., *Theory and Practice of Psychological Testing,* Henry Holt Co., Nova York.

Gall, A., Caracterología de la infancia y de la adolescencia, Edit. Miracle, Barcelona, 1968.

García de la Hoz, Victor, *Diccionario de pedagogía Labor,* Labor, Barcelona.

Garma, A. E., *El psicoanálisis,* Paidós, Buenos Aires.

Gaudefroy, M. y otros autores, *Estudios de sexología,* Herder, Barcelona, 1972.

Genovard, C., Gotzens, C. y Montané, J., *Problemas emocionales en el niño,* Herder, Barcelona, 1982.

Giammancheri, E. y Peretti, M., *La educación moral,* Herder, Barcelona, 1981.

Goodenough, F. L., T*est de inteligencia infantil por medio del dibujo de la figura humana,* Paidós, Buenos Aires.

Görres, Albert, *Métodos y experiencias del psicoanálisis,* Herder, Barcelona, 1963.

Grieger, Paul, *L'intelligence et l'éducation intellectuelle,* Presses Universitaires de France, Paris.

Guera, A. y Lang, *El test de Szondi. Análisis del destino,* "Revista de psicología" 1948-49.

Guillaume, P., *Manual de psicología,* Paidós, Buenos Aires.

Guttmann, G., *Introducción a la neuropsicología*, Herder, Barcelona, 1976.
Hare, R. D., *La psicopatía*, Herder, Barcelona, 1974.
Haring, C., *El entrenamiento autógeno*, Herder, Barcelona, 1982.
Hauss, K. y otros autores, *Fundamentos de psicología médica*, Herder, Barcelona, 1982.
Helwig, Paul, *Caracterología*, Herder, Barcelona, 1970.
Herrmann, Th. y otros autores, *Conceptos fundamentales de psicología*, Herder, Barcelona, 1982.
Hilgard, E. R., *Introducción a la psicología*, 2 vols., Morata, Madri, 1973.
Hochheimer, W., *La psicoterapia de C. G. Jung*, Herder, Barcelona, 1969.
Horny, Karen, *La personalidad neurótica de nuestro tiempo*, Paldós, Buenos Aires.
Huber, Piron y Vergote, *El conocimiento del hombre por el psicoanálisis*, Guadarrama, Madri, 1967.
Huxley, J., *La genética soviética y la ciencia mundial*, Hermes.
Jacoby, J., *La psicología compleja de C.G. Jung*, Espasa Calpe, Madrid, 1947. Jaensch, E. R., *Eidética y exploración tipológica*, Paidós, Buenos Aires.
Janet, P., *El cerebro y el pensamiento*, Aguilar.
Jaspers, K., *Psicopatolgía general*, Buenos Aires, 1951.
Jung, C. G., *Tipos psicológicos*, Edhasa, Barcelona, 1971.
_____, *Teoría del psicoanálisis*, Plaza y Janés, Barcelona, 1972.
_____, *Energética del alma*, Paidós, Buenos Aires, 1954.
_____, *Realidad del alma*, Losada, Buenos Aires, 1940.
_____, *El yo y el inconsciente*, Miracle, Barcelona, 1952.
_____, *La psicología de la transferencia*, Paidós, Buenos Aires, 1958.
_____, *Los complejos y el inconsciente*, Alianza Editorial, Madri, 1970.
_____, *Transformaciones y símbolos de la libido*, 1953.
Klages, L., *Los fundamentos de la caracterología*, Paidós, Buenos Aires.
_____, *La persona sensible*, Herder, Barcelona, 1982.
Klopfer W. y Kelly, D., *Técnica del psicodiagnóstico de Rorschach*, Paidós, Buenos Aires.
Koch, C., *El test del árbol*, Fernández Editores, México.
_____, *El test de la pirámide*.
Kretschmer, Ernest, *Hombres geniales*, Labor, Barcelona, 1954.
_____, *Psicología médica*, Labor, Barcelona, 1966.
_____, *Constitución y carácter*, Labor, Barcelona, 1967.
_____, *La personalidad de los atléticos*.
Kuiper, P. C., *Teoría psicoanalítica de la neurosis*, Herder, Barcelona, 1978.
_____, *El psicoanálisis*, Herder, Barcelona, 1979.
Künkel, F., *La formación del carácter*, Paidós, Buenos Alres.
_____, *Introducción a la caracterología*, Ed. Victoria.
_____, *El consejo psicológico*, Miracle, Barcelona, 1975.
_____, *Elementos de psicoterapia práctica*, Herder, Barcelona, 1981.
Laeng, M., *Vocabulario de pedagogía*, Herder, Barcelona, 1979.
Lapierre, C., *Valoración de los puestos de trabajo*, Deusto, Bilbao, 1961.
Lawshe, C. H., *Pruebas psicotécnicas en la selección de personal*, Editorial Rialp, Madri, 1963.

BIBLIOGRAFIA SOBRE PSICOLOGIA

Lehr, U., *Psicología de la senectud*, Herder, Barcelona, 1980.

Lersch, Ph., *La estructura de la personalidad*, Scientia, Barcelona.

Leukel, F., *Introducción a la psicología fisiológica*, Herder, Barcelona, 1978.

Leyens, J.-Ph., *Psicología social*, Herder, Barcelona, 1982.

Lidz, Th., *La persona. Su desarrollo através del ciclo vital*, Herder, Barcelona, 1982.

López Ibor, J. J., *La angustia vital*, Paz Montalvo, Madri, 1969.

_____, *Rasgos neuróticos de nuestro tiempo*, Cultura Hispánica, Madrid, 1968.

_____, *Lecciones de psicología médica*, paz Montalvo, Madri, 1973.

_____, *El español y su complejo de inferioridad*, Rialp, Madri, 1970.

_____, *La agonía del psicoanálisis*, Espasa Calpe, Madri, 1973.

_____, *El libro de la vida sexual*, Danae, Barcelona, 1973.

Lorenzini, G., *Caracterología y tipología*, Marfil, Alcoy, 1965.

Luft, J., *Introducción a la dinámica de grupos*, Herder, Barcelona, 1982.

Madsen, K. B., *Teorías de la motivación*.

Maier, N. R. F., *Psicología Industrial*, Rialp, Madri, 1971.

Maihiot, Bernard, *Dinámica y génesis de grupos*, Marova, Madri, 1973.

Mallart, José, *Orientación funcional y formación professional*.

_____, *Psicosociologia del desarrolo industrial*. I. Relaciones humanas, A.I.E.S.T, Madri, 1960.

Manis, M., *Procesos cognoscitivos*, Marfil, Alcoy, 1978.

Marti-Tusquets, J. L., *Psiquiatria social*, Herder, Barcelona, 1982.

Martin, B., *Angustía y trastornos neuróticos*, Herder, Barcelona, 1974.

Matussek, P., *La creatividad desde una perspectiva psicodinámica*, Herder, Barcelona, 1977.

Meili, R., *Manual de diagnóstico psicológico*, Científico Médica, Barcelona.

Mendels, J., *La depresión*, Herder, Barcelona, 1982.

Mietzel, G., *Psicología pedagógica*, Herder, Barcelona, 1976.

Minkowska, Françoise, *La typologie constitutionelle vue à travers le Rorschach et les dessins d'enfants*.

Mira y López, E., *Manual de orientación profesional*, Kapelusz, Buenos Aires.

_____, *Test miokinético*, Paidós, Buenos Aires.

_____, *Psicología experimental*, Kapelusz, Buenos Aires.

_____, *Problemas psicológicos actuales*, El Ateneo, Buenos Aires.

_____, *Cuatro gigantes del alma*. El Ateneo, Buenos Aires.

Mistriaux, Roger, *L'intelligence et le caractère*, P. U. F., Paris.

Montserrat, S., *Psicología y física*, Herder, Barcelona, 1980.

Moor, P., *Manual de pedagogía terapéutica*, Herder, Barcelona, 1978.

Moragas, J., *La expresividad Humana*, labor, Barcelona, 1965.

Morgan, T., *Introducción a la psicología*, Aguilar, Madri, 1970.

_____, *Psicología fisiológica*, Castillo, Madri, 1968.

Moser, U., *El test de Szondi*.

Mounier, E., *Tratado del carácter*, Buenos Aires, 1955.

_____, *Traité du caractère*, Editions du Seuil, Paris.

Mucchielli, Roger, *Caractères et visages*, P. U. F., Paris.

373

Müller, J., *El niño psicótico*, Herder, Barcelona, 1976.
Müller-Freienfels, *Tu alma y la ajena*, Labor, Barcelona, 1971.
Murray, H. A., *El test de apercepción temática*, Paidós, Buenos Aires.
Nacht, S., *El psicoanálsis hoy*, Miracle, Barcelona.
_____, *El masoquismo*, Sudamericana.
Nickel, H., *Psicología del desarrollo de la infancia y de la adolescencia*, 2 vols., Herder, Barcelona, 1982.
_____, *Psicología de la conducta del profesor*, Herder, Barcelona, 1982.
Oerter, R., *Psicología del pensamiento*, Herder, Barcelona, 1975.
_____, *Moderna psicología del desarrollo*, Herder, Barcelona, 1980.
Ombredanne, A., *Remarque surle T.A.T de Murray* P.U.F., Paris.
Palewski, *L'organisation scientifique du travail*.
Pascual del Roncal, F., *Psicodiagnóstico de Rorschach*, Fondo de Cultura Económica, México.
Pavlov, J. P, *Los reflejos condicionados e inhibiciones*, Ediciones 62, Barcelona.
_____, *Fisiología y psicología*, Alianza Editorial, Madri, 1980.
Perry, J., *Las relaciones humanas en la industria*, Ediciones Ciencias Económicas, Buenos Aires.
Petreseu, L., *El surmenage, Herder*, Barcelona, 1980.
Pfahler, *El hombre y su pasado*, Labor, Barcelona, 1965.
Piaget, Jean, *Introducción a la psicolingüística*, Proteo.
Piéron, H., *Tratado de psicología aplicada*.
_____, Nuttin y otros, La motivación, Proteo.
Pigem Serra y Córdoba, *La expresión desiderativa como manifestación de la personalidad*, "Medicina Clínica", marzo, 1946.
Poinso, Y. y Gori, R., *Diccionario práctico de psicopatología*, Herder, Barcelona, 1976.
Popp, M., *Los conceptos fundamentales de la psicología*, Herder, Barcelona, 1980.
Porot, A., *Diccionario de psiquiatría*, 2 vols., Labor, Barcelona, 1977.
Portuondo, *El psicodiagnóstico de Rorschach en psicología clínica*, Biblioteca Nueva, Madri, 1976.
_____, *Los tests de formación de conceptos en psicología clínica*, Biblioteca Nueva, Madri, 1971.
_____, *El test sociométrico*, Biblioteca Nueva, Madri, 1971.
Prigent, Y., *La experiencia depresiva*, Herder, Barcelona, 1982.
Rapaport, D., *Test de diagnóstico psicológico*, Paidós, Buenos Aires.
Resten, René, *Caracterología del criminal*, Miracle, Barcelona, 1963.
Reymond-Rivier, B., *El desarrollo social del niño y del adolescente*, Herder, Barcelona, 1982.
Rice, A. K., *Aprendizaje de liderazgo*, Herder, Barcelona, 1977.
Richelle, M., *La adquisición del lenguaje*, Herder, Barcelona, 1981.
_____, *Skinner o el peligro behaviorista*, Herder, Barcelona, 1981.
_____, e outros autores, *Manual de psicología*, Herder, Barcelona, 1982.
Riemann, F., *Formas básicas de la angustia*, Herder, Barcelona, 1978.

Rillaer, J. van, *La agresividad Humana*, Herder, Barcelona, 1978.
Roe, Anne, *Psicología de las profesiones*, Marova, Madri, 1972.
Rogers, C. R. e Rosenberg, R. L., *La persona como centro*, Herder, Barcelona, 1981.
Rogoll, R., *El análisis transaccional*, Herder, Barcelona, 1981.
Sacristán, *Las relaciones entre la psicología y la psiquiatría según Kronfeld*, "Archivos Neurob.", núm. 3, 1932.
Sánchez Chamorro, M., *Psicoterapia dinámica en la delincuencia juvenil*, Herder, Barcelona, 1981.
Sbandi, P., *Psicología de grupos*, Herder, Barcelona, 1980.
Schein, E. H. e Beunis, W. G., *El cambio personal y organizacional a través de métodos grupales*, Herder, Barcelona, 1980.
Schrami, W. J., *Introducción a la psicología moderna del desarrollo*, Herder, Barcelona, 1977.
———, *Psicología profunda para educadores*, Herder, Barcelona, 1981.
———, e outros autores, *Psicología clínica*, Herder, Barcelona, 1975.
Schroeder, G., *Terapia conductista en niños y jóvenes*, Herder, Barcelona, 1979. Shaw, M. E., *Dinámica de grupos*, Herder, Barcelona, 1980.
Sheldon, W. H., *Las variedades del temperamento* (Psicología de las diferencias constitucionales), Paidós, Buenos Aires.
Siguan, Miguel, *Problemas humanos del trabajo industrial*, Rialp, Madri, 1963. Simon, P. y Albert, L., *Las relaciones interpersonales*, Herder, Barcelona, 1979. Soto Yárritu, F., *El destino humano como problema científico*.
Spearmann, Ch., *Las habilidades del hombre*, Paidós, Buenos Aires.
Speck, J. e outros autores, *Conceptos fundamentales de pedagogía*, Herder, Barcelona, 1981.
Stäcker, K.-H. e Bartmann, U., *Psicología del fumar*, Herder, Barcelona, 1977.
Stocker, A., *De la psychanalyse à la psychosynthèse*, Paris, 1957.
Streletski, Camille, *Clavier psychologique*, Vigot Fréres, Paris.
Szabó, D. e outros autores, *El adolescente y la sociedad*, Herder, Barcelona, 1980.
Székely, B., *Los tests*, Kapelusz, Buenos Aires.
Tausch, R. e A.-M., *Psicología de la educación*, Herder, Barcelona, 1981.
Thomas, A., *Psicología del deporte*, Herder, Barcelona, 1982.
Todt, E., e outros autores, *La motivación*, Herder, Barcelona, 1982.
Torres Norry, José, *El sueño y los sueños*, Grijalbo, Barcelona, 1970.
Touzard, H., *La mediación y la solución de los conflictos*, Herder, Barcelona, 1981.
Traxel, W., *La psicología y sus métodos*, Herder, Barcelona, 1970.
Troch, A., *El stress y la personalidad*, Herder, Barcelona, 1982.
Vicens Carrió, J., *La dirección de personal*.
Wallon, Henri, *El dibujo del personaje por el niño*, Proteo.
———, *Fundamentos dialécticos de la psicología*, Proteo.
Warren, H. C., *Diccionario de psicología*, Fondo C.E., México.
Watson, J. B., *El conductismo*, Buenos Aires, 1945.
Weber, Fred, *Aptitudes et caractère parla physiognomie*, Mont-Blanc, Genebra.

Wellhöfer, P. R., *Compendio de psicología social*, Herder, Barcelona, 1981.
Wolff, Charlotte, *Psicología del gesto*, Miracle, Barcelona, 1976.
Wukmir, V. J., *Psicología de la orientación vital*, Miracle, Barcelona.
Zavalloni, R. y Montuschi, F., *La personalidad en perspectiva social*, Herder, Barcelona, 1977.
Zazzo, R., *La psicología norteamericana*, Paidós, Buenos Aires, 1960.
Zulliger, H., *Introducción a la psicología del niño*, Herder, Barcelona, 1981.

RELAÇÃO
DE FIGURAS

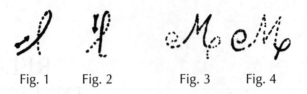

Fig. 1   Fig. 2   Fig. 3   Fig. 4

Fig. 5

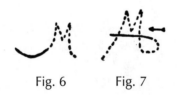

Fig. 6   Fig. 7

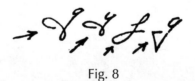

Fig. 8

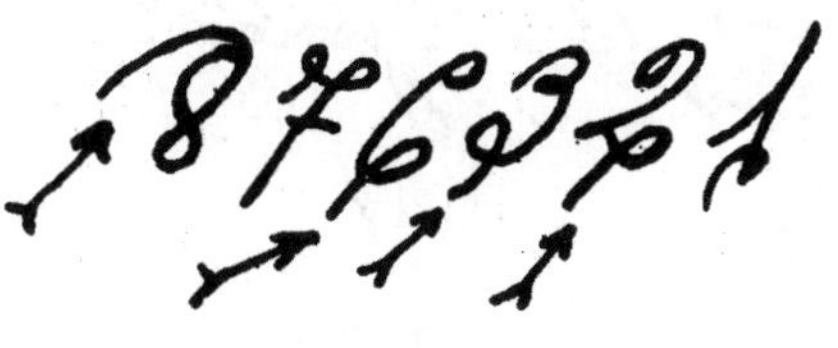

RELAÇÃO DE FIGURAS

Fig. 9

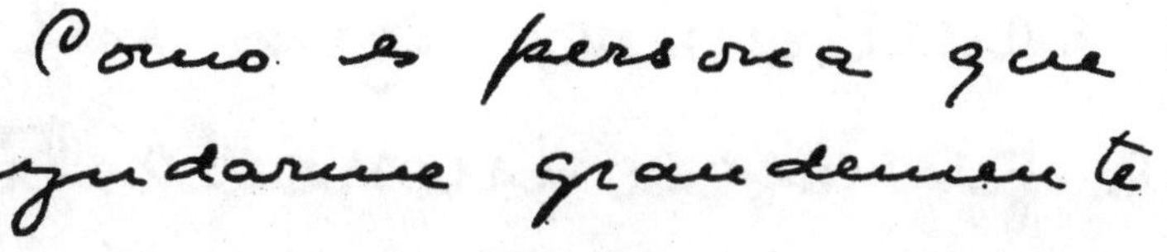

Fig. 10

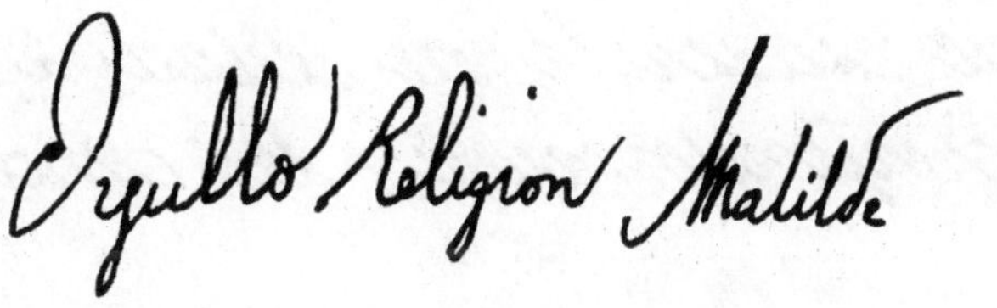

Fig. 11

Fig. 12

379

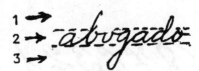

Fig. 13

1. Zona Superior.   2. Zona Média   3. Zona inferior.

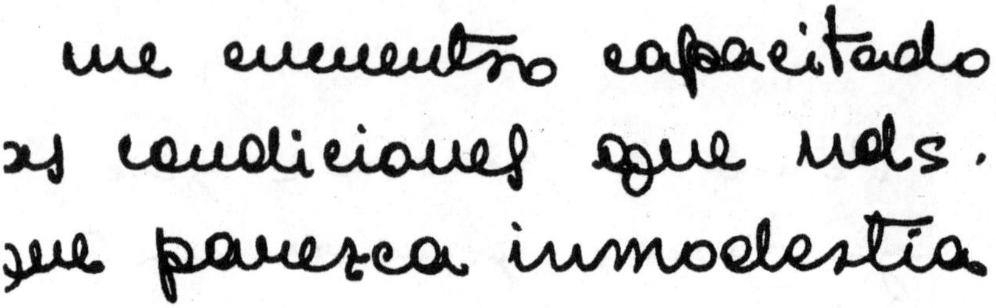

*me encuentro capacitado
xs condiciones que uds.
sue parezca inmodestia*

Fig. 14

*el periódico de esta localalidad
el que suscribe de edad 21 an.
tas) creyendo reunir las condicion.*

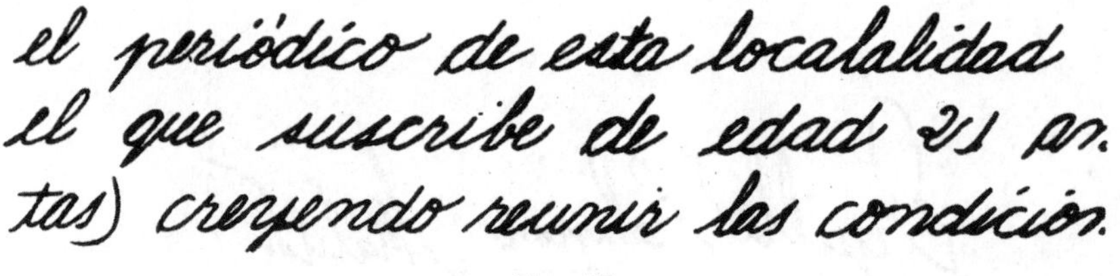

Fig. 15

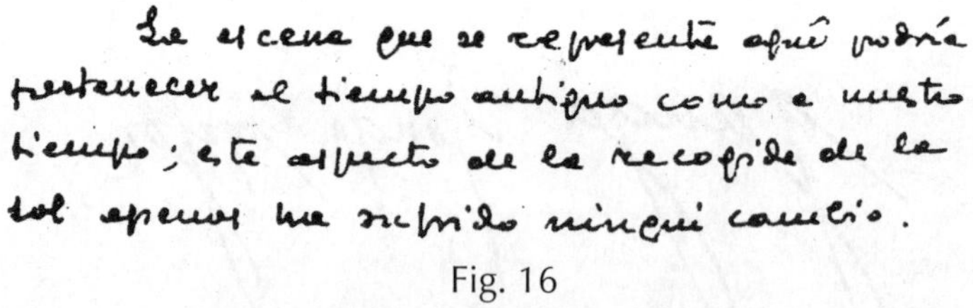

Fig. 16

RELAÇÃO DE FIGURAS

Fig. 17

Fig. 18

Fig. 19

Fig. 20

Fig. 21

Fig. 22

Fig. 23

Fig. 24

Fig. 25

Fig. 26

Fig. 27

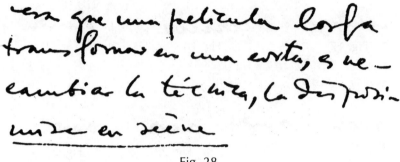

Fig. 28

Fig. 29

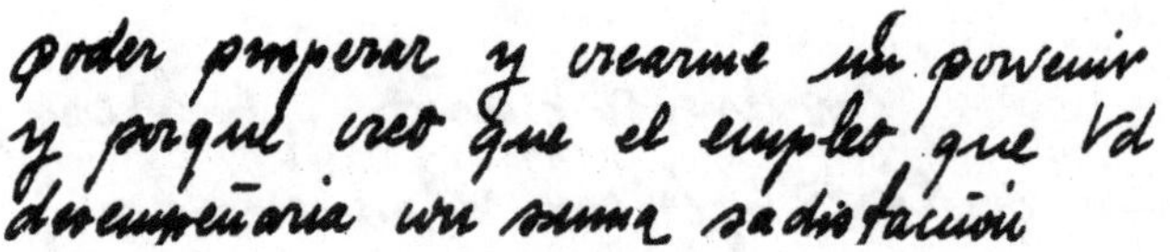

Fig. 30

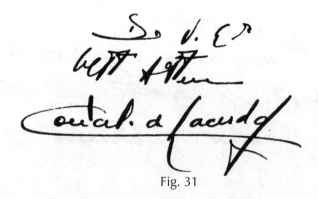

Fig. 31

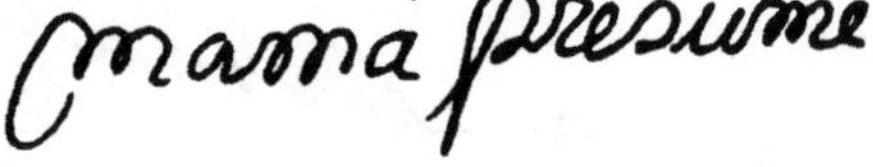

RELAÇÃO DE FIGURAS

Fig. 32

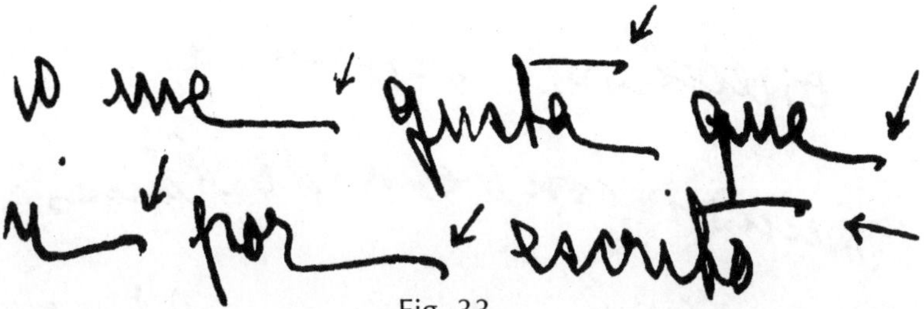

Fig. 33

A

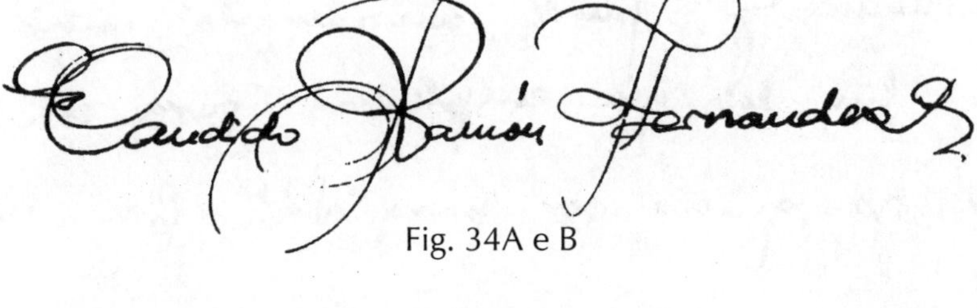

Fig. 34A e B

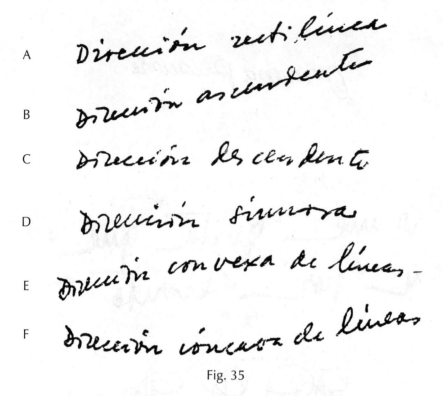

Fig. 35

Fig. 36

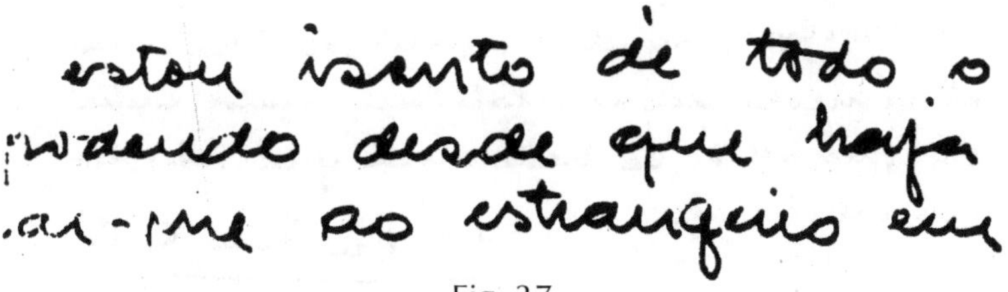

Fig. 37

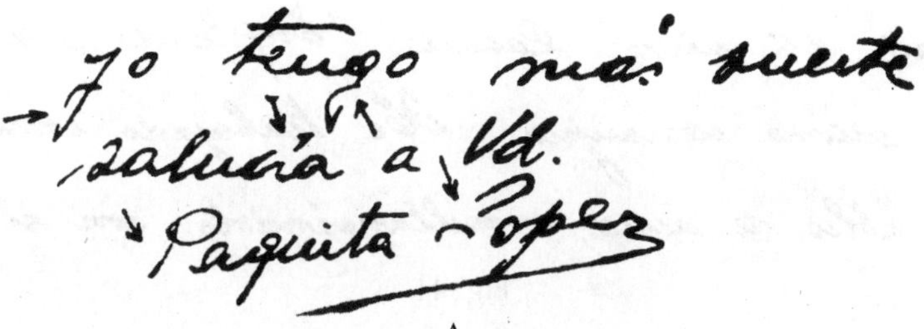

A

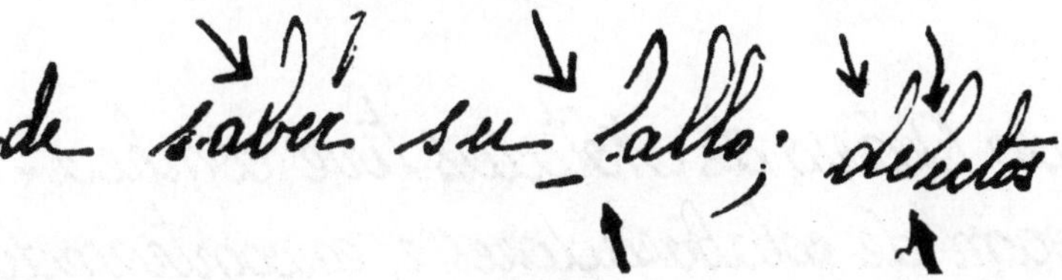

B
Fig. 38A e B

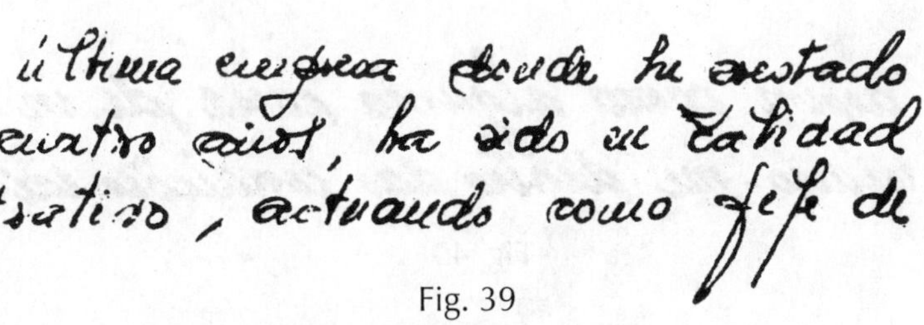

Fig. 39

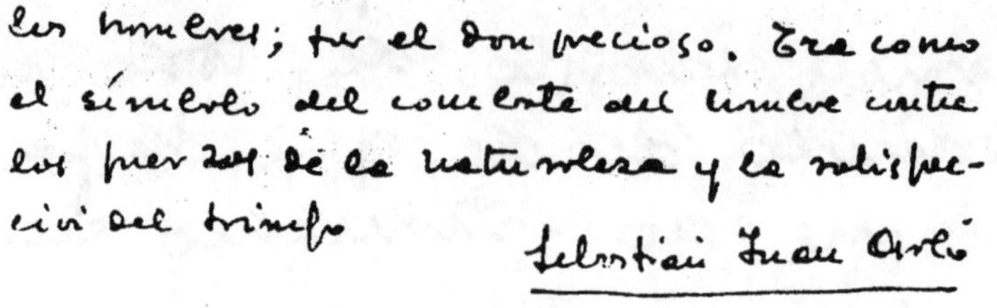

Fig. 40

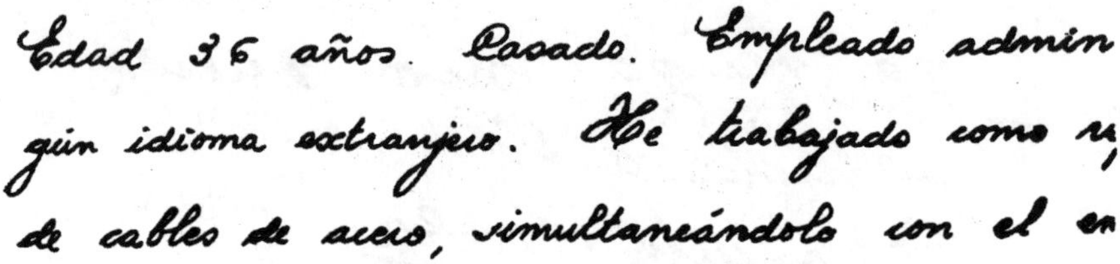

Fig. 41

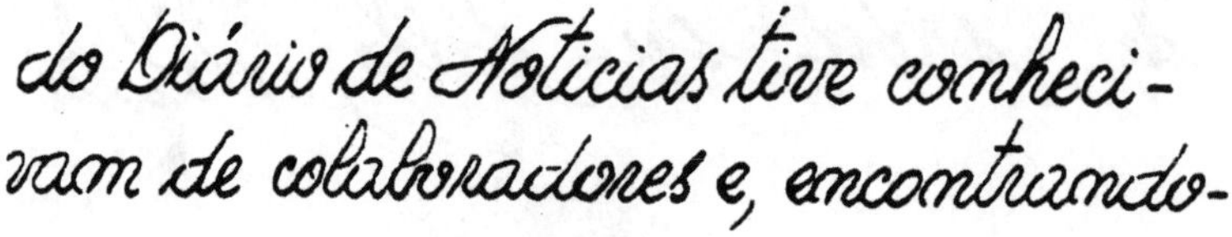

Fig. 42

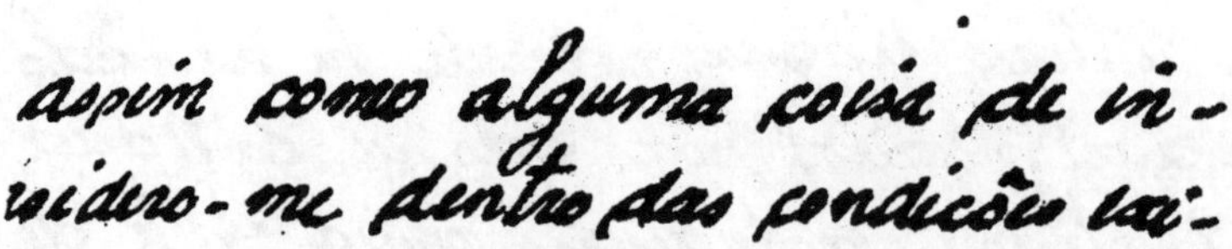

Fig. 43

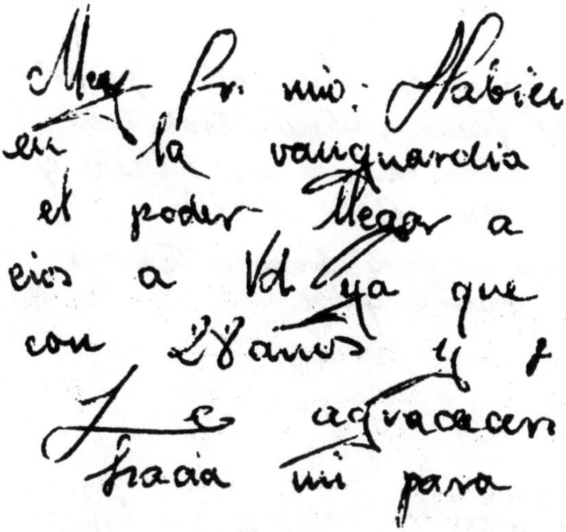

Fig. 44

Fig. 45

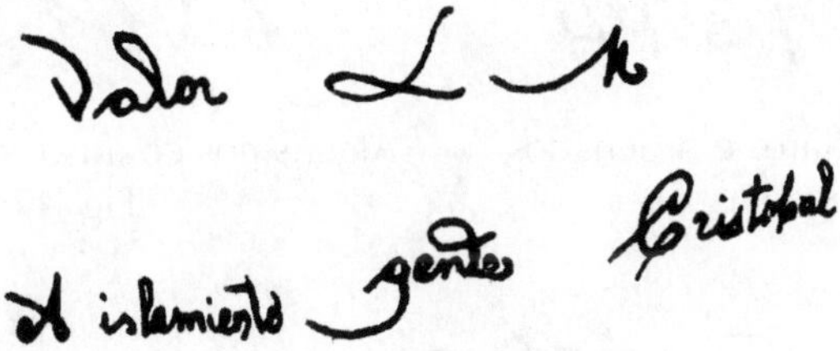

Fig. 46

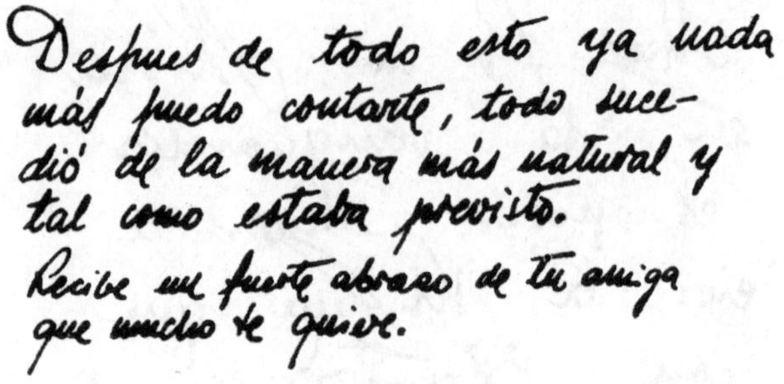
Despues de todo esto ya nada
más puedo contarte, todo suce-
dió de la manera más natural y
tal como estaba previsto.
Recibe un fuerte abrazo de tu amiga
que mucho te quiere.

Fig. 47

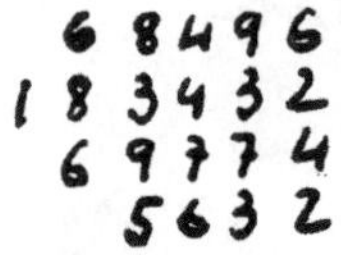
6 8 4 9 6
1 8 3 4 3 2
6 9 7 7 4
5 6 3 2

Fig. 47a

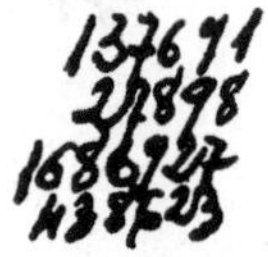

Fig. 47Bd

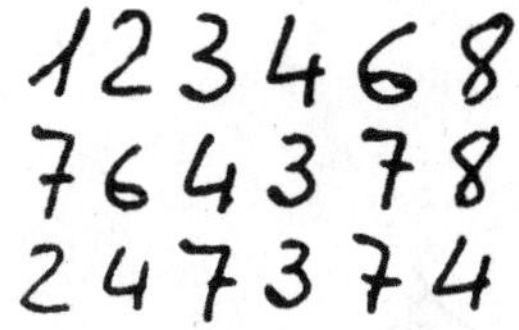
1 2 3 4 6 8
7 6 4 3 7 8
2 4 7 3 7 4

Algarismos claros e ordenados
Fig. 47c

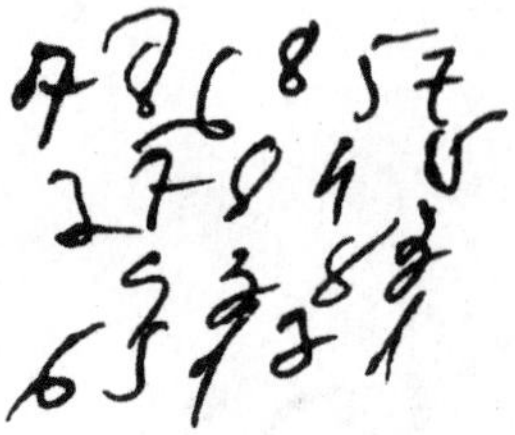

Algarismos confusos e desordenados
Fig. 47d

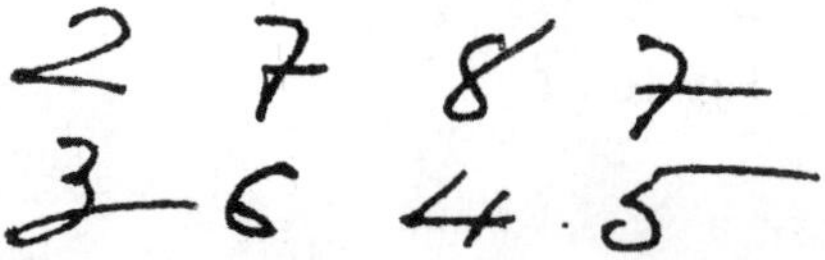
2 7 8 7
3 6 4 5

Algarismos grandes,
dextrogiros e espaçados

Fig. 47e

RELAÇÃO DE FIGURAS

Algarismos grandes
e desordenados

Fig. 47f

Algarismos com o
moviemento final regressivo

Fig. 47g

Algarismos pequenos
e rápidos

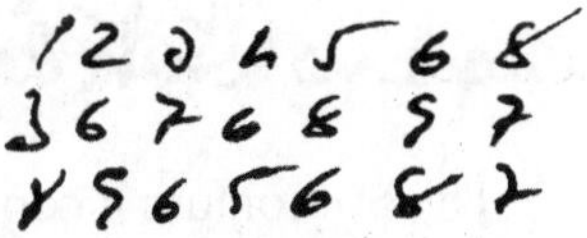

Fig. 47h

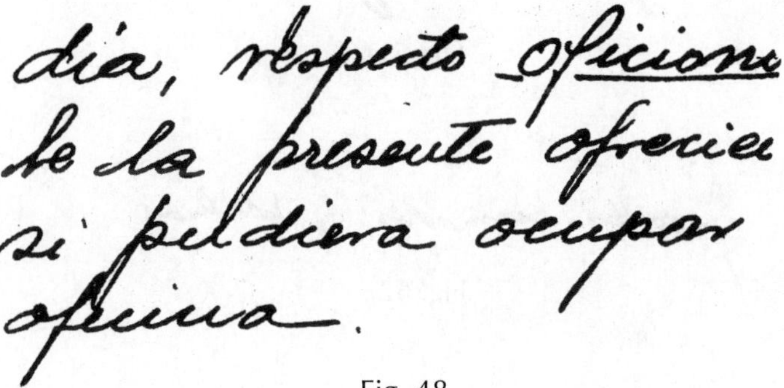

Fig. 48

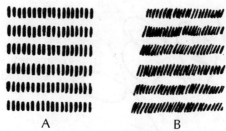

Fig. 49. A: Espaços de concentração normal: concentrada
B: Espaços muito reduzidos: condensada

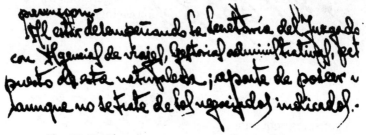

Fig. 50 Confusa e concentrata (palavras e linhas)

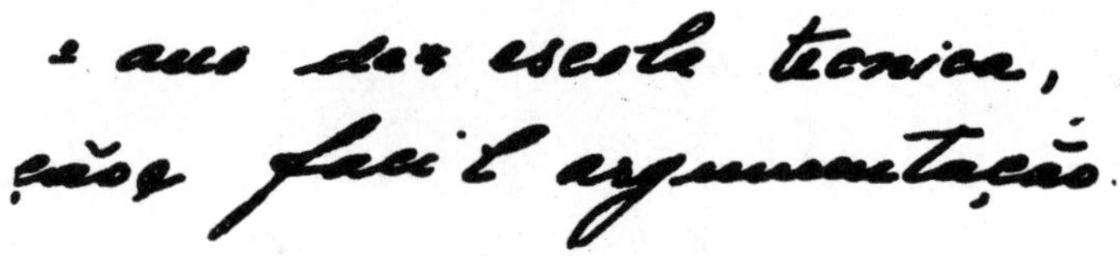

Fig. 51

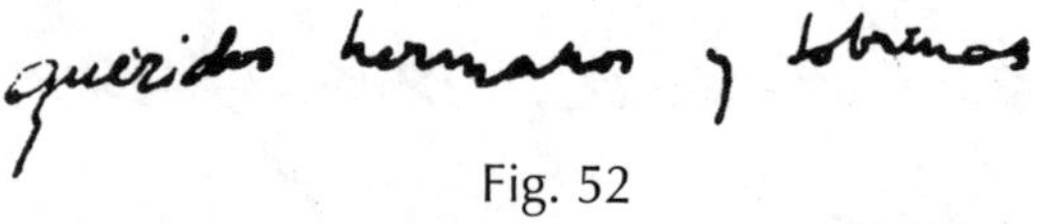

Fig. 52

A *la conducta de los*

B *esta señora de cuarenta y dos años*

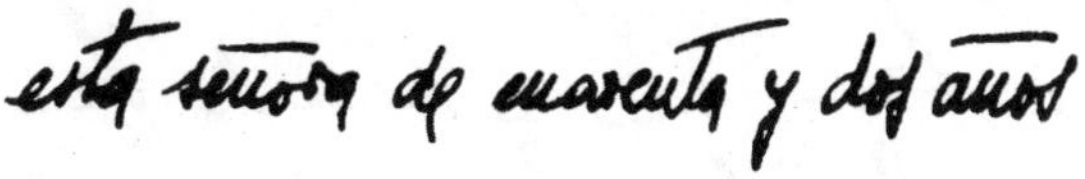

C *lo mejor y más duradero parece*

Fig. 53 Escritas Convencionais

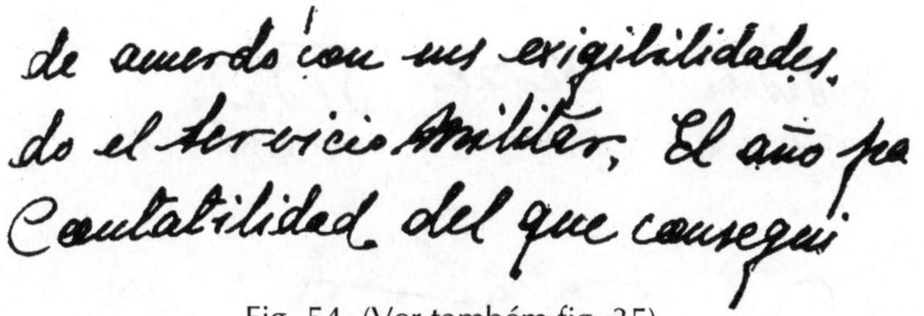

*de acuerdo con sus exigibilidades,
do el servicio militar, El año pa
Contabilidad del que conseguí*

Fig. 54. (Ver também fig. 35)

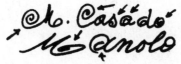

Fig. 55

A *debutó el principiante y verdaderamente.*

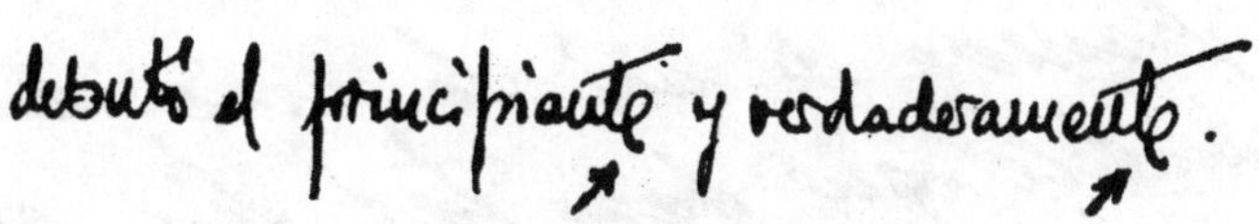

B *es preciso aclarar la cuestión de si los*

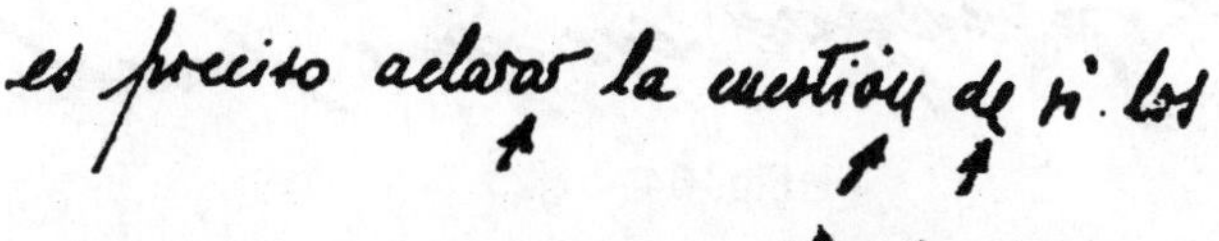

C *recupere su gracil figura*

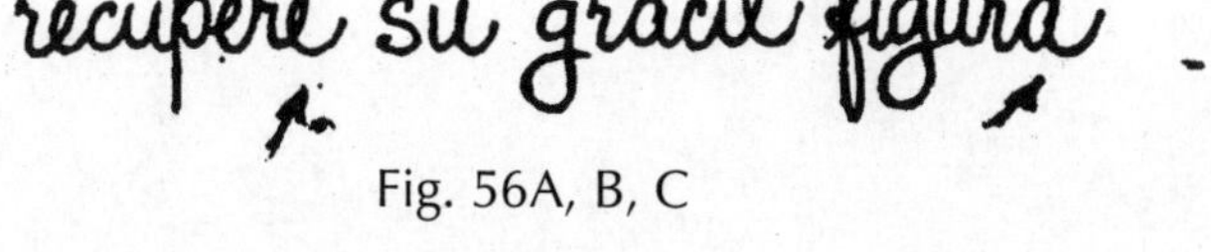

Fig. 56A, B, C

DICIONÁRIO DE GRAFOLOGIA E TERMOS PSICOLÓGICOS AFINS

Fig. 56A, B, C

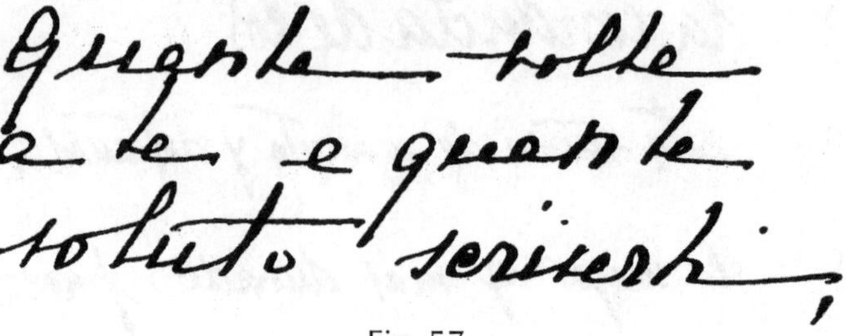

Fig. 57

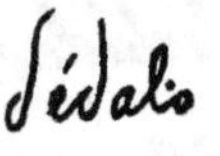

Fig. 58

Fig. 59

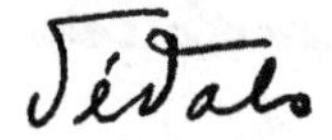

Fig. 60

Fig. 61

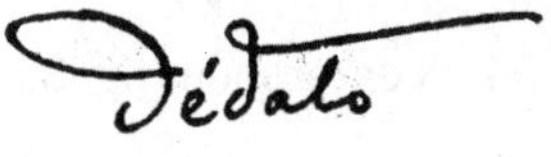

Fig. 62

Fig. 63

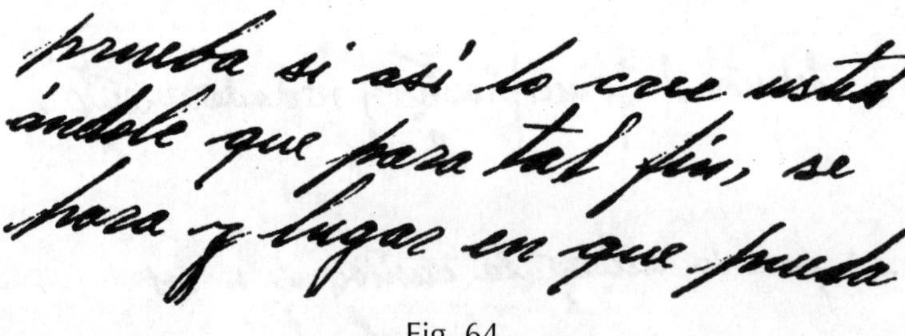

Fig. 64

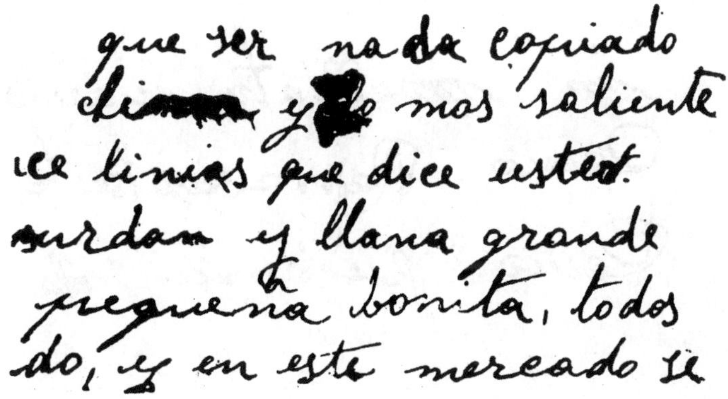

RELAÇÃO DE FIGURAS

que ser nada copiado
climma y ... mos saliente
ee limias que dice usted.
nurdam y llana grande
pequeña bonita, todos
do, y en este mercado se

Fig. 65

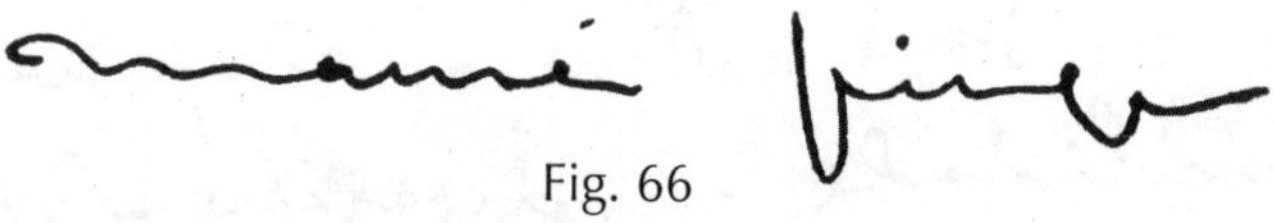

Fig. 66

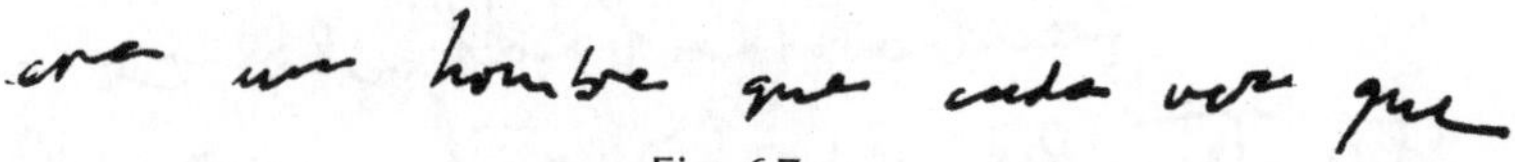

era un hombre que cada vez que

Fig. 67

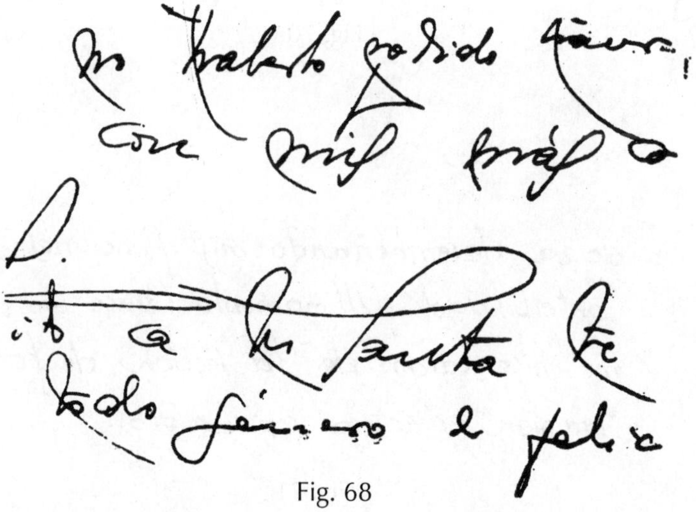

Fig. 68

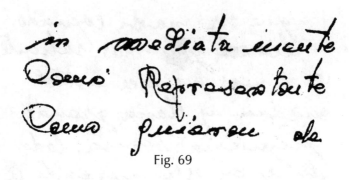

Fig. 69

Fig. 70

Fig. 71

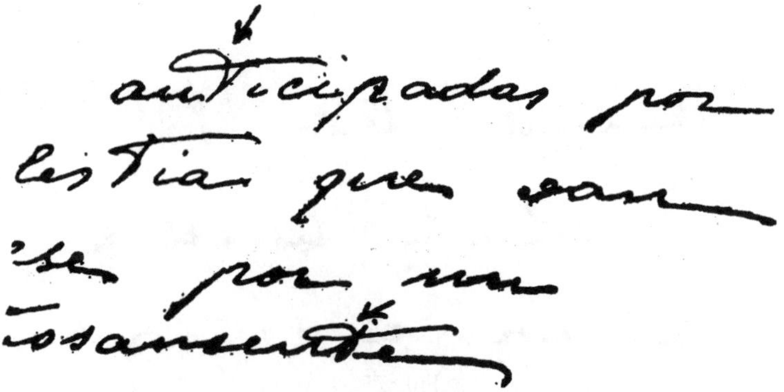

Fig. 72

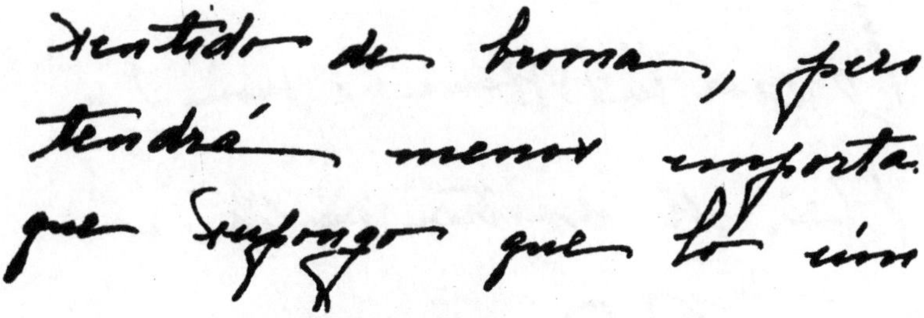

Fig. 73

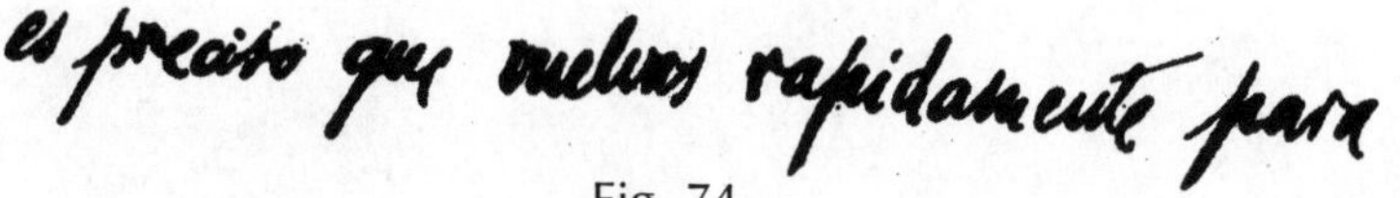

Fig. 74

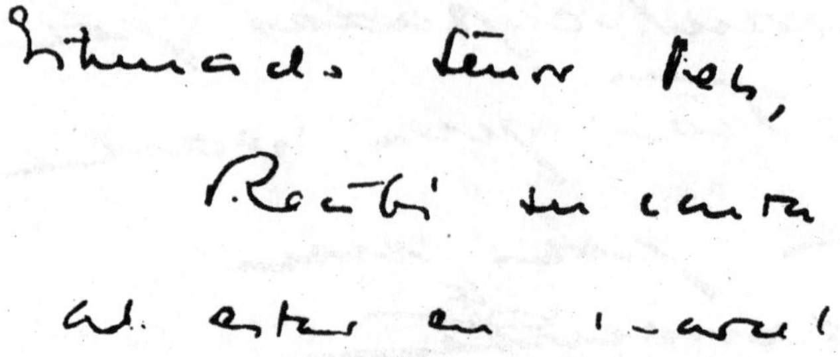

Fig. 75

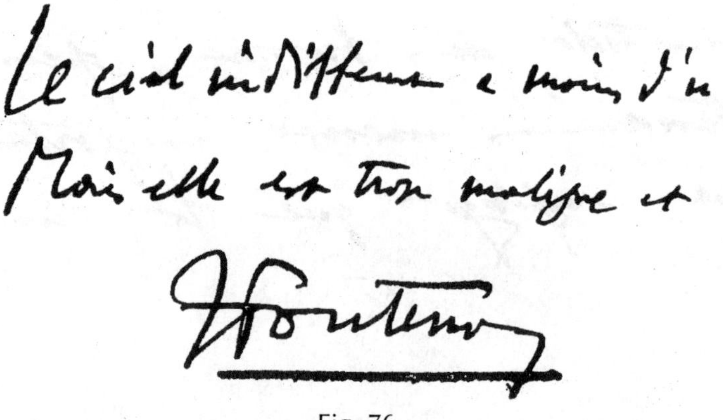

Fig. 76

Fig. 77

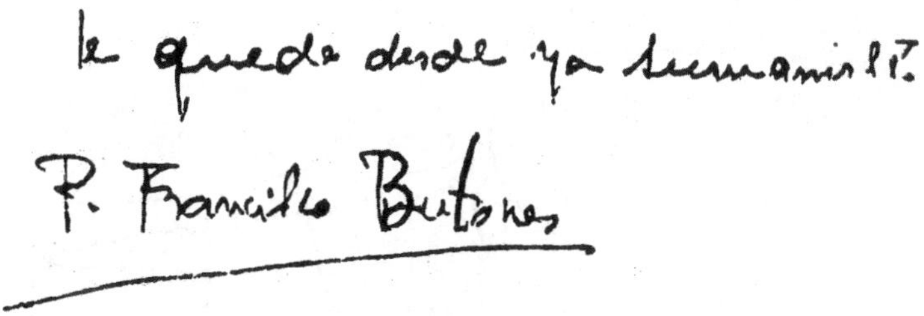

RELAÇÃO DE FIGURAS

Fig. 78

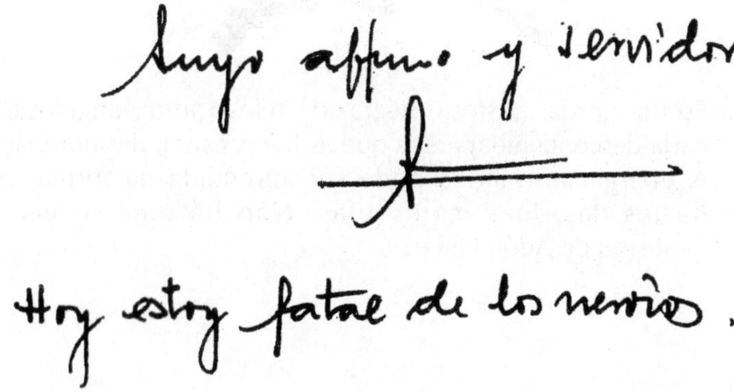

Fig. 79

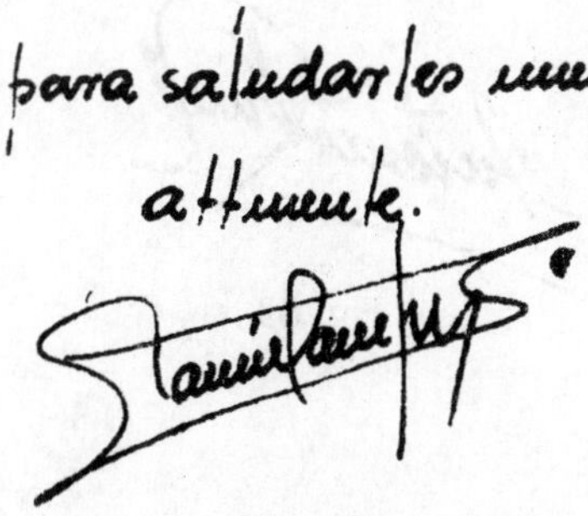

Fig. 80

Fig. 81

Fig. 82   Escrita gorda, pastosa (negra) de relevo forte, angulosa, imbricada descendente (parece que as letras caem, desmoronando-se). A energia afirmativa pode ser apreciada na forma reta das hastes das duas maiúsculas. Não há uma só vacilação. Grafismo de Adolf Hitler.

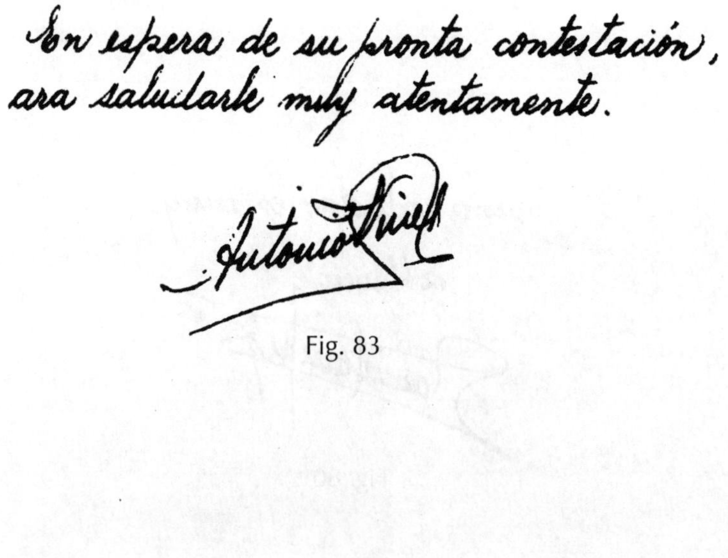

Fig. 83

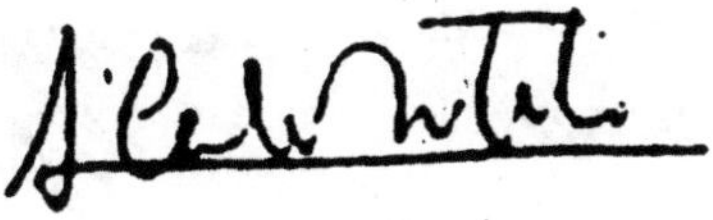

Fig. 84

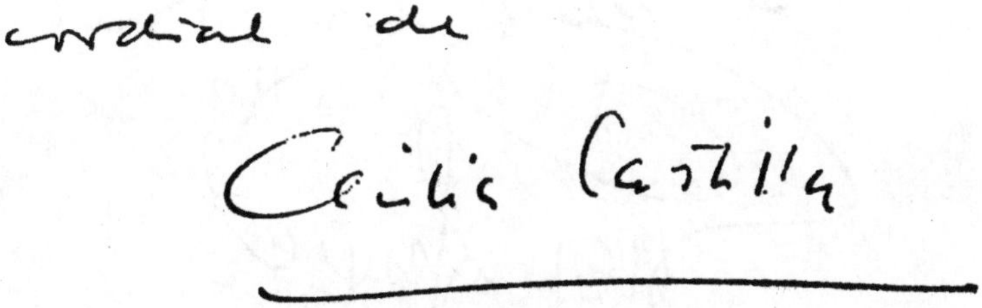

cordial de

Cecilia Castilla

Fig. 85

Un saludo afectuoso

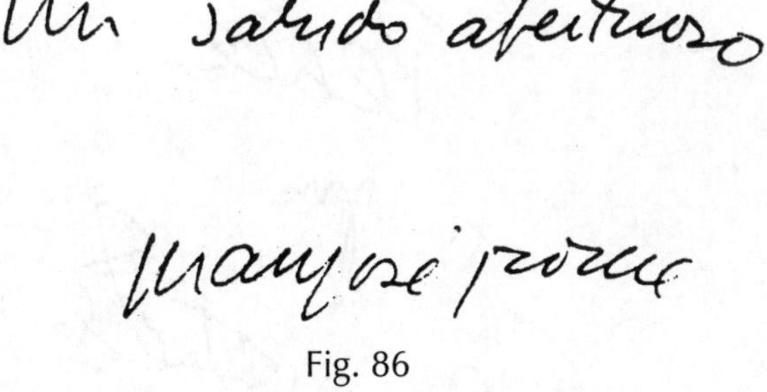

Fig. 86

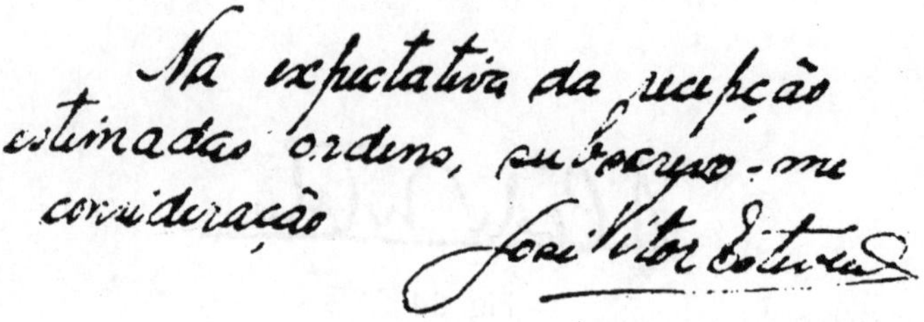
Na expectativa da recepção
estimadas ordens, subscrevo-me
consideração

Fig. 87

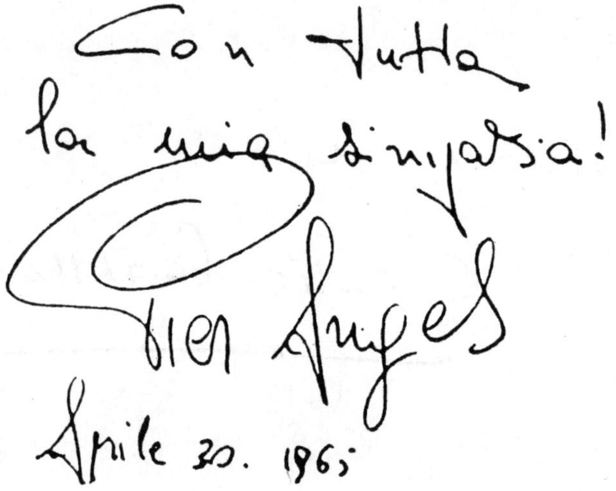
Con tutta
la mia simpatia!
Pier Angeli
Aprile 30. 1965

Fig. 88a

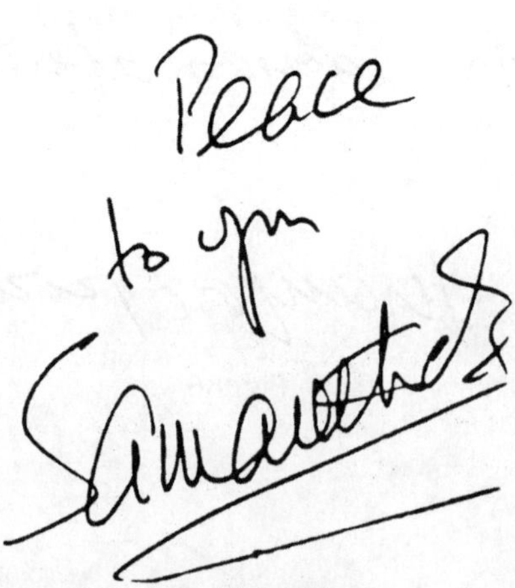
Peace
to you

Fig. 88b

Fig. 88c

Fig. 88d   Assinatura clara, simples, sem ornamentos nem complicações. A rubrica se reduz a um simples traço em diagonal, para a esquerda e para baixo.

Fig. 88e   Escrita precipitada, filiforme e com ligação anormal (veja-se o arco que liga a letra "d" com a letra "c").Tendo em conta os traços finais em maça (inibições) e o peso material sem profundidade do grafismo, a velocidade, aqui, é mais aparente do que real. É muito significativo que o sujeito adote os movimentos filiformes (evasivos) e mutile as duas últimas letras de seu primeiro nome (colocados logo após) e em troca acentue os movimentos e coloque um pedestal (sinal da Letra "c") para destacar as letras do sobrenome (leia-se Hernández Cata). Os psicanalistas veriam aqui o complexo de Édipo, sem muita dificuldade, pelo menos um símbolo muito claro da idealização da mãe.

DICIONÁRIO DE GRAFOLOGIA E TERMOS PSICOLÓGICOS AFINS

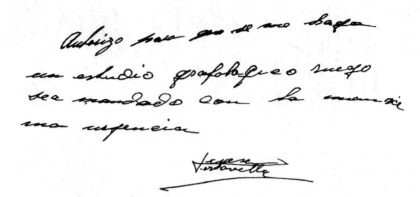

Fig. 88f   Escrita desorganizada (toxicomania).

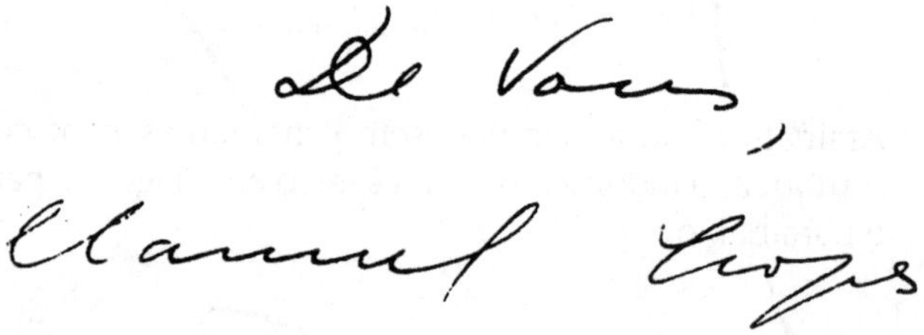

Fig. 89

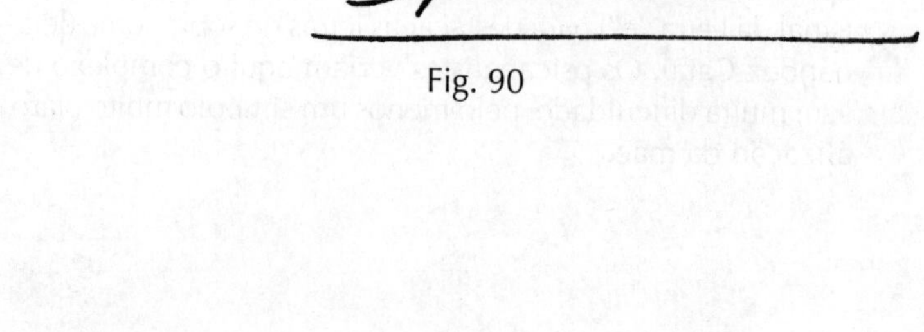

Fig. 90

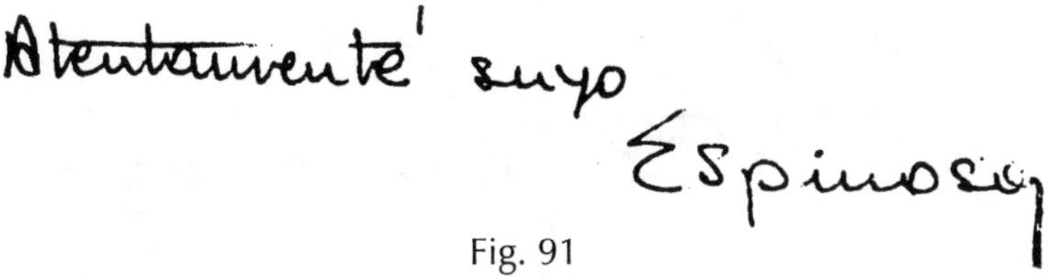

Fig. 91

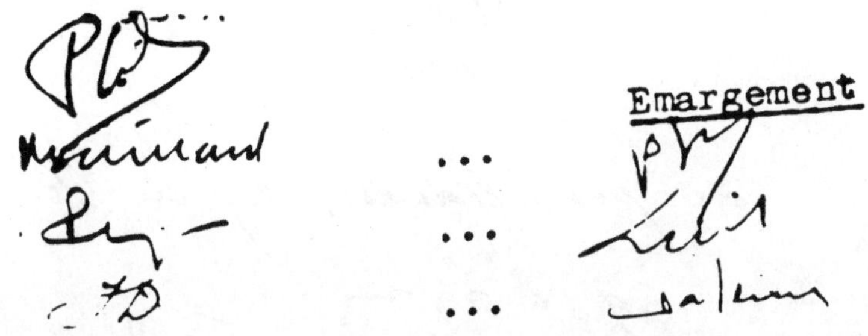

Assinaturas de engenheiros franceses.

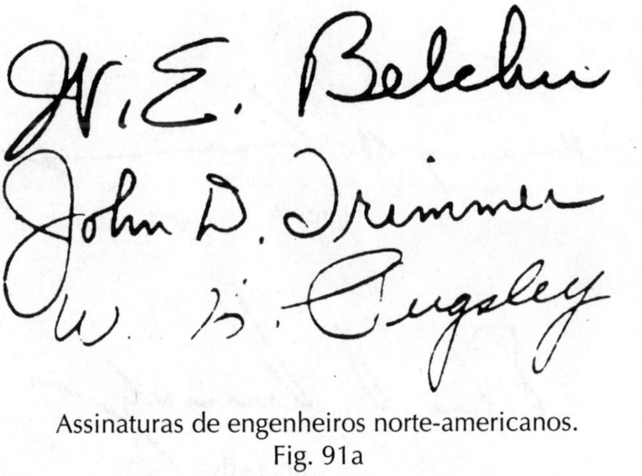

Assinaturas de engenheiros norte-americanos.
Fig. 91a

Fig. 92

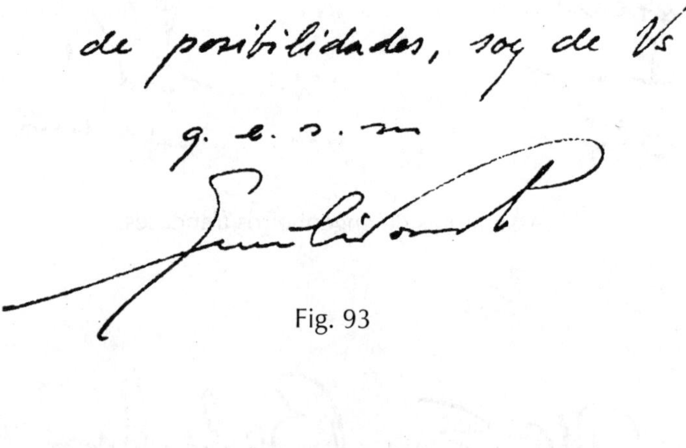

Fig. 93

Henry A. Kissinger

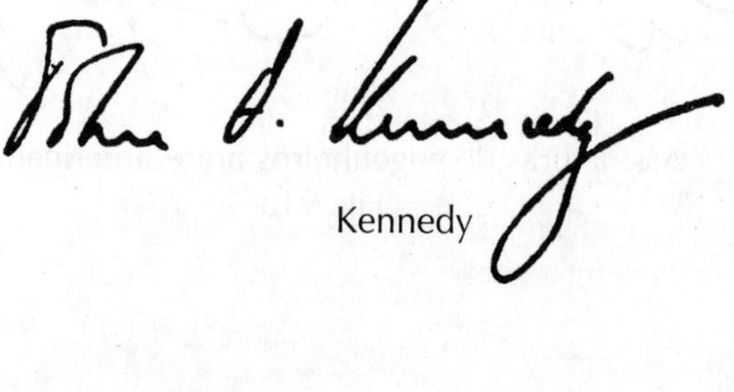

Kennedy

Krutchov

Mac Millan

J. M. Triginer

Manuel Fraga iribarne

Fig. 94

Fig. 94a   Escrita artificial, complicada, soerguida, confusa, movimentada e com ligações anormais. Grafismo de Erle Stanley Gardner.

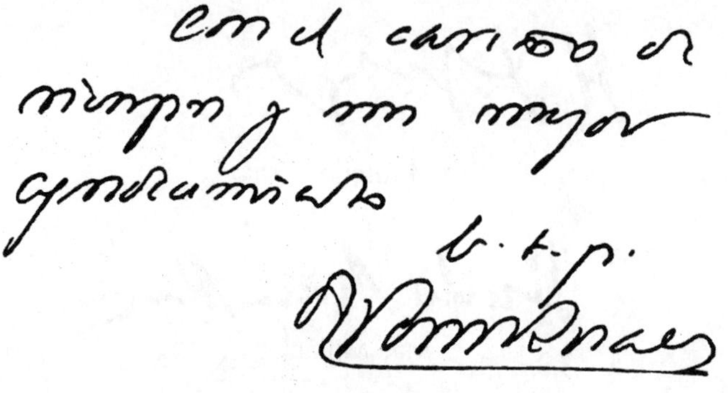

Fig. 94b   Escrita na qual predomina exageradamente o movimento em arco. O arco, mesmo nos homens superiores, reflete uma necessidade de composição construtiva, uma necessidade de esconder e acobertar as tendências naturais e de não se deixar penetrar ou influir espiritualmente pelos demais. O escritor abre sua vida emocional somente para influências encobertas, para impulsos de seu inconsciente, de seu passado pessoal ou familiar. Em outros casos, a ligação em arco indica, com freqüência, o reflexo de qualidades e atitudes simuladas, fingidas, por força de um desejo de aparência estética, moral, religiosa etc. É uma representação preparada para desempenhar um "papel" social. Veja-se, em troca, aqui o *simbolismo*. A ponta impressora parece reproduzir simbolicamente os pontos de uma sutura e, em certos traços, a agulha curva penetrando na carne (o autor deste grafismo é um dos mais hábeis cirurgiões da Espanha).

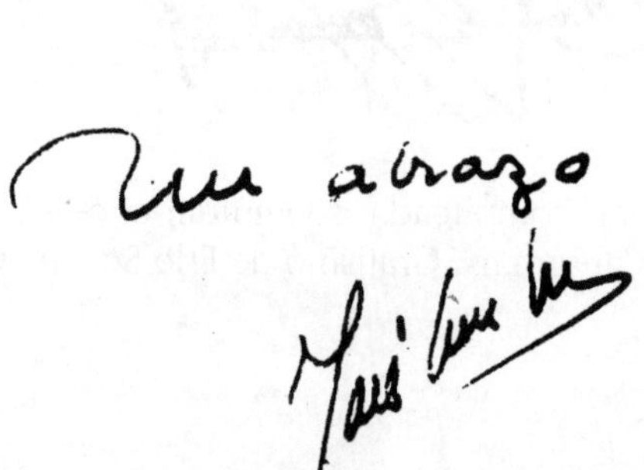

Fig. 95

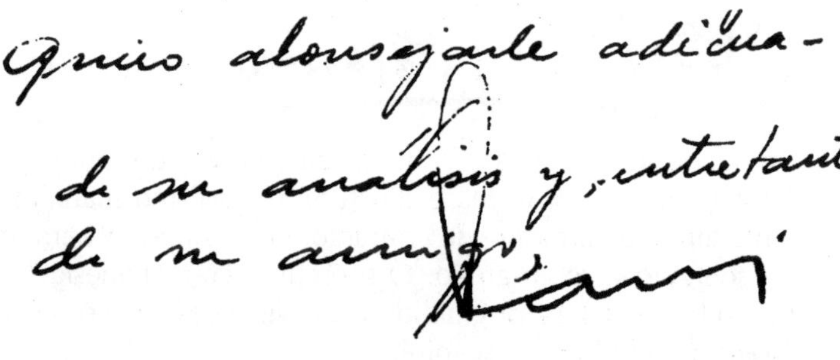

Fig. 96

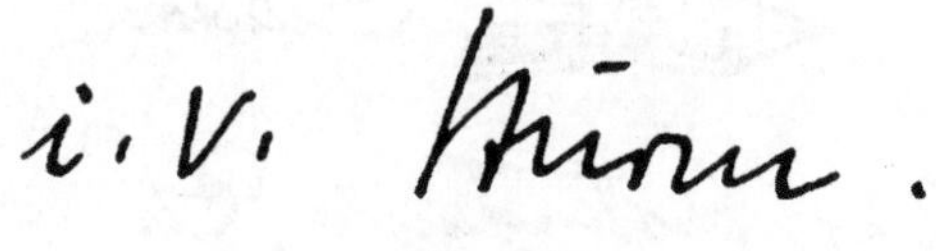

Fig. 97

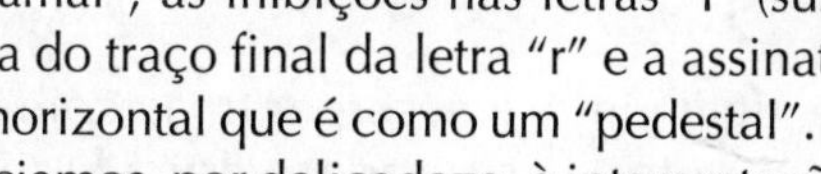

Fig. 97a

Escrita pastosa, congestionada, pequena, vacilante, instável, e desigual (inclinação, dimensão, pressão e rapidez), sinuosa e suspensa. Gestos-tipo mais evidentes: desigualdade de altura e largura nas maiúsculas, a "barriga" inflada e de base angulosa da letra "G" inicial de "Gamal", as inibições nas letras "I" (suspensas), a acentuação maciça do traço final da letra "r" e a assinatura sublinhada por um traço horizontal que é como um "pedestal". Como em outros casos, renunciamos, por delicadeza, à interpretação desses sinais e convidamos o leitor a realizá-la consultando as páginas em que definem e interpretam a escrita e os gestos-tipo aqui mencionados. Grafismo de Gamal Abdel Nasser.

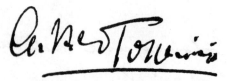

Fig. 97b Escrita rápida, sinuosa, rítmica, em relevo, desigual (pressão, dimensão, coesão, forma e direção). O grafismo mantém, entretanto, grande harmonia de conjunto. Gestos-tipo: A barra da letra "t" soerguida e com arpão. O soerguido com "pedestal" (assinatura sublinhada) e a originalidade das ligações (ligações variadas). Grafismo de Arturo Toscanini.

Fig. 97c Escrita ornada, inflada, angulosa, com apoios de tipo horizontal. (Quando se segura a caneta com os dedos indicadores e médio, a pressão recai sobre a direção horizontal do traço, pois a ponta da caneta fica em posição horizontal (paralela com a linha). Quando se segura a caneta normalmente, os traços recebem o peso da caneta na posição vertical.

Fig. 97d Escrita de ligamento em serpentina, com mistura de arcos e grinaldas, nutrida, pausada, vertical, sinuosa e desigual. (Dimensão, pressão, forma). Destaca-se como gesto-tipo forte a barra da letra "t", maciça, angulosa, decidida e enérgica. É notável, também, a "barriga" angulosa, decidida e enérgica da letra "J" com sua parte sinistrogira em ângulo e a letra maiúscula "D" como nó. A importância dimensional está no sobrenome. Grafismo de Jimmy Durante.

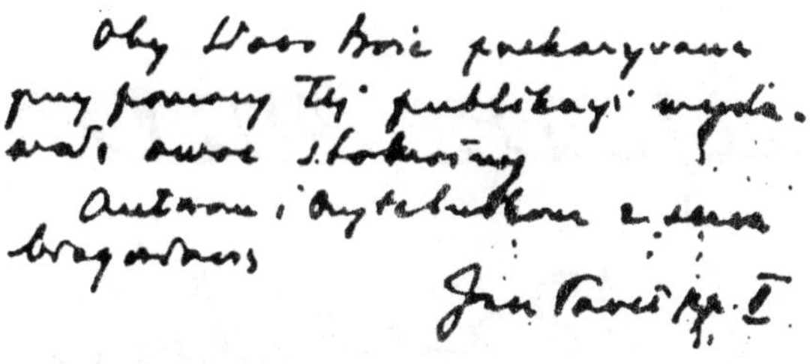

Fig. 97e

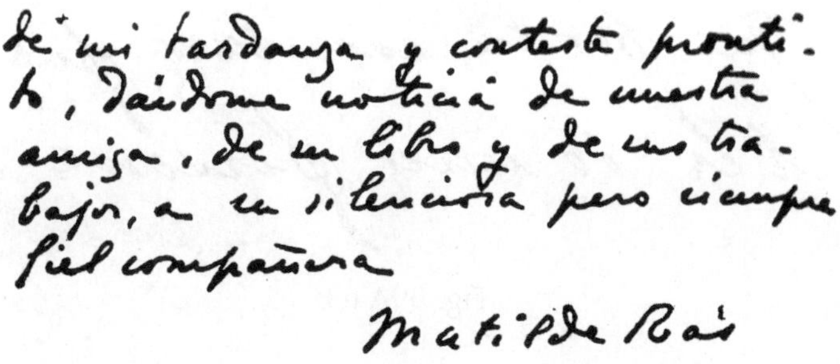

Fig. 97f   Escrita pausada, cadenciada, arredondada, plena, agrupada, moderadamente inclinada, gladiolada, organizada e limpa. O pensamento e o sentimento deslizam, suavemente, com estética e originalidade, nas formas. A plenitude dos movimentos na zona superior reflete a capacidade da razão e da imaginação para abordar a análise e para deduzir conseqüências (a letra "d" com a estrutura da lógica, segundo os autores clássicos). É notável o desenvolvimento da função intuitiva (desligamentos e simplificações) e a capacidade para penetrar nos outros e compreendê-los pelo sentimento (escrita gladiolada e arredondada).

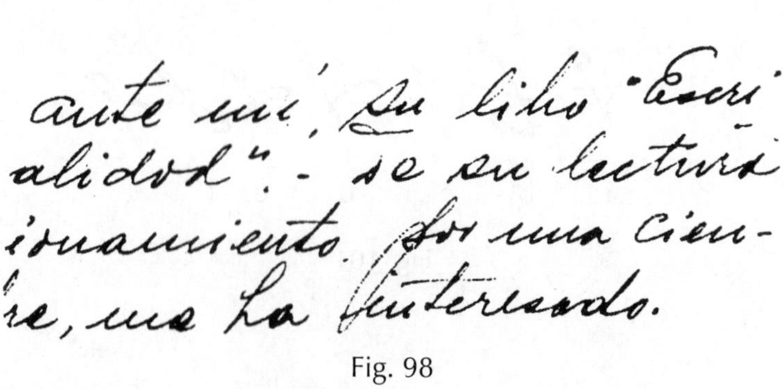

Fig. 98

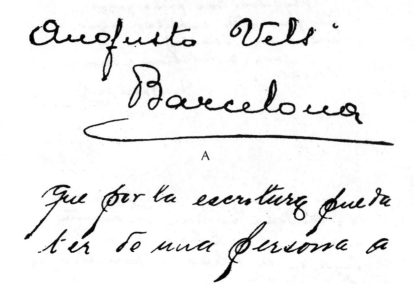

Fig. 99A e B

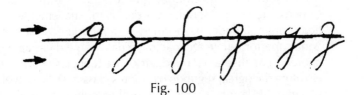

Fig. 100

Fig. 101

RELAÇÃO DE FIGURAS

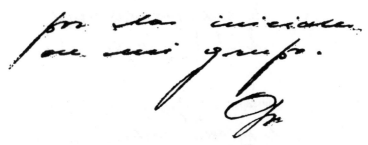

Fig. 102

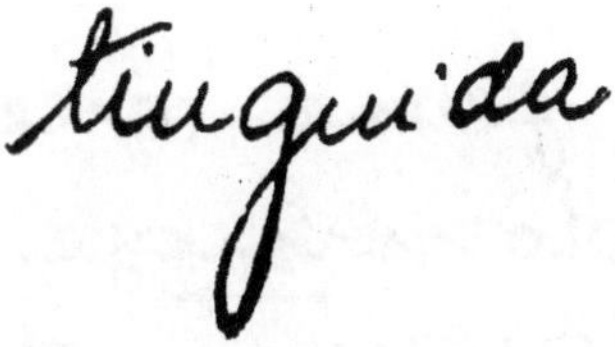

Fig. 103

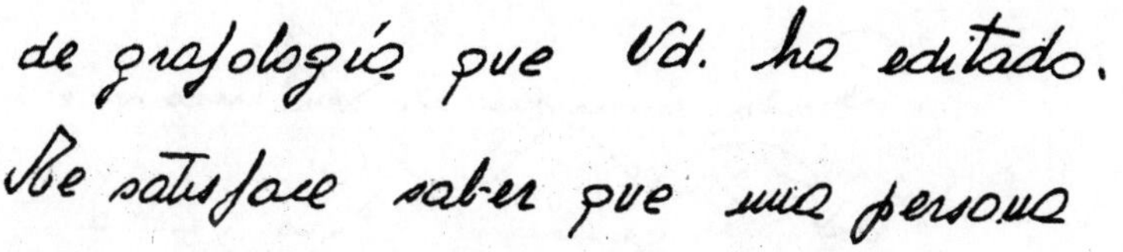

de grafología que Vd. ha editado.
Me satisface saber que una persona

Fig. 104

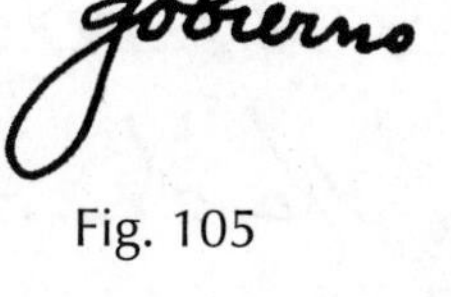

gobierno

Fig. 105

411

A

B

Fig. 106A e B

Fig. 107

A

B

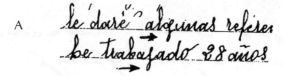

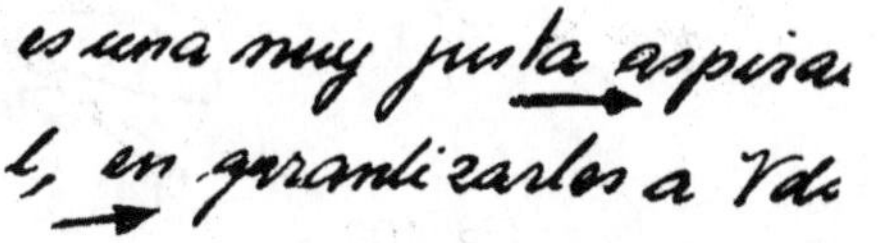

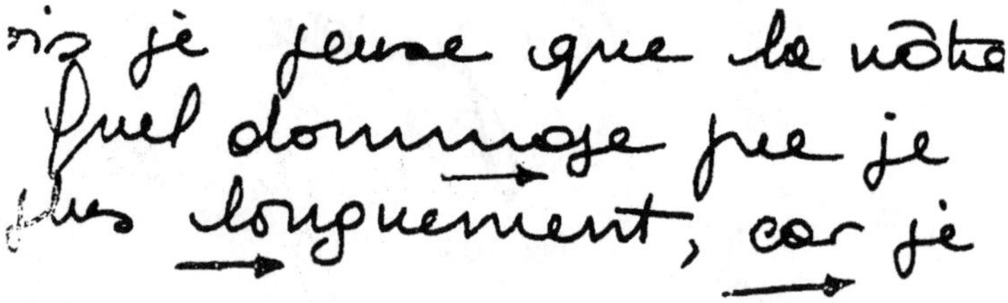

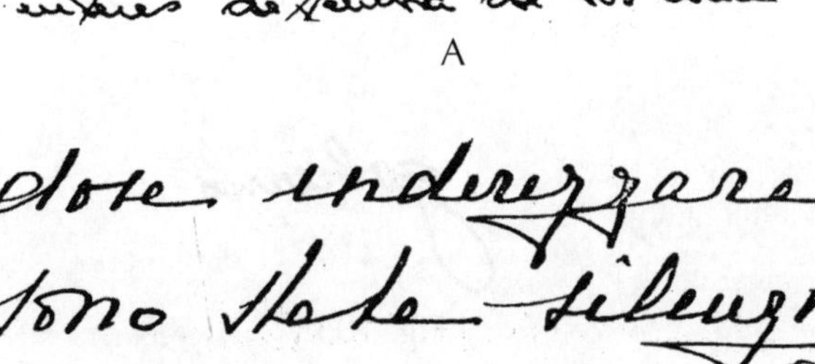

Fig. 108A e B

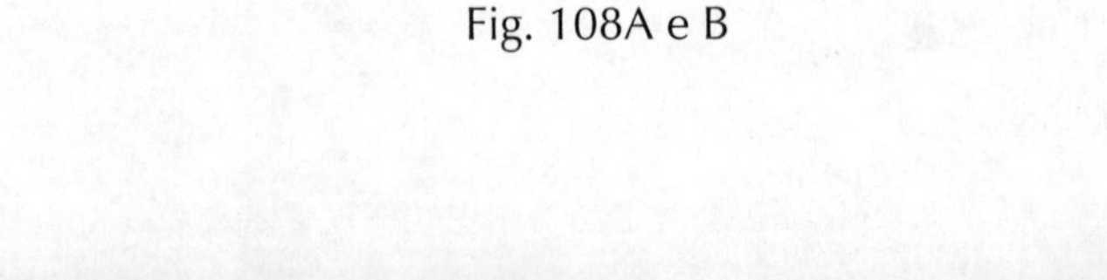

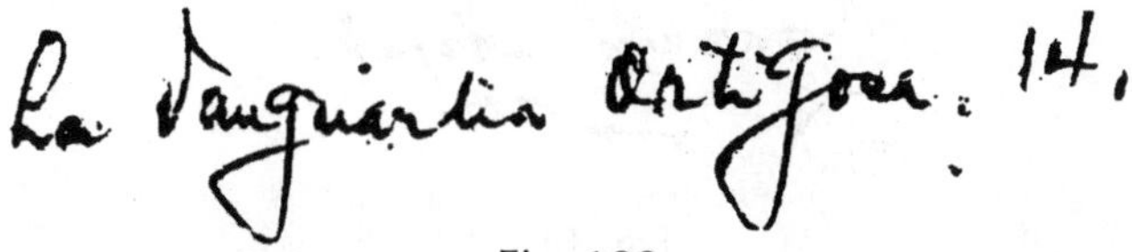

RELAÇÃO DE FIGURAS

Fig. 109

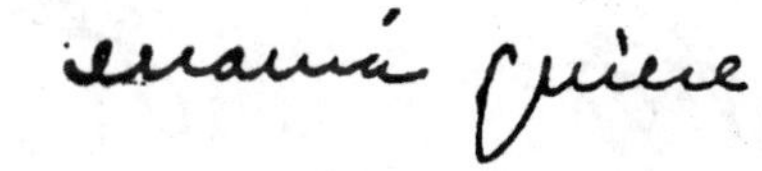

Fig. 110

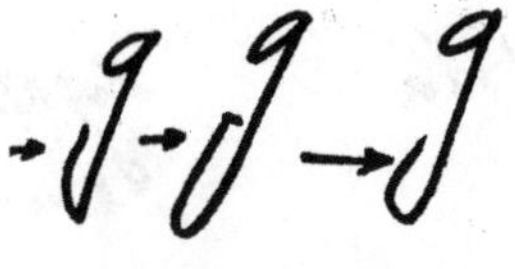

Fig. 111

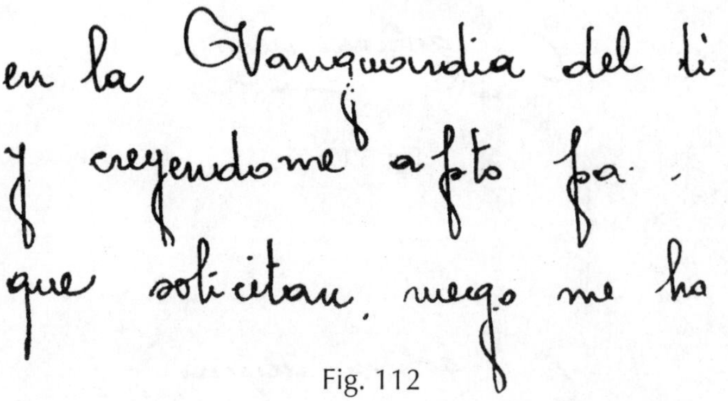

Fig. 112

Fig. 113

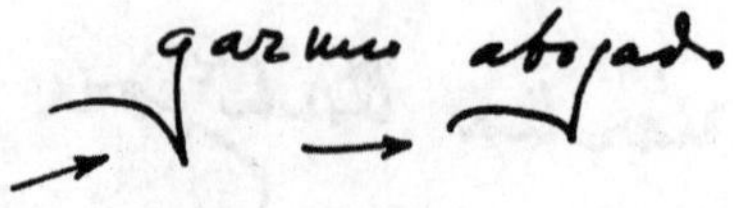

Fig. 114

A B

Fig. 115 A e B

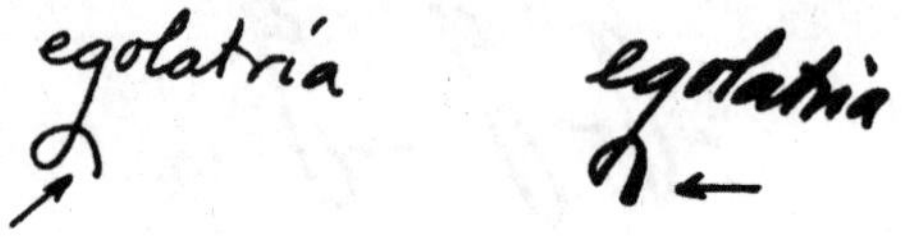

A B

Fig. 116 A e B

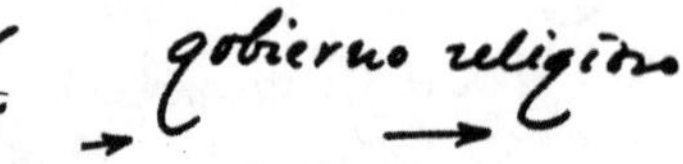

Fig. 117

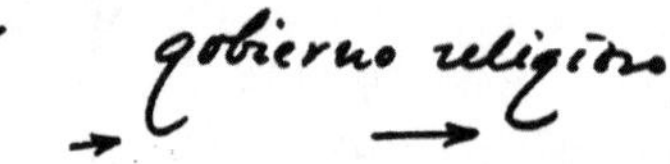

Fig. 118

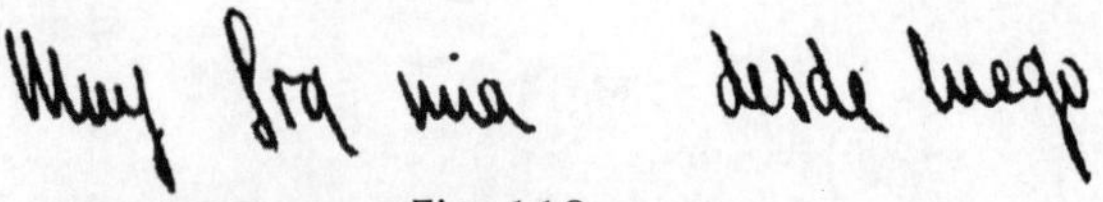

Fig. 119

RELAÇÃO DE FIGURAS

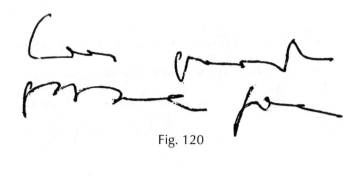
Fig. 120

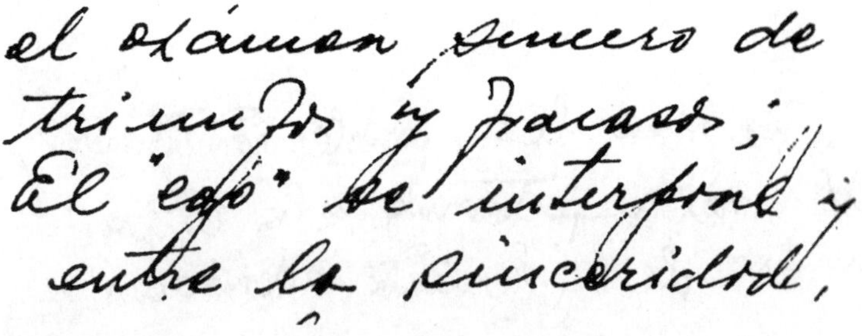

el clamor sincero de
triunfos y fracasos;
El "ego" se interpone y
entre la sinceridad.

Fig. 121

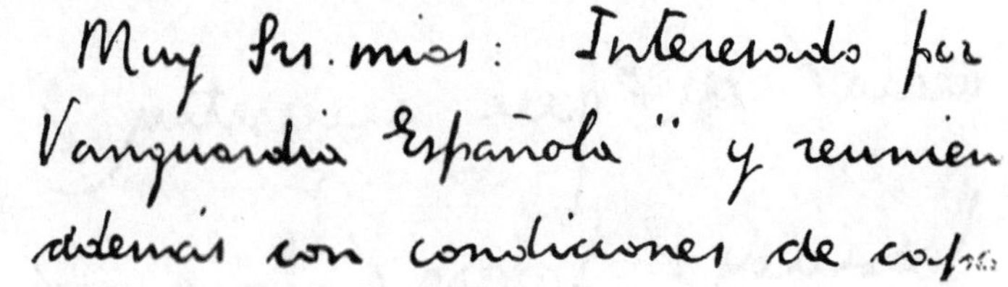

Muy Sres. míos: Interesados por
Vanguardia Española" y reunien
ademas con condiciones de cos...
A

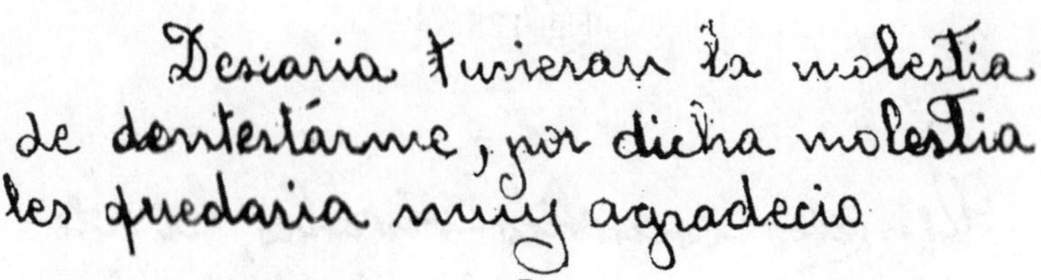

Desearía tuvieran la molestia
de contestarme, por dicha molestia
les quedaría muy agradecio
B
Fig. 122A e B

415

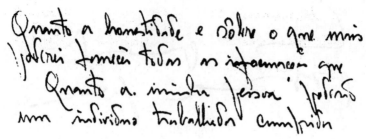

Fig. 123

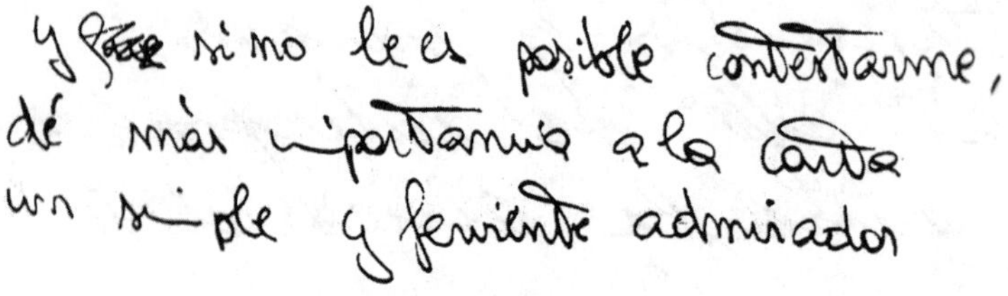

Fig. 124

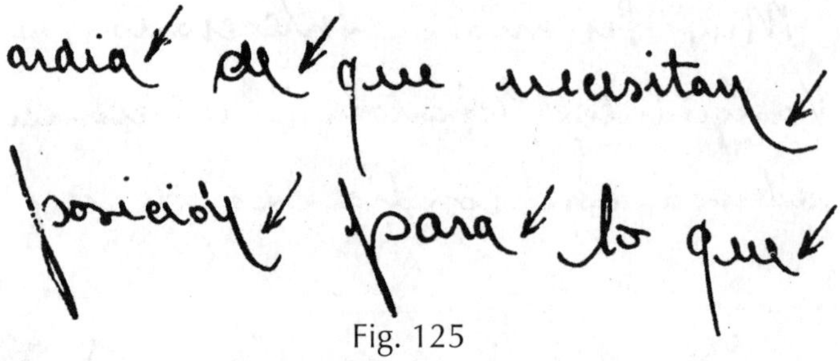

Fig. 125

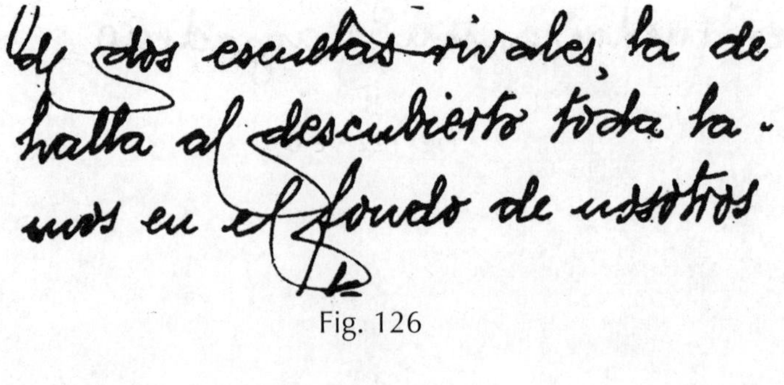

Fig. 126

RELAÇÃO DE FIGURAS

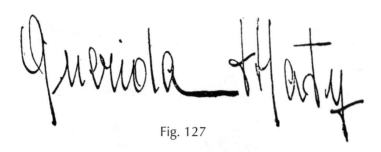
Fig. 127

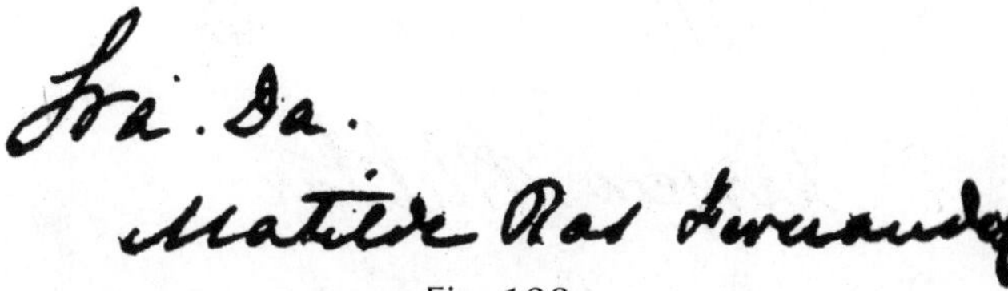

Fig. 128

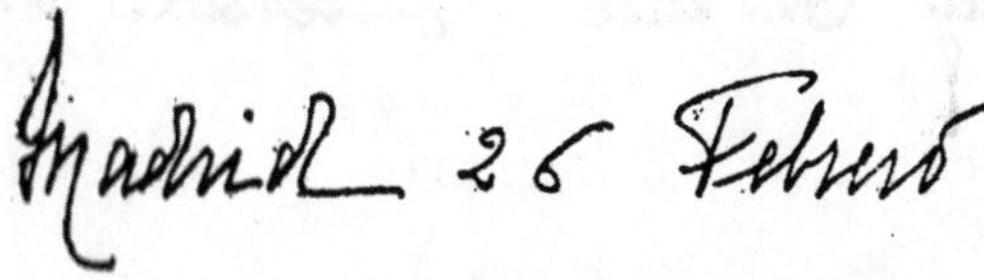

Fig. 129

A

B

Fig. 130A e B

417

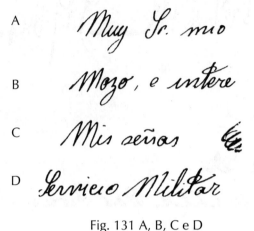

Fig. 131 A, B, C e D

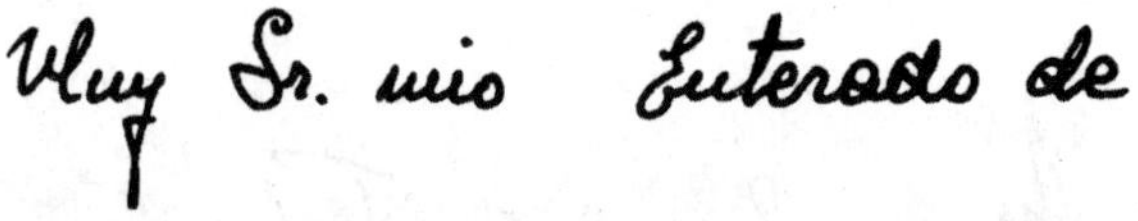

Fig. 132

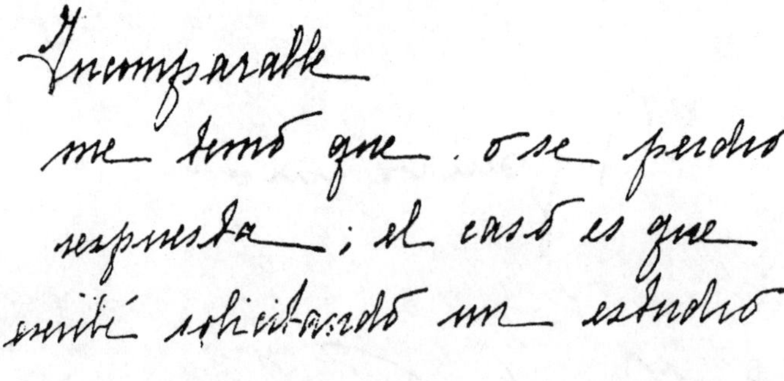

Fig. 133

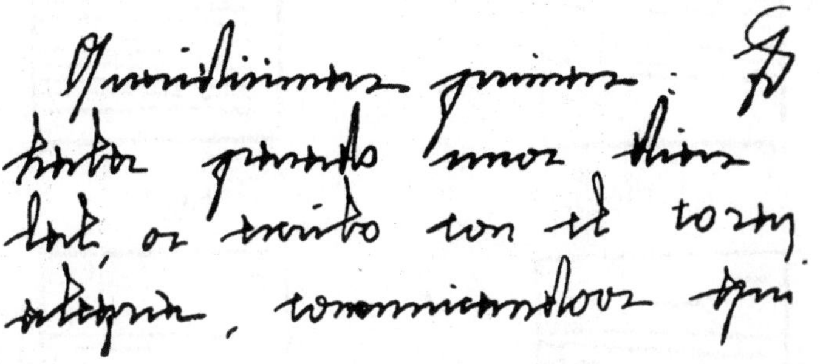

RELAÇÃO DE FIGURAS

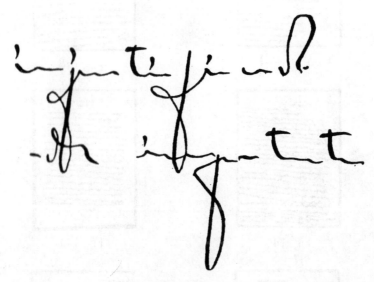

Fig. 134

Fig. 135

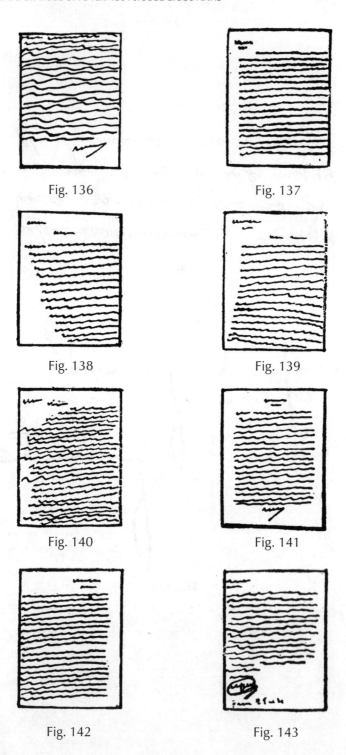

Fig. 136

Fig. 137

Fig. 138

Fig. 139

Fig. 140

Fig. 141

Fig. 142

Fig. 143

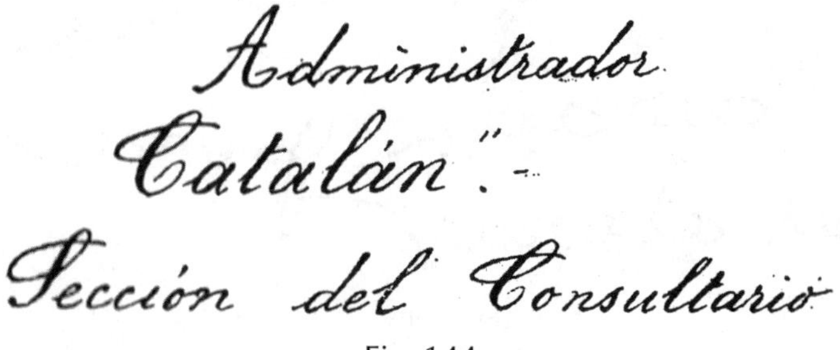

RELAÇÃO DE FIGURAS

Administrador
Catalán".-
Sección del Consultario

Fig. 144

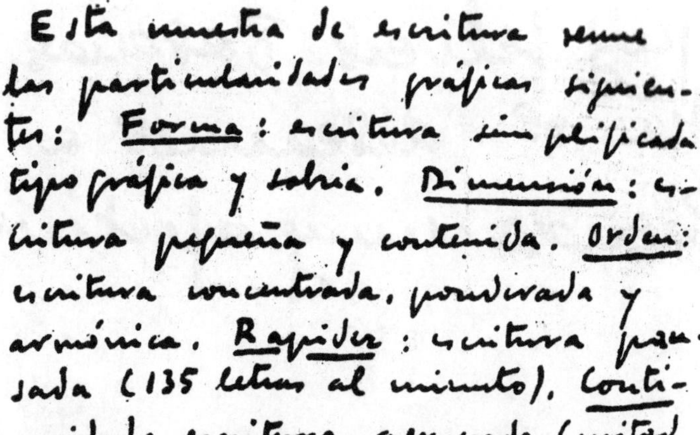

Esta muestra de escritura reune las particularidades gráficas siguientes: Forma: escritura simplificada tipográfica y sobria. Dimensión: escritura pequeña y contenida. Orden: escritura concentrada, ponderada y armónica. Rapidez: escritura pausada (135 letras al minuto). Continuidad: escritura agrupada (mitad ligada, mitad desligada). Presión: normal, acusada en las barras de las tes. Inclinación de las letras: escritura vertical. Dirección de las líneas: escritura ascendente

Fig. 145

421

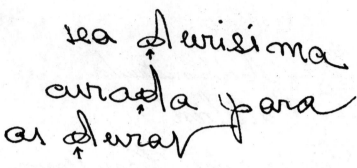

Fig. 146

Fig. 147

Fig. 148

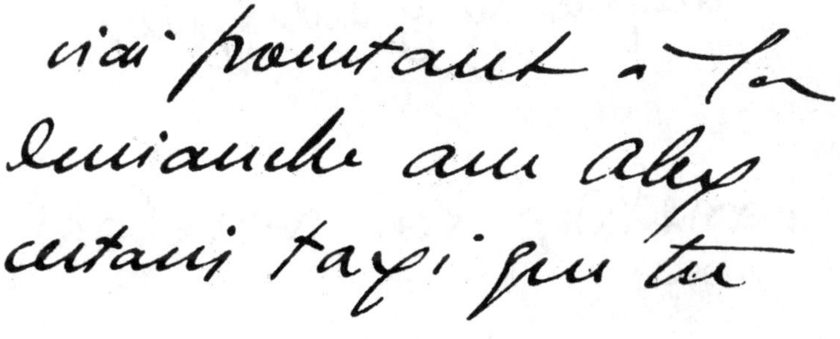

Fig. 149

Fig. 150

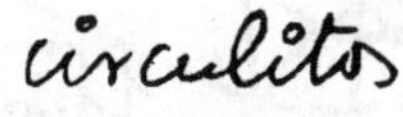

circulitos

Fig. 151

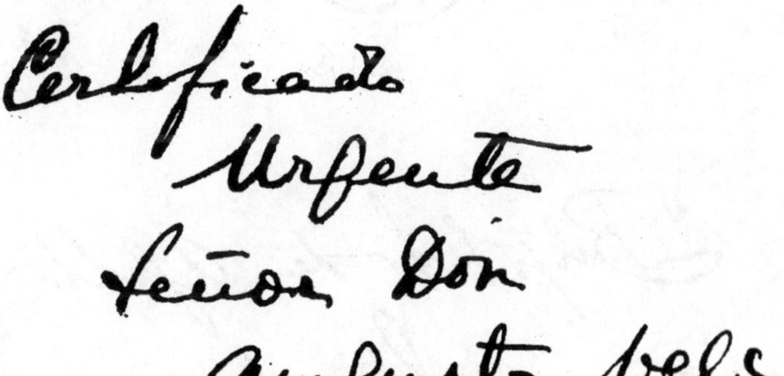

Certificado
Urgente
señor Don
augusto vels

Fig. 152

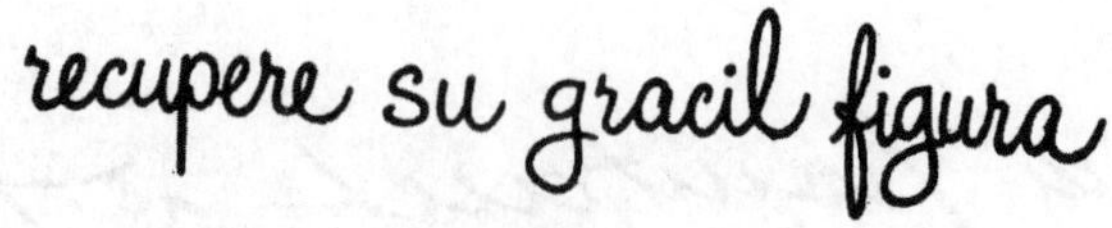

recupere su gracil figura

A

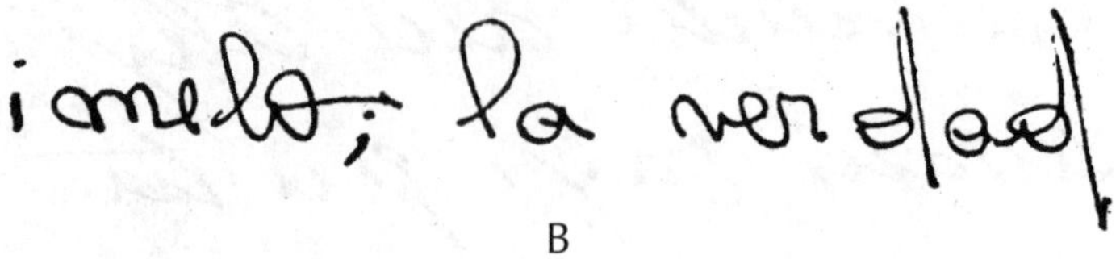

i mela; la verdad

B

Fig. 153 A e B

William R. Shepherd

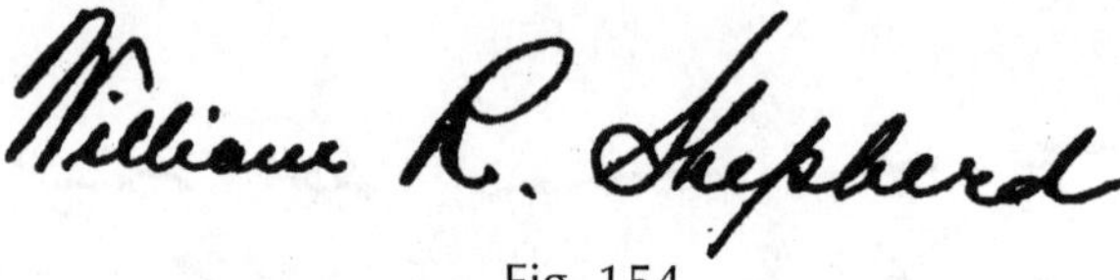

Fig. 154

Fig. 155

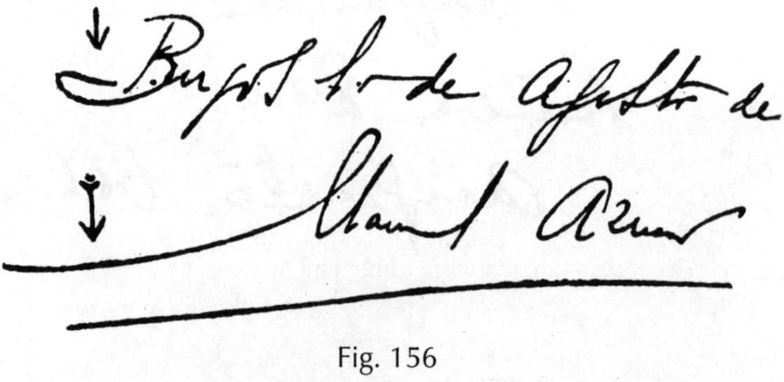

Fig. 156

Fig. 157

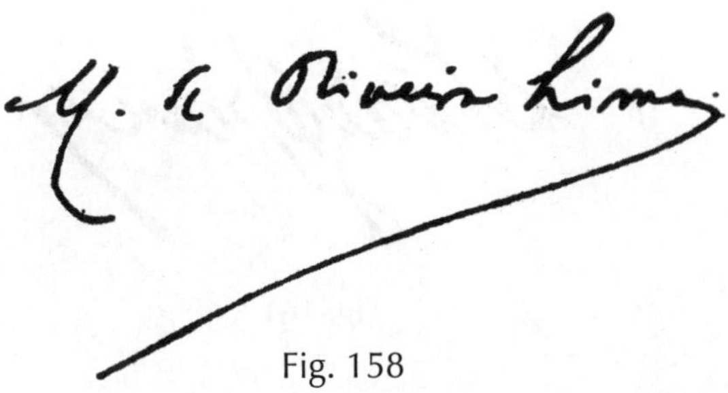

Fig. 158

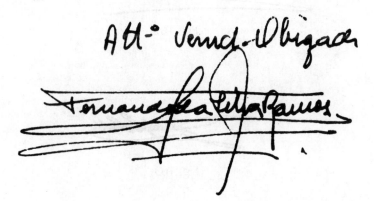

Fig. 159

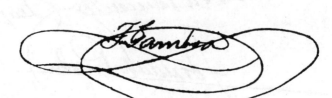

Fig. 160

Fig. 161

Fig. 162

Fig. 163

Fig. 164

Fig. 165

Fig. 166

Fig. 167

Fig. 168

Fig. 169

Fig. 170

Fig. 171

Fig. 172

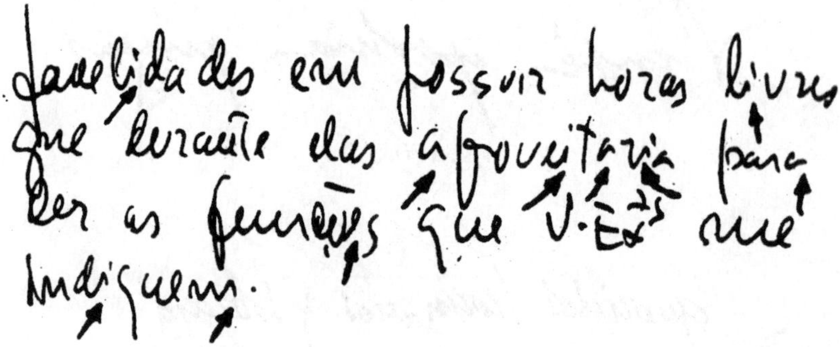

Fig. 173

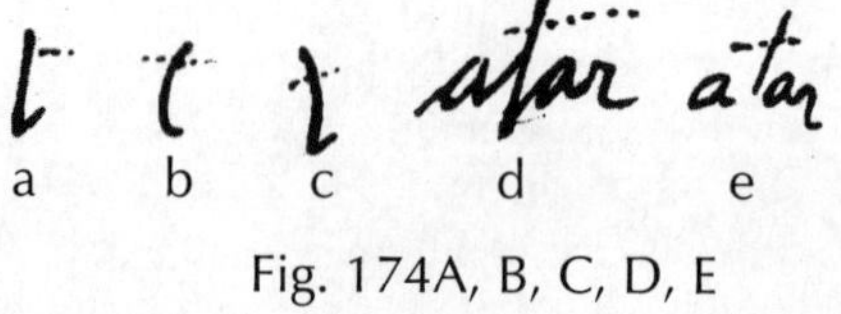

Fig. 174A, B, C, D, E

RELAÇÃO DE FIGURAS

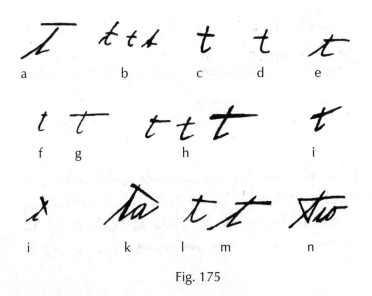

Fig. 175

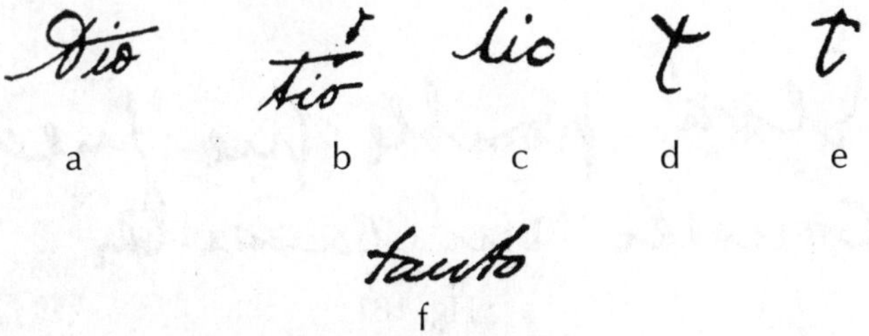

Fig. 176

Fig. 177

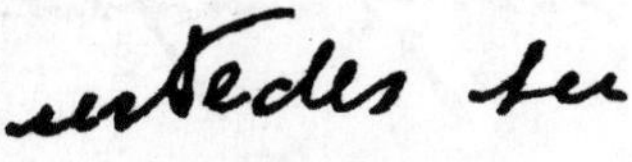

Fig. 178

429

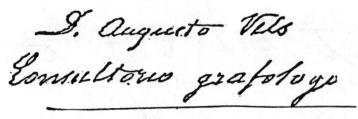

Fig. 179

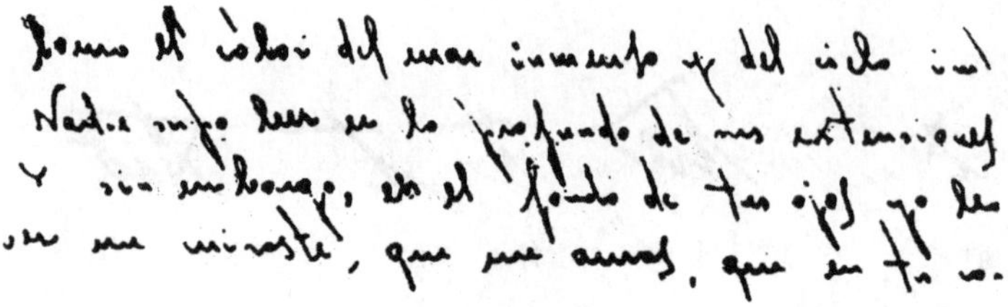

Fig. 180

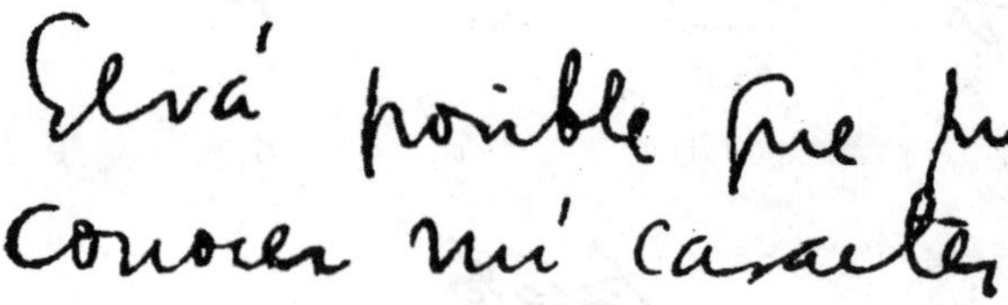

Fig. 181

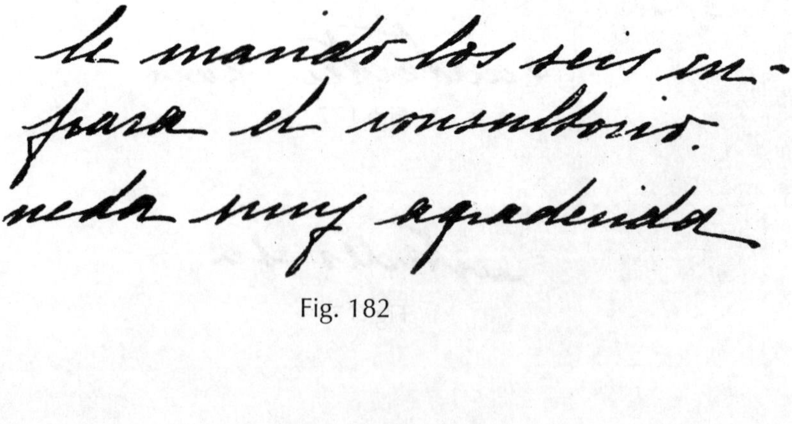

Fig. 182

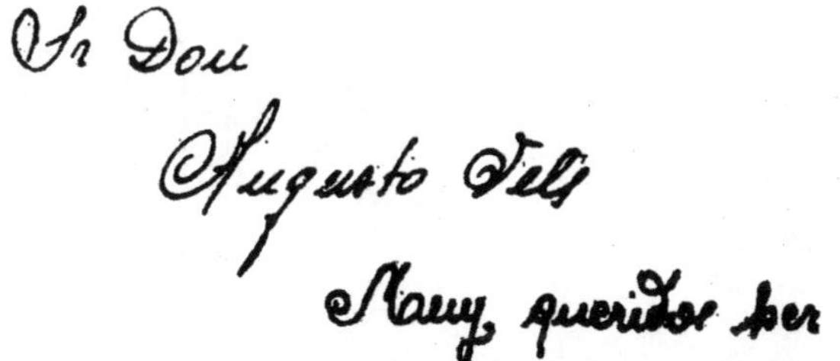

Fig. 183

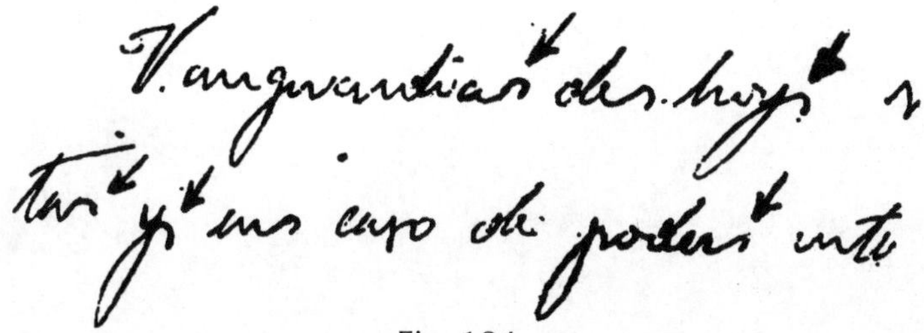

Fig. 184

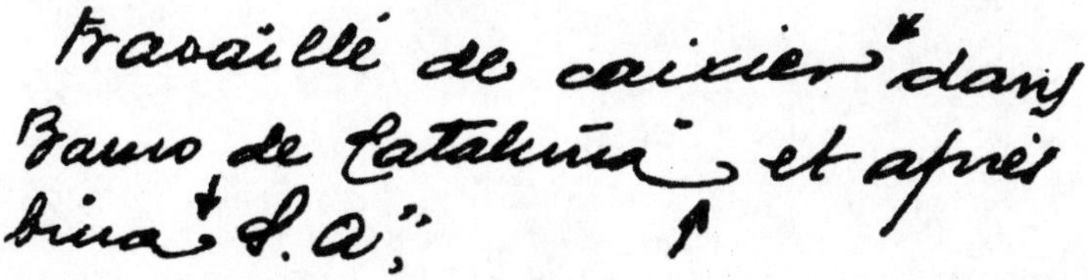

Fig. 185

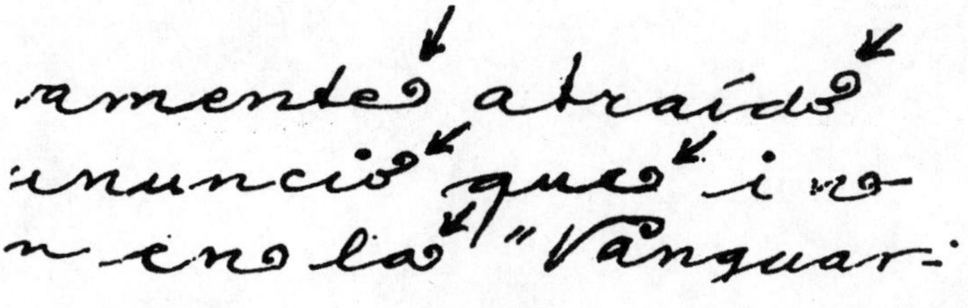

Fig. 186

ÍNDICE ALFABÉTICO DE TERMOS GRAFOLÓGICOS

A
A – As letras A, O
Aberta
Ab-reação desigual
Acelerada
Acentos
Acerada (Pontuda)
Aérea
Agrupada
Alinhada
Alta
Ampla
Anelada ou recheada
Angulosa
Apagada
Apertada
Apoiada
Arcos
Arpões
Arqueada
Arredondada
Arrítmica
Artificial
Ascendente
Assimétrica
Assinatura
Atormentada
Automática

B
Baixa
Barras dos "tt"
Bizarra
Branda
Bucle

C
Cadenciada
Caligrafada
Caligráfica
Calma
Centrífuga
Centrípeta
Cifras
Cissuras
Clara
Combinada
Comercial
Compacta
Compensada
Complicada
Comprimida
Côncava, linha
Concentrada
Condensada
Confusa
Congestionada
Constante
Constrangida
Contida
Contorcida
Convencional
Convexa
Coquilhas (Espirais)
Cortante ou talhante
Crescente
Cuidada

D
Descendente
Descuidada

Desenhada
Desigual
Desigualdades de ab-reação
Desigualdades de coesão
Desigualdades de dimensão
Desigualdades de direção
Desigualdades de distribuição
Desigualdades de forma
Desigualdades de inclinação
Desigualdades de ligação
Desigualdades de ordem
Desigualdades de pressão
Desigualdades de profundidade
Desigualdades de rapidez
Desigualdades de relevo
Desigualdades de tensão
Desligada
Desnutrida
Desordenada
Desorganizada
Desproporcionada
Dextrogira
Dilatada
Dinamizada
Discordante
Disgrafia
Dissimulada
Dura
Dureza

E
Empastada
Equilibrada
Escada (ascendente)
Escada (descendente)
Espaçada
Espasmódica
Estável
Estereotipada
Estilizada
Estreita
Evoluída
Extensa

F
Fechada
Filiforme
Finais
Firme
Firme-dura
Firme-suave
Fragmentada
Frouxa
Fusiforme

G
Ganchos
Gladiolada
Golpe de chicote
Golpe de sabre
Gorda
Gordurenta
Grande
Guirlanda

H
Harmonia desigual
Harmônica
Hastes
Homogênea
Horizontal

I
Igual
Ilegível
Imbricada ascendente
Imbricada descendente
Imprecisa
Impulsionada
Inacabada
Inarmônica
Inclinada
Inclinada, muito
Incoerente
Inconstante
Infantil ou pueril
Inflada
Inibida

ÍNDICE ALFABÉTICO DE TERMOS GRAFOLÓGICOS

Inicial
Inorganizada
Instável
Inutilmente barrada
Invasora
Invertida

J

Jointoyée
Justapostas

L

Laço
Lançada
Lapsos de coesão
Lasseada
Lenta
Letras prolongadas para baixo
Ligação
Ligada
Ligada – lenta
Ligada – rápida
Ligeira
Limpa
Linhas cruzadas
Linhas rígidas

M

M e N minúsculas
M Maiúscula
Maças
Maciça
Maiúsculas
Malproporcionada
Maquilada
Marcada
Margens
Margens cheias de texto
Margens tipográficas
Metódica
Moderada
Monótona
Movimentada

N

Nítida
Nós
Nutrida

O

Omissões
Ondulante
Ordenada
Organizada
Ornada
Oscilante

P

Pastosa
Pausada
Pequena
Pernas estreitas e curtas
Pernas largas de base angulosa
Pernas largas, infladas e de base redonda
Pesada ou gorda
Plena
Pontos e acentos
Pontuda
Precipitada
Pressão desigual
Pressão deslocada
Pressão normal
Profunda
Progressão contida
Progressiva
Proporcionada

Q

Quadrada
Quebrada

R

Rápida
Rapidez com inibições e desigualdades
Rebaixada
Rebuscada
Retilínea
Redonda

Regressiva
Regular
Reinflada
Relevo (em)
Relevo (sem)
Relevo desigual
Retardada
Retilínea
Retocada
Retocada-vacilante
Revés, ao
Rígida
Rítmica
Robusta
Rubrica

S
Sacudida
Script
Seca
Sem relevo
Serpentina
Simples
Simplificada
Sinais normais
Sinais patológicos
Sinistrogira
Sinuosa
Sistematizada
Sóbria
Soerguida
Suave
Suja
Suspensa

T
Talhante
Tensão branda, frouxa,
Tênue
Tipográfica
Torcida
Torções
Traços em cruz
Traços finais
Traços iniciais
Traços rombudos
Traços superficiais ou com pouca pressão
Tremida
Tremor
Triangular
Truncada

U
Uniforme

V
Vacilante
Variada
Variável
Vertical
Vírgulas
Vulgar

Z
Zonas

ÍNDICE ALFABÉTICO DE TERMOS PSICOLÓGICOS

A
Ab-reação
Abstração
Abulia
Adaptação
Afeminado
Afetividade
Afeto
Afinidade
Afirmação
Agressividade
Altruísmo
Ambição
Ambitendência
Ambivalência
Amor-próprio
Analidade
Anal, estado
Angústia
Angústia de castração
Anima
Animus
Ansiedade
Apatia
Ardor
Assimilação
Associal
Astenia
Astúcia
Atenção
Atitude
Atitude de retirada ou de fuga
Atividade
Atos falhos
Atração

Audácia
Autismo
Autoafirmação
Autocastigo
Autocontrole
Autocrítica
Autodomínio
Autoestima
Autoimagem
Automatismo
Autoritarismo
Avareza
Aversão
Avidez

B
Bilioso
Biótipos de Kretschmer
Bipolaridade
Bloqueio afetivo
Bom senso
Bondade
Brandura
Brevilíneo, longilíneo, normolíneo
Brusquidão

C
Cálculo
Calma
Canhoto ou esquerdo
Capacidade
Capricho
Captação
Caracterial
Caráter

DICIONÁRIO DE GRAFOLOGIA E TERMOS PSICOLÓGICOS AFINS

Caráter anal
Caráter genital
Caráter histérico
Caráter laboral
Caráter neurótico
Caráter obsessivo-neurótico
Caráter oral
Castração, complexo de
Censura
Choque afetivo
Ciclotimia
Ciúme
Clareza
Combatividade
Compensação
Complexos
Conceito autoestimativo
Concentração
Conduta
Confiança
Conflito
Conformismo
Confusão
Consciência
Constância
Constituição
Constrangimento
Coqueteria
Cor e afetividade
Cortesia
Crise
Crueldade
Culpabilidade
Cultura
Curiosidade

D
Debilidade
Decepção
Decisão
Dedução
Deficiência mental
Dependência
Depressão

Desatenção
Desconfiança
Desejo
Desequilíbrio
Desigualdade de humor
Desordem
Despreocupação
Destreza
Determinismo psíquico
Dever
Dificuldade de expansão
Dignidade
Disfonia
Disgrafia
Dispersão
Dissimulação
Dissociação
Distanciamento
Distinção
Distração
Docilidade
Dominação
Dureza
Dúvida

E
Economia
Édipo, Complexo de
Educação
Ego
Egocêntrico
Egocentrismo
Egoísmo
Electra, Complexo de
Emotividade
Empatia
Energia
Enfermidade
Entusiasmo
Epileptoide, tipo
Equilíbrio
Escolha ou impulso
Escrúpulo
Espírito crítico

ÍNDICE ALFABÉTICO DE TERMOS PSICOLÓGICOS

Espírito de contradição
Espontaneidade
Esquizofrenia
Esquizotímico
Estados de ânimo
Estímulo
Euforia
Exatidão
Excitação
Exibicionismo
Expansão
Expressão
Extroversão

F
Fadiga
Falsidade
Fantasia
Fatores de percepção
Feminilidade/masculinidade
Ficção
Fidelidade
Firmeza
Fixação
Forma, psicologia da
Fracasso, complexo ou neurose de
Fragilidade
Franqueza
Frieza
Frigidez
Frustração
Fuga de si mesmo
Funções psíquicas

G
Generosidade
Gestalt
Grafoterapia
Gula

H
Hábito
Hedonismo
Herança

Hiperemotividade
Hiperestesia = hipersensibilidade
Hipocondria
Hipocrisia
Histérico
Histerismo
Homossexualidade
Humildade
Humor

I
Id
Ideal do ego
Idealismo
Identificação
Ilusão
Imagem
Imaginação
Imaturidade
Impaciência
Impressionabilidade
Impulsividade
Impulso
Impulso Vital
Impulsos associados
Impulsos sociais
Inadaptação
Inclinação
Inconsciente e consciência
Inconstância
Indecisão
Independência
Indolência
Inferioridade
Inflação do ego
Influenciabilidade
Inibição
Iniciativa
Inquietação
Insatisfação
Insegurança
Instabilidade
Instintos
Integração

Inteligência
Interesse
Interiorização
Intransigência
Intriga
Introversão – extroversão
Intuição
Inveja
Inversão sexual
Ironia
Irritabilidade
Isolamento

J
Jactância
Juízo

L
Labilidade
Lapsos
Leptossômico
Libertinagem
Libido
Linfático
Longilíneo
Lúdico, instinto
Luxúria

M
Maldade
Mando, aptidões de
Mania
Masculinidade
Masoquismo
Masturbação
Materialismo
Maturidade mental
Mecanismos de defesa
Medo
Meio Social
Melancolia
Memória
Mentira
Mesquinhez

Método
Minuciosidade
Mitomania
Moralidade
Motivação

N
Narcisismo
Necessidades
Negação
Negativismo
Negligência
Nervoso
Neurastênico
Neurose
Neurose obsessiva
Normolíneo

O
Objetividade
Objeto
Oblatividade
Obsessão
Obstinação
Ocultação
Ódio
Onanismo
Oposicionismo
Oralidade
Organização
Orgulho
Originalidade
Ostentação
Otimismo
Ousadia

P
Paixão
Paradoxo
Paranoia
Passividade
Pecado
Pedantismo
Pensamento abstrato

ÍNDICE ALFABÉTICO DE TERMOS PSICOLÓGICOS

Pensamento autista
Pensamento criador
Pensamento dogmático
Pensamento idealista
Pensamento lógico
Pensamento mágico
Pensamento teórico
Percepção
Perceptivo
Perseverança
Personalidade
Perversão
Pessimismo
Pícnico
Poder e domínio, instinto de
Possessão (possessividade)
Prazer
Precipitação
Precisão
Preconceito
Preguiça
Prestígio
Primariedade
Princípio de prazer
Princípio da realidade
Profissão
Projeção, mecanismo de
Prudência
Psicastênico
Psicopatia
Puberdade
Pudor
Pulsões
Puritanismo
Pusilanimidade (covardia)

R
Raciocínio
Racionalização
Rancor
Razão
Realismo
Receptividade
Rechaço

Reflexão
Reflexo, ato
Regressão
Reivindicação
Relaxamento moral
Remorso
Repressão
Reserva
Resistência
Responsabilidade, sentido da
Ressentimento
Rigidez
Rotina

S
Sadismo
Sado-anal, complexo
Sanguíneo
Secundariedade
Sedução
Segurança
Sensibilidade
Sensualidade
Sentido analítico
Sentido comum
Sentido criador
Sentido da forma
Sentido estético
Sentido lógico
Sentido prático
Sentido realizador
Sentimento
Sentimentos astênicos
Sentimentos estênicos
Sentimentos de autoestima
Sentimentos de inferioridade
Simbolismo
Simplicidade
Simulação
Sinceridade
Síntese mental
Soberba
Sobre-estima
Socialização

Sofisma
Sofrimento
Solidez
Sonho
Subconsciente
Sublimação
Submissão
Sugestionabilidade
Supercompensação
Superego
Superstição
Surmenage
Susceptibilidade
Sutileza

T
Tabu
Tato
Temor
Temperamento
Tenacidade
Tendência
Tendência sado-anal
Tensão espiritual
Ternura
Testes
Timidez

Tipos de vivência
Trauma
Traumatismo psíquico
Tristeza
Triunfo
Trivialidade

U
Utopia

V
Vacilação
Vaidade
Valorização
Veemência
Veracidade
violência
Vitalidade
Vivacidade
Vivência
Voluptuosidade
Vontade
Voyeurismo
Vulgaridade

Y
Yin e Yang

Obras do mesmo autor

- *Escritura y personalidad* (Ed. Herder, S.A, Espanha, 8 edições);

- *L'Ecriture reflet de la personalité* (Ed. Mont Blanc, Genebra, Suíça, 1961);

- *Escrita e Personalidade* (Ed. Pensamento, São Paulo, Brasil);

- *La seleción de Personal y El problema humano en las empresas*, (Ed. Herder, S.A., Barcelona, Espanha, 4 edições);

- *La Selection du Personnel* (Ed. Mont Blanc, Genebra, Suíça);

- *Manual de Grafoanálisis* (Ed. A.G.C., Balmes, 47, 1°, Barcelona, Espanha);

- *Diccionário de Psicologia y Grafologia* (Ed. Herder, S.A., Espanha);

- *Dictionaire de Psychologie et Graphologie* (Ed. Masson, Paris, França);

- *Grafologia Estructural Y Dinámica* (Ed. A.G.C., Barcelona, Espanha).

• • •

Cursos oficiais de Grafologia e Psicologia com o "Método Vels" e com diploma para exercer, com amparo do Ministério do Trabalho, na:

AGRUPACION DE GRAFOANALISTAS CONSULTIVOS
(Calle Balmes, 47, 1º – Teléf. 453.13.38 y 453.14.94 – Barcelona)

Nota sobre o tradutor

Grafólogo brasileiro, fundador do Instituto Mineiro de Grafologia, Belo Horizonte, seguidor do método Vels de Grafoanálise. Dedica-se à divulgação da grafologia, com a publicação de artigos destinados aos profissionais de administração de pessoal em empresas.

Engenheiro pela UFMG e administrador de empresas pela UNA, exerceu cargos de diretoria em empresas de construção, entre 1960 e 1994, quando se aposentou.

Começou a estudar grafologia em 1955, no livro *Traité pratique de graphologie*, de Crépieux Jamin. Logo a seguir, iniciou o estudo do livro do Prof. Doutor Augusto Vels, no *Escrita y personalidad*, que estudou com afinco e aos poucos desenvolveu conhecimento, pesquisando em outras fontes, em livros de autores como R. Salberg, Max Pulver, L. Klages, A. Binet, Dr. C. Ruys, A. Teillard, aplicando os conhecimentos em todas as empresas por onde passou. Em 1985, foi convidado para lecionar sobre o tema, ligado à administração de empresas. Nessa época, incentivado, começou a divulgar a grafologia.

Foram tantos os conhecimentos conquistados que, com prazer, vem transmitindo-os a chefes de administração de pessoal, psicólogos e educadores, em palestras que realiza a convite de professores da PUC, da FUMEC, ICES e grupos de entidades de classes profissionais.

Impresso por :

Graphium
gráfica e editora

Tel.:11 2769-9056